AtV

Werner Liersch, 1932 in Berlin geboren; Literaturwissenschaftler, Journalist und Autor, arbeitete als Verlagslektor, Redakteur und von 1990 bis 1992 als Chefredakteur der Zeitschrift »neue deutsche literatur«; 1987–1990 Jurymitglied des Ingeborg-Bachmann-Wettbewerbs; Mitglied des Deutschen PEN-Zentrums.

Veröffentlichungen: Hans Fallada. Sein großes kleines Leben (1981, dafür den Heinrich-Mann-Preis 1982; Neuausgabe 1993); Dichters Ort. Ein literarischer Reiseführer (1985); Ein gewisses Quantum Mumpitz. Fontane-Biographie in Anekdoten (1998); neben Erzählungen und Essays erschienen von ihm zwei Romane: Eine Tötung im Angesicht des Herrn Goethe (1989), Eine schöne Liebe (1991).

Erprobt im biographischen Genre und gerüstet mit den Erfahrungen jahrelanger Beschäftigung mit Goethe und seiner Umgebung, ist Werner Liersch ein ausgezeichneter Kenner des klassischen Weimars. In einer Mischung aus Dokumentation und literarischer Vergegenwärtigung erzählt er das weitgehend unbekannte Leben dessen, der 29 Jahre lang Goethes engster Mitarbeiter und Vertrauter war: Reisebegleiter, Kanzlist, Sekretär, Hauslehrer, Schutzpatron und Trauzeuge. Doch nie offenbarte Riemer sein Geheimnis, die Leidenschaft zu der schönen Caroline von Humboldt und das katastrophale Scheitern dieser Beziehung. Des Hauses verwiesen und als Lehrer weiterempfohlen, langte der junge Philologe im September 1803 in Weimar an, wo die Epoche beginnt, die ihm einen Platz in der Literaturgeschichte gesichert hat. Wie aber sah das Leben aus, das er tagtäglich führte? Eine spannende Geschichte, präzise und nachdrücklich zugleich.

Werner Liersch

Goethes Doppelgänger

Die geheime Geschichte
des Doktor Riemer

Aufbau Taschenbuch Verlag

Mit 20 Abbildungen

ISBN 3-7466-1748-0

1. Auflage 2001
Aufbau Taschenbuch Verlag GmbH, Berlin
© 1999 Verlag Volk und Welt GmbH, Berlin
Einbandgestaltung Preuße & Hülpüsch Grafik Design,
Bearbeitung von Bert Hülpüsch nach dem Gemälde
»Herrenbildnis«, um 1785, unbekannter Künstler, DHM
Druck Ebner Ulm
Printed in Germany

www.aufbau-taschenbuch.de

PROLOG
Erzdichter mit armem Schwein

Da steht es, das edle Paar. Der Geheime Rat GOETHE, den Professor SCHILLER an seiner Rechten. Er, als der Ältere und Erfahrenere, ein wenig hinter dem Freund, der mit der linken Hand der Welt ein Blatt Papier entgegenhält. Obwohl der Geheime Rat zu ebener Erde kleiner, ist er hier oben als Denkmal größer. Beide sehen erhobenen Hauptes über etwas hinweg. Wohl das Gemein-Materielle. Die Verwirrung der Gefühle. Wohl den beständigen Husten des Professors. Die ständige Flucht des Geheimen Rates aus der Stadt Weimar. Wohl das Allzumenschliche. Der Professor schaut etwas stärker darüber hinaus. Also mehr nach oben der Blick. Der Geheime Rat hält den bronzenen Lorbeerkranz, den der Freund mit der freien Rechten mitträgt. Es ist ein Geschenk der Denkmalsstifter.

Die verehrten Männer haben alles hinter sich. Das Leben. Ihr Werk. Die Frauen. Die Kinder. Ihre Freundschaft. Sie ruhen. Sie waren. Tot sind sie. Ausgefragt und für immer bestimmt, wenn aufgerufen, das gleiche zu tun. Und wer ihnen nahe war, ist ebensolch eine Ikone.

Die verkannte Geliebte des Geheimen Rates. Der unglückliche Sohn des Paares. Der fürstliche Gönner. Der schwindsüchtige Dichter-Freund. Der Prediger an der Stadtkirche. Die edle Freundin. Die Bediensteten im Hause. Die Diener am Werk des Meisters.

Johanna Christiane Sophia Vulpius. August von Goethe. Carl August Herzog von Sachsen-Weimar. Konsistorial-

rat Herder. Die Baronin von Stein. Die Kammerdiener
Philipp Friedrich Seidel. Carl Wilhelm Stadelmann. Jo-
hann August Friedrich John. Die Sekretäre Johann Peter
Eckermann und Friedrich Wilhelm Riemer.

Riemer gebannt in der Geschichte als trockener Kerl. Als
Quelle für GOETHES Leben. Auch Räsonierer. Mehr
Unmut als Anmut. Dem Meister hingegeben. Mit ihm
zerstritten. Sein Mitarbeiter, Reisebegleiter, Kanzlist,
Hauslehrer, Schutzpatron, Trauzeuge. Riemer der Ha-
gestolz, der späte Ehemann, der Philologe, der Weimarer
Gymnasialprofessor, der Großherzoglich Sächsische Bibliothekar, bekannt auch durch einen Mangel an Selbstbeherrschung und ständig wiederkehrende Anfälle übler
Laune. Ein schwerer, untersetzter Mensch. Hofmaler
Schmeller hat Riemer in der Lebensmitte porträtiert. Da
ist das Gesicht schwammig, der Hals kurz, die Augen treten hervor. Der Großdichter Thomas Mann hat ein Porträt nach dem Porträt gemacht und bestätigt, daß das Riemer ist: Vor Lotte in Weimar steht er mit *etwas
hervorquellenden Augen, einer geraden, fleischigen Nase
und weichem Munde, um den ein etwas verdrießlicher,
gleichsam maulender Zug* liegt, *schiefem Kopf, bemühten
Rindsaugen, großen weißen Händen,* und das Vortreffliche, das er ohne Unterbrechen Lotte in Weimar vorredet,
schafft ihm keine Sympathie, nicht einmal Achtung bei
der Frau. Nein, ganz und gar nicht. *Ich kann nicht leug-
nen, daß mein Vergnügen, mein Beifall doch recht fern
davon sind, eigentliche Befriedigung, volles Genüge zu
bedeuten. Ihre Lobrede hat – vielleicht gerade vermöge
ihrer Genauigkeit – einen Einschlag von Heuchelei, der
mir heimlich bange macht und auf den Widerspruch meines Herzens stößt –, dies Herz ist versucht, sie eine Fehl-
rede zu nennen.*
Auf Hofmaler Schmellers Porträt sitzt Riemers Kopf
gleich auf den Schultern und duckt sich in den hohen
Kragen des Überrocks, als wolle der Mann sich verber-

gen. Von Riemer gibt es ein festes Bild. Und darin hat er sich trefflich versteckt. Seine Affäre mit der feinen Dame, die vertane Karriere, das gestaute Bedürfnis des Genusses, die quälerischen Tagebuchseiten, das Leben, das er eigentlich wollte. Nichts ist aufgekommen, außer diesem seltsamen Brodeln immer in dem Kerl.

Ich sollte tun, was ich kann, hat sich Riemer ins Tagebuch geschrieben, als er tut, was er nicht kann, eine feine Dame lieben. Die schöne Hoffnung nährt, ein großer Philologe zu werden. Riemer kann Hauslehrer bei GOETHE werden. Eine Frau heiraten vom Jahrgang seines Schülers August Goethe. Sich ins Tagebuch schreiben, daß GOETHE der einzige ist, durch den er sich anerkannt fühlt, auch wenn Goethe ihn benutzt, denn die anderen würden nicht einmal das tun. Er kann sich mit ihm gleich fühlen. Auch weil er und der Meister ziemlich im gleichen Alter sind, als sie das erste Mal mit einer Frau im Bett liegen. Beide das vierzigste Jahr vor Augen. Riemer kann die Unterschrift seines Herrn nachmachen. Briefe für ihn schreiben und allerlei Geschriebenes mehr, das GOETHES Namen trägt. Er kann gewisse schweinische Gedichte des Meisters an sich nehmen, damit später nichts GOETHES Ruhm beschädigt. Am Ende hat er sich gut gewöhnt. Ist ja dann auch lange Jahre her, diese verdammte Jugend. Riemer spricht von »wir«, wenn er vom Meister redet. Bekommt ein Mandat, sich nach dem Tod von G. um die literarische Hinterlassenschaft zu kümmern. Sammelt alles, was er vom Meister erhaschen kann. Waren wohl alles Marotten, was er früher getrieben hat. Auch kommt ihm zum Glück in Weimar niemand auf die Schliche, was er mal sein *abgerissenes, zerstücktes Leben* genannt hat. Jeder in Weimar kann dagegen wissen, daß Doktor Riemer sich für die eigenen Gedichte den feurigen Dichternamen *Sylvio Romano* ausgesucht hat. Als der Meister stirbt, klagt Riemer, *daß nach seinem Hinscheiden nicht nur er mir, sondern ich mir selbst fehle.* In die Gleichgültigkeit der Tage, die nun anbrechen, kommen manchmal Leute, den Doktor Riemer als eine Sehenswürdigkeit in Weimar zu betrachten.

In dem Mann mit dem lächerlichen Dichternamen *Sylvio Romano* stecken Geschichten, wie man sie von ernsten Dichtern kennt.

Magister Hölderlin, Friedrich, macht seinen Antrittsbesuch als Hauslehrer in der Familie des Frankfurter Bankiers Gontard am 31. Dezember 1795. Die Aussichten auf einen akademischen Broterwerb haben sich zerschlagen. »Ich weiß wohl«, schreibt Hölderlin seinem Freund Neuffer, daß »das Unbekannte für mich sehr leicht mehr wird, als es wirklich für mich sein kann«. Hölderlin verliebt sich in die Frau des Bankiers, Susette. Seine Liebe wird erwidert. Es kommt zum Eklat. Hölderlin muß im September 1798 die Familie Gontard und Susette verlassen. Bei den Gontards hat er sein möglichstes getan, um *die geflissentliche tägliche Herabwürdigung* und *die Äußerungen, daß die Hofmeister auch Bedienten* sind, abzuwehren. Seit 1802 zeigt Hölderlin, Friedrich, Zeichen geistiger Störung.

Lenz, Jakob Michael Reinhold, schreibt 1774 das Stück »Der Hofmeister«. Der Hofmeister Läuffer: *Sklav' ist er, über den die Herrschaft unumschränkte Gewalt hat, nur daß er soviel auf der Akademie gelernt haben muß, ihren unbesonnenen Anmutungen von weitem zuvorzukommen und so einen Firnis über seine Dienstbarkeit zu streichen. Ohne Freiheit geht das Leben bergab rückwärts, Freiheit ist das Element des Menschen wie das Wasser des Fisches, und ein Mensch, der sich der Freiheit begibt, vergiftet die edelsten Geister seines Blutes, erstickt seine süßesten Freuden des Lebens in der Blüte und ermordet sich selbst.* Läuffer schneidet am Ende sich das Geschlecht ab, um kastriert besser in die Welt zu passen.

Brecht, Bertolt, bearbeitet 1950 das Stück des Jakob Michael Reinhard Lenz und nennt es eine »Komödie«. Er

gibt ihm einen vom Darsteller des Hofmeisters zu spre-
chenden Epilog bei.

In einem Gleichnis überlebensgroß
Geht er am End' auf sich selber los
Austilgend seine Zeugungskraft
Die ihm nur Pein und Elend schafft.
Denn wenn er sich natürlich gibt
Macht er sich oben unbeliebt.
Hat er sich gebückt, verbeugt, gebogen
Wird ihm der Brotkorb hochgezogen,
Und erst wenn er verstümmelt und entmannt
Wird er von oben anerkannt.

Der Doktor Riemer, der trockene Mann, hat eine Hof-
meister-Geschichte, wie sie in den Büchern steht. Es ist
Weimars verborgenste Geschichte.
Nach Weimar also.

I

Riemer kommt

An einem Septembertag erreichten die Reisenden Jena.
Es ist das Jahr 1803.
Sie heißen Karl Ludwig Fernow und Friedrich Wilhelm
Riemer. Beides Männer in den guten Jahren. Fernow ist
der ältere, neununddreißig. Riemer ist im April neun-
undzwanzig geworden. Ein junger Mann. Fernow und
Riemer kommen aus Rom. Aus der Stadt am Tiber sind
sie in den ersten Julitagen nach Deutschland aufgebrochen. Mit der Fahrpost wären es an drei Wochen gewesen.
Fernow und Riemer haben zwei Monate gebraucht. Da
müssen sie ein gutes Stück zu Fuß unterwegs gewesen
sein. Auch hat Fernow auf der Reise immer wieder das
Fieber geplagt. Der Alte wird sie in Weimar empfangen.
Der Tag der 4. September.
Vor Besuchern kann G. sich kaum retten. Jeder bringt seinen eigenen Bericht von der Visite mit. Mal ist er sehr *angenehm und unterhaltend*, mal soll *etwas entsetzlich Stei-
fes in seinem* Betragen sein. Manche meiden sein Haus.
Ernestine, die Schwägerin vom berühmten Professor Voß
in Jena, der den Horaz ins Deutsche gebracht hat, war im
Februar der Meinung, bei Goethe zu sein, kann einem
nicht gelüsten, *denn seine Dame wohnt mit ihm unter
einem Dach.* Schafft sie mir vom Halse, sagt G. manchmal, wenn sich wieder Besucher anmelden.
Fernow und Riemer sind ihm angenehm. Sie kommen
aus Italien und haben frisch genossen, was er nach so vielen Jahren noch immer schmeckt. *Ich komme zeitlebens*

darüber nicht zur Ruhe, hat er zu Jahresanfang gesagt, und daß kein Tag vergeht, da er nicht eine Ansicht von Rom betrachte und rufe: *Diesen Weg können nun die Freunde machen, wenn es Ihnen beliebt! Sie gehen um die Kolossen auf Monte Cavallo, die ich nur noch wenige Minuten in meinem Leben zu sehen wünschte, ganz bequem herum, und von da hängt es bloß von Ihnen ab, sich zu anderen köstlichen Gastmahlen hinzubewegen ...* Es quält ihn jetzt besonders, sagt er, wo sein Knabe angefangen hat, die römischen Antiquitäten zu studieren.

Die Italienreisenden Fernow und Riemer sind gleich für den Tag nach der Ankunft in das Haus am Frauenplan eingeladen. Und die Maler Kraus und Meyer dazu. Und SCHILLER. Ein Gewinn für jede Gesellschaft. Immer in der Lage, *bedeutend* und *anziehend* zu sprechen, sagt G. *Was in ihm an großen Ansichten lebt, geht immer frei heraus ohne Rücksicht und Bedenken.* SCHILLER wäre im Staatsrat genau so groß, wie er es am Teetisch ist, behauptet G. bewundernd. *Wir Anderen dagegen fühlen uns immer bedingt; die Personen, die Gegenstände, die uns umgeben, haben ihren Einfluß ...*

Kraus ist wie der Hausherr ein Frankfurter Kind und seit über zwanzig Jahren der Direktor der Weimarer Zeichenschule. Meyer ist Professor an der Zeichenschule und Kunsthistoriker. Alles Freunde. Seine engsten Freunde in Weimar. Den Herzog nicht gerechnet. Bis zu seinem Auszug im Januar hat Meyer oben im Mansardgeschoß des Hauses gewohnt, und es wären heute nur wenige Schritte in die Etage darunter zum Gelben Saal gewesen, wo man mit Gästen aß. Aber jetzt ist Meyer ausgezogen. Meyers Weg ist nun weiter. Für Fernow und Riemer allein wäre der Saal wohl nicht gerichtet worden. Für die beiden hätte Bescheideneres gereicht, wie das gegenüberliegende Eßzimmer, wo die Hausgenossen zu den Mahlzeiten saßen. Auch da war es angenehm. Italien war ja im ganzen Haus. Und im nächsten Jahr noch ein Stück mehr. Auf dem Mappenschrank wird ein Abguß des Minervakopfes stehen, der in Velletri bei Rom gefunden worden ist und den Fernow für G. besorgt. Da ist Fernow schon Herzoglicher Bibliothekar in Weimar. Heute, an diesem 4. September, wird man sich wohl doch im Gelben Saal treffen. SCHILLER kommt.

Der Alte kennt Fernow als Schriftsteller und Ästhetiker. Fernow schreibt über Kunst. Seine Aufsätze im Wielands »Teutschem Merkur« haben einiges Aufsehen erregt, und der Herzog und der Minister Voigt wollen Fernow als Professor für Jena haben. Fernow hat sich von ganz unten hochgearbeitet. Der Vater war Gutsknecht in der Uckermark. Fernow spricht Italienisch wie seine Muttersprache. Aber wer ist Friedrich Wilhelm Riemer? Soll ihm als ein deutscher Italiener willkommen sein.

Riemer hat ein Empfehlungschreiben aus Rom von Humboldt mit. Es ist allerdings nicht an den Meister, sondern an Hofrat SCHILLER gerichtet. Das zählt wohl gleich. Humboldt hat es am Montag, den 3. Juli 1803, geschrieben. *Herr Riemer, der mich eben verläßt, um nach Deutschland zurückzukehren, wünscht Ihre Bekanntschaft zu machen, mein teurer Freund, und bittet mich um einige Zeilen an Sie. Ich gebe sie ihm gern, weil ich im Voraus weiß, daß Sie ihm mit Vergnügen erlauben werden, Sie von Zeit zu Zeit von Jena aus zu besuchen. Sie werden dadurch, und wenn Sie ihm sonst gefällig sein können, mir einen ausnehmend großen Gefallen erzeigen.*

Leben Sie herzlich wohl und grüßen Sie Lolo und die
Wolzogen herzlich
Ihr Humboldt

Im Hause von GOETHE das Treffen also. Meyer kommt nun also von draußen, aus der Stadt. Zehn Jahre hat er oben in der Mansarde am Frauenplan gewohnt. Bis zu seiner Heirat. Die Weimarer haben ihn mit ein wenig Spott *Goethes Kammerherrn* genannt. Recht haben die

Weimarer und auch wieder nicht. Meyer ist mehr. Ein Vertrauter. Ein Kunstfreund. Ein Mitarbeiter. *Zu den Unsrigen gehörig.* Das soll auch nach der Hochzeit Meyers vom Januar so bleiben, hat Freund G. gesagt.

Johann Heinrich Meyer ist dreiundvierzig Jahre, als er heiratet. Eine Frau bekommt. Ins Bett bekommt. Auf einmal. Doch noch. Nach so langer Zeit aus aller Natur. Ach, das Bedürfnis des Genusses.

Von drüben, vom Roten Schloß, aus der Zeichenschule, kommt Direktor Kraus. Dort wohnt er auch. Und von der Esplanade SCHILLER. Und alle gehen vom rechten Teil des Vorderhauses die breite Treppe hinauf in den Gelben Saal. G. hat sie selbst entworfen. Es ist eine Erinnerung an Italien und die breiten Treppen mit den flachen Stufen in den Renaissancepalästen dort im Süden. In Deutschland steigt sich solch eine Treppe schlecht.

Die Stufen sind für hiesige Gewohnheiten zu niedrig. Eh man den Schritt an die Stufen gewöhnt hat, ist die Treppe schon zu Ende. Das Haus ist zu klein für sie. Meyer hat die Zeichnung, die G. dafür gemacht hat, überarbeitet und ihm die Treppe eingebaut. Aber besser ist die Sache darum nicht geworden. Der Fuß findet nicht das rechte Maß.

Auch das Deckenoval oben im Treppenhaus hat Meyer ausgemalt. Die Götterbotin Iris steigt auf dem Regenbogen zu den Menschen herab. Bescheidener sind Meyers Satyrn und Amoretten, die sich über den Türen tummeln. Meyers Hauptstück aber hängt im Großen Zimmer und nimmt einen bevorzugten Platz an der Wand gegenüber den Fenstern ein. Es ist ein Aquarell und zeigt eine antike Hochzeit. Halbnackt die Braut, halbnackt die Mutter und die Dienerinnen und die Freundinnen. Meyer hat das Wandgemälde aus der Zeit des Kaisers Augustus in Rom vor einem halben Dutzend Jahren aus der Sammlung des Kardinals Aldobrandini im Palazzo Borghese herauskopiert. Gleich als das Bild im Oktober 1797 ins

Große Zimmer gehängt wurde, hat es G. über alle Maßen gelobt, weil es *in allem, sowohl in der Größe als den Farben, den Tugenden und Fehlern dem Original möglichst gleich gehalten.*

Nach seiner zweiten Italienreise 1790 hat G. angefangen, sich in Weimar sein eigenes Rom zu schaffen. Meyer baut ihm auch das Vorderhaus römisch um. Die Wände überdecken italienische Erinnerungsstücke. G. kann nicht genug davon bekommen. Er hat sogar Meyer aus Weimar auf eine Expedition in das richtige Rom geschickt. 1795 ist Meyer zur Auffrischung des antiken Wissens und der Sammlung von Freund G. in Italien gewesen. Der Freundschaftsdienst läßt die Sammlung der antiken Gipsabgüsse wachsen. G. hat jetzt sogar ein eigenes *Büstenzimmer.* Der Meister kann zu jeder Stunde nach Rom, ohne den Fuß vor die Tür setzen zu müssen. Er ist sehr einfallsreich, Gründe zu nennen, warum er in Weimar bleiben muß.

Letzten Winter hat er einen gut zu verstehenden Anlaß gehabt, das Haus nicht zu verlassen: den Winter. Ein Vierteljahr lang ist G., ohne krank zu sein, nicht aus dem Haus, ja nicht einmal aus der Stube gegangen.

Eine Indisposition, die mich an einer leidlichen Stubenexistenz nicht hindert, sagt er.

Es ist zu beklagen, daß Goethe sein Hinschlendern so überhandnehmen läßt. Er ist jetzt ordentlich zu einem Mönch geworden und lebt in einer bloßen Beschaulichkeit ..., sagt SCHILLER.

Im Januar war es in Weimar länger als vierzehn Tage ohne Schnee *sehr heiter kalt,* sagen die Weimarer. Davor war bis zu Neujahr 1803 ein sehr gelinder Winter, dann aber, sagen die Weimarer, unter *unsern eisern Himmel* alles von Schnee begraben und so aussehend, als wenn es in Ewigkeit nicht wieder Sommer werden könnte. Ende Februar ist G. das erste Mal wieder aus dem Haus gegangen und im Garten an der frischen Luft gleich zusammengebrochen. *Wenn Goethe noch einen Glauben an die Möglichkeit von etwas Gutem und eine Konsequenz in seinem Tun hätte, so könnte hier in Weimar noch manches realisiert werden,* denkt SCHILLER.

Der Winter gibt einen guten Grund für eine Stubenexistenz ab. Der Winter bringt auch einen schlimmen Grund für eine Stubenexistenz.

Am 16. Dezember hat ihm die Frau, mit der G. nun vierzehn Jahre zusammenlebt, eine Tochter geboren. Sie nennen sie Kathinka. Es ist das fünfte Kind von Christiane Vulpius und G. Sie hat davor drei andere Kinder mit ihm gehabt. Alles Herbst- und Wintergeburten. Keines der Kinder ist älter als Tage geworden. Auch das neue Kind ist in Gefahr. Und Christiane leidet an Körper und Seele. Nach drei Tagen stirbt die Tochter. Am Abend vor ihrem Tode ist der Vater im Theater zu sehen, und in seinem Gesicht ist Sorge und Angst. Nur das erste Dezemberkind von Christiane und G. lebt. Der 1789 geborene Sohn August. G. kennt viele Gründe für Einsamkeit.

Jetzt aber ist der 4. September 1803. Noch ist Sommer und die dunkle Jahreszeit noch nicht durch die Tür. Rasch her mit den Nachrichten aus Italien. Ob sich die Herren nun im Gelben Saal oder nur im Eßzimmer bei G. treffen, gleichviel, hinauf geht es immer über die breite Treppe und den Fuß dann gesetzt über das blau eingelassene SALVE in der Türschwelle und den Kopf unter dem Gipsrelief des Adlers mit dem Blitze des Zeus über der Eingangstür hindurch zum Meister. Sie alle haben die Begierde, das Land Italien zu sehen, schon gestillt. Außer SCHILLER.

Fernow hat gute Aussichten in Jena. Er will an der Universität italienische Sprache und Literatur lehren. Im Gerede ist auch, daß die verwitwete Herzogin Anna Amalia Fernow als Bibliothekar haben will. Fernow ist in Weimar krank angekommen. Ein Fieber plagt ihn. Weimarer, die ihn kennen, sind erschrocken, wie er aussieht, so *veraltet.*

*V*or seinem vierzigsten Jahr hat er schon graue Haare, dieser Fernow. Das italienische Klima ist vielleicht doch zu angreifend. *Es haben so viele Deutsche schon ein frühes Grab dort gefunden*, geht in Weimar die Rede.

Friedrich Wilhelm Riemer hat gar keine Aussichten. Nur Hoffnungen in Jena. Er hat bei dem berühmten Philologen Friedrich August Wolf in Halle studiert und gilt in der griechischen Philologie als eine Koryphäe. Riemer arbeitet an dem Schneiderschen *Großen Griechischen Wörterbuch* mit, das der Jenaer Verleger Frommann in seine Obhut genommen hat. Riemer denkt, er wird erst einmal bei Frommann unterzukommen suchen. In Rom ist er Hauslehrer in der Familie Wilhelm von Humboldts gewesen, der die preußische Regierung beim Vatikan vertritt. Solch ein Auskommen in der *Hauptstadt der alten Welt*. Der Ort, wo die Träume der Seele und des Leibes der Gebildeten hingehen. Das gibt man doch nicht auf, Riemer?

Die Herren haben sich wegen der römischen Kunstdinge getroffen. Damen sind nicht dabei. Auch die Hausfrau Christiane Vulpius nicht. Manchmal sieht man sie im Gästekreis von G., aber eigentlich für die Frau des Hauses selten. Auf einer Redoute im März hat der Oberforstmeister von Stein-Nordheim zu G. gesagt. »Schick dein Mensch nach Hause, ich habe sie besoffen gemacht.« GOETHE hat sie nach Hause geschickt. Dabei war sie ganz nüchtern.

Der Meister hat letztens 1400 Minnonetische Schwefelpasten antiker Münzen erworben und sie so lange angesehen und von allen Seiten betrachtet, bis er fremder Hilfe bedurfte und in Eckhels grundlegender Münzkunde »Docrina nummorum veterum« nachschlagen mußte. Und er war stolz, daß das Buch ihm bestätigte, sich in der eigenen Meinung über die Stücke nicht geirrt zu haben. Und der Fachmann Meyer tat mit seinem geprüften Wissen über die Kunstepochen das übrige, als er es ihm be-

stätigte. Ja, Meyer. G. hat Humboldt erzählt, er habe im
großen weiten Deutschland niemand, mit dem er eigentlich frei reden möge und könne. Außer Humboldt natürlich.

Die Weimarer nennen Meyer den *Kammerdiener* von
GOETHE. G. ist viel schlimmer als ein Herr. Ein Kan-
nibale ist er. Einer, der nichts von seinen Dienern
übrigläßt. Ein Einsamer, der Leute braucht, die ihm auf
seiner kühlen Höhe verläßlich Wärme zufächeln. Dafür
dürfen sie auch ER sein. Meyer schreibt ihm in die *Italienische Reise* und die *Farbenlehre* eigene Beiträge hinein.
In das 3. Buch der *Wanderjahre* übernimmt G. wörtlich
Meyers Schilderung einer Seefahrt. Und Riemer später
erst. Sprachgelehrter Riemer wird einmal sogar den Na-
menszug des Meisters vollendet nachmachen können.

Riemer richtet jetzt wohl den Anzug. Zieht das Halstuch
zurecht. Könnte grübeln, was GOETHE von ROM
weiß. Ob SCHILLER etwas erzählt hat? Im Gepäck hat
Riemer eine kleine blaue Mappe, deren Pappdeckel sich
mit zwei schwarzen Bändern zusammenbinden lassen.
Auf den Deckel hat Riemer einen weißen Zettel geklebt
und mit Tinte darauf geschrieben: *Hypochondrische Epigramme eines lebend Verstorbenen.* Die wachsende
Sammlung wird ihn bis zum Lebensende begleiten, ohne
jemals veröffentlicht zu werden. Eins der Epigramme
heißt *Amor vincit omnia.* Amor besiegt alles. Ein geflü-
geltes Wort. Von Vergil kommt es. Weiß GOETHE etwas
von ROM?

Amor vincit omnia
Auch noch wahres Sprichwort ist,
*Wenn man **Amor** rückwärts liest.*

G. ist nicht glücklich über den Auszug Meyers, aber Sohn
August hat die Aussicht froh gemacht, oben in Meyers
Mansardstübchen einziehen zu können und dort mehr

Platz für seine Mineraliensammlung zu bekommen.
Noch ist sie nicht so groß wie die des Vaters, aber immerhin, sie will untergebracht werden.

Also Meyer kommt an diesem 4. September, Johann
Heinrich Meyer, der stille freundliche Schweizer. 1784 ist
Meyer das erste Mal nach Italien gegangen und hat sich
als Autodidakt zwei Jahre lang mit dem Studium der römischen Kunst und der italienischen Renaissance beschäftigt. In Rom hat ihn G. kennengelernt. *Er hat eine
himmlische Klarheit der Begriffe und eine englische Güte
des Herzens.* Und die Heirat Meyers ist keinesfalls zum
Hindernis geworden, sich gegenseitig mitzuteilen. Wie
man sieht.

Herr Riemer ist ein ziemlich steifer junger Mann. Auch
nicht besonders ansehnlich. Die Lippen sind ein wenig zu
voll und die Augen hervortretend. Nach dem Aussehen
keiner der romantischen Jünglinge, die jetzt überall aufkommen. Im Grunde genommen steht Riemer sein Beruf
im Gesicht geschrieben: Philologe. Altphilologe. Ein
Kundiger der klassischen Sprachen und der griechischen
Grammatik, über die er an die Universität in Halle schon
eigene Vorlesungen gehalten hat, und von dem *Griechischen Wörterbuch*, an dem er arbeitet, versprechen sich
die Kenner viel. Humboldt hat Riemer in Jena beim Verleger Frommann, der das Wörterbuch herausbringen
will, kennengelernt und ihn im November 1801 als Hofmeister für seine Kinder zu sich nach Berlin geholt. Aus
Glatz stammt Riemer. Sohn eines kleinen preußischen
Beamten ist er. Schlesier. In Breslau war er auf dem Gymnasium. G. bräuchte für August, seinen Sohn, endlich
auch einen guten Lehrer. Ein ruhiger systematischer
Mann für den Jungen wäre das richtige. August ist drei-
zehn, ein ungestümes Alter. August braucht keinen
schwärmerischen Brausekopf als Lehrer.

Riemer war also bei den Humboldts Hauslehrer. Sie sind
gute Freunde des Meisters. Die Humboldts sind gute

Freunde SCHILLERS. Humboldt und Hofrat SCHIL-
LER und die Frauen der beiden Männer, Charlotte von
SCHILLER und Caroline von Humboldt, Lolo die eine
gerufen, Li die andere, unterhalten einen regen Briefwechsel. SCHILLER ist in Weimar am besten unterrichtet, was die Humboldts in Rom bewegt. Er ist mit seinem
Wissen aber zurückhaltend. Auch gegenüber G., obwohl
GOETHE mit den Humboldts wenigstens so eng befreundet ist wie er.

G. hat seit dem Eintreffen der Humboldts in Rom im
November 1802 eine Einladung, nach Italien zu kommen. *Sie aber, Lieber müssen uns dort besuchen, und
Schiller auch. Ich finde die Unbequemlichkeiten dieses
Landes doch so mäßig, daß ich nicht verzweifle, sie für
Sie ohne große Mühe aus dem Wege zu räumen, und eine
lange Wallfahrt müssen Sie doch nicht hierher machen.*
Doch G. bereitet keine dritte Reise in das Land vor, das
ihn so bewegt. Er zieht es vor, aus Italien Briefe zu bekommen, seine römischen Sammlungen zu bereichern
oder sich von Reisenden berichten zu lassen. *Zuvörderst
wollte ich Sie bitten, mir von den lebenden Künstlern einige Nachricht zu geben, und zwar vor allen Dingen von
den deutschen. Wer daselbst ist übriggeblieben oder neu-
erlich hinzugekommen? wie es mit ihrer Persönlichkeit
steht und ihren Arbeiten, was sie am besten machen, was
sie fertig haben, was sie sich für ihre Arbeiten, wenn man
sie bestellte, bezahlen lassen?*
Das Neueste, was Riemer von Rom und den Humboldts
erzählen kann, ist vom Juli. Aber es sind ja keine eiligen
Zeiten.

Unterwegs, auf dem Weg von Italien nach Deutschland,
hat Riemer manchmal etwas in sein Tagebuch geschrieben. Es ist ein merkwürdiges Tagebuch. Einfach von sich
selbst zu schreiben fällt ihm schwer. Er liebt Betrachtungen, wie sein Dasein mit gewissen philosophischen Maximen übereinstimmt oder ihnen widerspricht und in

welchem Verhältnis sein Leben zu dem steht, was die Dichter in ihren Werken beschreiben. Der Mann scheint seine Existenz nach den Idealen der Dichtung auszurichten, wie andere nach den Geboten der Religion. Doch der idealische Hauslehrer Riemer ist unter dem deutschen Himmel kein Sonderfall. Besonders in Weimar nicht, da wird er auf einen Hofrat und einen Geheimen Rat und einen Regierenden Herzog und einen Konsistorialrat und eine Herzogin und auf manch anderen treffen, die es ähnlich halten. Die Ideale der Kunst als die Richtschnur des Lebens. Über Kunst kann der junge Mann vorzüglich reden, und Riemer hört damit auch nicht auf, wenn er von sich selber spricht. Es ist seine bevorzugte Lebenssprache. Was er über sich in seinem Tagebuch am 22. August zu sagen hat, steckt er in ein Literaturgewand. Es heißt: »Nach Wielands Menander und Glycerion«.

Ich fühlte das unabweisliche Bedürfnis zu lieben und geliebt zu werden, das Bedürfnis des Genusses. Ich vergriff mich in dem Gegenstand meiner Liebe, ich wollte mich mitteilen und fühlte doch, daß hier keine Übereinstimmung zu rechnen war, ich hatte sie, und verzweifelte wiederum daran, ich wollte nicht zurücktreten, wo hätte ich in R eine ähnliche Seele zu finden gehofft und so kam es denn am Ende dahin, wo es jetzt steht. Mit der Erfahrung von 40 Jahren hätte ich in dieser Lage ausharren mögen, bei der Hoffnung, noch Liebe zu finden und glücklich zu sein, nicht. H. tragen nicht mehr Schuld, als daß sie mich nicht verstanden haben, ich keine andere, als daß ich mich nicht entschließen konnte, allen Wünschen nach Liebe zu entsagen. Das kann man wohl verlangen, wenn man die Erfahrung bereits an Glück gemacht hat.

Nun der Empfang.

Fernow putzt wie sein Begleiter auch den Anzug, zupft das Halstuch, ordnet noch einmal die Blätter in der Mappe mit den Pappdeckeln. Fernow hat Zeichnungen des verstorbenen Malers Carstens aus Rom mitgebracht, und G. wird daran viel Vergnügen haben, weil er nun erst wirklich dieses *seltne, freilich in früherer Zeit durch Umstände und dann zuletzt auch noch unreif weggemähte Talent* schätzenlernt. Vor ein paar Jahren hat G., als er 1797 in Italien war, einen scharfen Aufsatz gegen Carstens in den »Horen« drucken lassen.

Fernow hält sich trotz seines unglücklichen Fiebers wacker und erzählt das Neueste von vor zwei Monaten aus Italien und Rom. Riemer wird es ähnlich gehalten haben, wenn auch bescheidener. Im Gegensatz zu Fernow steht er ja das erstemal vor GOETHE. Furcht oder Befangenheit will er trotzdem nicht empfunden haben. Im Gegenteil. *Ich fühlte mich innigst erfreut und befriedigt.* Riemer hat sich den Mann, der den Werther, Stella, Iphigenie, den Tasso geschrieben hat, irgendwie esoterischer gedacht, und nun erscheint er ihm als ein gutmütiger, vertrauenerweckender Mensch, *so wie man sich nur einen Pfarrer oder geistlichen Herren denken mag, und doch dabei eine solche Weltklugheit und Menschenkenntnis ahnden lassend.* Solch einem Mann, meint Riemer, hat er noch nie gegenübergestanden.

G. trägt einen einfachen blauen Überrock. Der Hemdkragen ist offen, um den Hals hat er ein Seidentuch geschlungen, ähnlich wie SCHILLER auf den Porträts, die Riemer von ihm kennt. GOETHES volles Gesicht hat die kräftige Farbe von Sonne und Wind. Schwarze Seitenlocken rahmen es ein, und hinten hat G. das Haar zu einem Zopf zusammengebunden. Auf den ersten Blick hätte Riemer ihn eher für einen wohlhabenden Gutspächter oder erfahrenen Offizier als einen Dichter gehalten.

G. macht sich von dem Besuch eine karge Tagebuchnotiz. 4. *September Mittags Gäste: Fernow und Gesellschafter, von Schiller, Herr Kraus, Professor Meyer.* Mit Fernows Gesellschafter muß G. auch von dessen Lebensumstän-

den geredet haben und der junge Mann ihm gesagt
haben, daß er eigentlich keine Aufgabe habe, nur die Arbeit am Wörterbuch, das Frommann in Jena drucken
will, und darum sagt der junge Mann auch »ja«, als
GOETHE ihm das Angebot macht, über Winter in Weimar zu bleiben und die Ausbildung von Sohn August zu
übernehmen. Riemer hat keine Verpflichtung, nach Jena
zu gehen, und außerdem läßt sich, was man in Jena zu
erledigen hat, gut auch von Weimar aus besorgen und
umgekehrt. GOETHE hält es so. In der Residenz gar
nichts Dichterisches betreiben zu können hat er schon
geklagt und ist beinahe mehr drüben in Jena als in Weimar. Im Jenaer Schloß hat er ein Zimmer, und an den
Fensterstock wird er notieren, was er alles in Jena geschrieben hat.

Magister Riemer kann Meyers doch eigentlich leeres
Mansardstübchen beziehen, wenn es in Ordnung gebracht ist. Die Sache ist schnell beschlossen. Er wird also
bei G. bleiben und den Unterricht für August im Griechischen und im Lateinischen übernehmen. Augusts
Kenntnisse der alten Sprachen sind überaus mangelhaft,
und G. ist darüber sehr besorgt, weil er bisher keinen
Weg gesehen hat, dem Übel abzuhelfen. *Nun glaube ich,
geborgen zu sein und auch für mich persönlich nicht wenigen Vorteil von diesem Umgang zu haben*, sagt G. Der
tüchtige Riemer und der ein bißchen wilde August werden sich schon zusammenfinden. Drei Tage später ist Riemer gleich wieder bei G. Jetzt hat er auch einen Namen im
Tagebuch von G.
*7. September 1803 Hofkammerrath Kirms. Prof. Kästner.
Hr. von Trettau aus Königsberg. Leg. R. Kirms. Herr
Frommann, Wesselhöft und Riemer zu Tische.*

SCHILLER hat auch einen Hauslehrer gesucht, doch
nicht für Weimar und für sich, sondern für Rom und für
Humboldt als Ersatz für Riemer. Es ist ein Auftrag

Carl Ludwig Fernow.

G. v. Kügelgen del.   Seifert sc. Dr.

Riemers Freund Fernow

Humboldts vom 9. Juli an ihn und datiert noch vor Riemers Abreise aus Rom. Die Angelegenheit ist Humboldt
ausnehmend wichtig, und Humboldt legt sie dem Freund
ans *Herz*. Die Frauen haben sich ja davon geschrieben,
und SCHILLER wird das Nähere wissen. Mehr sagt
Humboldt von Mann zu Mann nicht. Und das ist die Angelegenheit: Durch eine *sonderbare und wirklich unglückliche Verbindung von Umständen* hätten die Humboldts den Hofmeister ihrer Kinder, Riemer, aus dem
Hause verloren und seien in großer Verlegenheit. Unter
den Deutschen in Rom wäre gerade jetzt kein tauglicher
Kandidat, und ein Deutscher müsse es schon sein.
SCHILLER kenne sich doch aus in Humboldts Bedürfnissen. Die Familie habe mehr als ein Kind zu erziehen,
und die jüngsten wären ja noch sehr klein. Es solle jemand sein, der zum eigentlichen Erziehen Lust und das
Geschick hat, auf das unterschiedliche Alter der Kinder
und ihre verschiedenen Charaktere einzugehen. *Das
fehlte mir vorzüglich bei dem letzten. Er wußte gründlich
und gelehrt Griechisch und Lateinisch, hatte aber nicht
die Gewandtheit, auch andre Dinge mit den Kindern,
nach Bedürfnis und Gelegenheit, auszuspielen, er hatte
eine sonst rechte, nur hier schädliche Scheu, etwas auf eine
andere, als durchaus gründliche Weise, anzufangen und
war daher nicht gemacht, in den Kindern eine wahre Aufmerksamkeit des Kopfes zu wecken ...*
Einen bloßen Metaphysiker oder Naturphilosophen
werde ihm der Freund schon von sich aus nicht empfehlen, hofft Humboldt. Ihm wäre auf jeden Fall selbst eine
derbe Natur lieber, als eine furchtsame, schwächliche,
kleinliche.
Es ist ein Kreuz mit den Hofmeistern.
Riemers Begabung sind die Kinder nicht. Dafür ist Riemer zu steif, zu systematisch, zu sehr mit sich selbst beschäftigt. Die Kinderlust am Spiel und an der Überraschung fehlen ihm. Er ist ein Mann der Regeln, mit der

Sehnsucht, sie loszuwerden. Riemer schleppt an dem Vatererbe eines Mannes, der auf der militärischen Karriere-
leiter im Preußen des ALTEN FRITZ von ganz unten bis
zu der bescheidenen Stellung eines Proviant- und Ser-
vice-Kontrolleurs in der schlesischen Festung Glatz
mühsam aufgestiegen ist. Riemers Kindheit umringen
Wälle, Sperrforts, Verhaue, Gräben, Bastionen, und der
Vater denkt an eine militärische Karriere für den Sohn.
Nicht das blutige Handwerk soll es sein, sondern das
»Geniewesen«, der Festungsbau, die Pionierkunst.
Friedrich II., der Provinzeneroberer, hat Glatz zu einem
drohenden Stützpunkt in den ehemals österreichischen
Ländern der Maria Theresia ausgebaut. Da gibt es immer
feine Arbeit, hat Riemers Vater gesehen. Aber sein Gesuch, den Sohn an der Ingenieurschule des Königs in
Potsdam aufzunehmen, wird abgelehnt. Also gibt sich
der Vater zufrieden, daß der Sohn einen Platz am Bres-
lauer Maria-Magdalenen-Gymnasium bekommt.
Es ist ein Kreuz mit den Hofmeistern.
SCHILLER sucht für Humboldt in Jena und Weimar,
findet aber keinen geeigneten Hauslehrer. Die guten
Leute sind durch vorteilhafte Angebote ausgerechnet in
diesem Augenblick schon an andere Orte gebunden. Nur
einen weiß SCHILLER in dem Brief, den er am 18. August aus Weimar nach Rom schreibt. *Ein recht wackerer
Mann, Herr Doktor Hegel aus Württemberg, ist jetzt in
Jena Dozent der Philosophie, ein gründlicher philosophi-
scher Kopf, der Ihnen vielleicht auch als Schriftsteller bekannt ist, aber Sie wollen keinen Metaphysiker, auch ist
dieser etwas kränklich und grämlich ...*
Über manches spricht man in Weimar, und über manches
sprechen SCHILLER und GOETHE nicht. Es gibt eben
Grenzen. Und darum hält auch Riemer den Mund über
seine italienische Geschichte. Wie der Meister über die eigene. Kommt Zeit, kommt Rat, Magister Riemer. Für
den Fall irgendeiner Nachfrage hat er etwas, das sich

sagen läßt. Wenn überhaupt aufkommt, warum er aus
Rom weg ist.
Jetzt zieht Riemer erst einmal in die Mansarde für diesen
Winter und wegen August.

II

Riemers italienische Geschichte

Daß der neue Hauslehrer oben in der Mansarde wohnen würde, war sicher. Nur nicht so rasch, wie Riemer Augusts neuer Lehrer geworden war. GOETHES Christiane besorgt in der Nähe erst einmal über den Oktober ein Unterkommen beim Nachbarn Härtel. Mit *Morgen und Nachmittags Caffee Frühstück und Erleuchtung für 8 rthl und 21 gr. 7 pfg.* Zum November wird Riemer in die Mansarde ziehen und über dem blauen Zimmer des Meisters wohnen. Schüler August macht Fortschritte und lernt Neues. Von Riemer hat er sich die lateinische Schreibschrift abgesehen und probiert sie auch gleich in seinen kleinen Briefchen an den Vater, die er den großen der Mutter an den Mann beilegt, der in Jena ist.

Lieber Vater!

Hier übersende ich Ihnen die Pinienkerne, welche Sie verlangt haben, und wünsche, daß sie gut aufgehen mögen. Wir befinden uns hier alle recht wohl und wünschen, daß es Ihnen auch wohl ergehe ... Sein Sie doch so gütig und lassen Sie wieder einige Zettel für Herrn Riemer schreiben. Auf den Zettel für den Sonnabend setzten Sie noch zwei Galleriebillets.

Leben Sie recht wohl

Weimar, den 30. November 1803

Der Weimarischen Familie scheint Riemer sympathisch zu sein. August kümmert sich für seinen Lehrer um Freibilletts bei Theaterdirektor GOETHE. Zu Anfang des Monats hat August beim Vater schon einmal *einige Zettel* für seinen Lehrer bestellt. Jetzt am Sonnabend wird die *Saalnixe* gegeben. Eine zu Herzen gehende Oper, die eigentlich *Das Donauweibchen* heißt und von zwei Österreichern stammt, aber von GOETHES Schwager Christian August Vulpius zur *Saalnixe* umgeschrieben worden ist. Die möchte man doch nicht versäumen. Wenn man in Weimar ist.

Mit Riemer geht es bergauf. Mit Riemer geht es dienend bergauf.

Unter gewissen Umständen hätte Riemer schon im vorigen Jahr, als er noch Bediensteter bei den Humboldts war, in Weimar und vielleicht sogar im Haus am Frauenplan sein können. Wohl kaum bei GOETHE. Humboldt hatte auf seinem Weg, für die preußische Regierung in Rom die Gesandtschaft beim Vatikan zu übernehmen, in Weimar bei GOETHE Station gemacht und zuvor Freund G. geschrieben: *Ich kann unmöglich Deutschland verlassen, ohne Sie und Schiller vorher gesehen zu haben* ...

Als Riemer in die Mansarde zieht, bekommt er eine andere Zukunft. Zwei-, dreimal hat sein Leben schon die Bahn geändert, jetzt bleibt es wohl bis zum Ende unter dem gleichen Stern. Nur, daß Riemer mehr noch geschieht als diese Zukunft in Weimar. Wenn die Gegenwart wechselt, bekommt man es manchmal mit anderem Vergangenen zu tun. So ist Magister Riemer bei seinem Eintritt bei Baron von Humboldt in die Liebesgeschichten der Frau von Humboldt geraten. Und bei seinem Einzug in die Mansarde bekommt er es mit den Liebesgeschichten von G. zu tun. Überhaupt mit allem Leben von diesem GOETHE.

In diesem September 1803 verkehrt Riemer also mit GOETHE, woran er nicht und Humboldt nicht im vorigen Jahr denken konnten, als Humboldt fast um die gleiche Septemberzeit G. besuchte, der zweimal schon in Ita-

lien war. Mittlerweile gehört auch Riemer zu den Leuten,
die eine italienische Geschichte haben. Damals hat Humboldt GOETHE geschrieben: *Ich kann unmöglich
Deutschland verlassen, ohne Sie und Schiller vorher noch
einmal gesehen zu haben. Ich habe mir daher vorgenommen, von Leipzig oder Zeitz aus, wo ich meine Kinder
lassen will, auf zwei, drei Tage nach Weimar zu kommen.*
Humboldt ist ein Mann in der Welt. Er kann überall zu
Hause sein. Allein zwei Jahre hat er von 1797 bis 1799 in
Paris mit seiner Familie gelebt, um später wegen der Sprache und Kultur nach Spanien zu gehen. Berlin, wo er die
letzte Zeit war, ist nur ein Zwischenspiel. Im Mai 1802 hat
die preußische Regierung ihm die Residentschaft beim
Vatikan angetragen. Im September ist Humboldt als *Geheimer Legationsrat* mit Familie und Hofmeister nach
Italien aufgebrochen. Eine Zwischenstation ist Leipzig.
Zeitz die nächste. Von Zeitz fahren Humboldt und Frau
Caroline am 19. September hinüber nach Weimar. Riemer
bleibt bei den Kindern. Caroline und Wilhelm haben fünf
Kinder. Die Söhne Wilhelm und Theodor. Wilhelm, der
Erstgeborene, ist beinahe so groß wie seine Mutter. Und
die Töchter Caroline, Adelheid und Gabriele. Gabriele ist
noch nicht aus den Windeln.
Die Humboldts hätten Riemer nach Weimar mitnehmen
können, aber bequemer ist es, wenn der Hofmeister mit
den Kindern in Zeitz bleibt. Auch im Fall einer Begleitung hätten sie Riemer in Weimar gewiß nicht zu
GOETHE mitgenommen. Höchstens in das Haus am
Frauenplan, wenn Freund G. die Kinder hätte sehen wollen. Riemers Platz wäre während der Visite dann im
Dienstbotenzimmer gewesen.
In Riemer brodelt Sehnsucht.
Vielleicht nach Weimar. Gewiß nach einer Frau.
Noch nie war er mit einer zusammen. Riemer ist achtundzwanzig. Noch nie hat er den Körper einer richtigen
Frau gesehen. Riemer hat nur gewaltige, Furcht einja-

gende Phantasien. Gerade im Juni 1802 ist ihm in Berlin
wieder eingefallen, daß er *als Knabe und Jüngling das*
Wort Brüste nie lesen und aussprechen mochte und auch
nicht gern aussprechen hörte, sogar mit *Busen* ging es ihm
so, obwohl er dies Wort *schöner* fand. *Es war kein Ekel,*
der mich abhielt, aber es war ein Heimliches, was dadurch
bezeichnet wurde und so sollte auch das Wort heimlich ge-
halten werden.

Berlin entzückt Riemer. Wär er je hierher gekommen,
und so komfortabel? Die Humboldts haben in Berlin in
der Jägerstraße eine Stadtwohnung und draußen im Dorf
Tegel das Schlößchen. *Ich liebe den Aufenthalt in einer*
großen Stadt. Man kennt wenige und wird von wenigen
gekannt. Man hat die Aussicht zu einer großen Bekannt-
schaft noch vor sich. Es gibt noch immer etwas zu hoffen
und zu begehren und zu bewundern. Es ist ein großes
Vergnügen unter Menschen einsam umherzugehen, wenn
einem nur zuweilen Bekanntschaften aufstoßen, denen
man mit einem Blick, einem Lächeln, einem Händedruck
sagen kann, wie einem das Treiben und Tun vorkommt.
So sehr ich die Sprache liebe, sie ist so unentbehrlich wie
die Scheidemünze, so liebe ich doch in Courant zu zahlen
und in Courant dafür einzunehmen, wenn es denn dem
Innersten der Empfindungen und Gefühle gilt.

Nie wäre Riemer in die Nähe eines Mannes wie Humboldt gekommen, hätte ihn Humboldt nicht unter seine
Bediensteten aufgenommen. Humboldt, der geistreiche
Gelehrte, einer der aristokratischen Revolutionäre
Preußens, die die Gedanken der Revolution aus Frankreich ins Land holen. *Ideen über die Staatsverfassungen,*
durch die französische Revolution veranlaßt, hat der
Baron 1792 eine Schrift genannt und gleich nachher die
Ideen zu einem Versuch, die Grenzen des Staates zu be-
stimmen geschrieben, die wegen der Zensur nur bruch-
stückhaft in Zeitungen erscheinen. Humboldt auf gleichem Fuß mit GOETHE und SCHILLER. Der Meister

verdankt ihm eine großartige Würdigung von *Hermann und Dorothea*. Mit SCHILLER lebt Humboldt 1794 in Jena zusammen.

Nie wäre Riemer in die Nähe einer so charmanten und geistreichen Frau wie Caroline von Humboldt, der geborenen Dacheröden, Humboldts Frau seit 1791, gekommen, die von der Familie SCHILLER bis zu den Varnhagens und GOETHE so viele schätzen und die sich mit der Freiheit ihres Standes frappierende weibliche Freiheiten herausnimmt.

Hat Riemer nicht Glück gehabt, daß Humboldt seinen Lehrer und Mentor, den berühmten Altertumswissenschaftler Professor Friedrich August Wolf in Halle besucht hat, Riemer ihm vorgestellt wurde und daß Riemer – wo er eigentlich keine Aufgabe hat, nur das griechische Wörterbuch und die eigenen, schlecht besuchten Vorlesungen – gleich »Ja« gesagt hat, als Baron Humboldt fragte, ob er Hauslehrer bei seinen Kindern werden wolle?

Professor Wolf hat Riemer ungern ziehen lassen, aber wie alles gekommen ist, es für das Beste für Riemer gehalten. Als Studiosus angenommen hat er Riemer auf eine Empfehlung von Riemers Breslauer Lehrer Kaspar Manso, der gelegentlich auch dichtet und über Dichtung schreibt. Wolf ist der Mann, der den Zeitgenossen die moderne Philologie erfindet. Professor Wolf hat in textkritischen Untersuchungen dem erstaunten Publikum vorgeführt, daß Homer als einziger Verfasser von Odyssee und Illias eine Legende ist. Die Epen sind das Werk mehr als eines antiken Sängers, heißt die Botschaft. In Wolfs Schule macht sich der junge Riemer einen Namen, und Wolf zeichnet ihn mit dem Rat aus, selber an eine Karriere als Philologe zu denken. Riemer beginnt mit Vorlesungen an der Halleschen Universität über griechische Grammatik, die Dichter Herodian, Lukian, den berühmten Cicero und eröffnet auf Wolfs Spuren eine Untersuchung, wo die

realen Schauplätze der in der Illias beschriebenen Kämpfe
gewesen sein könnten.

Nach drei Semestern eigener Vorlesungen kommt Riemer
nicht mehr weiter. Das Geld, das er sich mit Privat-
stunden, Übersetzungen und Korrekturen verdient,
reicht vorn und hinten nicht, um das Leben eines Pri-
vatdozenten an der Universität durchzuhalten. Mentor
Wolf vermittelt zwar seinem Protegé den Auftrag, aus
J. G. Schneiders Großem Griechischen Wörterbuch
einen Extrakt für Anfänger herauszuziehen, doch bessert
die Arbeit nicht Riemers Hungerexistenz. Also kommt
Humboldt rechtzeitig. War es gut für Riemer, bei Wolf
gewesen zu sein, denn ohne Wolf kein Humboldt, wie
keine Hallesche Universität ohne das Breslauer Gymnasium und das Gymnasium nicht ohne den Umstand, daß
der Preußische König ihn nicht für seine Potsdamer Ingenieurschule haben wollte.

Hat doch alles seine Logik.

Und wenn man es vernünftig sieht, eigentlich kein
schlechter Lebenslauf für einen armen Schlucker. Nur,
daß Riemer eben nicht vernünftig ist, obwohl er sich und
alles unentwegt vernünftig zu machen sucht. Auch die
zwölf Monate bei Humboldt.

Am 7. März, es ist 1802, ein Sonntag, resümiert Riemer in
Tegel in seiner Schreibkladde, daß *es dem Tage nach ein
Jahr her ist, daß ich einen Schritt tat, dessen Folgen ich
jetzt noch spüre, und gewiß mein ganzes Leben spüren
werde. Ohne ihn, wäre ich jetzt noch in Halle, oder doch
in anderen Verhältnissen. Ich hätte mir Ruhe und Heiter-
keit der Seele erhalten, und dadurch meine Tätigkeit, die
mich sicher gefördert hätte. Doch was sage ich, das Unglück und die Not hat mich erst tätig gemacht: ohne dies
würde ich meinen gewöhnlichen Treint fortgegangen sein
und gewiß eben so wenig fertig sein, als jetzt, aber lange
nicht mit dem Vorteil für mich selbst gearbeitet zu haben.
Die Erfahrung als solche ist allein schon etwas wert und*

durch ein gutes Jahr Not und Trauer, ist mir der Sinn für hundert Freuden aufgegangen, die ich sonst nicht kennte. Ich begreife sehr leicht, daß alles nicht anders kommen konnte und daß das Schicksal, wenn es mir keine Frühlingsliebe, keine morgendlich beleuchtete geben wollte, (denn wahrlich dazu war der Zeitpunkt verfehlt und meine ganze Lage nicht eingerichtet) sie nur abendlich colorieren konnte.

Und dann macht sich Riemer ein paar Tage später eine Farbenlehre, die ganz oben, über der Erde, dem Gemein-Materiellen, in den Wolken anhebt. *Ich habe immer schon in den Farben ein Analogon nicht nur der Töne, sondern auch der Affekte und Empfindungen des Inneren Sinns wahrzunehmen geglaubt. Betrachtet den blauen Himmel, dort am Horizont – es ist die heitere Freude, die sich in ihm verklärt: höher hinauf wird es heiterer Ernst, bis es sich im Scheitelpunkt zu tiefem Ernst und Beständigkeit verstärkt.*

Gelb ist in einem gewissen Tone Furcht und Abscheu.

Das Grün ist kräftig, aber gemein, nicht nur allgemein, sondern »gemein«. Es hat den Charakter einer derben, gesunden Sinnlichkeit.

Rosenfarb paßt nur für Mädchen, ebenso nur grün, Wasser- und Meergrün: wenn ihr Teint noch frisch ist. Rot, brennendes Rot des Purpurs oder des Scharlachs, nur für Buhlerinnen. Es ist unmöglich, daß es sanfte Empfindungen einflößte.

Verstünden es die Weiber, sie könnten einem fühlenden Herzen alle Empfindungen durch die Farbe ihres Anzugs und die Natur des Stoffes mitteilen.

Eine ausgelernte Courtisane – am Narrenseil könnte sie einen herumführen ...

Was er auch anfängt, das quälende Rätsel des Eros holt ihn überall ein. Farben, Töne, Worte, in jedem schwingt es. *Einer der romantischsten Klänge ist* **Frauen. Frau** *klingt wie* **blau**. *Klang und Farbe schmilzt hier zusam-*

men, wird er sich notieren. Irgend etwas müßte man den
Frauen doch ansehen von den Geheimnissen der Nacht,
dem verborgenen Tun, den Geheimnissen des Bettes, irgend etwas, etwas, irgend etwas nur müßte doch am Tage
haften.

Ich wundere mich immer, so oft ich schöne Frauen er-
blicke, wie sie ihr Leben aus den nächtlichen Zweikämp-
fen, der Begierde mit dem Reiz, nur haben davon tragen
mögen; wie es geschehn, daß sie nicht zermalmt oder auf-
gezehrt worden ...

Gott Priapos quält den armen Riemer mit Polluti-
onsträumen und Ergußphantasien. Wie von einem *Quell*
überströmt, sieht er sich, *in dem ein mitleidiger Gott die*
lechzende Begier auftauen und zerschmelzen ließ um
ganz in den Reiz zu versiegen; so mit allen Sinnen und
Kräften, glaubt' ich, müsse man streben, die Schönheit in
sich zu saugen, oder gleich einem Strom im unendlichen
Meere, sich in ihr zu verlieren und unterzugehen.

Nun versteht er auch die seltsame Anziehungskraft, die
die Geschichte der Quellnymphe Salmakis aus den Me-
tamorphosen des Ovid auf ihn als Knaben ausübte. Sala-
makis verliebt sich in den Hermaphroditos, den Sohn des
Hermes und der Aphrodite, als er in ihrer Quelle badet.
Als Hermaphroditos die Nymphe zurückweist, ver-
schmelzen auf ihre Bitte sie, das Weib, und er, der Mann,
zu einem Wesen. Als Knabe hat Riemer die Metamorphose *mit einer wunderbaren, noch unverstandenen*
Wollust gelesen, jetzt weiß er, sie ist *das, was meine Wün-*
sche ausspricht. Und wie aus *meiner Seele genommen,* ist
Riemer *die schöne Stelle* aus Novalis Roman »Heinrich
von Ofterdingen«, *wo einer im Traume badet und die*
Wellen ihm vorkommen, wie warme Mädchenbusen und
das Ganze als eine Auflösung der reizenden Mädchen-
glieder.

Es ist Mittwoch, 17. März, und Sonntag, 21. März 1802,
als Riemers im himmlischen Blau begonnene Polychro-

mie der Gefühle in seinen priapischen Abgründen mit
einer Farbe anlangt, die eigentlich weniger eine Farbe ist,
als die Eigenschaft, alles Licht zu verschlucken.

Aber aus allen Tiefen leuchten die Lüste und Begierden in
Flammen auf, wenn es blutrot schwillt. Offenbart vor
meinen Augen regen sich Geheimnisse, die immer das Ta-
geslicht flohn. Es wirkt wie Blut und Wunden.

Schwarz! O schwarz! unaussprechlich. In diesen Tiefen
lauscht und lockt das heimliche lüsterne Dunkel der
Nacht. Ich möchte in sie versinken. Und wenn es
milchweiß aus dieser Rabennacht quillt und schwellt und
sich bläht und wölbt – welch eine Idee – die Wollust mit
dem Tode zu paaren.

Riemer wehrt sich gegen seine Natur mit Kopfgeburten.
Der griechisch Studierte hat den *Gedanken* zu einem
Drama nach dem Vorbild der Salamakis-Geschichte,
das einen armen Hyppolytos darstellen sollte. Sein Wei-
berhaß sollte sich auf die Erwartung der Beschränktheit
und Schwäche des Weibes stützen. Seinen heimlichen
Grund aber in einer Rache wegen verschmähter Liebe
haben ...

Riemer kehrt die Geschichte um. Er will seinen Seelen-
zustand erzählen. In der Überlieferung es ja nicht Hyppolytos, der an verschmähter Liebe leidet. Dem bedeutet
die Liebe einer Frau gar nichts. Lediglich die unnahbare
Artemis zieht ihn an. Aphrodite rächt sich mit einer
schrecklichen Intrige an dem Frauenverächter. Das
Drama des Hyppolytos Riemer ist, daß ihn die Liebe der
Frauen verachtet, weil er keine Ehe bezahlen kann. Und
seit Monaten lebt er zu allem Unglück auch noch neben
der schönen Caroline von Humboldt, an die sich die
schweifenden Sehnsüchte des jungen Mannes zu klam-
mern beginnen.

Wenn er nicht seinen Illusionen nachhängt, ist der Ver-
schmähte in seinem Tagebuch erfahrener Lebemann,
Frauenverächter, Zyniker, Kraftmensch.

20. Januar 1802
Wie unsere Männer, so sind auch unsre Weiber. Kein fri-
sches und gesundes Holz; ein stockicht wurmstichig Ge-
strüpp. Die gesunde kernhafte Sinnlichkeit der Vorwelt,
wie schlecht würde sie sich speisen an den platten Busen
unsrer Weiber, an der wespenartigen Gestalt, die viel ver-
spricht und wenig hält. Und eins würde sie ganz verges-
sen: die schöne Scham im Kampf mit der heimlichen Lü-
sternheit: der höchste Reiz und einzige Vorzug des
Lebendigen vor der toten Statue und eigentlich das wahre
Gewürz in diesem ganzen Genuße.

30. Januar
Diese Schöngeisterei ist mir zuwider an den Männern,
aber widerlicher kann sie mir nirgends sein als an den
Weibern. Seit diese Pest unter den Weibern herrscht, ist es
aus mit ihnen.

Nachts. 11–12
Es gibt Frauen, deren Geist so stark ist, sich zu der Höhe
der männlichen Gesichtspunkte zu erheben, und deren
Körper jedem unterliegt, wovon sie angenehme Ein-
drücke erwarten. Sie denken wie Männer und empfinden
wie Weiber.

17. März
Eigentlich ist es der Gedanke, die Phantasie, die den irdi-
schen Genuß erhöht. Der Wein in dem Mohnblatt dünnen
Glase scheint der Phantasie in der Luft zu schweben, sie
wunderbar reizt, aber in keinem gemeinen Sinne. Auch in
seinen Lastern kann man ästhetischer sein, als andere in
ihren Tugenden.

10. Mai
Man findet in der Menschheit noch einmal die ganze Tier-
heit wieder ... Man findet in den einzelnen Menschen die
Gelüste der Sau, des Hundes, des Affen; jeder der in sei-
nen Busen greift, wird etwas davon wahrnehmen.

1. Juni
So wie unser Blick sich erweitert, geht auch die Unschuld

verloren. Die Unschuld ist eine Beschränkung. Darum findet sie sich bei Weibern und Kindern. Die Unschuld soll verloren gehen, ihre Stelle soll die Macht des Wirkens, die Vernunft soll sie einnehmen. Der Weg dazwischen führt freilich durchs Laster: aber es ist nun so.

Jede Frau könnte den aufgereizten Jüngling am *Narrenseil* führen, es braucht gar nicht die verworfenen Weiber, die sich der Magister phantasiert, keine seiner Theorien besiegt seine Natur. Keine seiner Grübeleien, nicht einmal seine Stellung schützt ihn vor Caroline von Humboldt. Sein einziges Leben brodelt und wütet in Riemer und will sich nicht mit einem Platz am Katzentisch bescheiden.

19. März 1802

Das Leben ist eine offene Tafel mit allerlei Speisen, fürs Bedürfnis reichlich, zur Delicatesse mäßig serviert. Wer nicht dreist zulangt, erhält überall nichts. Noch weniger reichen die Leckerbissen herum, alle zu bescheiden. Denn es gibt Gourmands, die alle Saladieren und Saucieren um sich versammeln und anderen bloß den Anblick lassen. Hält man sich zu den Weibern und steht gut mit denen, so erwischt man oft verstohlen einen guten Bissen, denen sie einen halb aus Täuschung, halb aus Gutmütigkeit in den Mund stecken. Damit muß man sich begnügen.

Armer Jüngling, der du zum erstenmal in diesen Eßsaal trittst. Bescheiden bleibst du fern stehen, hältst dich zu einigen ernsten Männern, teilst deine Aufmerksamkeit zwischen dem Genuß des lehrreichen Gesprächs und des Butterbrotes, das man dir anbietet, und alle deine Wünsche zu befriedigen scheint, während deine Altersgenossen das Beste von der Tafel wegschnappen und es verschlingen. Du merkst endlich, daß es nicht etwas Besseres gebe, als dein Butterbrot, aber zu spät, es ist alles weg, oder es wird entfernt.

Also nicht die süßesten Freuden des Lebens in der Blüte erstickt. Nicht sich selbst ermordet. Das lodernde Verlangen des rebellischen Hofmeisters beginnt von Mai an den Namen der acht Jahre älteren Baronesse von Humboldt zu tragen.

Mai 1802

O du frischer knospender mit samtenen Schmelz überdufteter Blütenleib des Mädchens, daß Du in mich hinabtauchtest, wie in einem Quell, o daß auch nur Dein schöner Widerschein wie ein blühendes Abendrot mich küßte und in mir sich spiegelte!

Wie der zarte Leib einer Blume, der allein der seeligen Liebe und Wollust genießt, sich aus dem Lustbette der seidenen Blätter erhebt, so blüte ihr tauiger duftiger Leib aus dem Samt, der wie ein Moos, wie ein zarter Flaum um ihre Hüften keimte, und die Blicke sanft und schmeichelnd bettete. Ich hätte sie einatmen mögen das himmlische Weib.

Wenn Sie nur eine Ahnung hätten von dieser wollüstigen Qual, womit sie mich peinlich entzücken, die Weiber, die in Samt sich hüllen –, ach nicht hüllen; nur ihre eigenste Natur voll Milde und Wollust, wähnst Du, dringe, quelle, dufte aus ihren Gliedern hervor. Das Auge fühlt sich nicht satt: ein ewiger Durst die Hand, ihn einzufangen den unendlichen Reiz, der alles in mir aufregt.

Caroline erwartet ihr fünftes Kind, sie ist im achten Monat schwanger, den Winter über in Berlin ist es ihr nicht gutgegangen, auch ihr Mann hat sich in der Residenz nicht wohl gefühlt. Die Wohnung in der Jägerstraße ist ihm zu eng und unbequem, und dann sind in Berlin die unvermeidlichen Gesellschaften, die ihn von seinem Schreibtisch entfernen, und das heißt für ihn: *von mir selbst.*

Draußen vor der Stadt in Tegel und jetzt im Mai hat sich alles gewendet. Humboldt ist aus seiner Winterstarre, seiner Stadtverstimmung heraus und antwortet endlich auf einen Brief von Freund SCHILLER vom Winteranfang. *Wir sind in Tegel, die Kränklichkeit der Li hat, wenn*

sie auch noch viel leidet, doch den beunruhigenden Cha-
rakter verloren. Es ist *ein sehr ruhiges und wirklich mei-*
stenteils heiteres Leben. Nun ist auch sicher, daß Humboldt den preußischen König beim Vatikan vertreten
wird. ... *wenn mich jetzt etwas abhielt, Ihnen früher zu*
schreiben, so war es die Ungewißheit, in der ich über die
Entscheidung einiger mir wichtiger Ereignisse war. Denn
außer der Schwangerschaft meiner Frau, deren Ausgang
ich diesmal mit doppelter Sehnsucht entgegen sehe, gehe
ich mit allerlei Plänen, meine Lage zu verändern um und
vielleicht könnte ich in kurzem Deutschland wieder ver-
lassen ...

Am 18. Mai geht Caroline zurück nach Berlin, zehn Tage
später wird die Tochter Gabriele geboren, Mitte Juni ist
Caroline wieder in Tegel.

Was nun mit dem Hofmeister und den Frauen und der
Baronesse Humboldt ist, darüber gibt es keine Auskunft – bis zum August.

Gewiß ist nur, daß Sommer ist. Ein märkischer Sommer
im Dorf Tegel zwischen Feldern und Wiesen und auch
Wald. Ein paar Gehöfte nur. Und das Forsthaus. Von
Forstrat Friedrich August Ludwig von Burgsdorff eine
Zeitlang bewohnt. Die Familien Humboldt und Burgsdorff sind sich nahe. Der Neffe vom alten Forstrat, Wilhelm von Burgsdorff, ist ein Jugendfreund von Humboldt. Vater Humboldt hat sich 1765 Tegel gekauft. In der
Nähe des Schlosses steht ein Postmeilenstein. Die Post-
straße aus der Residenz nach Hamburg hat hier eine Ab-
zweigung. GOETHE was here. G. ist vor Jahren im Mai
1778 mit Freund Carl August auf dem Weg von Berlin
nach Potsdam hier durchgekommen und hat seither das
Forsthaus und einen alten Feind gut im Kopf. Das wird
er noch für den *Faust* brauchen können. Der Feind ist Nicolai, der elende Vernünftler aus Berlin, der die *Freuden*
des jungen Werther GOETHE zum Tort geschrieben hat,
und ausgerechnet dieser Nicolai hat in einem Vortrag er-

zählt, daß es im Tegeler Forsthaus spuke und daß so etwas durchaus glaubwürdig sei. Er selbst habe wochenlang die Geister Lebender und Toter gesehen, und erst die Blutegel, die ihm sein Arzt wegen Überreizung an den Hintern angesetzt habe, hätten ihn von seinen *Phantasmen* befreit. G. hat das Elefantengedächtnis der großen Dichter. *Verschwindet doch! Wir haben ja aufgeklärt! Das Teufelspack, es fragt nach keiner Regel. Wir sind so klug und dennoch spukt's in Tegel.*

Riemer meldet sich in seiner Geschichte im August dieses Jahres 1802 zurück. Da ist er baden gegangen. Wohl im Tegeler See.

... mit dem Rücken auf dem Wasser liegend. Hohes Lebensgefühl, das ich lange entbehrte. Ich fühlte meinen Körper nicht ...

Zu Anfang des Monats ist Caroline nach Tegel zurückgekommen. Jetzt ist der 12. August und *Abend. Herrlicher Mondschein. Fernes Wetterleuchten, vorher Gewitter. Blitze im Abendrot. Alle Blumen und Bäume wie träumend. Der Garten wie eine Phantasie.*

Riemer hat in dieser Augustwoche schnell und viel gelesen. Romane, Romane. Es ist das Neuste. Der *Heinrich von Ofterdingen* des Weißenfelser Salinenassessors Friedrich Leopold von Hardenberg, als Dichter NOVALIS genannt, ist gerade als nachgelassener Roman erschienen. Novalis ist voriges Frühjahr gestorben. Gerade neunundzwanzig Jahre alt. Heinrich hat an einem Quell eine blaue Blume gefunden. Aus ihrem Kelch schaut ihm das Gesicht eines wunderschönen Mädchens an. Heinrich wird Blume und Mädchen suchen. Und dann hat Riemer jetzt auch den zweiten Teil von *Franz Sternbalds Wanderungen* von Tieck gelesen: Sternbald, der Maler, der durch die Welt zieht und nach Italien kommt, trifft in Rom endlich die schöne Unbekannte, die er immer schon liebte und die ihn in Rom endlich wiederliebt. Riemer fühlt sich seltsam emporgehoben. *In einer Melodie, die alle früheren an Zartheit, ich möchte sagen, an Ewigkeit übertrifft.* Aber jetzt, Mitte August, geschieht etwas in Tegel. Nur was?

Es wird wohl so gewesen sein, daß Riemer mit Caroline etwas geschehen ist. Nicht der Baronesse mit dem Hofmeister.

Es ist der 13. August, ein Freitag. *Schöner Morgen zwischen 6 und 7. Ein einziger Augenblick, wo das goldene, ewig sehnlich gewünschte Glück mir im Fluge zulächelte. O, daß ich die Freude bei den goldenen Schwingen haschen und sie auf immer in diese Brust versenken könnte. Es war der poetischste Moment meines Lebens.*

So schöne Freude wie der Morgen brachte, so heiß drückte der Mittag des wirklichen Lebens und der Abend sah Tränen!

Also war es eine Schimäre, Einbildung, Blendwerk, ein Gaukelbild? Riemer grübelt am Sonnabend. *Zweifel. Wenn ich mich irrte? Unmöglich. Der Beweis liegt im facto, alle Sinnen sind Zeuge. Immerwährend heftet mir das Schicksal antreibende Stachel in die Seele.*

Lange schon weiß Riemer, daß Humboldt nach Rom gehen wird und der Hofmeister seiner Kinder mit. Welch Glücksfall für einen brotlosen Magister, der die antiken Schriftsteller und ihre Sprachen studiert hat. Italien, der Wallfahrtsort der Gebildeten! Dorthin gehen Lebensreisen. *Alles will nach Italien bei uns, ich sage alles, und es ist doch nicht so ganz wahr. Ich selbst lobe mir mein zuhaus und wem zuhaus nicht wohl ist, dem ist nirgens wohl und ist eine solche Reise nur eine Palliativkur. Ein anderes ist's in der Jugend, welche glaubt, es sei noch außen herum etwas zu finden,* hat Charlotte von Stein aus Weimar ihrer jungen Freundin *Lottchen* Lengefeld, in Erinnerung, wie G. plötzlich verschwunden war, geschrieben. Auch Riemer brauchte dringend ein Palliativum, ein schmerzlinderndes Mittel, doch Riemer hat das Gefühl,

ihm wäre nicht zu helfen. *Schon wieder eine Sehnsucht,*
die kein Italien selbst auslöschen kann! sagt er.

Vielleicht ist ihm im August sein Tagtraum aus dem April
vor Augen getreten, den er sich als Romanszene aufgeschrieben hat. *Der nächste Morgen erwachte. Die Sonne*
überschlich mit ihren Strahlen das Schlafgemach und das
Morgenrot wogte wie ein Nebel zu den klaren Fenstern
hinein und loderte an der Wand. Schlank wie eine Lilie
und klar lag die Gräfin ausgegossen auf einem Samttep-
pich, der wie aus Veilchen gewoben … In diesem Augen-
blick überschwemmte der rote Schimmer auch den
milchweißen Leib, dessen Lilien auf einmal zu himmli-
schen Rosen erröteten. Die Veilchen glühten in Purpur
und schwärzten sich wie das Meer, wenn es zu grollen an-
fängt. Die Rosen loderten in hellen Brande. Die Gräfin
erwachte. Ihr Augen traf den Spiegel … Vielleicht hat
Caroline in diesen heißen Augusttagen etwas von ihrer
Kleidung abgelegt oder ist gar in das Wasser des Tegeler
Sees gestiegen? Der Hofmeister Riemer ist so hungrig
nach einer Frau, nur nach ihrem Anblick.

22. August 1802

Es ist der Augen höchste Wollust, ein schönes Weib ihre
Reize enthüllen zu sehen und aus diesem wunderbaren
Gewebe, das kräftig und duftig und zart zugleich ist. Wie
es lechzt, die warmen Glieder brünstig zu umfangen! Es
ist, wie wenn ein Weib noch einmal sich in alle ihre Reize
hüllte. Es ist etwas Heiliges in diesem Gewebe: es stößt ab
und lockt doch so allgewaltig an!

Nicht, daß mit Caroline von Humboldt, geborene Dacheröden, nichts geschehen konnte. Bevor Caroline Wilhelm von Humboldt 1791 heiratete, ließ sie ihren Verlobten wissen, daß sie keineswegs die Absicht habe, mit der
Ehe die Freiheit ihrer Person an den Mann abzutreten.
Nichts sei so heilig im Zusammenleben als die Individua-
litäten eines jeden Charakters. Sie in einem so engen Ver-

hältnis wie die Ehe respektiert zu sehen, war das einzige, was ich bei dem Manne suchte, dem ich meine Hand geben wollte, erklärte sie Humboldt im April 1790. Die Voraussetzung der Verbindung sei, daß ihr Geist *in all der Freiheit, der er bedarf, um sich lebendig zu fühlen,* existieren könne.

Als Charlotte von Lengefeld zweifelte, ob es nicht besser sei, auf ihre Liebe zu SCHILLER zugunsten ihrer Schwester zu verzichten, hatte Caroline von Dacheröden der Lengefeld selbstbewußt geraten, sich über das Übliche hinwegzusetzen und SCHILLER ihre Liebe zu bekennen. Eine Frau einem Mann!

Caroline gehört zu der aufsehenerregenden Handvoll Frauen, die sich vorgenommen haben, auf ihre »Herzen« zu hören. Sie brechen die Konventionen im Schutz ihres privilegierten Herkommens. Gewisse Leute um Caroline von Dacheröden verbreiten, sie sei »genialisch«. Sie sagen es von der Günderrode und von der Rahel Varnhagen, der Bettine Brentano, und sie werden es später von GOETHES Schwiegertochter Ottilie sagen und darüber reden, daß man an Ottilies Geschichte, der Gattin von GOETHES Sohn August, eben sehen kann, wo eine Frau hingerät, wenn sie sich nicht *zusammennimmt.*

Caroline geht mit den Männern, wie die Freundin Rahel, »frei« um. Ihre Gefühle will sie aussprechen, was nicht heißt, in einem Bett darüber zu sprechen. Es sind Geschichten ähnlich der Amoure der Frau von Stein und des Herrn von GOETHE. Die Herausforderung der Gefühle zählt. Die emotionale Selbsterfahrung. Das Knistern. Die Zeitgenossen verstehen das einigermaßen. Den Nachfahren ist es ganz fremd. Waren Charlotte und Wolfgang nun im Bett oder nicht, fragen sie unentwegt. Auch der Philologe Riemer verwirrt sich in der Sache. Und es ist ja auch irrlichternd, wenn die bekannten Zeichen und Worte etwas anderes meinen als in den üblichen Verhältnissen zwischen einer Frau und einem Mann. Caroline kümmert nicht, ob die Männer verstehen, was sie bewegt: *mich die Tiefe meiner Natur ermessen machen.* Caroline ist dabei in einer kaum einfacheren Lage als die Männer. Die Antwort, was diese *Natur* sein könnte, sucht sie ja selber.

Riemers Vorgänger, der Hausgefährte Gropius, ist in einer dieser Erkundungen des Herzens verbrannt. Gropius hat die Sprache des Verhältnisses nicht verstanden. Er hat sich in Caroline »verliebt«, und darum mußte er, *als ein glühend sinnlicher Mensch* Caroline *aus den Augen, um sich wiederzufinden, aber er wird sich wiederfinden und ruhig zurückkehren und glücklich mit uns oft und viel leben können. Aber was kostets mein Kind, Liebe zurückzuweisen mit dem tiefen Respekt vor Liebe …*, bekennt Caroline der Freundin Rahel im September 1801.

Viel besser geht Carolines Ausmessen der eigenen Natur mit dem Herrn von Burgsdorff, einem mit Gütern begüterten Herrn aus der preußischen Neumark, auf dessen Schlößchen im östlichen Oderland mancher Dichter verkehrt. Caroline hat über Jahre ein heftiges Verhältnis mit Burgsdorff. Der kann sich viel leisten.

Der junge Burgsdorff reist mit seinen Dichterfreunden durch Europa. Im Januar 1799 ist er mit Ludwig Tieck nach Paris gekommen, wo er bis zum August bleiben wird und wo auch Wilhelm von Humboldt und Frau Caroline sind. Man kennt sich. Caroline kennt Burgsdorff seit ihrem Berliner Sommer 1791. Für Wilhelm von Humboldt ist Burgsdorff ein Jugendfreund. In sein Tagebuch von 1799 schreibt sich Humboldt ein Bild des Mannes hinein. *Große, ziemlich stark, doch gar nicht auffallend gewölbte Stirn. Dann Augen, Mund und Nase nah beieinander gegen die freie Stirn und Backen. Augen rund, hell, von langsamer Bewegung nah der Nase. Mund klein, aber im Sprechen leicht mit wulstigen dicken Lippen. Das ganze Gesichtsoval ziemlich, doch nicht sehr*

*schmal. Ziemlich groß, für die übrigen Verhältnisse zu
breite Schultern. Ganz gute Lenden und Schenkel. Blond.*
Burgsdorff muß sich in dem Verhältnis mit Caroline nicht
in sie verlieben. Der Freiherr hat seine anderen Gelegenheiten. Er verfügt über etwas, was der Plebejer nicht
kennt, weil er es sich nicht leisten kann: *Galanterie.*
Burgsdorff hat Geld und Paris so nette Hürchen. Burgsdorff muß gegenüber Caroline nicht *sinnlich* werden. Im
Paris von 1799 ist er gerade siebenundzwanzig, und beinahe alles steht schon in seinem Gesicht, wenn auch nicht
alles, was er tut. Humboldt jedenfalls notiert nur die Psy-
chologie des Jugendfreundes: *Munter, aufmerksam, langsam bedenkend und feierlich, landjunkermäßig – zurückgezogen,* **bon vivant,** *leicht sinnlich, sich egoistisch leicht
über alles hinwegsetzend und eigenmächtig, mehr be-
schauend als hervorbringend, überhaupt weder reich,
noch gewandt.*
Burgsdorff kann die Grenzen respektieren, die Caroline
sich gesetzt hat, an die sie aber nicht denken will, denn
das müßte das *Ausmessen* verderben. Der Kavalier Burgsdorff ist kein Spielverderber, wie es Gropius war und Riemer es werden wird, Caroline ist eine Episode für ihn.
Caroline wird sich darin getäuscht haben, sie liebt. Und
darum entgleitet ihr die Sache. Allein in Paris, sehnt sich
Caroline unendlich nach Burgsdorff. Anstatt, wie versprochen, im Herbst nach Paris zu kommen, zieht er
durch Europa. In diesen Herbstwochen 1798 soll er gerade die Pyrenäen durchwandern und auf dem Wege nach
Madrid sein. Caroline macht das so trübe und stumm,
daß sie sich selbst vor der vertrauten Freundin Rahel verschließt. Bis auf einen herbstlichen Hilferuf, Burgsdorff
gemeinsam zu suchen ... *daß Sie Burgsdorff nicht finden,
ach es würde Sie nicht mehr schmerzen als mich. Ich habe
fast vier Wochen mit ihm auf dem Lande in einer sehr
schönen Gegend zugebracht, ich war vorher so krank, daß
ich keine Hoffnung und keinen Willen mehr hatte, ge-*

sund zu werden, und ich bin dort wieder genesen, ich bin wohler wie jemals und habe den Vorsatz, auch seine lange Abwesenheit still und mutig zu ertragen.

Plötzlich und unversehens ist Burgsdorff abgereist, ohne Ankündigung einer längeren Trennung, *wie man sich auf einer Lustpartie scheidet, die der eine nicht mitmachen kann.* G. ist ähnlich abgereist.

Caroline hat Burgsdorff verloren und dann noch ein Stück des nötigen Selbstvertrauens für ihren hochgemuten Angriff auf die Grenzen einer Frau, einer verheirateten Frau, einer Frau mit drei Kindern ... *und er kam nicht wieder den Winter, vielleicht den letzten schönen, auf den ich hatte rechnen dürfen, den sah ich für mich verloren. Und nur für mich – denn er konnte ja reisen, konnte sich zerstreuen, konnte glücklich und entfernt sein wollen.*

Caroline versucht die Erfahrung vor sich und Rahel wegzuschließen ... *mein Herz hielt sich zusammen, fest unzerreißbar* ... und erst als Burgsdorff im Januar kommt und wieder in Paris ist, löst sich die Starre, und sie kann Rahel sagen: *ich hatte keine Tränen, aber ich konnte mich selbst nicht berühren, ich schreibe ihm nicht, schrieb Dir nicht, weil ich mich nicht gehen lassen konnte ...*

Und dann beginnt langsam, langsam die Verwandlung der Enttäuschung. *Ich habe **zu viel** gelitten. Ich freute mich ihn wiederzusehen, das werde ich immer, ach aber ich freute mich wie an etwas Fremdem, er ist nicht mehr mein und der goldene Zauber ist vorüber, der mich sein Wesen und das meine, sein und mein inneres Leben, trotz dem Zwang aller äußeren Verhältnisse, als Eins empfinden machte.*

Nun lebt sie in Paris mit Burgsdorff ein *freundliches Alltagsleben,* von dem sie weiß, *daß es nicht das Leben der Liebe ist.* Es hört sich an, als hätte Caroline keine Abstriche gemacht, aber aus dem Leben der Liebe hat sie herausgenommen, was sie mit Burgsdorff dazu zählte, was den Magister Riemer, den Hofrat Meyer, den Dichter G.

Caroline von Humboldt mit Sohn Theodor.
Rom 1803

so quält, das Bedürfnis der Natur, die Befriedigung der Sinne. Jetzt sagt Caroline, Entsagung ist mehr: der alte katholische Genuß der Besitzlosigkeit, eine Sentenz SCHILLERS ist mehr. Die mutige Caroline hat im März 1799 eine wunderschöne Hofmeisterkrankheit: *Freilich habe ich geweint, unendlich, weine wieder und doch bin ich ruhig ... nein diese Liebe hat nicht die Kräfte meiner Seele gelähmt, sie hat mich die Tiefe meiner Natur ermessen machen und mich zu einer Höhe gehoben, die mir ohne sie, ohne alles Leiden, das sie über mein Dasein ausgegossen hat, ewig unbekannt geblieben wäre. Meine Geschichte ruht unentweiht in meinem Herzen ... O wie bin ich so ruhig, in den Tagen, wo sich diese Leidenschaft von meinem Herzen trennte, mußte ich mir oft aus dem Carlos die Stelle wiederholen »es gibt ein höher, wünschenswerter Gut als Dich besitzen«.*

Humboldt ist bei den Herzensangelegenheiten seiner Frau ruhig. Weil er angeblich temperamentlos ist? Weil er seiner Frau in der Sache mit Burgsdorff mit Scheidung gedroht hat? Weil er auch »Freundinnen« hat? Weil Caroline zu den Idealen SCHILLERS gefunden hat?

Nicht, daß mit Caroline von Humboldt, geborene Dacheröden, nichts geschehen konnte.

Riemer sitzt drei Tage in Zeitz. Am 19. September sind die Humboldts bei GOETHE. Am 20. September sind sie mit GOETHE bei SCHILLER. Am 21. September sind sie bei SCHILLER. Jetzt hat man vor dem italienischen Lebenswechsel ausgiebig Abschied genommen.

Riemer sitzt in Zeitz und versorgt die Humboldt-Kinder. Das Rasende in ihm muß weg. Er muß sich über den Weg retten, den G. zeigt. An dem Sonntag, an dem die Humboldts bei dem leibhaftigen GOETHE sind, hält Riemer bei ihm als Dichter Einkehr. Aus GOETHES Roman *Wilhelm Meisters Lehrjahre* schreibt er sich tröstende Denksprüche heraus.

Der Mensch ist nicht glücklich, als bis sein unbedingtes
Streben sich selbst seine Begrenzung bestimmt.
Lasset uns immer recht deutlich sehen und festhalten, was
*an **uns** ist, und was wir an **uns** ausbilden können, lasset*
uns gegen die anderen gerecht sein, denn wir sind nur in-
sofern zu achten, als wir uns zu schätzen wissen.
Mit diesen beiden Maximen kann man hier auf der Erde
glücklich werden, das fühl ich.
d. Tag vor der Abreise nach Italien.
d. 19. September 1802.
Bevor Riemer über die Grenze nach Italien geht, will er
seine Grenze finden. Dahinter vermutet er das Glück. Ist
es denn so klein?
Also kühler, Magister Riemer, nicht so herumgeworfen.
Leben auf dem Weg, den G. dem Kunstliebhaber aufgibt.
Sich aus seinem zerstreuten Leben zu sammeln. Mit dem
Kunstwerk zu wohnen, um sich selbst dadurch eine
höhere Existenz zu geben.
Also die Dinge *künstlerisch* betrachtet.
Das wird Riemer auch zu einem praktischen, zufriedenen
Menschen machen.
Zeitz, Sonntag den 19. September 1819
*Die **bloß** moralischen Menschen sind die unglücklichsten.*
Sie ziehen sich alles zu sehr zu Gemüte. Man muß, um
weise und glücklich zu sein, sich zur künstlerischen Ab-
sicht der Welt erhoben haben, d. h. zur objectiven. Ich
nenne sie künstlerisch, weil diese Ansicht des Künstlers
sein muß ohne Bezug auf Darstellung.
Also nach Italien. Über Nürnberg geht die Reise nach
Innsbruck auf den Brenner zu. Bis Verona ist das schön-
ste italienische Wetter. Warme Tage, Sonnenschein, keine
eigentlich schlechten Wege, kaum wirklich schlechte
Wirtshäuser und Wirte, die nur mäßig prellen.
Im Oktober sind die Reisenden in Mailand, und
Humboldt legt einen vierzehntägigen Zwischenaufent-
halt in der Stadt ein. Vierzehn Tage für die Pinacoteca

Ambrosiana mit ihren Schätzen, Leonardo da Vincis
»Abendmahl« in San Maurizio, den Dom, die Scala, die
Piazza Mercantie mit ihren Palästen, die Kunstfülle Mai-
lands. Riemers Tagebuch schweigt. Humboldt ist mit den
Seinen vierzehn Tage in Florenz. Das Tagebuch schweigt.
Auf den Rat von GOETHES Kunstmeyer nimmt Humboldt den Weg nach Rom über Umbrien. Mittlerweile ist
es November. Vor den Reisenden liegt Parma. Riemer
macht seine erste Tagebucheintragung. Nicht daß er sich
dem Süden einfach noch ein bißchen mehr überläßt, ehe
er feste Begriffe hat, wie nun im Tagebuch. Als ein deutscher Magister fühlt er sich auch über den Süden und den
Norden und die Nordländer und die Südländer zu erst
einmal zum Definieren herausgefordert.

Auf dem Wege nach Parma
Die nördliche Natur ist ernstheiter, sentimental, männlich
schön.
Die südliche reizend, lachend, romantisch, weiblich
schön. D. h. im Ganzen: denn es finden sich Mischungen
im einzelnen auf beiden Seiten.
Die Existenz im Freien macht **einmal,** *daß die Südländer*
mehr auf die Gegenwart sich beschränken, auch schon in
ihren Mienen liegt das. Das Sehnsüchtige ist nur den Nord-
ländern vorzgl. den Deutschen eigen u. dieses Zurück-
fliehn der Blicke in sich ein deutscher Charakterzug.
Im Norden gilt der Naturgenuß immer als Delicatesse, im
Süden ist er gewöhnlich.

Den 14/15 November, Sonntag auf Montag nachts 2–4
Uhr, macht Riemer sich seine nächsten Eintragungen.
Die Städte und die Kunst haben ihm nichts gesagt. Jetzt
sagt er wenigstens, warum Umbriens Landschaft ihm so
wenig sagt. *Das sanfte Abfallen der Hügel, Du findest es*
schöner und dich ansprechender wieder in den Reizen des
Weibes und der Jugend.

Am 20. sind die Reisenden bis Perugia gekommen, dann
folgen Spoleto, Terni, und dann ist Humboldt am 25. No-

vember 1802 in Rom. Noch ist die Botschafterresidenz nicht frei. Die nächsten vier Wochen wird Humboldt erst einmal in der Villa di Malta in der Nähe der Porta Pinciana wohnen, dann aber zum neuen Jahr steht der Palazzo Tomati an der Via Gregorina in der Nähe der Spanischen Treppe für den preußischen Diplomaten zur Verfügung. Da läßt sich Rom genießen. Und es ist gekommen, wie es Riemer durch den Kopf gegangen ist, oder es ist so gekommen, weil ihm das EINE immer nur durch den Kopf geht, kein Italien kann seine *Sehnsucht* auslöschen. Seine Furien hetzen ihn. Er hat sie nach Rom mitgenommen, er wirft ein Gedicht aufs Papier, läßt es abbrechen, er trifft auf keine klassische Ordnung. Nichts von dem, was Humboldt an der Stadt bewundert, die *tiefen Gefühle der Seele zu wecken und von allem übrigen abzuziehen,* trifft er. Riemer trifft auf qualvolles Chaos.

Rom
Werd ich ewig diesen Stachel fühlen
Der mein Innerstes zerfleischt.
Wird nie die Begierde sich verkühlen,
Die nur Frevel von mir heischt.

Umgehetzt von wütenden Verlangen
Lechzend wie gejagtes Wild,
Renn ich unter wollüstigen Bangen
Ach nach einem Schattenbild.

Nicht nach Vollgenuß der Lust u. Liebe,
Nicht was Mann wie Weib entzückt
Dürsten meine wildentbrannten Triebe
Nur ...

Als die verdammte Jugend vorbei ist, Riemer in Weimar, er ein alternder Mann, wird Riemer über Riemers italienische Reise sagen: *Er fühlte sich. Mit jeder Tagereise stei-*

gerte sich seine lebhafte Empfindung für die Reize der
Landschaft. Dazu die Läuterung durch die höchst ästhe-
tische Umgebung seiner Reisegesellschafter und die ju-
gendliche Umgebung talentvoller Kinder.

Humboldt der prominente Deuter der Illias, der Sprach-
forscher, der Übersetzer des Äschylos, der Kenner der
französischen Bühne, der preußische Resident beim Vatikan, ist bald ein Mittelpunkt der römischen Kunstszene.
Deutsche sind darunter zuhauf. Kein Maler ohne den
Wunsch, sich im Süden ausgebildet zu haben. Kein
Kunstbetrachter ohne das Ideal, seinen Kunstverstand in
Italien geschult zu haben. Große Namen haben die we-
nigsten der römischen Kunstdeutschen. Vergessene
Namen haben sie. Aber sie sind die enthusiastische Szene,
die alles trägt.
Fernow aus Jena ist in Rom, der als bedeutender Theore-
tiker des Klassischen gilt. Fernow ist mit seinem Freund
Carstens gekommen, der zur Malerausbildung nach Rom
gegangen ist. Der Schadow-Schüler Hagemann, der Historienmaler Rehberg, der württembergische Hofmaler
Hetsch verkehren bei Humboldt. Der philosophierende
Schweizer Bonstetten hat heiße Debatten mit dem kunst-
sinnigen Preußen. Die Schriftstellerin Friederike Brun ist
in der Via Gregoriana zu treffen. Bonstetten hat lange im
Haus von Friederike Brun in Kopenhagen gewohnt.
Bonstetten schreibt Reisebücher wie »Briefe über ein
schweizerisches Hirtenland«. Als die Brun im August
nächsten Jahres GOETHE in Jena besucht, hält er sich
die Besucherin mit Höflichkeiten vom Leibe. Die Brun
ist eine enthusiastische Schwärmerin auf der Jagd nach
Begegnungen, die den Glanz der Großen und Berühmten
auf sie lenken sollen. Bonstetten bleibt ihr. Er wird
»Briefe an Friederike Brun« drucken lassen. Angelika
Kauffmann lebt als geschätzte Porträtmalerin in Rom.
Wenn man will, kann man an seinem Porträt Änderungen

bei ihr wünschen. Die Kauffmann hat dafür Verständnis.
Familienporträts kosten nach den Köpfen. »*Sie hat ein
unglaubliches und als Weib wirklich ungeheures Talent*«,
sagt der Italienreisende G. Im Juni 1787 malt sie ein
Brustbild von GOETHE. G. findet wenig Ähnlichkeit.
*Es ist immer ein hübscher Bursche, aber keine Spur von
mir.* Als Angelika Kauffmann 1807 stirbt, wird ihr Neffe,
Johann Kauffmann, eine Liste *der vorzüglichsten Werke
aus ihrem Nachlaß* in Rom verwalten, die *daselbst zu verkaufen sind.* Als Nummer 18 ist eingetragen: *Ein jugend-
liches, wohlgemaltes Portrait von Göthe.*
Seit Dezember vertraut sich Riemer wieder häufiger seinem Tagebuch an. Wenn doch wie eine Magisterarbeit
auflösbar wäre, was ihn bewegt. Gravitätisch beginnt er
am *Sonntag, 5. Dezember 1802. Der Unterschied beider
Geschlechter zeigt sich auch in ihrer Geistesorganisation,
in ihrem ganzen innern Wesen. Des Mannes höchste
Wonne ist Erkennen, das Eindringen in alle Dinge, daß er
sie aufgelöst unter sich sieht, des Weibes Wonne Empfangen, in sich aufnehmen, umschließen, ich möchte sagen
umbrüten.* Doch dann ist auch schon Schluß. Ein besserer als seit langem. Diesmal foltern ihn weder seine fau-
nischen Phantasien, noch kastriert der junge Mann sein
Liebesverlangen als frevelhafte Begierde.
*Wer nur beide Seligkeiten vereinigen könnte! und doch
gibt's einen Moment im Leben wo beide Seligkeiten in-
einanderfließen, der Moment, wo das große Wunder, das
alltägl. allstündl. vor sich geht, von dem ich nur keine Ahnung, keine Empfindung habe, und ohne sinnliche Liebe
niemals haben kann.*
Einen kleinen befreiten Augenblick empfindet Riemer
seine *Geschlechtslust* nicht als rohen tierischen Trieb,
sondern als etwas Menschliches.
Dienstag, 7. Dezember 1802
*Nichts gibt dem Menschen ein solches Gefühl des Ewigen,
des Unendlichen, als seine Neigungen und Leidenschaf-*

ten ... In keinem Moment fühlt man sich so als im Toben
der Leidenschaft.
Es bleiben unmutige römische Dezembertage. Riemer erwacht vor Tagesanbruch. *Die gewohnte Reihe von sich*
aufhebenden Empfindungen durchlaufen. Hoffnung ge-
schöpft, mit Plänen eingewiegt, zur Glut erhitzt. Natürlich ist es Caroline von Humboldt, die ihn bewegt. Im
Hause Humboldts findet sich die von SCHILLER her-
ausgegebene Zeitschrift *Die Horen.* Eine Zeitlang hatte
SCHILLER an Humboldt als Mitherausgeber gedacht.
Riemer liest in den *Horen.*
Er liest SCHILLERS Abhandlung »Von den notwendigen Grenzen des Schönen«. Friedrich Heinrich Jacobis
»Zufällige Ergießungen eines einsamen Denkers«, aus
denen er *Trost* schöpft, und das Gedicht der Jenenserin
Sophie Mereau »Schwarzburg«, das ihn *wieder in Weh-*
mut zurückstimmt.

> *In sich gehüllt, umkränzt von grünen Hügeln,*
> *Leis angeweht von milder Schwermut Flügeln,*
> *Ruht dort das Tal in stiller Dämmerung.*
> *Ein kühler Luftstrom wallt mir sanft entgegen,*
> *Und der Begeistrung süße Schauer regen*
> *Des Herzens Saitenspiel mit leisem Schwung.*
>
> *Hier lege, was ihm Menschen aufgedrungen,*
> *Des Vorurteils erträumte Forderungen,*
> *Der frohe Wandrer ehrerbietig ab,*
> *Und geh allein, sich selbst zurückgegeben,*
> *Die Wahrheit und Natur mit reinem Sinn zu leben*
> *Ein freier Mensch mit seinem Pilgerstab*
>
> *...*

Die reinste Luft, geschöpft aus Ätherquellen,
Umsäuselt mich, auf ihren leichten Wellen
Wallt die entzückte Seele himmelan.
Wie wogt im Glanz der jungen Morgensonne
Ein Meer von neuer Lebenskraft und Wonne,
Durch meine Brust ein Freudenozean!

Hinab! Ich will mir selbst die Banden kürzen,
In diesen Himmel mich hinab zu stürzen,
In dieser Glut zu streben, Götterglück!
Ich seh die leichten Schranken niederfallen,
Mich aufgelöst im reinen Äther wallen
Und Gottheit liegt in diesem Augenblick!

An diesem 8. Dezember erregt der Mereau-Leser sich über *Unarten* seines neunjährigen Zöglings Carl Wilhelm *zur Ungebühr* und macht einen längeren Spaziergang zu den Bädern des Diokletian. Dabei hat er ein Tagebucherlebnis. *Unterwegs eine schöne Frau gesehn.*
Als er zurückkehrt, geht er zu Caroline von Humboldt. Zu seinem Mißfallen hat der preußische Generalkonsul Salomon Bartholdi Caroline einen Blumenstrauß geschickt. Riemer glaubt ihr sagen zu können, sie sei nicht so, wie er es sich wünsche. Nach dem Mittagessen ist Riemer mit ihr im Garten und findet es jetzt: *Etwas besser.* Dann flaniert er mit Caroline über den Corso hinunter an die Porta del Popolo. *Viel für meine Wünsche. Schöne Gesichter!* Für eins von ihnen würde Riemer einen Piaster geben, um es noch einmal zu sehen. Für Carolines Gesicht könnte er ein Künstler werden, um ihr Bild zu malen *und mich daran zu weiden, es zu genießen.* Als sie wieder in der Residenz sind, geschieht, was Riemer nicht verträgt: *Mit oder ohne Absicht, Gott weiß!, gereizt durch eine schnelle und vorübergehende Entblößung.*

Riemer haßt sich für seine schnellen Erregungen. Welch elendes Gefühl: Ausgeliefert ist er der *Geschlechtslust*, und trägt er nicht nur die Maske eines Gebildeten? *Wenn ich auch den ästhetischen Mantel umhänge der Teufelsfuß, oder der Faunsschwanz, oder der Priap kukt doch darunter vor, oder gebärdet sich verräterisch.* Ein Nichts ist er, unmoralisch, unerfahren, häßlich ... *ich fühle das, ich will nicht sagen bloß Unmoralische, ich will lieber sagen das Unschöne, was in meinem ganzen Verhältnis liegt.* Schwach und kraftlos ist er. Ein Illusionist, Schwärmer, ein Verrannter. Die Baronesse zeigt keinen *Gegenwillen* zu seinem Verlangen nach ihr. *Ich mußte einhalten, wie ich sah, daß es am Gegenwillen gebreche, und ohne den nichts ist, wenn die Liebe nicht blind wäre, wenn sie nicht einem Ziele zutaumelte, das ein ganz anderes ist, als sie meint.*

Ich sehe es ein, wie den Tag: ich darf nur ein freundschaftliches Wohlwollen, oder auch freundschaftl. Liebe und Vertrauen zu ihr hegen: kann ich es nicht dahin bringen, nun so muß ich ganz davon lassen. Riemer hält seinen Entschluß keine Woche, keinen Tag, keine Stunde, nicht einmal eine halbe Seite im Tagebuch aus:

... ich müßte mir alle Sinne zukleistern, wenn ich nicht von ihren Reizen ergriffen würde: die sinnlichen helfen den geistigen, die geistigen den sinnlichen und combiniren ihre Wirkung: darum ist auch die Wirkung gemischt: Verehrung, Hochachtung, u sinnliche Lust: aber oft überwiegt das eine das andere je nachdem sie sich zeigt, oder ich gestimmt bin, und doch darf für die Fortsetzungsdauer nur eine und zwar die Hochachtung, die vorlaute bleiben. Zu ihr können es mehr die Jahre, als mein Wille bringen, Denn so lange ich Sinne habe, und Phantasie, so wird immer ein Schwanken sein und die Hochachtung setzt mir d. Disharmonie und Unschönheit meiner Neigungen unüberwindliche Schwierigkeiten entgegen.

Man lebt es nicht, aber man sagt es, *schöne Neigungen*

sind am schönsten ohne *Geschlechtslust*. Oder werden durch Ehe oder Geld befriedigt. Nichts von allem beim Hofmeister. *Ich fürchte, diese Leidenschaftlichkeit verdirbt mir die schöne Empfindung. O hätte ich erst die Leidenschaft befriedigt, längst befriedigt, und es sproßte ein stilliebender Sinn in mir! In den Armen einer anderen stille ich zwar meine Glut, aber vergeht mir auch nicht die Liebe für die andre? Stille ich sie in ihren Armen, kommt aus dem Genuß die Frucht einer schönen Gesinnung? Ich habe manchmal Furcht, ob es auch herzliche innige Liebe sei und nicht etwa bloß Sinnlichkeit. Ich fürchte, daß ich für jene noch nicht reif sei, ehe nicht diese ausgetobt.*

Zerrissen und ausweglos laufen Riemers römische Tage ab. Welch Gedanke, ausgerechnet die Baronesse würde die Begier befriedigen oder ihn gar *lieben* und Stand, Mann, Kinder hinter sich lassen. *Ich muß nervenkrank sein, denn es ist unglaublich wie leicht ich verstimmt werde.* Riemer empfindet das Hoffnungslose seines Unterfangens und kann es doch nicht lassen.

Dienstag, 11. Januar 1803.

Nach einer höchst verdrüßlichen Stimmung durch Hunger und Empfindlichkeit. Vielleicht lösch ich noch als Westwind eine Glut im Schoß der Blumen, indem ich mich an ihre zarten Glieder schmiege; oder reiße mit eben der Wut mit der ich oft einen … spalten möchte, Bäume und Felsstücke ab, spalte die Wellen. Warum bin ich so versessen auf die Befriedigung eines Wunsches? So oder so unter verschiedener Gestalt immer dasselbe.

Manchmal in diesem Dezember hat er auch einen Blick für die Stadt. Wenn er morgens erwacht, ist Caroline vor der Stadt noch da. *Fast im Traume, dann wachend mich mit der Hoffnung des heutigen Tages genährt und mit ihr in Gedanken conversirt. Es ist nun einmal mein innres geistiges Leben, und ich fürchte allemal für dieß, wenn ich*

jene Gedanken aufgeben soll. Dann geht er hinaus in den
Garten der Villa Tomati, um die Sonne aufgehen zu
sehen. Es ist der zehnte Tag dieses Wintermonats. Nichts
von der Kälte draußen, die Riemer aus der Heimat kennt.
Das Licht kommt über das Gebirge des Apennin herauf
und legt sich auf die Türme und Kuppeln der Stadt.
Glocken sind zu hören, hier, dort und dann der tiefe
Klang von St. Peter darüber. Eine Schar Vögel stiebt auf.
*Wie saugt doch alles alles aus diesem Auge Licht, Lust und
Leben! Ich übersah Rom zum erstenmale mit überhöhter
Empfindung. Die Fernen, die Pinien und ein altes sehr
hohes Haus, das in die frühren Vorstellungen aus meiner
Kindheit paßte und sie schön ausfüllte, gaben dem An-
blick etwas Romantisches, ohne die nördliche wehmütige
Sehnsucht. Es ist eine schöne, beruhigte Sinnlichkeit ...*
Einen Moment ist Riemer ruhig. *So wie die Lust und
Hoffnung zum Leben steigt und schöne Aussichten sich
öffnen: so nimmt die Begierde zu ihr ab ...* Und dann die
Mittagsstunde. *Um ½ 12 bei ihr. Sehr hart, Abends um 5
Entscheidung für immer ... eine Lehre für mein ganzes
Leben. Nun ist es aber auch höchste Zeit, klug zu sein.
Mehr als zweimal irrt kein Kluger.* Und dann zwei Tage
weiter.

Sonntag, 12. Dezember 1802 um 9
*Eine unaufhaltsame Eile beflügelt alles, was dem Blicke
als Rundung erscheint. Ein Teil reicht gleichsam dem anderen die Hand und in dieser Verkettung stürzt alles
hinab, man weiß nicht wohin. Mit welcher Inbrunst reißt
sich alles in ein Heimliches hinab. In dem Wassersturz bei
Terni sah ich das eine, das Ewige, die Liebe selbst.*
Gegen die zwölfte Mittagsstunde geht er mit den Hum-
boldt-Kindern in der Umgebung der Residenz spazieren.
Diesmal die Via de Popolo nach Osten hinunter in den
großen Park der Villa Borghese. G. wird hundert Jahre
später hier als Denkmal stehen. Von Kaiser Wilhelm dem
Letzten gestiftet. Riemer betrachtet wie jedesmal, wenn

er hier ist, die bronzene Amazone zu Pferde. *Der kleinere Eindruck wurde verlöscht durch einen ganz neuen. Eine Dame, weder schön noch häßlich mehr hübsch zeigte sich im Sonnenschein unter den grünen Bäumen in einer Robe aus schwarzem Samt. Die alten Wünsche erwachten. Es war der Anfang zur Verstimmung.*

Wieder in der Residenz, ißt er mit Caroline und den Kindern allein zu Mittag und versucht ein Gespräch, aber Caroline geht darauf nicht ein, was Riemer unruhiger noch macht, als er schon in die Residenz zurückgekehrt ist. Nervös läuft er durch den Garten und im Zimmer auf und ab, endlich gewinnt Überhand, was er die ganze Zeit will, zu Caroline gehen und sie allein treffen. Aber Frau von Humboldt zieht sich gerade um und schickt ihn weg. Jetzt läuft er auf die Terrasse hinaus. Es ist die Stunde der Abenddämmerung.

Die Sonne, die sich hinter Abendwolken verbergen wollte, zog einen rosafarbnen Flor über d. Appenninen. Die tiefen erschienen blau, die höhern, Rosenfarb. Die Pinien vorher ganz schwarz. Das Gebürge von Tivoli ganz dunkelblau u. bestimmt. Der Anblick war einzig. Ich ging auf mein Zimmer, der Schmerz war bei mir. Ich ermannte mich, u. ging zur Zerstreuung hinauf. Die Kinder waren bei ihr: ich konnte kein Gespräch anknüpfen, doch las ich eine Stelle aus Zerbino, daß Liebe nicht vom Herzen läßt, ihr vor.

Tieck hat mit *Zerbino oder die Reise nach dem guten Geschmack* ein *deutsches Lustspiel* in sechs Aufzügen eine wunderbar leichtfüßige Tour de force durch deutsches Potentatentum, Schwerdenken und Gemütswesen geschrieben. Das *Theater als moralische Anstalt* betritt bei Tieck nicht als pompöses, sondern als absurdes Theater die Bühne.

Jeremias
Nun, meine wertesten Herren, wohl aufgeschaut,
Damit Ihr Euch alle gut erbaut,
Und Euren ganzen Lebenswandel bessern
Wonach Euch allen der Mund doch wässert.
Hier kommt es nicht, Euch zu belust'gen, an,
Weil das jedweder Arlequin kann,
Aber mit Vernunft und wehmüt'gerRührung
                                    erlustieren
Das ist's, was den edlen Poeten muß zieren,
Und darnach wollen wir Sinnen, Trachten und
                                    Dichten,
Mit allen Leibeskräften richten.

Riemer kümmert der *Zerbino* als Verspottung des Nutz-
anwendungstheaters nicht. Alles ist Caroline. Riemer
stößt auf eine Seelenbotschaft. Auch wenn sie eine kleine
Persiflage des lyrischen Empfindungswesens ist. Riemer
liest sie Caroline tapfer vor.

Die Liebe hält das Herz in tausend Banden,
Auch wenn das Herz sich ganz befreit wähnt,
Die Luft, die Liebe atmet, ist Erinnerung,
Auch wenn sie nicht an den Geliebten denkt.
Kein Schimmer fließt vom Himmel nieder, spielt
In Wolkenbildern, leuchtet durch den Hain,
Sie sieht in steter liebevoller Täuschung
Das Eine Bild durch Luft und Waldung schweben,
Kein Ton berührt so leise das Gehör,
So wacht die eingeschlafne Harmonie
Im Ohre auf und dehnt die goldnen Flügel,
Da klingen Worte des Geliebten wieder,
Da irren Klänge wie aus ferner Gegend
So müde und so heiter doch herbei.
Kein Element gehört sich selber an,
Sie sind nur Sklaven des verliebten Sinns,

Und spiegeln oder tönen Liebe wider.
Manchmal besinnt sich die Vernunft und fragt:
Warum denn alles in dem Einen Bilde,
Warum denn nichts in andern Freuden finden?
Warum soll ich dem Fremden ganz gehören
Und nicht das lieblich reine Dasein sanft
Mir selbst genießen? von der schönen Herrschaft
strebt die gebundne Seele sich zu lösen,
Sich selbst wünscht man nach langer Zeit zu fühlen,
Und fühlt wie Liebe nicht vom Herzen läßt,
Wie beide sich in eins verwachsen sind,
Daß man nicht sagen kann: dies Leben ist
Das Deine, hier beginnt das meinige.

Was soll Caroline sagen?
Caroline findet die Stelle *schön.* Riemer will weiter in sie
dringen, aber nun kommen die abendlichen Besucher des
Hauses Humboldt, Hetsch zuerst, dann Hagemann, Fernow und schließlich Hetsch's Schüler Schick. Man spricht
über das jüngste Trauerspiel von Friedrich Schlegel *Ala-
cors,* über die Vermittlung der römischen Antike in
Kunstbüchern und Kupferstichen, und als Humboldt
dann da ist, wird das, was geredet wird, zu einem Exkurs
Humboldts über die neue Dichtung, Tieck, Schlegel, Novalis, die »Romantiker«, die gegenwärtige Philosophie
und ihre Ideen. Humboldts Freund G. ist kein Freund
der neueren Dichtung und Philosophie. Auch Humboldt
ist nicht gerade ein Anhänger der Romantiker. G. findet,
sie hätten keinen Sinn für das Sichfinden, das doch alles
Leben, alle Kunst, nach dem Beispiel der Natur und der
Alten, als Ziel hat. Sie lassen sich fallen, wo es gilt, sich zu
halten. Riemer wird sich sechs Jahre später aufschreiben,
daß GOETHE sagt: *Das Romantische ist kein Natürliches, Ursprüngliches, sondern ein Gemachtes, ein Ge-
suchtes, Gesteigertes, Übertriebenes, Bizarres bis ins Frat-
zenhafte und Karikaturartige.* Jetzt schreibt sich Riemer

auf: *Es kamen wahre und feine Bemerkungen von Hum-*
boldt vor. Ich fühlte mich innerlich krank, ohne doch die
anderen um ihre Gesundheit zu beneiden und sie zu
wünschen. Ich mußte ihm meist recht geben, und bewun-
derte nur, daß er, so wie ich vom Gesunden und Kranken
eine Vorstellung habe, er keine von einem kranken Zu-
stand habe.
Riemer kann *vor Schmerz* nicht einschlafen. Dann doch,
um in der Nacht wieder aus dem Schlaf zu schrecken. Er
quält sich im Strudel seiner Gefühle und nimmt sich vor,
ihr wenigstens meine Not zu klagen; denn ich wollte
schier verzweifeln.
Andern Tags wird Riemer am Vormittag gegen zehn in
die obere, die herrschaftliche Etage der Botschafterresidenz gerufen. Caroline von Humboldt hat einen Auftrag
für ihn. Riemer soll Hagemann die Kupferstiche zurück-
bringen, die er bei den Humboldts gelassen hat. Riemer
steht vor Caroline und hat Furcht, wenn er etwas sagt,
sich seine Illusionen zu zerstören. Er verabschiedet sich
schnell mit einem Handkuß, als habe er es eilig. Riemer
erledigt seinen Auftrag, macht mit Hagemann einen Spaziergang zum Grabmal des Metella, hat wenig Freude an
der düsteren Gegend und wird von Hagemann zu den
Humboldts zurück begleitet, wo Hagemann zum Essen
bleibt. Zum Tischgespräch trägt Riemer wenig bei. *Sie*
wollte mich ins Gespräch ziehen. Riemer schmollt. Nach
dem Essen hat Riemer Carolines zweieinhalbjährige
Tochter Adelheid nach oben in die Zimmer ihrer Mutter
zu tragen. Riemer spielt mit dem Kind. Sicher wird die
Mutter ab und zu nach dem Paar gesehen haben. *Sie sah*
mich oft an, als wenn sie mich fragen oder auch Zutrauen
einflößen wollte. Dann darf er ihr helfen, eine Jacke aus-
zuziehen und dann, dann: *Sie reichte mir einigemal etwas*
auf ihre gewohnte Art, das machte mich innerlich glück-
lich. Ich verlor mich oft in Träume und wähnte mich in
ihren Armen. O wäre es doch möglich, was ich wünsche!

Wir trennten uns, u. ich ging bald darauf zu Bett. Ziemlich gut geschlafen.

Caroline muß viel Contenance gezeigt haben. Was den Mann alles erregt, den ein Wasserfall, eine Frau auf der Straße, das Wort Busen, gewisse Farben, Samt erregen, wird sich Caroline nicht haben vorstellen können. Auch sind ihr Psychosen fremd. Caroline ist in der Liebe unbefangen und erfahren. Sie wird Riemer gesagt haben, daß Eros ihn hetzt. In Kopf und Körper alles bei ihm durcheinander ist. Er sich fassen soll. Sie wird sehr direkt. Sie sieht ja seine unbefriedigte Sexualität. *Wohl will ich andere Frauen suchen,* stimmt Riemer Caroline zu. Aber daß sie ihn damit von sich weist, will er nicht verstehen. Er macht sich daraus, danach, wenn er gelebt habe wie *andere junge Leute,* könne er zu Caroline kommen.

Die Baronesse tut mehr als von Stand. Sie schweigt. Gewöhnlich setzt man solch einen Hofmeister einfach vor die Tür.

Wie kann die Ruhe eintreten, ehe es noch ausgetobt hat! ... Und doch hat sie den wahren Fleck getroffen. Das ist es, und nichts anderes, was mir fehlt ... O daß ich in Deutschland wäre, so fände sich vielleicht Rat; aber hier? Ich vergehe vorher, ehe die Hülfe kommt ... Nur einmal – u. ich wäre wohl auf Lebenslang gesund. Und wer weiß? Es ist leichter ganz entbehren, als nach dem Genuß ... Der Wein, der dich laben soll, muß erst als Most gegoren haben. Das will sie. Es ist so gut, als wenn man mir sagte: wenn du ausgetobt hast, komm wieder, dann wollen wir sehen.

Wie wenig Riemer mit Rom anzufangen weiß, muß Humboldt irritiert haben. Er fühlt sich wohl in der Stadt, im Klang der italienischen Sprache, in der leichteren Art des Südens. *Rom ist der Ort, in dem sich für unsere Ansicht das ganze Altertum in eins zusammenzieht.* Riemer hat den *empfindenden Gedanken* nicht frei, den man, wie Humboldt meint, in Rom haben muß, um das Ver-

gangene, *in der Öde, in der die jetzigen Bewohner das
Land lassen,* vor dem eigenen inneren Sinn erstehen zu
lassen. *Es ist ein gewaltsames Hineinreißen in eine von
uns nun einmal, sei es auch durch eine notwendige Täuschung, als edler und erhabener angesehene Vergangenheit.*

Alle Sinne und Gedanken Riemers verschlingt Caroline.
Die Stellung als Erzieher der Humboldtschen Kinder ist
eine Nebensache wie die Stadt. Riemer monologisiert:
*Die Arbeit ist nur ein Palliativmittel und ich bin vor
Rückfällen nicht sicher. Flucht! aber wohin?*

Solche Stimmung läßt sich nicht verbergen. Humboldt
spricht mit Riemer über das *Gefallen* an Rom und *die
zweckmäßigsten Beschäftigungen in dieser Lage.* Humboldt will ihm dabei helfen. Sein Hofmeister wird sich
artig für das Angebot bedankt haben. Für sich sagt er
sich: *ganz gut, zum Segeln gehört aber Wind* und daß allein Caroline dieser Wind wäre.

*O du kalter gefühlloser Mensch, der du mich richtest,
könntest du nur einen Augenblick meine Empfindungen
mit meinem Platze einnehmen. Ein Meer von Reiz und
Schönheit flutet um dich. Frauen, – bei dem süßen Klange
schon regt sich das Herz – reich und üppig gekleidete
Frauen – was sag ich? lebendige Blumen gleiten an deinen
Blicken vorüber. Mit den Augen möchtest du sie küssen
und festhalten. Das Glück sammelt einen Kranz von diesen Blumen um dich; mit dem Reizendsten und Schönsten
der Natur mit Blüte und Frucht siehst du dich umwoben
umduftet. Hier sind Augen, wie ein klarer Quell, in
denen der Himmel sich schöner spiegelt. Deine ganze
Seele möchte in Sie hinabtauchen und darin versiegen.
Lippen, eingeatmet möchtest du sein von diesen aufge-
brochnen Rosenknospen, denen Duft und Gesang ent-
schwebt. Hier wogt ein Busen; mit einem Kusse möchtest
du ihn einschlürfen, oder in ihn untertauchen und sterben. Fesseln, elastisch und sammetweich, aus denen du nie*

*entschlüpfen magst, nur immer fester umschlungen sein
willst, sind diese atlassenen milchweißen Arme. Und, eine
Spanne vor dir, das göttliche Gefäß, das allen Nektar der
Erde in sich hegt, dieser himmlische Schoß aus dem alles
Leben entspringt, in den alles Leben sich zurücksehnt ...
In diesem Meer ... In diesem Meer von Reiz und Wollust
stehe du wie ein anderer Tantalus. Wird nie deine Lippe
schmachten nie deine Hand sich sehnen? Heuchler, deine
Lippe wird verstohlen atmen und küssen; deine Hand
wird verstohlen sich beglücken an dem Reiz, der über das
Weib ausgegossen ist, und sollte es der Saum ihres Ge-
wandes sein, sie wird ihn berühren müssen. Und dein
Herz wird durch die Berührung mehr noch entzünden.
Wünsche des Unmöglichen werden sich in ihm erheben,
mit Gelüsten, die kein Name ausspricht. Wollüstige Pein
wirst du fühlen, und eine Sehnsucht entweder durch den
Tod, oder durch den rohesten Genuß von ihr befreit zu
sein. Denn der arme Sterbliche, es kann im nicht genügen,
im Schauen zu genießen, wie Götter; und Genuß des Tie-
res ist, dem er zu entfliehen sucht ...*
Dem Winter des Mißvergnügens folgen das Frühjahr und
der Sommer des Mißlingens.

Hinein in den römischen Frühling geht Riemer hochge-
stimmt. Da ist er wieder einmal der Weltmann, der nun
endlich die Lektion gelernt hat. Rom ist eine große Stadt
mit vielen schnellen Wegen zur Liebe. Männer jeder Art
sind sie gegangen. Kleine und große Literaten. Maler.
Philosophen. Reisende. *Durch Hagemanns Erfahrung
und Practik und eine Äußerung über Fernows frühres
Leben in Rom war eine andre Ansicht erwacht, Mut,
Hoffnung bis zum Zweck.*
Also diesen Weg jetzt gegangen, keine Zeit versäumt, es
ist eine Epoche, in der man mit achtundzwanzig kein
junger Mann mehr ist, in den Fünfzigern vor dem Grei-
senalter steht. Es ist der 5. April 1803. *Das Leben brennt*

einem auf d. Nägel. Gott es ist höchste Zeit, den kurzen Rest sich nicht zu verkümmern durch allerlei sentimentale Grillen, die in Widerspruch mit dem Genuß stehen, den jedes Wesen sucht. ... Der Zweck ist doch die Hauptsache, nicht die Mittel, und eher kann man doch nicht sagen, daß man den Zweck nicht erreicht, bevor man nicht alles anwendet, ihn zu erreichen. Und hinterher wollen wir sehn ob die Sachen nicht besser stehn ...

Nichts von alledem geschieht. Außer daß Riemer sich brüstet. Caroline hört, sie würde ihm nur desto lieber, je mehr er *Frauen anderer Art sähe.* Riemer hat für seine Phrasen einen Moment des Alleinseins abgepaßt. Nach einem sonntäglichen Mittagessen ist er mit Caroline einige Augenblicke beim Tee allein. Schon bei Tisch war er groß aufgelegt, sprach französisch und italienisch.

Besonders an den Sonntagen ist das Humboldtsche Haus ein gastliches Haus. Sonntag, den 17. April, sind einige der römischen Deutschen mittags zu Gast, die auch sonst bei den Humboldts verkehren. Der Historienmaler Rehberg darunter, den Riemer nicht gerade schätzt. Aber das ist wechselseitig in dem Zirkel um Humboldt. Den Wert ihrer artig im Salon ausgetauschten Kunsturteile, steigern sie unter vier Augen durch Herabsetzungen der Abwesenden. Als Humboldt darüber mit Riemer redet und ihm sagt, man müsse auch Widerspruch vertragen, gibt sich Riemer reserviert.

Humboldt hatte wohl Recht, ich konnte ihm aber nicht Recht geben und ließ noch verstohlen fallen, daß es keinem so gehe, dem Gegner, sobald man etwas gegen ihn habe, nicht ins Gesicht Recht zu lassen.

Humboldt sagt, daß solche Unaufrichtigkeit kein *Interesse für die Sache verrate,* was Riemer nicht bezweifelt, nur daß er etwas anderes als Richtschnur hat ...

ich kann mir nicht helfen, und ich will sehen, wer es in meinen Jahren kann, wer es kann, weil Eitelkeit ein Characterzug ist, über den man niemals ganz Herr werden kann.

An diesem Sonntag treibt Riemer über seine inneren Ekstasen hinaus. Nach seinen galanten Bemerkungen will er von Caroline einen Kuß, was sie verweigert und was er dem Sonntagsgast zuschiebt, der in das Zimmer tritt. Riemer bemerkt an Caroline ein *bedeutendes Kopfschütteln*, das ihn ermuntert. Er stürzt vor Caroline auf die Knie und drückt ihre Schenkel an seine Brust. Er hört *»Sie könne mich nicht so auf Knien vor sich sehen,* und sie hört von ihm, daß er sie anbeten möchte. *Sie sah mich bedeutend an. Ich mußte ein andres Gespräch anknüpfen, Humboldt kam dazu. Ich erblickte vorher noch ihre vollendeten Br. durch den gespaltenen Schleier. Ihre Schenkel schwellt die üppigste Fülle. Ich entfernte mich bald. Auf meiner Stube hatte ich folgende Gedanken:* ...

Riemer übt sich wieder in bedeutungsvollen Worten. An diesem Tage und den Frühling hindurch und in den Sommer hinein.

Diese Leidenschaftlichkeit ist nur schön für den, der sie fühlt, sie hebt ihn über alles Irdische. Aber schön ist die stille Liebe, die ihren Gegenstand wie laue Luft umfängt ...

Man braucht sie die nüchterne Vernunft zum Leben: aber in ihr sitzt nicht der Genuß, nicht das Gefühl des Ewigen und Unvergänglichen.

Ich kann mein geistiges und physisches Auge für ihre moral. und sinnl. Schönheit nicht verschließen; aber ich muß beständig die Vernunft wachen lassen, daß das sinnliche Wohlgefallen nicht über d. geistige gewinne ...

Irgendwann im Sommer muß es Riemer mißlungen sein, sich vor Humboldt zu verstecken. Irgendwann im Juli muß es zum Eklat gekommen sein. Das Tagebuch schweigt. Das Geschehen bleibt körperlos. Aber der junge Mann erlebt einen katastrophalen Zusammenbruch. Humboldt wirft ihn aus dem Haus. Riemer wirft sich aus der Gemeinschaft der Menschen.

Meine ganze geistige und physische Organisation ist ein

Römische Tagebücher Riemers
mit Porträt Caroline von Humboldts

59 D. 5. April 1803.

*gestörtes Ding, das ist mir klar: die Natur hilft immer
noch, flickt aus, wo und wie sie kann: so wird aus der
gleich im Aufschießen verbogenen Sprosse, statt eines
schlanken Stammes mit stattlicher Krone, ein krüppelig,
knotiges Kleinholz, immer noch brauchbar zu diesem und
jenem, etwa zur Zierde eine Baumes, der Licht und
Freude gibt ... immer noch interessant, aber das Interessante ist nicht immer schön.*

Liebe hat Riemer in Italien nicht gefunden und nicht lie-
bengelernt in seiner italienischen Geschichte. Der nicht.
Der trifft nicht wie Sternbald der Maler in Rom die
schöne Unbekannte und die Liebe.

Ihr verdammten Romane.

Das Tagebuch und ein paar Briefe hat Riemer in dem wenigen Gepäck, das er nach Weimar mitbringt. In Weimar
schreibt er neue Tagebücher. Sie handeln vom Meister,
vom Meister, vom Meister ...

Solch ein Tagebuch, wie in Tegel, wie in Rom, wird Riemer nie mehr schreiben. Er läßt es liegen. Er läßt nach ein
paar Rülpsern Humboldt, Caroline Vergangenheit sein.
Was geschehen ist, ist geschehen. Aber seine Ahnungen,
Hoffnungen, Ängste, die Liebe, *das Verlangen der Natur,*
all die Lebensgedanken aus dem Tagebuch, darüber ist
doch noch nicht entschieden, die schleppt er doch mit,
damit muß doch noch etwas sein?

*Das Leben in Italien kommt mir vor als ein Übergang in
eine andre Welt, wenigstens kann es zur Vorbereitung
dazu dienen, man stirbt nach und nach dem Leben ab
und lebt nur den Anschauungen der Natur und Kunst.*

*Ich habe manchmal solche entsetzlichen Gedanken, daß
wenn ich einige Menschen finden könnte, welche sie
gleichfalls haben, ich darüber zum Teufel fahren
möchte ....*

Ich will lieben und genießen ...

Wie glücklich der Mensch, der aus dem unendlichen

*Raum von Erde sich ein kleines Flecken zu Leben aus-
liest…*

*Man würde wie ein Tollhäusler schreiben, wollte man
aussprechen, was das Herz empfindet.*

Und jetzt? Der Meister hat ihn empfangen, und er wird
unter seinem Dach als Lehrer seines Sohnes wohnen. G.
weiß nichts von Riemer, und Riemer weiß vom Meister,
was in den Büchern steht. Vom Sohn des Meisters, seinem
künftigen Schüler, daß er August heißt, seine Mutter
Christiane Vulpius und sie GOETHES *Bettschatz* ist. Es
gibt eine Menge, was Riemer von Weimar wird kennenlernen müssen.

Jetzt zieht Riemer erst einmal in die Mansarde.

III
Goethes italienische Geschichte

Riemers Schüler August ist im Frühjahr dieses Jahres 1803 traurig gewesen, weil die Schlange, die er sich hält, bei der Häutung stirbt. Im April soll ihm der Vater aus Jena, wo er schon wieder einmal für längere Zeit ist, ein neues Mineral vom Herrn Bergrat Lenz mitbringen. Auch wäre er gern mit ihm in Jena geritten, wenn es denn dem Vater so gut bekommt, aber August ist ja nicht bei ihm.

Im Juni geht Christiane nach Lauchstädt Brunnen trinken, gute Tage zu haben, dem Meister über die Lauchstädter Saison des Weimarer Theaters zu berichten. August bleibt beim Vater in Weimar, macht Heu im alten Garten, geht mit dem Vater viel spazieren, ist ihm eine Hilfe im Haus.

Seiner Mutter möchte August allerdings gar zu gern nach Lauchstädt hinterherreisen. In Lauchstädt im Bad gibt es ein lustiges Leben. Im Juni vorigen Jahres ist er mit Vater und Mutter zur Einweihung des neuen Theaters in Lauchstädt gewesen. Meyer übrigens mit dabei.

Im Juli ist es dann endlich soweit. August folgt seiner Mutter. Er fährt allein. G. bleibt in Weimar, weil der Verkauf des Gutes in Ober-Roßla zu bewerkstelligen ist, das er sich dummerweise vor ein paar Jahren gekauft hat und mit dessen Bewirtschaftung er nicht zurechtkommt. Der Vater gibt dem Kutscher einen Kronentaler mit, damit er unterwegs für den Jungen bezahle. Christiane ist glücklich, ihren Gustel bei sich zu haben. August sieht ein Feu-

erwerk, tanzt viel, Christiane mehr. Sie tanzt zwei Paar
Schuhe durch. August wird seines schönen Tanzens
wegen gelobt und ihm zu Ehren ein »Punsch« gegeben.
Die Mutter kauft ihrem Sohn Gustel Schuhe und ein grü-
nes Mützchen, wie es gerade überall Mode ist. In Lauchstädt trifft August unter den Badegästen SCHILLER, in
Halle bei einem Ausflug den Fabeldichter Lafontaine.
August hat sein Stammbuch für die Freundschaftseintra-
gungen der Angehörigen, Bekannten und der Namhaften
vergessen. Wie könnten sich in Lauchstädt die Seiten füllen. Das Stammbuch liegt zu Hause im Bücherschrank
und die Schlüssel sind im Tischkasten. August gibt
Ordre, daß es der Vater nachschicke. Nach ein paar lustigen Wochen sind August und die Mutter am 26. Juli
wieder in Weimar. Gustel wäre gern noch länger in
Lauchstädt geblieben. Christiane gern früher zu ihrem
Geheimen Rat zurückgekehrt. Übergroße Sehnsucht hat
der Mann nach seiner Frau nicht. Dabei ist er gerade
etwas über die Fünfzig. Nun noch der Monat August
und sein 53. Geburtstag, und dann kommt bald Riemer,
der Mann aus Italien.

Was alles hängt in Weimar nur mit Italien zusammen?
Überall steht der römische Stern im Schicksal.
Eine *gleichsam unterirdische Reise* hat G. seine damalige
italienische Reise genannt und einfach sagen wollen, er sei
eben heimlich und bei Nacht und Nebel von Karlsbad
nach Italien auf und davon. Aber in Italien unter dem römischen Stern hat noch eine ganz andere Reise ihren Anfang genommen. Die Lebensreise von Riemers Schüler.
August ist in Weimar geboren, aber Italien und wie G.
von da nach Weimar zurückgekommen ist, verdankt August seine Existenz. Nach Italien wird Augusts Leben
zurückkehren. Es ist auf einer unterirdischen Reise gewesen.
Am 27. Oktober 1830 stirbt August von Goethe in Rom

an einem Schlaganfall und wird bei der Pyramide des
Cajus Cestius bestattet. An der Cestius-Pyramide haben
in Rom die Protestanten ihren Friedhof. Mein Sohn ist
mir *ausgeblieben,* wird der Vater sagen.

Von Karlsbad ist G. damals heimlich auf und davon. Es ist
das Jahr 1786. Über den Sommer hat er sich so weit gebracht, sich von der Frau in Weimar, der Baronesse von
Stein, zu lösen, den herzoglichen Freund um einen Abschied zu bitten und zu gehen. Nach Italien, dem Haupt-
land der Sehnsüchte, freier, wärmer zu leben. Still und
ohne seine Absicht zu verraten, steigt G. am 3. September nachts in Karlsbad in die Post, ist am Morgen in Zwo-
tau, mittags in Eger, am Nachmittag in Tirschenreuth,
abends in Weiden. Er fährt ohne einen Bedienten, an
Gepäck allein mit Mantelsack und Dachsranzen ausgestattet, er fährt die ganze nächste Nacht durch, er fährt
ohne Unterbrechung einunddreißig Stunden bis Regens-
burg. *Jetzt freut mich alles mehr, und ich fang in allem
gleichsam wieder von vorne an. Gewiß, ich hoffe auf dieser Reise ein paar Hauptfehler, die an mir kleben, loszuwerden.* Am 28. September ist er in Venedig, am 27. Oktober in Terni vor den Toren Roms. Im Jahr 1830 wird
August in der Nacht vom 26. zum 27. Oktober in Rom
sterben.

Irgendein verborgenes Gefühl war in G., daß er wegmuß.
Dem Herzog, der ihn so reich mit Ämtern und Aufgaben
ausgestattet hat, erklärt er aus politischer Delikatesse die
wahren Gründe nicht. GOETHE ist sein Kammerpräsident, Wirklicher Geheimer Rat, Präsident des Kriegscol-
legii, Aufseher des Bauwesens bis zum Wegebau hinunter und einiges mehr. Er bittet Carl August nur allgemein
um einen *Urlaub.* Der Herzog, der vor Jahren den Ehrgeiz hatte, sich zu seinem ortsansässigen Weimarer Dichter Wieland noch einen Dichter mehr in das Land zu
holen, ist auf dem Wege, ein gewöhnlicher Regent zu
werden. Carl August erweitert seine Leidenschaften um

die bunten Uniformen, die Tressen und Litzen, das Sol-
datenspiel, den Krieg. Und da das Ländchen zu klein für
richtiges Militär ist, sehnt sich der Herzog nach einem
Platz in der preußischen Armee. Gerade als G. im September 1787 noch einmal kräftig seine italienische Sehnsucht mit einem zweiten römischen Aufenthalt stillt,
wird auch die militärische Sehnsucht seines regierenden
Freundes mit der Erhöhung zu einem preußischen
Kürassier im Range eines Generalmajors befriedigt.
Noch im selben Jahr reitet Carl August in seinen ersten
preußischen Krieg.

Der Frau in Weimar, Charlotte von Stein, erklärt G. seinen Weggang nicht, weil er das Gefühl hat, da sei nichts
zu erklären. Dies habe mit beider Verhältnis nichts zu
tun. Es sei alles andere als eine Trennung. Auch sein
ganzes praktisches Verhalten hat er darauf eingerichtet,
als würde ihre Verbindung weiterbestehen. Unterwegs
wird G. ein Reisebrevier schreiben, das ausdrücklich für
sie bestimmt ist, »Tagebuch der italienischen Reise für
Frau von Stein«.

Seinem Diener Seidel hat G. die Anweisung hinterlassen:
*Er erbricht in meiner Abwesenheit alle unter meiner
Adresse ankommenden Briefe. Wenn darinne etwas vorkommt, was die Kriegskommission angeht und eine bal-
dige Expedition erfordert, hat er es an des Herrn Geheimen Assistenzrat Schmidt Hochwohlg. zu melden ... in
besonderen Fällen an Frau Oberstallmeister von Stein.*

Die Stein ist mit ihm, dem Herzog und der Familie Herder von Ende Juli bis Mitte August in Karlsbad zusammengewesen. Als sie am 14. abreist, begleitet G. sie über
das Erzgebirge hinüber bis nach Schneeberg. Nichts hat
darauf hingedeutet, daß etwas anders sei, als es nun schon
durch zehn Jahre ist: Charlotte von Stein ist die Frau, in
der ein Mann, der eine Welt von Gefühlen, Gedanken ist,
die Existenz dieser Welt sich zu bestätigen sucht, wie es
nur mit einer Frau geht. Von ihr will G. ganz angenom-

men sein, also liebt er Charlotte, auch wenn es nicht die ganze Liebe ist. *Frau von Stein ... reines richtiges Gefühl bei natürlicher, leidenschaftsloser und leichter Disposition ...* Kein Mann kann der Partner aller Töne eines Mannes sein. *Lebe wohl. Ich habe niemanden als Dich, dem ich meinen großen Verdruß klagen kann.* G. braucht Charlotte. *Ich wünschte, Du könntest sehen, wie Du mir überall fehlst. Wem soll ich sagen, was ich denke? Wem soll ich vertrauen?* Eben noch hat er geschrieben *Liebe mich! mein Herz ist Dein! G.,* und dann ist er weg, nur eine Mitteilung, daß er am 3. September Karlsbad verlasse, sonst kein Wort, verschwunden, nur Schweigen, kein Brief, niemand kann sagen, wo er ist. GOETHE.

Will niemand ihr sagen, wo er ist? Charlottes Sohn Fritz schreibt im Oktober an die Mutter von G. nach Frankfurt, man sei in großer Verlegenheit, kein Mensch wisse, wo ihr Sohn ist, sei er denn noch in Böhmen zu vermuten?

Seine Absicht ist das alles nicht. Aus Venedig hat er Charlotte von Stein Mitte Oktober die ersten vier Stücke seines Reisetagebuches geschickt. *Mein Tagebuch ist zum erstenmal geschlossen; Du erhältst ehestens die genaue Geschichte jedes Tags, seitdem ich Dich verließ; alles, was ich getan, gedacht, empfunden habe. Behalt es aber für Dich, wie es nur für Dich geschrieben ist ...* Charlotte bekommt es erst Ende Dezember. Seidel, Philipp Adolf Seidel, der Diener, der treue Diener, hat seinen Auftrag, vor der Zeit nichts über G.s Aufenthalt bekanntzumachen, auch gegenüber der Frau von Stein treu erfüllt. Sie hat bereits einen Zettel dem schweigsamen Seidel für seinen schweigsamen Herrn gegeben, daß sie nicht mehr vorhabe, mit ihm ferner noch Briefe zu wechseln und ihre Briefe aus all den Jahren zurückhaben möchte. Nichts soll mehr an ihre Liebe erinnern, vielleicht erinnert er sich jetzt. Es ist ein verzweifeltes Zeichen wie Selbstmord. Mit den Briefen wäre sie noch immer bei ihm. Sie

schlägt sich selber ins Gesicht. In der Liebe meinen die
Sätze manchmal ihr Gegenteil.

G. versichert ihr in der Ferne stürmisch weiter seine
Liebe.

Rom, 13.–16. Dezember 1786
Könnt ich doch, meine Geliebteste, jedes gute, wahre,
süße Wort der Liebe und Freundschaft auf dieses Blatt
fassen, Dir sagen und versichern, daß ich Dir nah, ganz
nah bin und daß ich mich nur um Deinetwillen des Da-
seins freue.
Dein Zettelchen hat mich geschmerzt, aber am meisten
dadrum, daß ich Dir Schmerzen verursacht habe …

Nächstes Jahr am 1. Februar hat G. endlich wieder auch
einen Brief von Charlotte und nach dem ersten gehen die
Briefe wieder hin und her, aber irgend etwas ist anders geworden ist. Diener Seidels Tölpelei war die vorwegge-
nommene Wahrheit als Mißgeschick. G. ist ja wirklich auf
und davon und auch vor der Liebe zu Charlotte, die nie
eine ganze Liebe war. In seinen Worten will er das noch
nicht wahrhaben, der Dichter: *Ich bitte Dich nur fußfäl-*
lig, flehentlich: erleichtere mir meine Rückkehr zu Dir,
daß ich nicht in der weiten Welt verbannt bleibe! Verzeih
mir großmütig, was ich gegen Dich gefehlt und richte
mich auf …
Die Frau weiß in ihren Worten besser Bescheid. Charlottes Worte bleiben karg. Als G. nach zweiundzwanzig
Monaten am 18. Juni 1788 a*bends um 10 Uhr mit dem*
Vollmonde zurückkehrt, ist die Charlotte Stein kühl, er
herzlich. Sie hat ein Gefühl für die Sache, ohne daß den
Beteiligten vollends schon bewußt ist, was geschehen ist.
G. ist *sinnlich* geworden, sagt die Stein. In ihrem schönen
Schloß Kochberg schreibt sie im Sommer die Zeile:

Siehe, wie im Chor der Triebe
Bald der zärteste verklingt ...

*Man errät, wie gesellschaftliche Forderungen sein Gemüt
beengten, er hatte sein eigenes Gefühl des Lebens verloren
und wollte nun jeden Genuß ergreifen, um wieder den
Standpunkt seines Herzens zu finden,* sagt Charlotte von
Steins Freundin, Lottchen Lengefeld, nun verwitwete
Charlotte von SCHILLER, als beinahe zwei Jahrzehnte
vergangen sind. *Man kann weder Neigungen festhalten,
noch sie zur Erwiderung zwingen, wenn die Zeit vorüber
ist, wo die Leidenschaft alles vereinigen will. Was seine
Entfernung für eine Lücke machte, wie die eigentliche
Freude schwand, wie alles seinen Geist vermißte, und die
näheren Freunde klagend sich wiederfanden, das versteht
jedes Herz, das ihm früher oder später näher kam, aber
doch muß man eingestehen, daß er, nur fremde oder eigene Widersprüche fürchtend, rasch handelte.*
Noch immer wissen in diesem Sommer 1788 die Worte
des Dichters G. nicht die Wahrheit. Aber sein Handeln
kennt es schon wie bei der Abreise. Als dem heimge-
kehrten G. im Juli in der Nähe seines Gartenhauses ein
kleines rundliches, im Weimarischen Ton sprechendes
Mädchen einen Bittbrief in die Hand drückt, wird es G.
einfach mit einer Frau. Nun war er in Italien, nun tritt vor
ihn ein Mädchen ohne dieses Abweisende vor ihrem
Schoß, ihrem Fleisch, ihrer Wärme.
Auf einmal. Doch noch. Nach so langer Zeit aus aller
Natur. Das Bedürfnis des Genusses. Der ganze Chor der
Triebe.
Die Weimarer merken lange nichts. G. und Christiane
treffen sich in immer kürzeren Abständen im Gartenhaus
im Ilmpark. Natürlich heimlich. Eines Tages begegnet
Fritz von Stein im Gartenhaus dem ihm unbekannten
Mädchen, und er erzählt davon seiner Mutter. Charlotte
von Stein braucht bis zum März, um Bescheid zu wissen,

und dann brodelt Weimar. Die Frau von Stein sagt es der Herder, und die Frau Herder schreibt es ihrem Mann, der auch gerade das Land aller Sehnsucht, Italien, bereist.

Ich habe nun das Geheimnis von der Stein selbst, warum sie mit Goethe nicht mehr recht gut sein will. Er hat die junge Vulpius zu seinem Klärchen und läßt sie öfter zu sich kommen etc. Sie verdenkt ihm dies sehr. Da er ein so vorzüglicher Mensch ist, auch schon vierzig Jahre alt ist, so sollte er nichts tun, wozu er sich zu den anderen so herabwürdigt. Was meinst Du hierüber? Dies alles aber sub rosa …

Herder ficht das genußvolle Italien nicht an. Der protestantische Geistliche hat sein kleines Weimar mitgenommen in die Welt, wo er nicht aufhört, sich aus seinen realen und den eingebildeten Miseren manchmal in eine bizarre Selbstgerechtigkeit zu flüchten. Da kann der kluge Mann schon mal ein rechtes Tratschmaul sein. Auch in Rom ist er, wie in Weimar, ein Fels in der Brandung. Es ist bloß so, daß die römische Unmoral vergißt, ihn so hart auf die Probe zu stellen, wie er entschlossen ist, ihr zu widerstehen.

Rom, 8. März 1789

Was Du von Goethes Klärchen schreibst, mißfällt mir mehr, als daß es mich wundern sollte. Ein armes Mädchen – ich könnte mirs um alles nicht erlauben. Aber die Menschen denken verschieden, und die Art, wie er hier auf gewisse Weise unter rohen, obwohl guten Menschen gelebt hat, hat nichts anderes hervorbringen können. Auf mich macht Italien in allem nun einmal den ganz entgegengesetzten Eindruck; ich kehre wie ein Geist zurück und kann Dir nicht sagen, wie mir vor dem gewöhnlichen Troß der Buhlereien etc. ekelt. Ich fühle mich zu gut dazu; das ist nicht Stolz oder Prätention, sondern Natur und Wahrheit. Daß sie dies sei, wirst Du an mir kennenlernen.

Zwei Monate später hat Karoline Herder neue schlimme Nachrichten für ihren Mann in Italien.

Weimar, 8. Mai 1789
Sobald Du kannst, so schreibe nur ein paar Reihen auch
der Steinin; sie ist es wert; und dann tröste sie auch; sie ist
sehr, sehr unglücklich, und Goethe beträgt sich nicht
hübsch. Da die Unglücklichen immer unter der Zahl der
Heiligen bei mir sind, so steht auch sie jetzt bei mir in die-
ser Zahl, und ich fürchte, der Kummer verkürzt ihr
Leben. Er hat sein Herz, wie sie glaubt, ganz von ihr ge-
wendet und sich ganz dem Mädchen, die eine allgemeine
Hure vorher gewesen, geschenkt. »Ich habe mich immer
auf Herdern gefreut«, sagte sie mir, »wenn er wieder-
kommen wird, so bleibt mir nun gar nichts mehr«.

Jetzt hat Charlotte von Stein Worte gefunden, und sie
werden maßlos. Woran immer zu denken war, daß die alte
Natur sich selten um ihren kleinen natürlichen Lauf bringen läßt, vermag sie nicht einzusehen. Böse Erklärungen
müssen her. Das Wort von der *allgemeinen Hure* setzt sie
in die Welt. Verletzte Liebe kennt kein Recht und hat
jedes Recht. Frau von Stein sagt »Hure«. Nie wäre der
Weimarer Nobilität ein ähnlicher Ausdruck bei einer der
Geliebten des Herzogs oder bei den Liebschaften der adligen Damen über die Lippen gekommen. Die Stein selbst
hat von dieser Art des Schweigens ihren Nutzen gehabt.
Sooft G. auch in Charlottes schönem Schloß Kochberg
übernachtete, immer hat die Zurückhaltung der Feinen
sie und G. geschützt. Kein Problem für G., daß die Stein
einen Mann hat, der ihr Kind auf Kind macht. Kein Problem für den Oberstallmeister Josias von Stein, daß G. bei
seiner Frau aus und ein geht. Wer schon weiß sicher, was
geschieht. G. wird erst als Liebhaber der *Demoiselle Vulpius* zu einer unanständigen Person. Charlotte läßt ihn
das am ersten spüren. Und dann auch am längsten. Als
Charlotte von Stein im Mai 1789 Weimar für einige Zeit
verläßt, stellt sie G. ein Ultimatum. Entweder ihre
Freundschaft oder diese Liebschaft. Die Stein ist wie der
italienische GOETHE plötzlich *sinnlich* geworden.

Auch G. schreibt einen Brief. Er erinnert Charlotte an
die Art ihres Verhältnisses. Er zeigt Erstaunen, daß zwischen sie tritt, was Charlotte nie und er nicht mehr gefordert hat. Man nennt es unter sich die »Weiberliebe«. G.
fragt Charlotte, *wer macht Anspruch an die Empfindun-*
gen, die ich dem armen Geschöpf gönne. Wer an die Stun-
den, die ich mit ihr zubringe?
Aber das gestehe ich gern, die Art, wie Du mich bisher be-
handelt hast, kann ich nicht erdulden. Wenn ich ge-
sprächig war, hast Du mir die Lippen verschlossen, wenn
ich mitteilend war, hast Du mich der Gleichgültigkeit,
wenn ich für Freunde tätig war, der Kälte und Nachläs-
sigkeit beschuldigt ...
Acht Tage später ist der Ton sehr viel kleiner. Acht Tage
später bittet GOETHE Charlotte um den Kompromiß
der Feinen. Der hilflosen Männer.
Zu meiner Entschuldigung will ich nichts sagen. Nur mag
ich Dich gern bitten: Hilf mir selbst, daß das Verhältnis,
das Dir zuwider ist, nicht ausarte, sondern stehenbleibe,
wie es steht.
Schenke mir Dein Vertrauen wieder, sieh die Sache aus
einem natürlichen Gesichtspunkte an, erlaube mir, Dir
ein gelassnes wahres Wort darüber zu sagen, und ich kann
hoffen, es soll sich alles zwischen uns rein und gut herstel-
len.
Was hat er im Kopf, als er diesen Brief schreibt? Hat er an
diesem 8. Juni nicht gewußt, daß Christiane schwanger
ist? Ist es für den Schreiber belanglos? Hat Christiane es
ihm nicht gesagt, weil sie denkt, G. wird sie mit dem
Kind nach Art der Herren sowieso allein lassen? Zum
Glück sind im Herzogtum Sachsen-Weimar-Eisenach
gerade die polizeilichen und Kirchenstrafen für die Müt-
ter unehelicher Kinder abgeschafft worden. Die härteste
Sanktion bei der Verheimlichung einer solchen Schwangerschaft drohte den Frauen. Die Väter hatten lediglich
Strafgelder zu entrichten: anderthalb Taler jeweils an

Kantor und Küster der Heimatgemeinde, fünf Taler an die Jenaer Entbindungsanstalt.

Als das Kind, der Sohn, also August, am 25. Dezember, dem Tag, an dem Charlotte von Stein ihren Geburtstag hat, geboren wird, ist G. noch immer mit Christiane zusammen, und der Klatsch sagt, sein Kind soll er sehr liebhaben. Ihre Mäuler halten die Feinen und die Edlen nach wie vor nicht. SCHILLER meint, daß es G. *närrisch* ergeht. *Er fängt an, alt zu werden, und die von ihm so oft gelästerte Weiberliebe scheint sich an ihm zu rächen.* Und dann schreibt SCHILLER den Satz auf das Briefpapier: *Sein Mädchen ist eine ziemlich berüchtigte Mlle. Vulpius ...,* aus dem seine Herausgeber in den Büchern machen: *Sein Mädchen ist eine Mamsell Vulpius ...*

Charlotte von Stein leistet der Erledigung der Verwirrungen des Herzens durch die Zeit den längsten Widerstand. Die Frau, die gesagt hat, *Ich möchte auf einem Planeten wohnen, wo kein Krieg in seine Constitution einnaturiert wäre,* kommt nicht los, von Christiane Vulpius als dem »Persönchen«, dem »Gänschen«, »der Jungfer Vulpius«, seiner »dicken Hälfte« zu sprechen.

Zehn Jahre liegt der Bruch zurück, als ihr Christiane zum sechsundfünfzigsten Geburtstag 1798 einen Kuchen vom Frauenplan hinüber zum Steinschen Haus am Ilmpark schickt. *Stellen Sie sich vor, daß die Jungfer Vulpius mir eine Torte zum Geburtstag geschickt hat,* empört sich die Beschenkte gegenüber Charlotte von SCHILLER. »*Goethe ist ein ungeschickter Mensch ... anstatt daß die Magd mit dem stattlichen Kuchen und einem Kompliment von der Mlle. V, eben da ich Besuch hatte, mir ins Kabinett trat. Das gibt nun eine ordentliche Stadtgeschichte, wo ich drüber ausgelacht werde.* Charlotte von Stein kann Christiane keinen Platz im Hause von G. zubilligen. Allenfalls eine Rolle nach ihren Worten. Weimar kommt nicht zur Ruhe.

G. schreibt gerade an seinem Hexameterepos *Hermann*

und Dorothea und macht sich ein wenig Luft von seinen Ärgernissen. *Daß ich der Heuchelei dürftige Maske verschmäht? Solcher Fehler, die du, o Muse, so emsig gepfleget, Zeihet der Pöbel mich; Pöbel nur sieht er in mir,* schreibt er hinein. Doch dann gibt er sich moderat. Er muß ja mit Weib und Kind unter den Leuten leben. Also wünscht er, die Muse lasse das für ihn bestimmte Lorbeerreis am Baume und beschere ihm lieber ein bißchen Frieden. *Aber Rosen winde genug zum häuslichen Kranze; Bald als Lilie schlingt silberne Locke sich durch. Schüre die Gattin das Feuer, auf reinlichem Herde zu kochen! Werfe der Knabe das Reis, spielend geschäftig dazu!* Noch ehe das Gedicht gedruckt ist, kursiert wieder einmal eine aus G.s Arbeitsstube herausgeschmuggelte Abschrift in Weimar. Auch Charlotte von Stein hat ihr Exemplar aus dritter Hand und kommentiert:

Goethe hat eine Elegie gemacht, ... sie ist recht poetisch schön und ist wie Anakreon würde von sich gedichtet haben. Nur schade, daß bei der Gattin, die am reinlichen Herde kocht, immer die Jungfer Vulpius die Illusion verdirbt.

Dem Fall des gefallenen Liebhabers G. hat Charlotte von Stein vier Jahre vorher, 1793, ein ganzes Theaterstück gewidmet. *Dido* ist ihr erstes Stück, und Charlotte offenbart klassisch verhüllt ganz unverhüllt, was sie über den Mann denkt und auch, was früher einmal in seinen leidenschaftlichen Briefen gestanden hat.

Charlotte von Steins Stück hat ein Vorbild. Der römische Dichter Vergil erzählt von der phönizischen Dido, die nach der Ermordung ihres Mannes gelobt, mit keinem anderen mehr zusammenzusein. Im Stück der Stein verlangen der Hof und der von ihr erfundene Dichter Ogon von Dido den Bruch des Versprechens. Dido weigert sich, und als sie mit Gewalt dazu gebracht werden soll, wählt sie lieber den Tod. Keine andere *Liebe* gibt es, heißt Charlottes Botschaft, als unsere. Und in keiner anderen Form.

Um nichts akzeptiert sie, daß G. nun auf die »*Weiber-liebe*« gekommen ist. Und auch die Nachrede dieser Liebe ist schmählich. G. muß als Ogon bekennen, *echte menschliche Natur ist schlangenartig, eine alte Haut muß sich nach Jahren einmal wieder abwerfen, diese wäre nun bei mir herunter.* Als Liebhaber der *ziemlich berüchtigten Mlle. Vulpius,* der *allgemeinen Hure,* ist er Pöbel: *Ich zähle mich jetzt auch unters Gewürme, lebe auch am liebsten mit ihm,* bezichtigt sich Ogon.

Das Stück kommt nirgends zur Aufführung, aber SCHILLER weiß von seiner Existenz. Die Damen Stein und SCHILLER sind seit vielen Jahren eng befreundet und haben, wenn sie nicht miteinander plaudern, ihre Korrespondenz. Charlotte von Stein läßt ihr Stück im Herbst 1796 in Weimar zirkulieren. Charlotte von Sch. hat es noch nicht, aber darum gebeten, und »Lottchen Stein« schreibt »Lollochen Schiller« mit dem berühmten Zaunpfahl winkend: *Meine Dido habe ich der Eliza Goore gegeben, und die liest entsetzlich lang daran, weil ihr die Hand und auch die Sprache schwer ist; sobald ich's zurückbekomme, sollen Sie's haben aber Schiller wird's keinen Spaß machen, denn wie kann dem Meister so etwas gefallen?*

Im November hat Eliza Gore das Stück endlich gelesen. Sie ist Engländerin und mit ihrem Vater, einem Kaufmann, vor ein paar Jahren nach Weimar gekommen. Noch bevor das Jahr zu Ende geht, hat SCHILLER das Stück in Händen, aber die Autorin ist ungeduldig. Wenn SCHILLER nun auch so entsetzlich langsam liest wie Eliza Gore. Eigentlich möchte es die Autorin mit der nächsten Botenfrau sofort wieder zurückhaben, um es noch einmal abschreiben lassen zu können für noch mehr Leser in Weimar. Doch SCHILLER liest schnell und vertraulich. Sie *sollen es nie bereuen, dieses liebe Lied von Ihnen selbst in meine Hand gelegt zu haben.* Einen Tag nach dem Neujahrstag 1797 rühmt er schon »Dido« als eines der Bekenntnisse, *die ein edles Gemüt sich selbst und von sich selbst macht.* Charlotte von Stein erfährt kostbares Lob von dem Dramatiker und Verfasser des Essays »Das Theater als moralische Anstalt«: *Ich habe weniges, ja vielleicht noch nie etwas in meinem Leben gelesen, was mir die Seele, aus der es floß, so rein und klar und so wahr und prunklos überliefert hätte, und darum rührte es mich mehr, als ich sagen kann.* Und schwer trennt er sich von der Weimarer Salontragödie: *Ungern gebe ich ihre Composition aus den Händen teure Freundin. Sie hat mich unbeschreiblich interessiert und in jeder Rücksicht.*

Christianes Beunruhigungen sind von Anfang an ohne Ende. August ist nur der »natürliche« Sohn seines Vaters. Nicht der legitime. Zwei Tage nach der Geburt des Knaben ist am 27. Dezember acht Uhr die Taufe in der Sankt Jakob Kirche. GOETHE will ein Zeichen setzen und hat seinen Freund Carl August zum Paten gebeten. Der Herzog sagt zu, kommt aber nicht und läßt sich auch nicht vertreten. G. braucht mehr als zehn Jahre von diesem Dezember 1789, bis er meint, aus dem »natürlichen« einen legitimen Sohn machen zu können. Er benötigt dazu ein Dekret des Herzogs.

Im April 1801 ruft er dessen *Höchstdero Menschenliebe in einem besonderen Falle ehrfurchtsvoll* an. *Ich habe einen natürlichen Sohn, August, dessen Wohlfahrt ich auch in Ansehung seiner bürgerlichen Existenz auf die Zukunft gern sichern möchte.* Herzog Carl August folgt dem Wunsch nach Legitimität im Mai 1801. Nun kann August wohl auch konfirmiert werden. Im April nächsten Jahres schreibt GOETHE einen Brief an den »Herrn Präsidenten des Konsistorii Herder«: *Du willst, verehrter Freund, die Gefälligkeit haben, meinen Sohn in die christliche Versammlung einzuführen, auf eine liberalere Weise, als das Herkommen vorschreibt. Ich danke Dir herzlich*

dafür und freue mich, daß er den für Kinder immer ap-
prehensiven Schritt an Deiner Hand auf eine Weise
macht, die mit seiner gegenwärtigen Bildung zusammen-
trifft.

Als August in das Haus der Superintendentur kommt,
weiß Herder nicht, wen er vor sich hat. Herder fragt ihn
nach seinem Namen. August Goethe, darf das Kind sich
seit einem Jahr legitim nennen. Einmal hat August bei
einem Maskenzug zum Geburtstag der Herzogin einen
Amor dargestellt. Die Weimarer reden, das sei unrecht gewesen. *Ein Kind der Liebe hätte nicht dürfen als Amor*
unter honetten Leuten erscheinen.

In Gottes Namen, soll er denn konfirmiert werden, wenn
der Herzog ihn legitim gemacht hat. Am 13 Juni 1802
gibt Herder Sohn August den Segen.

Etwas wild, nennt Herzog Carl August die Erziehung
von August. Hin und her geworfen ist August und geht
aus und ein bei Leuten, von deren unterirdischen Groll er
nichts weiß. Den Vater bringt er im Juni 1796 harmlos zu
Charlotte von Stein. *Augustchen brachte mir gar letzt sei-*
nen Vater geführt, als ich unter den Orangenbäumen vor
meinem Hause saß. Er nahm es an, sich neben mir zu set-
zen; es ist mir noch immer unbegreiflich, daß er mir so
fremd werden konnte. Im Februar nächsten Jahres ist August bei ihr in Schloß Kochberg. *August ist bei mir, sein*
Gesichtchen tut mir wohl, sagt sie. Der Sohn schreibt in
Kochberg einen Brief und nimmt, ihn zu schließen,
genau das Siegel vom Schreibtisch Charlottes, das der
Vater zwanzig Jahre zuvor ihr geschenkt hat.

Riemer bekommt einen besonderen Schüler.
Auch ist August ein gutes Jahr ohne geregelten Unter-
richt gewesen.
Als Hauslehrer tritt Riemer die Nachfolge eines jungen
Mannes an, der Adolf Theophil Eisert heißt und sich jetzt

auf ein Theologiestudium vorbereitet. G. hat Eisert im
Spätsommer 1797 für den damals achtjährigen August als
Lehrer bestellt, und Adolf Theophil Eisert bleibt bis zum
Sommer 1802. Als Eisert kommt, kann August bereits
schreiben. August ist kein Wunderkind. August ist acht
Jahre alt. Eisert wohnt nicht im Haus, aber G. hat noch
eine spezielle Aufgabe für ihn. Der Lehrer soll sich über
die Unterrichtsstunden hinaus um August kümmern. In
dem großen Haus am Frauenplan ist August oft allein
und ohne Vater und Mutter.

In diesem Frühjahr 1803 hat der alte Voß in Jena versucht,
den vierzehnjährigen August zu gewöhnen, *sich zu bestimmten Stunden zu irgendeinem Zweck zu beschäftigen, und Rechenschaft von dem zu geben, was er auf-
gefaßt.* Vergeblich. Dem alten Schulmann, Dichter,
Übersetzer ist der Knabe August mitten in der privaten
Schulstunde mit dem Buch in der Hand eingeschlafen. G.
ist das nicht neu. Darum hat der besorgte Vater damals,
als Eisert kam, gleich dem Hauslehrer auf den Weg gegeben, August sei sich mit seinen Gespielen manchmal des
Abends allein überlassen und *daß Herr Eisert wenigstens
einmal nach ihm sähe, und die öfter allzu lebhaft werdenden Vergnügungen unterbräche und regelte.*

August ist ein Jahr nach dem Weggang von Eisert ohne
Unterricht gewesen, aber was macht es, auf Bildung
kommt es an und nicht auf die systematische Absolvie-
rung von Schulklassen. Die großen Leute machen sich
ihre Schulen selbst. Riemer hat es bei den Humboldts
kennengelernt, deren älteste Kinder er zu unterrichten
hatte. Der Umgang mit Kindern ist nicht gerade seine Begabung. Dafür ist Riemer zu steif, zu systematisch. Die
Kinderlust am Spiel und der Überraschung fehlen ihm.
Er ist ein Mann der Regeln, mit der Sehnsucht, sie loszuwerden. Riemer schleppt sichtlich an seinem preußischen
Vatererbe. Aber er wird es versuchen, der Lehrer von
GOETHES Sohn zu sein.

Riemer wird bald hören, daß August *trinkt.* Wie man es auch von seiner Mutter weiß. Einmal soll er sechzehn Glas Champagner getrunken haben. Oder an den Neigen genippt.

Riemer wird sehen.

IV

Caroline, der Satan

Vom Rom sind Briefe nach Weimar unterwegs. Sie reisen Riemer und Fernow hinterher. Es ist keine eilige Zeit.

Am 11. Juli sind die Humboldts mit den Kindern aus der sommerlich heißen Stadt nach Ariccia *drei Stunden von Rom in einer himmlischen Gegend* an der Via Appia gefahren. Ohne Riemer. Der ist aus dem römischen Jahr ja unterwegs nach Weimar. Die Humboldts haben ein Gartenhaus vor dem Städtchen Ariccia. Ariccia wird von allen Orten, *die man zum Sommeraufenthalt wählt, für den gesündesten gehalten*, sagt Caroline. Arricia gehört zu den berühmten Castelli Romani in den Albanerbergen. Eine der reizvollsten Gegenden in der Nähe Roms. Einen neuen Hofmeister haben die Humboldts im Moment noch nicht. Nur *einen jungen Menschen.* Humboldt sorgt für den nötigsten Unterricht selbst.

Am 5. August fahren Humboldt und Caroline nach Rom zurück. Eine Kiste mit Büchern und Wäsche ist endlich angekommen, die sie im vergangenen Jahr von Tegel nach Rom expedierten. Auch Riemers Bücher sind dabei. Aber der ist ja schon wieder unterwegs nach Norden mit Fernow. Die Humboldts haben Sohn Wilhelm und Tochter Adelheid in die Stadt mitgenommen. Sohn Wilhelm leidet unter Halsschmerzen und hat seit zwei Tagen Fieber.

Zwei Tage später steht ein Nachbar aus Arricia mit zwei der zurückgebliebenen Humboldt-Kinder, Caroline und Theodor, vor ihnen. Es ist ein prominenter Mann. Der

Erbprinz Georg von Mecklenburg-Strelitz, Bruder der Königin Luise, Humboldts Königin. Der Erbprinz wohnt eine halbe Stunde vor Arricia in Albano. Er hat eine sonderbare Geschichte zu erzählen.

Der deutsche Bediente der Humboldts, der aus Berlin mitgekommen ist, hat am Tag nach ihrer Abreise einen Spazierritt gemacht und ist in der Mittagsglut mit starken Kopfschmerzen so erschöpft zurückgekehrt, daß er den Kindern und dem *jungen Menschen* nicht das Essen auftragen konnte. Der Diener habe, die Kopfschmerzen zu bekämpfen, viel Opium genommen – eine Alltagsmedizin, die damals jeder in seiner Apotheke hatte –, aber es sei nicht besser geworden, auch nicht mit einem Arzt, und der Mann sei nach achtstündigen fürchterlichen inneren Krämpfen heute früh Freitag gestorben.

Caroline beordert sofort das Kindermädchen mit der kleinen Gabriele nach Rom, doch da das Haus in der Stadt nicht auf die Familie und die Kinder eingerichtet ist, Betten und Küchengerät sind in Ariccia, schickt Caroline die Kinder nach der Beerdigung des Dieners am Mittwoch mit einem Freund der Familie, dem Schweizer Keller, wieder nach Ariccia. In Albano macht man kurze Station bei dem Erbprinzen Georg, der anderntags Caroline schreibt, er habe die Kinder *nie so schön und blühend* gesehen, doch habe Sohn Wilhelm über Kopfschmerzen geklagt.

Donnerstag geht es Wilhelm gut. In der Abendkühle reitet er mit Bruder Theodor, Keller und *dem jungen Menschen* an den See von Nemi. Man ist gute zwei Stunden unterwegs. Die Kinder gehen gesund und froh zu Bett.

Am nächsten Morgen hat Wilhelm wieder Kopfschmerzen, will nicht frühstücken und geht zurück ins Bett. Der *junge Mensch* holt den Arzt aus Albano. Der meint, *es sei ein kaltes Fieber,* und gibt eine Medizin. Keller und *der junge Mensch* an Riemers Stelle schicken Caroline eine Nachricht über die neuerliche Erkrankung mit vielen

Versicherungen, daß das Fieber ganz unbedeutend sei. In Rom ist gerade ein junger deutscher Arzt, der als außerordentlich geschickt gilt, sein Name Kohlrausch, und diesen Kohlrausch nimmt sich Caroline am Sonntag früh nach Arricia mit, sie will ihre Kinder wieder nach Rom holen. Als sie in Ariccia eintrifft, Sohn Wilhelm den Wagen hört und erfährt, es sei die Mutter, springt er aus dem Bett und umarmt sie heftig. Wilhelm ist sonderbar aufgeregt, doch es ist mehr als Freude, er hat Fieberphantasien. An eine Rückkehr nach Rom ist nicht zu denken. Caroline schickt den Wagen zurück und bittet Humboldt, so schnell wie möglich zu kommen. Das Kind vor ihr zuckt immer wieder heftig.

In diesem Zustand kam abends 7 Uhr heran. Da verlor er wieder eine große Menge Blut. Er lehnte seinen Kopf an meinen und die Kälte des Todes breitete sich über ihn aus. Wir trugen ihn auf ein Bett ins Nebenzimmer, die belebendsten Mittel, mit denen er gerieben, gewaschen wurde, das Reiben und Bürsten über den Leib brachten ihn nicht allein wieder zu sich, sondern es fand sich nach und nach eine durchaus egale Wäme wieder ein. Er öffnete die Augen, sprach mit uns, er verlangte nach seinem Vater und mir. Obgleich sehr blaß und blutlos, war er nie so entzückend schön gewesen. Sein Gesicht leuchtete wie von einem himmlischen Glanz belebt. Mit einem Wort, wir fingen wieder an, Mut zu schöpfen. Der Arzt versicherte mir sein Leben, wenn er fünf Uhr morgens erlebte. Der Prinz, der dagewesen, hatte Humboldt auf meine Bitte einen reitenden Boten geschickt. So saßen wir um sein Bett, horchend auf jeden Atemzug, der Arzt, Keller und ich. Um ein Uhr verwandelte sich sein Puls und wurde kleiner und kleiner, die Wärme seines Körpers schwand mehr und mehr von Sekunde zu Sekunde, er lag in einem tiefen Schlummer, aus dem er mit einigen Nervenzuckungen erwachte. Er phantasierte, sprach von dem Bedienten, der sich vergiftet habe, rief seinen Bruder:

*»Theodor, komm, wir wollen uns vor Friedrich retten«,
und ein andermal: »Komm mit mir, Theodor, komm zur
Pyramide«,* die Pyramide des Cajus Cestius, um welche
herum die Protestanten begraben werden.

Dann wird das Kind ruhig, schlägt die Augen auf, faßt
nach dem Kopf des Arztes, zieht ihn zu sich, küßt ihn und
flüstert: *Kohlri, Kohlri, hilf mir doch! Liebe Mutter, Vater,
Vater, Vater,* Arme und Beine zucken, es röchelt, dann ist
es tot. Humboldt kommt wenige Minuten später.

Der Sohn wird in der Nacht vom 17. zum 18. Juli 1803 an
der Pyramide des Cestius *an einer einsamen Stelle unter
Bäumen* begraben. Zwei *Herren* aus der Umgebung des
Prinzen bringen ihn in die Erde. Der Vater gibt bei dem
Schweizer Keller ein kleines Denkmal in Auftrag. Er
pflanzt eine Pinie und später noch eine Pinie. Die Humboldts verlieren ein zweites Kind in Rom.

Die Nachricht, daß sein Schüler Wilhelm in Rom gestorben ist, reist Riemer mit Monatsabstand hinterher. Am
12. September kennt sie SCHILLER. Am 16. September
erreicht die Botschaft Fernow in Jena. SCHILLER und
Fernow machen das Unheil in Weimar bekannt. Riemer
ändert den Brief, den er Wilhelm von Humboldt schreiben wollte.

*Ich war schon in Begriff, Ihnen meine Ankunft in
Deutschland und meine neue Lage zu melden, als Fernow
mit einer Nachricht zu mir eilte, die mich nicht bloß um
Ihretwillen erschütterte. Ich darf es Ihnen nicht sagen,
wie Ihr Verlust mir zu Herzen geht und daß Ihre Lage in
L'Arrica die rührendste war, die ich mir vorstellen kann.
Ich hätte als Fremder meine Anteilnahme nicht verwei-
gern können, und ich war so lange ein Mitglied Ihrer geliebten Familie gewesen und hatte sie nur notgedrungen
verlassen. Es schmerzt mich, daß ich Ihnen in jenen Tagen
der Unruhe und des Jammers nicht hatte beistehen kön-*

nen, nicht weil ich mir einbilden könnte, es würde an menschenfreundlichen Beistande gefehlt haben, sondern weil mich ganz besondere Empfindungen dazu aufgefordert hätten, die ich jetzt als fruchtlos unterdrücken muß. Es bleibt mir nichts weiter übrig, als Ihnen die Empfindungen des Mitleids in nichtigen Worten zu äußern.

An GOETHE kann die Botschaft nicht vorbeigegangen sein. Er schweigt. Er flieht vor der Unendlichkeit des Todes, wie immer.

Der Unendlichkeit. Der Unendlichkeit.

Er kann nicht anders, der endliche Mensch. Erst im Januar des nächsten Jahres schreibt er Caroline von Humboldt: *Sie haben einen großen Verlust erlitten, von dem ich schweige.*

SCHILLER schreibt seinen Brief gleich im September und schickt ihn Humboldt.

Weimar, 12. September 1803.

Ihr schmerzlicher Verlust, mein teurer Freund, dessen ganze Größe wir recht wohl empfinden, da wir das liebe Kind vor zwei Jahren so hoffnungsvoll sich entwickeln gesehen, hat uns beide aufs Innigste betrübt, und ich gestehe gern, daß ich dagegen keinen Trost weiß, als den die Zeit, die alle Wunden endlich heilt, herbeiführen wird ...

Wenn das italienische Klima doch vielleicht doch zu angreifend für Ihre Kinder und für die gute Li wäre oder werden könnte, so wäre es vielleicht doch besser, alle jene Verhältnisse aufzugeben, da Sie doch einmal Herr Ihres Schicksals sind. Es haben so viele Deutsche schon ein frühes Grab dort gefunden. Ich habe mich über Fernows Aussehen, der seit 8 Tagen hier angekommen ist, wirklich erschrocken, so veraltet schien er mir und hat vor seinem vierzigsten Jahr schon graue Haare. Freilich brachte er ein Fieber mit, aber man sah doch, wie sehr das Clima ihm zugesetzt haben muß ...

Riemer hat uns keine üble Meinung von sich erweckt und

Goethe ist so gut für ihn gestimmt worden, daß er ihn die-
sen Winter hier behält, um seinen August im Griechischen
zu unterrichten …

Über Riemer, den Lehrer im Griechischen, kann man
sich einig sein. Ein brauchbarer Mensch. Nun ist er versorgt und aufgehoben. Lobbriefe Wilhelm und Caroline
von Humboldts an das Ehepaar SCHILLER reisen Riemer nach Weimar hinterher. Humboldt schreibt Friedrich SCHILLER im Oktober: *Daß Goethe Riemer ge-*
nommen hat, freut mich außerordentlich. Er ist ein sehr
braver Mensch und zum Unterricht im Griechischen
unübertrefflich. Mit Rührung habe ich oft bemerkt, als er
fort war, wie unglaublich gute Fortschritte Wilhelm bei
ihm gemacht hatte und wie richtig und zweckmäßig er
ihn behandelt hatte, und ich kann mir darüber ein Urteil
anmaßen, weil ich gerade über Sprachunterricht jetzt sehr
viel nachgedacht habe. Bei uns konnte der arme Mensch
nicht gedeihen. Er mußte fort, so weh es mir tat. Denn ich
wußte recht gut, was ich verlor. Allein das war, wie Sie,
glaube ich, wissen, bloß individuell. Caroline hat *Lolo*
SCHILLER schon im September über Riemers Hofmeisterstelle bei GOETHE geschrieben: *Mich freut es, daß*
Riemer zu ihm gekommen ist. Der Arme bedurfte sehr,
gehoben zu werden, und das tut vielleicht die Achtung,
die Goethe ihm beweist, wenn er mit ihm zufrieden ist. Er
hat große Gaben, mit Kindern umzugehen. Wenn Du ihn
siehst, so grüße ihn freundlich von mir …

So freundliche Worte wie die Humboldt über ihn wird
Riemer über sie nicht haben. Riemer denkt trotz aller Belobung noch immer nicht an eine Karriere als Hofmeister.
Das ist etwas Vorläufiges. Die Hauptsache ist zur Stunde
sein Großes Griechisches Wörterbuch, das der Verleger
Frommann aus Jena von ihm haben will. Deshalb ist er ins
Sächsisch-Weimarische gekommen. Und Hoffnungen
auf eine Professur in Jena an der Universität, wie sie Fernow bekommen hat, macht Riemer sich überdies. Bevor

Wilhelm von Humboldt.
1831

Riemer seine Hofmeisterstelle bei GOETHE antritt, ist
in Jena noch einiges zu besprechen und zu regeln. Riemer
wohnt im Hause Frommanns, das ja überhaupt sein Ziel
bei der italienischen Heimkehr war. Am 10. schreibt ihm
G. ein freundlich-deutliches Mahnbrieflein.

*Wenn Herrn Frommann und Ihnen, mein wertester Herr
Riemer, aus einem achtägigen Aufenthalt in Jena Vergnügen und Nutzen erwachsen kann, so ist es auch mir sehr
angenehm, ob ich gleich die Ungeduld des kleinen
Schülers kaum zu mildern weiß, der mit Leidenschaft seinen neuen Lehrer erwartet.*

Der ich recht wohl zu leben wünsche. Goethe

Riemer säumt nicht, sich im weimarischen Haus einzu-
finden. Mit dem Manuskript kommt er ziemlich in Ver-
zug gegenüber Frommann, weil er sich bei G. erst einmal
einrichten muß. Auch ist der Rauswurf in Rom unerle-
digt. Er quält ihn weiter. Zurücksetzungen lassen Riemer
keine Ruhe. Doch mit wem soll er darüber sprechen? Wer
teilt mit ihm, daß ihm Unrecht geschieht? Als man Riemer in Weimar kennt, wird man später immer wieder von
ihm sagen, Riemer sei nachtragend. Ganz wenigen Vertrauten vertraut er etwas von seiner italienischen Geschichte, und was er erzählt, sind Verstecke für die Wahrheit. Sonst hält Riemer seine italienische Geschichte *sub
rosa.* Unter der Rose. Dem Siegel der Verschwiegenheit.

Jetzt im September, am 23., was für ein Tag, ist gerade der
Graf Harrach in Weimar und zu Besuch bei GOETHE in
den nächsten Tagen angemeldet. Beide kennen sich lange.
Harrach ist ein vertrauter Freund G.s aus seinen vielen
Karlsbader Tagen. 1785 ist G. das erste Mal nach Karlsbad, und seit 1786 kennt er den Grafen Harrach. *Ein sehr
braves Wesen*, hat G. damals Charlotte von Stein über
Harrach geschrieben, der in Prag Regierungsrat war und
nun in Wien als naturforschender Arzt lebt. Harrach
wird auch Jena besuchen, und das ist für Riemer eine Gelegenheit.

Hals über Kopf hat er Frommann so viel Manuskript, wie
er fertig hat, durch die Jenaische Botenfrau hinüberge-
schickt und in der Eile des Zusammenpackens ein Zu-
satzblatt vergessen. Harrach wird ihm den Gefallen tun,
und das Blatt zu Frommann mitnehmen. Um eine Gefälligkeit bittet Riemer auch seinen Verleger in dem Brief,
mit dem er den gräflichen Boten ankündigt.

Weimar den 28. September 1803.
Sie könnten mir einen kleinen Gefallen tun, und wenn es
sich machen läßt, ihn ein wenig über Humboldt ausholen.
Ich konnte es nicht, weil G. immer dabei war, wenn ich
mit ihm sprach. Doch ließ Harrach einmal über Tisch
etwas fallen, was als eine Bestätigung meiner eigenen An-
sicht über ihn mir lieb war, u. meine Neugier, mehr zu wis-
sen, reize. Was sie herausbringen können, vertrauen Sie
mir sub rosa. Es dient lediglich zur Menschenkenntnis.

Im Januar 1804 ist sein alter Lehrer und Förderer, der
Professor Wolf aus Halle in Weimar und bei GOETHE,
und Wolf unterläßt es nicht, in den vierzehn Tagen seines
Besuches seinen Schüler Riemer zu befragen, was denn
eigentlich in Rom und mit den Humboldts passiert sei,
denen er Riemer doch vorgestellt und empfohlen hat. Da
kann Riemer schlecht schweigen. Wolf *weiß nun alles was*
von mir u. über mich zu wissen ist, in Rücksicht meiner
Romana; mögen's auch Roman nennen, hört Frommann,
der auch alles weiß. Eine glückliche Wende war es. *Er*
preist mich wie billig glücklich dem Verderben entronnen
zu sein u. unter einen so guten Schauer, wie hier gekom-
men zu sein u. wünscht, daß ich recht lange hier bleiben
möge.

Im Mai begegnet Riemer überraschend Caroline von
Humboldt leibhaftig in Weimar. Sohn Theodor hat mehr-
mals im Winter in Rom das *kalte Fieber* gehabt und die
Humboldts beschlossen, daß Caroline besser für einige
Zeit mit ihm Italien verläßt. Caroline ist bei ihrem Vater
in Erfurt und jetzt herüber nach Weimar zu GOETHE

gekommen. Caroline hat Sohn Theodor mitgebracht. Riemer sitzt oben in der Mansarde. Theodor geht zu seinem ehemaligen Lehrer und bringt Riemer hinunter zu GOETHE und Caroline. Riemer macht eine Verbeugung. Caroline reicht ihm die Hand. Sie ist freundlich, hat aber nur wenige Worte, da sie wenig Zeit hat und gleich wieder zurück nach Erfurt will. Caroline lädt Riemer ein, sie in Erfurt zu besuchen. Er verbeugt sich wieder, ist *aber gar nicht in Willens,* es zu tun. Nach der Niederlage betreibt er das alte Spiel der Selbsterhöhung durch Erniedrigung des anderen. Nichts Liebenswertes ist mehr an Caroline, dem *göttlichen Gefäß* der Hofmeistertage. Nicht einmal ihr Name will Riemer über die Lippen. Sie ist in seinen Briefen nur noch die *Signora aus Rom,* die *Donna.*

Und dann tröstet er sich sehr vulgär. Caroline ist im Mai 1804 eine Frau in Umständen: *Ich fand sie sehr verändert, sogar häßlich. Sie ist schon im 7. Monat schwanger und will ihre Niederkunft in Paris abwarten.* Seinen Verleger Frommann lädt Riemer zu einem Besuch in Weimar ein. *Sie will in 14 Tagen noch einmal nach Weimar kommen auf längere Zeit. Vielleicht können Sie dann dies Unheil sehen, wenn Ihnen etwas daran liegt.*

Vor Verleger Frommann hat Riemer keine Geheimnisse. Er ist sein nächster Vertrauter in Weimar. Vor Frommann braucht Riemer keine Geheimnisse zu haben, weil er ihm seine italienische Geschichte *richtig* erzählt hat, also mit sich als Opfer und der koketten Verführerin Caroline, die weder die Neigung noch die Pflicht empfand, sein nach ihr schreiendes Hofmeisterelend zu erlösen.

Der Satan hat *das wohl gewußt; aber hat sie nur etwas getan, um meine Stimmung zu verbessern? Sie hat sich bloß salvieren wollen und mich mir und meinem Schicksal überlassen.*

V

Einzug in Weimar

Riemers Lage im November 1803 in Weimar ist peinlich. Kost und Logis hat er. Essen am Frauenplan und das Zimmer in der Mansarde. Aber kein bares Geld mehr. Die Rückreise von Rom war zu bestreiten und das Einrichten in Weimar, wozu wohl eine bißchen standesgemäße Kleidung gehört haben wird, und das alles von den 300 Talern, die er in Rom besessen hat. *Das ist alles, was ich von H. habe, wenn ich die Erfahrung nicht in Anschlag bringen will, die freilich teuer genug ist.*

Mit G. kann er darüber nicht sprechen. Einmal ist G. nicht da, er ist schon wieder in Jena, zum anderen schickt es sich nicht, denn G. hat ihm schon eine kleine Summe gegeben. Riemer fragt Verleger Frommann, ob er ihm nicht *ein paar Tälerchen* bis Weihnachten borgen könne, wo er wieder etwas einzunehmen gedenke. Riemer gibt sich lieber als solider Leichtfuß, als daß er sein Elend bekennt. Seiner Glückssträhne am Spieltisch ist gerade etwas dazwischengekommen.

27. November 1803. Man spielt hier. Ich kann mich davon nicht ausschließen. Ich habe bisher immer gewonnen. Aber gestern mein letztes, einen kleinen Taler, rein verloren und folg. bin ich radical oder rattenkal.

Im Haus am Frauenplan bleibt Riemers Lage nicht unbemerkt. Jedenfalls Christiane nicht. Sie vermißt ihren Geliebten G. sehr, bekennt, *zu lange will es nicht gehen, ich fange schon an verdrüßlich und grämlich zu werden,* und sagt zugleich, wenn ich *nur höre, daß es Dir gut geht, so will ich mich in alles finden.* Einige Dinge sind aber unbedingt zu regeln. G. muß Auskunft geben. Es ist der 17. Dezember, Augusts Geburtstag steht vor der Tür, das *Weihnachtswesen* und: *Auch schreibe mir, ob ich dem Riemer Geld geben soll und wieviel; er hat schon etwas weg von Dir, das könnte man abziehen, denn es scheint mir, als brauchte er es. Über dieses alles schreibe mir ausführlich, wie ich alles am besten machen soll. Ich möchte Dir immer alles recht machen und Dich mit nichts verdrüßlich machen.*

Wirklich gebessert hat sich die Lage des gerühmten Altphilologen Riemer nicht. Der einen Hofmeisterstelle ist nur die nächste gefolgt. Der Euphorie eines neuen Unterkommens folgt die Depression der realen Situation. Alles, was er will, ist nur in eine neue Ferne gerückt.

Mir fehlt etwas. Ich werde doch meines Daseins nicht recht froh. Es ist nicht die Ungebührlichkeit der Wünsche, die ich nicht erreichen kann, was mich etwas verstimmte: es ist, daß ich nichts Erkleckliches vor mich bringe, u. dabei noch des Lebens völlig expers bin, u. selbst den Mut dazu verliere, es zu genießen, weil ich nicht weiß, wie ichs anfangen soll, den Kopf voll lauter Ideen habe, übler Laune bin u. allen Unrat der Hölle. Wahrhaftig, ich bin manchmal zum Verzweifeln.

Ob er nicht alles aufgeben und zu den Soldaten gehen sollte, grübelt Riemer, er könne es ja doch nicht dahin bringen, wohin er es wolle. Den Vater versorgt das alte üble immerwährende, Mann tötende, Mann versorgende Kriegsgeschäft und ein paar Leute mehr noch von Riemers Herkunft, Profession und Elend. Manche sogar gut. Manche haben sich sogar aus ihrer Weimarer Tristesse zu einer Karriere aufgemacht. GOETHES Jugendfreund Klinger zum Beispiel. Riemer ist in eine Stadt voller Historien und Histörchen geraten.

Der glänzende Erfolg GOETHES in Weimar und bei Herzog Carl August hatte Klinger im Juni 1776 verführt, in die Residenz zu kommen. Ihn kannte man doch wohl auch in Deutschland? Sein Drama »Die Zwillinge«, eine Geschichte von Brudermord und Sühne, spielte die berühmte Schrödersche Schauspieltruppe mit großem Erfolg. Freilich hatte Klinger niemand, wie Carl August im Vorjahr GOETHE, nach Weimar eingeladen, wo der sechsundzwanzigjährige Dr. G. jetzt, *mit Beibehaltung seiner gänzlichen Freiheit*, einen schönen, wenn auch angefeindeten Platz in Carl Augusts Regierungskonsilium als Geheimer Legationsrat zu 1200 Talern einnahm. Man besichtigte Klinger bei Hofe, wie man sich den Dichter Lenz, der auch Goethe nachgekommen war, anschaute, doch ein junger Wilder war genug für Weimar. Lenz machte sich selber unmöglich, als er dringlicher als GOETHE auf die Frau von Stein eindrang, während Klinger die Situation besser verstand und im Oktober als Theaterdichter mit einer umherziehenden Theatertruppe davonzog, dabei beständig auf dem Sprung, bei den Soldaten und in einem Krieg unterzukommen. Der bayrische Erbfolgekrieg von 1778/79 brauchte ihn, brachte aber kein Offizierspatent. Das winkte nächstes Jahr aus Rußland. Da steigt Klinger in der Zeit, in der Riemer sich in Weimar nutzlos fühlt, zum Direktor des russischen Kadettenkorps und Oberdirektor des Pagenkorps auf.

Riemer hat es am Frauenplan vorerst allein mit August und seiner Mutter Christiane zu tun. Der *Vulpia*, wie er sie bald nach manchem Weimarer Vorbild nennen wird. GOETHE halten ernste Gründe seit dem 1. November in Jena fest. Der eine ist die *Allgemeine Literaturzeitung*. Im Dezember wird ein anderer dazukommen: der angekündigte Besuch der Madame de Staël in Weimar.
In Jena hat die Auflösung der berühmten *Allgemeinen Literaturzeitung*, des traditionsreichen, seit 1785 in Jena erscheinenden Rezensionsorgans gedroht. Schütz, der Jenenser Professor der *Poesie und Beredsamkeit*, der sie seit

Jahren herausgibt, hat sich in einer Mauschelei um die
Zeitung geübt. Die ärgste Gefahr für das Blatt hat G. Anfang November abgewendet. Eine Menge bleibt jedoch
noch zu tun. G. hat sich dafür gleich seinen Schreiber
Geist nach Jena mitgenommen.

G. hat von der Bedrohung der *Allgemeinen Literaturzei-*
tung das erste Mal Anfang August gehört. Der württembergische Doktor Hegel, der an der Universität als Pri-
vatdozent Philosophie liest, hat ihm davon erzählt. An
Professor Schütz ist eine hochdotierte preußische Beru-
fung an die Hallesche Universität ergangen, und die *All-*
gemeine Literaturzeitung will Schütz als Morgengabe
und Ruhmesblatt sich mitnehmen. Still und leise. Den
Jahrgang 1803 der ALZ mit dem Druckort Jena schließen
und 1804 mit Halle beginnen, als sei nichts als der
Druckort anders geworden. Was G. von Doktor Hegel
hört, hat den Charakter eines Ondit. Und G. fragt sich,
ob es klug sei, mit Schütz über *dieses allgemeine Gerücht*
zu sprechen. *Auf einmal kommt Hülfe, woher sie nicht zu*
erwarten war. **Kotzebue,** *der sich seit den Szenen des vo-*
rigen Jahrs als Todfeind aller weimarischen Tätigkeit er-
wiesen hatte, kann seinen Triumph nicht im Stillen feiern,
er gibt in dem »Freimütigen« übermütig an den Tag: mit
der Akademie Jena, welche bisher schon großen Verlust
an tüchtigen Professoren erlitten, sei es nun völlig zu
Ende, indem die »Allgemeine Literaturzeitung« in Ge-
folge großer, dem Redakteur verwilligter Begünstigungen
von da hinweg und nach Halle verlegt werde.
Lustspieldichter Kotzebue, das Weimarer Kind, vis-à-vis
vom berühmten *Elephanten* zu Hause, kann und kann
die Tinte nicht halten. Obwohl seine Produktionen er-
folgreich die Bühnen Deutschlands überschwemmen und
selbst Theaterdirektor G. ihn in Weimar häufig spielt,
weil er weiß, daß das Publikum eine einfache Magd ist,
treibt Kotzebue rasender Ehrgeiz zu immer neuen Un-
ternehmungen. Nicht nur der Erste auf der Bühne

möchte er sein, sondern auch der Größte, und der soll ja
wohl G. sein. Das zu ändern, wendet der intrigante Kollege jedes Mittel gegen G. an, wenn denn die literarischen
versagen. Also gibt er jetzt gern einem Gerücht in der
Zeitung Gestalt, weil er damit GOETHE eins auswi-
schen kann. Die Zeitung ist neu, heißt *Der Freimütige*
und erscheint in Berlin. Für die Nummer vom 19. August
1803 hat Kotzebue *Eine sehr interessante Neuigkeit für
alle Freunde der Literatur.*

*Der gelehrte und berühmte Hofrat **Schütz** in Jena und mit
ihm die dortige »**Literaturzeitung**«, deren erster Redakteur er ist, **werden nach Halle versetzt**. Unser trefflicher
König, der so prunklos und kräftig für die Wissenschaften
wirkt, hat unter sehr ehrenvollen Bedingungen sowohl
den Hofrat Schütz als auch den gelehrten Professor
Ersch ... in seine Dienste genommen, auch für alle aus der
Versetzung jenes Institutes entspringenden Kosten oder
Verluste eine Entschädigung von 10000 Taler bewilligt.
Nun wird sicher die **Hallische** »Literaturzeitung«, befreit
von dem literarisch-despotischen Einflusse, der oft nur
allzu sichtbar wurde, mit erneutem Glanze in einem Rei-
che hervorgehen, das – aus der innigsten Überzeugung sei
es gesprochen – jetzt der freieste Staat in Europa ist. Die
Universität Jena wird, bei der sehr geringen Unterstützung, freilich immer tiefer sinken ...*

Natürlich ist der denunzierte literarische Despot
GOETHE. Kotzebue hat bei G. viele offene Rechnungen.

1802 war das Jahr, in dem der Weimarer Autor Kotzebue
versucht hat, Weimar für sich zu erobern. Als erstes mit
der Errichtung eines eigenen Teezirkels. Jede Woche gibt
Kotzebue einen *adligen* und einen *bürgerlichen* Tee. Dann
zieht er sein russisches Adelsdiplom aus der Tasche, um
mit seiner Frau an den Hof zu gehen. Und da er
GOETHE die Freundschaft mit SCHILLER neidet, geht

er daran, sich SCHILLER als ein viel größerer Freund, als
G. es ist, zu präsentieren. Kotzebue bereitet zu SCHIL-
LERS Namenstag, dem 5. März, im Stadthaus eine Fest-
lichkeit vor, wo aus der *Jungfrau* sowie dem *Don Carlos*
Szenen aufgeführt und die *Glocke* dramatisch rezitiert
werden soll. Eine sehr schöne Rolle hat er sich selber für
die Ehrung vorbehalten. Neben einer Glockenform aus
Pappe will er als Gießermeister im Schurzfell stehen,
etwas Hehres aufsagen und aus der zersprengten Form
dann SCHILLERS Büste hervortreten lassen. Doch als
Kotzebue samt anderen herbeigeschafften Dekorationen
in den angemieteten Saal des Stadthauses einziehen will,
bleibt er ihm versperrt. Der Weimarer Rat hat erklärt, so
wäre das nicht verabredet und die Dekorationen würden
den Saal verderben. Andere Orte für sein Vorhaben nimmt
Kotzebue nicht an, denn mittlerweile verbreitet sich das
Gerücht, *Goethe habe als Baudirekteur dem Stadtrat das
Nötige inspiriert.* Kotzebue möchte die Fama nicht stören.
GOETHE verhindert also eine Ehrung von SCHILLER.
Das war ja der Zweck der Inszenierung: die Weimarer
über den wahren Freund SCHILLERS zu belehren.
Und dann hat Kotzebue noch etwas, um G. vorzuführen.
Die am Weimarer Theater beabsichtigte Aufführung seines Stückes »Die Kleinstädter«, in das Kotzebue An-
spielungen auf die Weimarer und die Verhältnisse am
Frauenplan mit Fleiß hineingearbeitet hat und die Theaterdirektor GOETHE alle streicht, worauf Kotzebue
auch auf diese Aufführung verzichtet, sich aber nicht zu
fein ist, in einem Konzert bei der Herzoginmutter in aller
Öffentlichkeit einen Wortwechsel mit GOETHE darüber zu provozieren. *In welchen Frau von Kotzebue sich
mischt und versichert, ihr Mann solle nun gar nichts mehr
aufs Theater in Weimar geben. Nicht genug, die alte Kot-
zebübin schreibt Goethen einen Brief ... So ist der Gott
unter die Fischweiber geraten!,* wie Caroline Schlegel im
März 1802 weiß.

GOETHE hat nichts dagegen, auf die kleinen Rechnungen mit *dem Todfeind aller weimarischen Tätigkeit*, Kotzebue, mit der großen Rechnung der *Literaturzeitung* einzuzahlen. Die *Allgemeine Literaturzeitung* ist das wichtigste literarische Blatt in Deutschland und gehört zum Ruf der Jenaer Universität. Der hat seit einiger Zeit gelitten. Herzog Carl August hat Fichte vor Angriffen, er sei *Atheist,* nicht in Schutz genommen und in die Demission getrieben und in Jena ein Klima aufkommen lassen, das auch Schelling und den Juristen Hufeland gehen ließ. G. hat mit SCHILLER gesprochen, G. hat mit dem Herzog geredet. Der Herzog wird Geld zuschießen, es in Jena Ersatz geben und der Professor der alten Sprachen und bisherige Mitredakteur der *Literaturzeitung,* Hofrat Eichstädt, das alte Unternehmen als *Jenaische Allgemeine Literaturzeitung* zum 1. Januar 1804 fortsetzen. Kotzebue hat sich inzwischen dauerhaft in die preußische Residenz abgesetzt. Kein schlechter Stand wenige Wochen nach Bekanntwerden der Intrige, aber mit SCHILLER, mit dem G. *die Angelegenheit durch, und abermal durchgesprochen* hat, kommt GOETHE Anfang September immer wieder zum gleichen Resultat: *Wir können Kotzebue und Consorten nicht Lügen strafen, bis wir sagen können: Paulus bleibt! Wir können die neue jenaische Literaturzeitung nicht anzeigen, bis wir sagen können: Paulus sitzt mit im Rat; denn alle übrigen Protestationen und Redensarten helfen nichts.*
Also muß er hinüber nach Jena, müssen Christiane und August einmal mehr ohne ihn auskommen, können Riemers Zweifel, wo er denn hingeraten ist, nicht vom Glanz des Meisters überstrahlt werden. Dabei hat G. schon etwas für den übellaunigen Riemer vorbereitet, was über seine Hofmeisterrolle hinausgeht. In die Liste der künftigen Rezensenten, die G. dem Hofrat Eichstädt am 18. Oktober in einem Brief vorschlägt, hat GOETHE auch seinen Altphilologen mit akkuraten Titeln für Be-

sprechungen eingetragen: *Bernhardi, Philosophische Grammatik, 2. Teil. Dornedden, Neue Theorie zur Erklärung der griechischen Mythologie.*

Auch *Hegeln,* der den Wink auf Professor Schütz und die Abwanderung der *Literaturzeitung* nach Halle gegeben hat, möchte er fördern. Darüber tauscht er sich mit SCHILLER aus. Er sieht nur ein gewisses Hindernis, das zu beheben ihm aber in der Jenaer Klause eingefallen ist. *Bei Hegeln ist mir der Gedanke gekommen: ob man ihm nicht, durch das Technische der Redekunst, einen großen Vorteil schaffen könnte. Es ist ein ganz vortrefflicher Mensch, aber es steht seinen Äußerungen gar viel entgegen.* Dozent Hegel aus Stuttgart muß wohl arg schwäbeln. Seine philosophische Dunkelheit, von der G. manchmal spricht, wird er diesmal nicht gemeint haben.

G. ist mit der *Jenaischen Literaturzeitung* Anfang Dezember so weit, daß nun zu sehen ist, bis Ende des Monats müßte alles in Jena verläßlich geordnet sein können. Aber die Zeit wird gebraucht. G. schreibt Voigt, dem Jüngeren, einen Brief.
Jena, 9. December 1803.
Da die Fabrik des Alten Literarischen Zahnpulvers nun völlig gewichen, so muß man sehen, ob die Neue in Reinigung des Gebisses, welches die Autoren gewöhnlich vernachlässigen, eine bessere Wirkung und durchgreifende Wirkung tut.
Eine Haupt- und Staatsaktion war das wieder. Warum macht der Mann so etwas? Des elenden Kotzebuben wegen? Wegen der Literatur, der Universität? Der preußischen Demütigung seines Herzogs wegen? *Bei meiner Überzeugung, daß jeder Mensch in der Welt sehr entbehrlich sei, muß ich mir eine Illusion machen, daß ich gegenwärtig hier sehr nötig sei, das kann man nur durch ununterbrochene Tätigkeit…*
In Weimar könnte es G. jetzt gefallen. In Weimar hat sich

ein großer Wind gelegt, seit Kotzebue weg nach Berlin ist,
sagt Christianes Bruder Christian August Vulpius. Aber
Madame de Staël-Holstein hat sich in der Stadt angemeldet und will unbedingt GOETHE sehen. Besonders angenehm ist ihm der Besuch nicht. Was er natürlich nicht
laut sagt. Vorerst.

Barone Anne Luise Germaine de Staël, geborene Necker.
36 Jahre alt. Tochter des Finanzministers unter Louis
XVI. Royalistin. Im Umgang mit Napoleon bekannt. Von
ihm, weil sie in ihrem Pariser Salon gegen ihn redet, 1803
aus Paris und einem Kreis von vierzig Meilen um die
Stadt verbannt. Im November auf dem Weg nach
Deutschland. Mit literarischem Ansehen wegen ihrer Essays über Literatur. Mit dem Ruf, sich zu einer Kennerin
der Deutschen und ihrer Literatur ausarbeiten zu wollen.
Bevor Madame de Staël-Holstein mit GOETHE in Weimar persönlich bekannt wird, hat G. schon eine gewisse
Bekanntheit mit ihr. Er kennt sie als seine Bewunderin.
Er hat Essays von ihr übersetzt. Von ihrer Sprunghaftig-
keit gehört. Furcht, von ihr aus- und aufgesogen zu werden. Er kennt Humboldt, und Humboldt kennt Madame
de Staël aus Paris.
GOETHE besitzt eine gewisse Empfindlichkeit, was
seine Beachtung anlangt. G. und seine Umgebung balancieren in diesem Punkt auf einem schmalen Grat. Natürlich sind ihm die Aufmerksamen angenehm, die großen
und die kleineren, Humboldt wie sein Meyer. G. hat so
viel Lastendes in sich, daß ihn zusätzliche Schwierigkeiten nicht anziehen. Und diese unendliche Arbeit, die Welt
ins Wort zu bringen. Da sind ihm erleichternde Helfer
lieb. Verständige, die ihm den Alltag seines Geschäftes
abnehmen, ohne Maschinen zu sein. Die ein Gefühl
haben, was sie für ihn tun, schreiben, abschreiben, redi-
gieren, was es darstellt, worüber er mit ihnen redet, was
er von ihnen wissen will. Ein Mann wie Riemer zum Bei-

spiel. Ich spreche mit niemandem *als mit Männern, die mich fassen* können, sagt G. dem Grafen Reinhard. Daß er mit so vielen redet, ist etwas anderes. G. ist ein höflicher Mensch. Zuzeiten auch so direkt, wie es das Jedermannsverständnis braucht. Natürlich weiß er, daß er aufsaugt, was ihn umgibt. Er ist in der doppelbödigen Sache nüchtern. Die Stein gibt der traulichen Erwartung, das Ungewöhnliche möge nichts Ungewöhnliches an sich haben, Stimme. Als Charlotte von Stein im Februar 1807 stichelt, Freund Meyer mache G. nach, wird G. wütend. *Den Teufel noch einmal, Dame! Ich will doch sehen, wer immer mit mir lebt und mir nicht ähnlich werden soll.*
Riemer lernt GOETHE aus dreißig Jahren *mehrseitiger Beziehungen* kennen und weiß dann auch über die ihm unsympathischen Formen der Beachtung seiner Person Bescheid. Madame de Staël und GOETHE haben das Unglück, daß ihre Begegnung mehr unter diesen Aspekten stattfindet. Riemer in den *Mitteilungen:*
Ihn konnte allerdings, wo nicht aus der Fassung, doch aus dem Humor bringen, wenn die Umgebung ihm nicht anmutete. Denn wie ihn schon in seiner Jugend, beim gemütlichen Vortrag seiner Gedichte, die Gegenwart gewisser Personen hinderte und er mitten im Rezitieren irre ward und sich nicht wieder zurecht finden konnte, so erging es ihm noch in spätern Jahren, daß er in der Mitte heiterer Gesellschaft, eben im Begriff sich gemütlich zu ergehen, durch die Anwesenheit gewisser impassibler oder impassibel scheinender Personen, die den Verdacht heimlichen **Aufpassens** *durch ihr schweigendes Benehmen rechtfertigten, aus dem Konzept, wie man zu sagen pflegt, gebracht wurde, und das, was humoristisch und geistreich herausgekommen wäre, nun ernst, trocken und einsilbig ablief. Wenn ein solches, manchmal unabsichtliches Beobachten ihn schon verstimmte, so mußte ein absichtliches, wenn man sich dessen hinterher berühmte, ihn heimlich erbittern.*

G. hält sich in Jena fest. Die Wohnung im alten Schloß ist zugig und unbequem. Er riskiert eine ernste Krankheit wieder. Christiane möchte ihn gern bei sich haben. August schickt mit jedem ihrer Briefe einen Zettel an den Vater mit. In Weimar ist der Teich gefroren. Er will Schlittschuh laufen. Der Vater möge ihm gute Schlittschuhe besorgen. Am 13. Dezember kommt eine Expreßnachricht von SCHILLER. Madame de Staël kommt. G. antwortet postwendend: *Vorauszusehen war es daß man mich, wenn Madame de Staël nach Weimar käme, dahin berufen würde. Ich bin mit mir zu Rate gegangen, um nicht vom Augenblick überrascht zu werden, und hatte zum Voraus beschlossen, hier zu bleiben. Ich habe, besonders in diesem bösen Monat, nur gerade soviel physische Kräfte um notdürftig auszulangen ...* Noch verlangt die *Jenaische Allgemeine Literaturzeitung* seine Anwesenheit. Der Freund wird es verstehen. *Wie viele Tage sind denn noch hin, daß alles fertig sein und, bei einer leidenschaftlichen Opposition, mit Geschick erscheinen soll?... Will Madame de Staël mich besuchen, so soll sie wohl empfangen sein.*

Am 14. ist die Barone, begleitet von einer Tochter und einem Sohn, in Weimar. Wo ist GOETHE? In JENA? Gleich am nächsten Tag schickt sie den Hofmeister ihrer Kinder an den Frauenplan und läßt bei Christiane nachfragen, wann GOETHE zurückkäme oder ob sie besser daran täte, ihn in Jena zu besuchen. Christiane kennt G.s Empfindungen. Beide können in der Angelegenheit deutlich reden. Christiane nach Jena: *Weimar, den 15. December. Ich habe wohlweislich geantwortet: Du würdest wohl bald wiederkommen, wärst aber itzo sehr beschäftigt; aber bis Sonnabend könnte ich nähre Nachricht geben. Nun schreibe mir, was ich sagen soll.*

Madame de Staëls Bote treibt Besuchsdiplomatie am Frauenplan auch auf Hofmeisterebene. Er äußert den dringenden Wunsch, mit Herrn Riemer bekannt zu wer-

den. Unverzüglich sollen sich auch die Kinder kennenlernen. Madame de Staëls Hofmeister nimmt Sohn August gleich zu Madame de Staëls Sohn mit. Der heißt zu-
fälligerweise auch August. G.s August enttäuscht der
Besuch. Der kann kaum Deutsch, sagt er bei der Rückkehr seiner Mutter. Und dann hat er noch eine Botschaft,
morgen früh kommt der französische Hofmeister mit
dem Staël-Sohn, um Augusts Stube anzuschauen.

Drei Tage weiter schickt die Barone G. ein Billett nach
Jena. Wo bleibt er nur?

Mais ne vous ai – je pas lu toute ma vie? Mais votre Wert-
her n' est-il pas l' ouvrage que j' relu cent fois et qui s'est
uni à toutes mes impressions?

Aber habe ich Sie nicht mein ganzes Leben lang gelesen?
Und ist Ihr Werther nicht das Werk, das ich hundertmal
immer wieder von neuem gelesen habe und das untrenn-
bar mit meinem gesamten Empfinden verknüpft ist?

Inzwischen fordert auch der Herzog seinen berühmten
Dichter mit einem Eilboten ein, und G. sagt am 19. sein
Kommen zu. Die schlechten Straßen, das fatale Wetter
hat er sich vergeblich als Barriere zwischen Weimar und
Jena, der Staël und sich gedacht. Jetzt ist er es, der sie pas-
sieren muß.

G. ist schlechter Laune. Er schreibt Charlotte SCHIL-
LER am 20.: *Hätte ich bis Neujahr hier bleiben können,*
so wäre alles, was mir obliegt, mit einem gewissen behag-
lichen Geschick zu lösen gewesen. Daß ich aber Sonn-
abends nach Weimar kommen soll, und will, macht mir
eine unaussprechliche Differenz, die ich ganz allein dul-
den, tragen, schleppen muß, und wofür mir kein Mensch
nichts in die Rechnung schreibt.

SCHILLER versucht ihn zu besänftigen. Er schreibt
dem Freund einen Brief, in dem die gefürchteten Untugenden der Madame die schönste Beleuchtung erfahren,
obwohl die Barone de Staël SCHILLER schon beim ersten Zusammentreffen im Empfangssalon der Herzogin

eine Probe ihres ungenierten Wesens gegeben hat. G. hört
sie später als Anekdote von ihr.

*Ich trete ein, ich sehe da einen einzigen Mann, groß bleich
mager, doch in einer Uniform mit Schulterstücken. Ich
halte ihn für den Kommandanten der Streitkräfte des
Herzogs von Weimar und fühle mich durchdrungen von
Achtung für den General. Er verharrt in finsteren
Schweigen am Kamin. Wartend spaziere ich im Zimmer
umher. Dann kommt die Herzogin und stellt mir meinen
Mann, den ich für einen General gehalten habe, unter den
Namen Herr Schiller vor. Da bin ich einen Augenblick
ganz sprachlos.*

Als G. sie fragt, was sie wohl denken würde, wenn sie ihn
in dem gleichen Hofkostüm erblickte, ist die de Staël sich
sicher, im Fall von GOETHE hätte sie sich nicht
getäuscht und wenn, *dann stünde es Ihnen aufs beste auf
Grund ihrer guten und schönen* – und sie macht eine un-
mißverständliche Handbewegung – *Rundheit!*

SCHILLER schreibt also G. unverstimmt aus Weimar.
21. December 1803.

*Frau **von Staël** wird Ihnen völlig so erscheinen, wie Sie
sich a priori schon konstruiert haben werden; es ist alles
aus **einem** Stück und kein fremder, falscher und patholo-
gischer Zug an ihr …*

*Die französische Geistesbildung stellt sie rein und in
einem höchst interessanten Lichte dar. In allem, was wir
Philosophie nennen, folglich in allen und letzten Instanzen, ist man mit ihr im Streit und bleibt es trotz allen Re-
dens. Aber ihr Naturell und ihr Gefühl ist besser als ihre
Metaphysik …*

*Für das, was wir Philosophie nennen, ist kein Sinn in ihr,
sie kann sich von solchen Werken nur das Leidenschaftliche, Rednerische und Allgemeine zueignen, aber sie wird
nichts Falsches schätzen, nur das Rechte nicht immer erkennen …*

Das einzig Lästige ist die ganz ungewöhnliche Fertigkeit

*ihrer Zunge, man muß sich ganz in ein Gehörorgan ver-
wandeln, um ihr folgen zu können. Da sogar ich, bei meiner wenigen Fertigkeit im Französischreden, ganz leidlich
mit ihr fortkomme, so werden Sie, bei Ihrer größern
Übung, eine sehr leichte Kommunikation mit ihr haben.*
Den *Werther* hat sie in Frankreich in französischer Sprache gelesen und ist davon so außerordentlich beeindruckt
wie ihr Feind Napoleon, der vorgibt, den *Werther* sie-
benmal gelesen zu haben.

Madame de Staël hat G. im April 1799 von Paris in einem
Brief geschrieben: *Dieses Ihr Werk ebenso wie die Neue
Heloïse sind nach meiner Meinung die beiden Haupt-
werke der Literatur.*

Vorher, 1797, hat sie schon einen Roman *Williams Meister*
von G. in der Hand gehalten und einem Freund offenbart: *Da er deutsch geschrieben ist, konnte ich nur seinen
Einband bewundern ... Aber Sie müssen so gütig sein, ein
wundervolles Dankschreiben für mich aufzusetzen, das
meine Unwissenheit im Dunkeln läßt und viel von meiner Dankbarkeit und meiner Bewunderung für den
Dichter des* **Werther** *redet.*

Vorher, 1796, hat sie die Einladung Schweizer Freunde,
nach Zürich zu kommen, wo gerade der Dichter Wieland
zu treffen ist, abgesagt. *Um eines deutschen Schriftstellers
willen, wenn er auch noch so bedeutend ist, nach Zürich
reisen – das werden Sie nun nicht von mir erleben. Ich
glaube ich kenne schon alles, was in deutscher Sprache
von Bedeutung ist, und selbst das, was man auf fünfzig
Jahre herausgeben wird.*

Vielleicht wäre sie dabeigeblieben, hätte sie sich nicht mit
Napoleon angelegt. In Paris will er sie nicht haben, die
Behörden möchten sie aber aus Frankreich auch nicht
weggehen lassen. Man schikaniert die Barone. Also besteht sie stolz auf einen Paß, und als man sie fragt, wohin,
sagt sie rasch, nach Deutschland.

Zu Weihnachten haben Christiane und August GOE-

THE dank der Madame de Staël wieder. Jetzt wird auch
für Riemer Gelegenheit kommen, seinen *Patron* näher
kennenzulernen.

Am 24. Dezember 1803 ist GOETHE in Weimar. Er hat
gleich mittags Gäste. *Herr und Frau Hofrat v. Schiller.*
Herr Hofrat Stark. Auch *Serinissimus* kommt. Es ist ein
Essen zu Ehren der Barone de Staël. *Mit entschiedenem*
Andrang verfolgte sie ihre Absicht, unsere Zustände ken-
nenzulernen, notiert sich G.

Es wird kein harmonisches Treffen. Der Gastgeber und
die Eingeladene geraten schnell aneinander, und
GOETHE sagt danach, die de Staël *spricht gut, aber viel,*
sehr viel, und sie sagt hinterher, sie sei nicht zu Wort gekommen. Anderen Tags schreibt sie ihrem Vater einen
Brief: *Goethe me gâte beaucop l' ideal de Werther ...*
Goethe zerstört mir sehr das Ideal des Werther. Er ist ein
untersetzter Mann ohne besondere Physiognomie, der
sich ein wenig weltmännisch gebärden will, was ihm aber
nur halb gelingt ...
In den nächsten Tagen sehen sie sich bis zum 2. Januar
noch einige Male, und dann ist GOETHE indisponiert.
Er ist *unpaß,* sagt Riemer. *Krank mag ich nicht sagen, ob*
er gleich meist zu Bette liegt; es rührt wohl wahrscheinlich
von einem zurückgetriebenen Echauffement her und
scheint weiter nichts auf sich zu haben, als daß er nun
nicht ausgehen kann, und manchmal nicht guten Humors
ist. Der de Staël antwortet GOETHE auf ihre Besuchs-
wünsche, daß es ihm völlig unmöglich sei, einen Tag fest-
zusetzen. *Erst wenn ich mich wohler fühle, werde ich Sie*
mir zu Tisch bitten. G. hält sich im Haus. Das ist nichts
Besonderes. Manchen Winter verläßt er es wochenlang
nicht. Willkommene Abwechslung bringt der Besuch des
Professors Wolf aus Halle, den G. im Nebenhaus unter-
bringt und der rasch immer mal wieder zu ihm herüber-
kommt. Und dann hat er zur Unterhaltung noch Riemer.
Riemer liest ihm aus Vossens Übertragung der Illias vor,

hört ihm zu, plaudert. Etwas fängt an. Riemer macht sich
Notizen. GOETHE sagt so wunderbar richtige Sachen.
*29. Januar. Die Weiber, auch die gebildetsten, haben mehr
Appetit als Geschmack. Sie möchten lieber alles ankosten,
es zieht sie das Neue an.*
Erst am 23. Januar haben sich G. und die de Staël wieder
getroffen, und es ist nicht anders als vorher, *sie geriert sich
mit aller Artigkeit noch grob genug als Reisende zu den
Hyperboräern.*
Sie möchte ihn anders, idealer, nicht mit diesem *Mangel
an Tätigkeit,* auch nicht so dick, keinen *doppelten
Goethe, den Dichter und den Metaphysiker. Der Dichter,
das ist sein eigenes Selbst, das andere ist sein Schattenbild ...* Was läßt sich gegen erhöhenden Anspruch sagen?
*Nun wird's kommen, Freund Caspar, daß wir Beide ganz
andere Menschen werden,* sagt Caspars Freund Peter in
Tiecks *Zerbino,* und Caspar stimmt ein: *Es tut not.*

In Weimar sind die Meinungen über Madame de Staël geteilt. Man weiß nicht so recht, was man bestaunt. Es ist ja
ein Provinzstädtchen, und die Provinz ist sich unsicher.
Weht nun der Atem des großen weiten Europa durch die
Gassen, oder ist es Blendwerk? Ist zu wünschen, daß sie
länger bleibt oder lieber bald weiterreist? Riemer meldet
Frommann einen Zwischenstand der Dinge.
Weimar d. 11. Jenner 1804
*Die Frau von Staël ist noch immer hier u. scheint sich mit
den schönen Geistern, Wieland und Schiller gut zu stehen;
wie man in der Stadt sagt, aber nicht mit G. Was daran
wahr ist weiß ich nicht, und will es auch nicht wissen.*
Auf jeden Fall unterhält der französische Paradiesvogel
die Weimarer Gesellschaft. Sie setzt sich ans *Pianoforte*
und spielt deutsche Volkslieder und das *Reiterlied* aus
Wallensteins Lager. Erklärt dem Herzog die Schellingsche
Philosophie. Malt den Zustand aus, wenn sie alt wäre.
Dann verschleiere sie sich über und über und ließe dann

nur den Mund offen, um mit der *süßesten Stimme Cica-*
dentöne erklingen zu lassen. Vor allem *declamiert* sie in
den Salons. Den 4. Akt der *Andromache* von Racine.
Sie spielte auch, soweit man es nur auf dem Sopha sitzend
zu thun im Stande ist, beeindruckt einen Besucher.
Die Vorträge müssen etwas laut gewesen sein. Auch von
Schenkelklatschen begleitet. *Da ich nie in Paris gewesen*
bin, so erhielt ich hierdurch zum erstenmal einen recht
deutlichen Begriff von der Kunstkonvenienz der französ-
sischen pathetischen Deklamation, notiert der Weimarer
Schulmann Böttiger. Wieland läuft hinaus und ist in der
nächsten Zeit oft unpäßlich. G. kränkelt in diesen Tagen
weiter. *Ich entschuldigte mich von einem Abend, wo sie*
die »Phädra« vortrug. Madame de Staël bemerkt an ihm
kalte zurückstoßende Verschlossenheit, billigt ihm zwar
zu, *das meiste Originalgenie unter allen seinen mitleben-*
den Dichtern zu haben, aber es werde wenig von ihm auf
die Nachwelt kommen. Auch gegenüber seiner Familie ist
sie offen.
Als August ihr sein *Stammbuch* mit der Bitte um einen
Denkspruch bringt, schreibt sie ihm ein: *Prolem sine*
matre (Vulpia enim in matris censum venire vix pozest)
ceatam. Sollte August mit der lateinischen Denkwürdig-
keit Schwierigkeiten haben, hat er ja Riemer, den Kenner
der alten Sprachen, der ihm die Eintragung übersetzen
kann. Aber besser hält er sich an Vater und Mutter. Die
können ihn trösten. Madame de Staël hat August nämlich
ins Stammbuch geschrieben: *Den ohne Mutter (denn die*
Vulpius kann kaum die Anerkennung als Mutter bekom-
men) gezeugten Nachkommen.
In einer Gesellschaft witzelt die Barone de Staël über die
dicke Pastetenkruste, in die GOETHE eingebacken sei.
Mais je voudrois que pouroris mettre son esprit dans un
autre corps. Il est inconcevable qu'un esprit superieur tel
que celui puisse être si mal logé. Doch wollte ich seinen
Geist in einen anderen Körper stecken können. Es ist un-

faßbar, daß ein so überlegener Geist so schlecht untergebracht sein kann.

Als er sie eines Abends trifft, wirft sie ihm vor, er sei, ge-
wohnterweise, wieder einmal *maussade* und keine lebendige Unterhaltung mit ihm möglich.

G. wird grob. Sie falle mit der Tür ins Haus, betäube ihn
mit einem derben Schlag und verlange, man solle danach
sein Liedchen pfeifen und von einem Gegenstand zum
anderen hüpfen.

Seine Besucherin ist keineswegs beleidigt und gibt sich
einsichtig. GOETHE ist am besten mit Champagner im
Leib, sagt die de Staël. Er etikettiert sie gegenüber
SCHILLER im Januar als die *zudringliche Nachbarin ...*
Man begeht doch eigentlich eine Sünde wider den heiligen
Geist, wenn man ihr auch nur im Mindesten nach dem
Maule redet. Als sie am 1. März 1804 nach Berlin weiter-
reist, schreibt er ihr vorher zwei Empfehlungsbriefe. Der
eine ist für Zelter.

Weimar 27. Februar 1804
Dieser seltnen Frau, die nun bald nach Berlin geht, gebe
ich einen Brief an Sie mit. Suchen Sie solche ja gleich auf;
es ist sehr leicht mit ihr leben und sie wird gewiß an ihren
musikalischen Leistungen große Freude haben, obgleich
Literatur, Poesie und was sich daran schließt, ihr näher
steht.

Der andere ist für den Kollegen August Wilhelm Schlegel.
Weimar, 1. März 1804
Frau von Staël wünscht, Sie näher zu kennen; sie glaubt,
daß einige Zeilen von mir die erste Einleitung erleichtern.
Ich schreibe sie gern, weil ich nun Dank von beiden Tei-
len verdiene, wo sich alles von selbst gegeben hätte. Er-
halten Sie mir ein freundliches Andenken.

In diesem März ist noch immer Winter in Weimar. Es
liegt reichlich Schnee. G. ist guter Verfassung. Er tummelt
sich mit Christiane im Schnee. *Schlitten gefahren,* notiert

er im Tagebuch am 5. *Schlitten gefahren,* am 6. März. Die
allezeit aufmerksame Beobachterin G.s und Christianes,
Charlotte von Stein, schreibt ihrem Sohn Fritz zwei Tage
später einen Brief: *Goethe hat aus lauter Freude, daß die
Staël fort war, seine ihm bequemere Donna zwei Tage
durch alle Straßen mit dem Schlitten gefahren.*

In Madame de Staëls 1813 erscheinendem Buch *De l'Al-
lemagne* wird über G. stehen: *Er ist ein Mensch, dessen
Geist universal, und weil universal, auch unparteiisch ist;
aber seine Unparteilichkeit ist keine Gleichgültigkeit: es
ist ein Doppelleben, eine Doppelkraft, ein Doppellicht, das
in allen Dingen die beiden Seiten der Frage zugleich er-
hellt. Wenn es sich darum handelt, zu denken, hält ihn
nichts auf, weder sein Jahrhundert, noch seine Lebensge-
wohnheiten, noch die Menschen um ihn herum: er läßt
seinen Adlerblick senkrecht herabfallen auf die Gegenstände, die er beobachtet ...*

GOETHES Brief an Schlegel hat Folgen.

Anne Louise Germaine de Staël und August Wilhelm
Schlegel treffen sich in Berlin und sind bis zum Tod der
Barone, 1817, ein streitbares Paar.

Kotzebue ist schon in der Residenz. Er brilliert in Berlin
wie in Weimar. Im März wird er auf dem Maskenfest des
preußischen Hofes als Priester des Merkur gesehen. Mit
einem Kranz von Mohnblumen auf dem Kopf und einem
Schlangenstab in der Hand.

Der ist weg. Und ein anderer schickt sich an zu gehen, der
G. als der zweite böse Geist Weimars gilt. Die Weimarer
nennen ihn *Cuculus Vimariensis,* da er wie der Kuckuck
die Sucht hat, überall seinen Namen hören zu lassen.
Gymnasialdirektor Karl August Böttiger locken Beru-
fungen nach außerhalb. Berlin und Dresden sind im Gespräch. Böttiger ist als Kenner der alten Sprachen und
Kulturen angesehen, G. war eine Zeitlang mit ihm befreundet. Böttiger plagt nur die Schwäche, sich im Stand

literarischer Allwissenheit und geselliger Allgegenwart befinden zu müssen. Das hat seinen Preis.

Um sich in diesen Rang zu setzen, liest Böttiger die meisten Bücher nur quer, bedient über das Maß der eigenen Schreibkräfte die Blätter und Journale, erzählt Sachen, die, außer den Betroffenen, niemand wissen kann. Das heißt schlicht, er klatscht. Und schlimmer noch, um sich zu brüsten, reicht Böttiger allein für ihn bestimmte Manuskripte weiter. Autoren sind da empfindlich.

Die Aushängebogen von GOETHES Elegie *Hermann und Dorothea*, die G. Böttiger vor dem Druck zur Korrektur anvertraut hat, gibt er klammheimlich an Johannes von Müller, den Historiker, *zu etwaigem Vergnügen* weiter.

Wallensteins Lager, SCHILLERS Stück, wird noch vor dem Druck und nach nur dreimaliger Vorstellung in Weimar, schon in einem Kopenhagener Privathaus zur Feier eines Familienfestes aufgeführt. Böttiger hat seine Hände im Spiel.

Vollends aber verdirbt er es sich mit G., als er darangeht, G.s Inszenierung von Schlegels Drama *ION* aus dem März 1802 zu verhöhnen, weil Schlegel hier ziemlich frei mit dem antiken Vorbild umgeht. G. läßt den schon für Bertuchs *Journal des Luxus und der Moden* gesetzten Aufsatz konfiszieren. Kotzebue ist es ein Vergnügen, ihn samt skandalösem Weimarer Hintergrund in seinem *Freimütigen* zu drucken. Böttiger ist eitel genug, zu glauben, er müsse dennoch bei den Weimarer Dichtern persona grata sein.

Als die de Staël von Böttigers Wegzug hört und in GOETHES Gegenwart von einem *Verlust* für Weimar spricht, möchte Böttiger gern von G. ein ähnliches Wort hören. Böttiger ist beleidigt, als G. kühl sagt: *Es ist nun einmal so, die ältern müssen den Jüngern Platz machen!*

Christiane von Goethe

Jünger als Karl August Böttiger ist Friedrich Wilhelm Riemer. Immerhin vierzehn Jahre. Oder auch bloß.

Kollege Böttiger hat mit dem Kollegen Riemer schon im Dezember 1803 darüber gesprochen, ob er ihm nicht im Gymnasialamte in Weimar folgen wolle. Und es war ein wirklich kollegiales Gespräch. Böttiger hat Riemer nicht die Kalamitäten des Amtes und des Gymnasiums verschwiegen und daß es vor allen Dingen an Geld fehle, *etwas Ordentliches zu leisten.* An einem *bedeutenden* Gymnasium eine Gymnasialprofessur zu haben kann Riemer sich vorstellen, doch kein Rektorat, *am wenigsten an einer übelconditionierten Schule.* Am liebsten wäre ihm nach wie vor eine richtige Professur an der Jenaer Universität. Und dann hat er noch eine kleine Spekulation: Wenn Böttiger in Berlin ist, könnte es doch sein, daß Böttiger dort etwas für ihn findet. Aber im Januar hat sich alles erledigt. Böttiger geht nach Dresden als Direktor des Pagen-Institutes, und die Stelle in Weimar nimmt ein gewisser Herr Kreutzer ein.

GOETHE ruft, als Böttiger leibhaftig verschwunden ist, nachher im Juli gegenüber Humboldt aus, seit *der Böttigersche Kobold weggebannt* sei, fühle er sich *in Weimar wie im Himmel.*

Riemer ruft in den *Mitteilungen*, als Böttiger gestorben ist und vierzig Jahre vergangen sind, aus: *Ein so zweideutiger, achseltragender, tückischer Charakter konnte sich neben Männern, wie die vier genannten, nicht lange halten; sie durchschauten ihn bald, sie mußten bald hinter seine Schliche kommen, und nun war er beseitigt. Verräterei liebt man wohl allenfalls, wenn sie nützen kann, aber nicht den Verräter.*

Und so war es ein Glück für Böttigern, daß, nachdem er, in seinem Absehn auf Dresden und gleichzeitigem Schielen nach Berlin, »auf dem Glatteise des Lebens hätte balancieren müssen, welches Schiller den Doppelsinn des Lebens nenne« – wie er dies insgeheim seinem Freund und

Gönner Johannes von Müller beichtet und dabei noch so
unverschämt und naiv ist, sich auf dessen Vorgang und
Beispiel zu berufen und darin seine Rechtfertigung zu fin-
den – es war ein Glück für ihn, daß er Weimar 1804 »in
Frieden, ja mit Ehren« verließ. Er konnte nun seinen zur
anderen Natur gewordenen Tick gegen Goethe und Schil-
ler gelegentlich auslassen, ohne daß man genötigt gewesen
wäre, persönlich mit ihm zusammenzutreffen und un-
mittelbar von ihm zu leiden.

Riemer fängt in diesen Januartagen 1804 an, sich in Weimar wohl zu fühlen. Zur gleichen Zeit wächst seine Abneigung, ein Schulamt zu übernehmen.
Im Dezember 1803 hat ihm Oberkonsistorialrat Spalding
von der Berliner Nikolaikirche angeboten, nach Berlin zu
kommen. Riemer hat abgelehnt.
Jetzt im Januar 1804 macht ihm sein Mentor, Professor
Wolf, in Halle Aussichten. Es winkt eine Stelle mit 800 bis
1000 Talern und Wohnung. Riemer zögert. Er ist mehr
Nein als Ja. Und dabei bleibt er auch, als Wolf dringlich
wird, ihm vorstellt, er wäre doch schon den Dreißig nahe,
man könne nicht wissen, ob so leicht sich wieder eine solche Stelle biete, und er wisse nicht, ob Riemer an der
Universität, an die Riemer noch immer strebt, glücklich
werden würde.
Die Hofmeisterstelle ist Riemer lieber noch als ein Schulamt. Sie besitzt etwas Provisorisches. Mit einem Schulamt
hat man sich auf Dauer eingerichtet. *Es ist mir, als sagte mir*
einer: den Leib rettest du wohl, aber nicht die Seele. Also
ablehnen, sich nicht in den süßen Sog gesicherter Verhältnisse ziehen lassen. *Denn solche Begünstigungen und Ver-*
*wendungen würden doch nicht ohne ein **Aber** sein, zu*
denen ich mich nicht entschließen kann; sodann daß ich
meine Meinung nach dem Winde richten müßte, weil ich
wohl fühle, daß ich nicht gemacht bin, ihm zu widerstehen.
Im September macht sein Verleger Frommann, obwohl er

dies alles weiß, Riemer ein Angebot. Er kennt seine Lage wie kein anderer. Die ganzen Monate ist Riemer bei Frommann immer mal wieder um ein kleines Darlehen eingekommen. Im Mai hat Riemer sogar bei seinem Schüler August in der Kreide gestanden.

22. Mai
Ich habe die Unvorsichtigkeit begangen, einem Freunde alle meine Baarschaft bestehend in 10 Laubtaler zu lei-hen, weil ich sie bald wieder zu erhalten hoffte. Unter 14 Tagen darf ich aber nicht daran denken. Ich habe einige kleine Schulden an August etc. zu bezahlen, dürfte ich Sie wohl nur um ein Carolinchen ersuchen?

Frommann kann Riemer ein Schulamt von 500 bis 600 Ta-lern anbieten. Eine Offerte aus der schlesischen Heimat hat Riemer vorher schon erreicht. Riemer sagt From-mann ab, wie er den Schlesiern abgeschrieben hat.

Weimar d. 9. September 1804
Ich habe nach Hause geschrieben, daß ich in Schlesien keins nehme, wohl überhaupt keins. Sie sollen mich unge-schoren lassen. Ich weiß besser, wo mich der Schuh drückt, u. ich will nicht, daß er mich in einer solchen Lage noch stärker drücke.

Riemer hat für seine Halsstarrigkeit einen besonderen Grund noch. Die Übernahme eines Schulamtes als Zei-chen der endgültigen Kapitulation vor einem wissen-schaftlichen, einem *literarischen* Lebensweg ist es nicht allein. Er hat Schlesien als Sohn eines armseligen preußi-schen Militärbeamten verlassen und möchte nach Schle-sien nicht armselig zurückkehren. Es ist ein eigentümli-cher Landstrich. In Friedrich des Zweiten neuen preußischen Ländern mischen sich überkommene öster-reichische Titelanbetung und preußischer Standesdün-kel. Dort zählen Rang und Titel vor dem Namen ganz be-sonders. Riemer kennt den bizarren Einfall, den ihn sein schlesischer Landsmann und Kommilitone Mill in einem Brief noch nach Tegel anvertraut hat.

Halle d .9. April 1802
Es verlangt mich herzlich, unbeschreiblich von Halle
weg. Alle Umstände sind so, daß die Sache abscheulich
verzögert wird. Es ist mir seither, da ich mit Ernst an die
Rückkehr nach Schlesien denke u. oft mich lebhaft im
Geiste dorthin versetze, häufig das Bedürfnis fühlbar ge-
worden, einen Titel zu haben. Man gilt gar zu wenig als
bloßer **Herr** *unter solchem Volk wie das schlesische nun*
einmal ist. Ich gäbe darum, wenn ich **Herr Doctor** *hieße.*
Das imponirt gleich, u. mir ist der imponirende Titel um
so mehr nötig, da ich keine imponirende Figur habe, und
doch gern was gelten will. Ich habe Lust, den Doctortitel
derweil zu ursupieren …
Leb wohl! Ein wehmütiges Gefühl steigt von neuem in
mir auf, da ich wieder an Deine Lage in Berlin denke.
Wärst Du frei, frei!
In Weimar ist Riemer mehr, als er jemals in Schlesien sein
würde. Aber nicht genug, um nicht auch vor gewissen
hochstaplerischen Verlockungen sicher zu sein. Er übt
die Handschrift und die Unterschrift des Meisters. Er
beherrscht mit der Zeit die Paraphe *G* des Meisters und
seine Unterschrift. Es macht Lust und ist bequem. Für
die Theaterquittung, *Ein Billett im Parterre erhalten zu*
haben Weimar d. 6. October 1804, probt er auf einem
extra Bogen das quittierende *G* viermal vorher. Später
wird er weniger verfänglich GOETHE sein. Was er an
Worten G.s sammelt, kennzeichnet er oft mit dem nach-
geahmten *G* und manchmal auch ausgeschrieben:
Goethe.
Riemer fühlt das Vorteilhafte seiner Lage. Er ist Zeuge
großer Dinge. Frommann kann er im Februar 1804 wissen lassen: *Daß der W. Tell fertig ist, wissen Sie schon,*
noch nicht daß er sehr gut ist … G. arbeitet an seinem
Götz, der wahrsch. auch noch zu Ostern gegeben wird,
wenn er die gute Laune behält, ihn fertig zu machen.
Und GOETHE geht mit ihm bonhomme um. G. braucht

verständige, stille Teilhaber des täglichen Lebensgeschäf-
tes. Meyer ist ausgezogen, nun ist Riemer da. Natürlich
hat G. Aufträge für Riemer, aber sein Grundton ist liberal partnerschaftlich, und daß er ein *großer Mann* ist, ist
der Nachteil, mit dem alle, die mit ihm zu tun haben, auskommen müssen.

Die langen Winterabende sind für G. Gesprächsabende.
Den Winter mag er sowieso nicht. Ernstlich abends zu
arbeiten ist seine Sache nicht, und bei Licht lesen vertragen seine Augen nicht. Brillen sind ihm unsympathisch.
Öffentlich sieht man ihn nie mit einer. Riemer, der gebildete Philologe, ist ihm sehr gelegen, und Riemer *lernt*
manches, *was man nicht eben in der Schule lernt.*

An solchen Winterabenden ist G. äußerst kommod. Die
nah Vertrauten kennen das Habit. Ein kleines wollnes
Jäckchen, ohne Halstuch, die Brust bloß, die Strümpfe
über die Hosen gezogen und auf dem Sofa sitzend. Sich
vorlesen lassend oder im Gespräch. Heiter und ent-
spannt. Endlich ein ungezwungener Mann. Wenn es lebhaft geworden ist, auf dem Sofa nicht mehr aushaltend.
Aufspringend dann und rasch und gestikulierend durch
das Zimmer gehend.

An einem Februartag ist Voss der Jüngere, wie sein Vater
ein bedeutender Philologe, zu Besuch bei GOETHE.
Voss liest aus seiner neuen Horazübersetzung vor. Man
kommt ins Gespräch, das bald G. ganz allein führt. G.
redet über den Ausspruch Platons, daß die *Verwunderung* die Mutter alles Guten und Schönen sei. Der ist ein
Tölpel, der sich nicht *verwundern* kann. Auf den nicht
die ewigen Naturgesetze, in großen und in kleinen Ge-
genständen, einen mächtigen Eindruck machen. G.
spricht durch anderthalb Stunden. Begreifen wir, fragt er
zwischendurch, warum wir hier so zusammensitzen?
*Was war der nächstvorhergehende Moment, was war die
Veranlassung zu diesem, und weiter rückwärts und noch
weiter, bis ins Unendliche fort?* Dann redet er über die

Empfänglichkeit des Gefühls, daß ein lebendiger Geist in der ganzen Gotteswelt nichts als Wunder erblickt und heilige Gottesoffenbarung …

Als er ausgesprochen, nahm er sein Licht, sagte ein trockenes »Gute Nacht« *und ging davon und ließ mich und Riemer wie Stumme gegeneinander sitzen. Ob Goethe uns hat in Verwunderung setzen wollen, daß weiß und glaube ich nicht; aber daß er's tat, weiß ich. Denn wohl keiner hat einen Mittler Gottes und der Menschen mit solcher Ehrfurcht betrachtet als wir diesen Mann in diesem Augenblicke,* berichtet Voss.

Riemer findet sich schnell in das Abendwesen des Meisters. Im Februar ist ihm schon vertraut, daß G. immer *ein wenig anders im Schlafrock* urteilt, *als wenn er in Gesellschaft urteilen soll. Aber ich begreife ihn. Weil man ihn auspumpen will, so gibt er nur eben das, was ihm beliebt, und womit er zwischen den Parteien so eben durchkommt. Wo er keine Hinterlist ahndet, da gibt er sich auch frei. Mir wird immer wohler bei ihm.* Es scheint sich zu erfüllen, was Humboldt ihm in diesem Monat bekannt hat: *Ich dachte immer, daß Sie nur Deutschland zu betreten brauchten, um daß es Ihnen wohl erginge.*

Was aber ist nun mit den *flammenden Begierden,* der *Geschlechtslust,* den rasenden Phantasien? Verschwunden von einem Jahr zum anderen? *Wie kann die Ruhe eintreten, ehe es noch ausgetobt hat?* Unter gleichem Dach kein Begehren mehr nach des Nächsten Weib?

Christiane Vulpius ist eine andere Frau als Caroline von Humboldt. Natürlich. Im Alter sind sich beide bis auf ein Jahr gleich. Christiane, achtunddreißig, ist eine adrette Frau. Hübscher vielleicht als die herbe Caroline. Die *prallen Schenkel* Carolines, in die Riemer nichts anders in Rom konnte, als sein Gesicht drücken zu müssen, wird Christiane wohl auch gehabt haben. Und auch den üppigen Busen, der ihn so erregte. Nur daß Riemer von Chri-

stiane von Anfang an und all die Jahre hindurch gering
denkt. Kaum bei G., nennt er sie schon im Weimarer Jargon die *Vulpia,* was so hübsch nach Vulva klingt und die
Füchsin heißt. Am Ende wird er, *sub rosa,* vom Meister
sagen, daß ihn das Verhältnis hinunterzog. In seiner öffentlichen Verklärung GOETHES das Gegenteil. An seinem Platz denkt Riemer wie die Stein, die SCHILLER,
die Herders, die Herzogin Luise, er denkt in Hierarchien.
G.s Freund, der Herzog, ist liberal. Er hat eine Mätresse.
Die Schauspielerin Jagemann. Carl Augusts Frau, die
Herzogin Luise, gibt sich deshalb besonders moralisch.
Riemer ist kein Frondeur. Er ist Legitimist. Die Ordnung
der Verhältnisse ist die Ordnung. Christianes Platz ist im
hinteren Teil des weimarischen Hauses, und er hat nur
das Unglück, an seinem noch nicht angelangt zu sein.
Vielleicht ist es das. Vielleicht, weil Caroline von Humboldt diese flirrende Offenheit hatte und Christiane derb
und treu ihren Geheimen Rat liebt und G. ihr aufmerk-
samer zugetan ist, als Humboldt seiner Caroline, vielleicht. Vielleicht hat Riemer auch einfach von seiner italienischen Geschichte die Schnauze voll. Seine Phantasien
hat er schon noch. Nur, daß er sie jetzt anders lebt.

Er bramarbasiert. Er spreizt sich wie ein Pfau. Riemer
macht sich daran, Scheinwelten als echte zu nehmen und
das *Eitle* zu pflegen, das man an ihm empfinden wird.
An Frommann:
d. 4. Febr. 1804
Weil ich Sie nicht mehr auf der Redoute bemerkte, u. mich
eben eine Frau unterhielt, die mir antrug sie noch etwas
nach Hause zu begleiten, so glaubte ich lieber diese Partie
ergreifen zu müssen u. entfernte mich schon um 12 Uhr
zum Regierungsrat Vogt, wo ich noch einige Gläser Rio
Santo trank, mit Ihr Ihm und Tieck mich unterhielt …
Diese verfluchte vergangene Woche bin ich sehr zerstreut
worden. Ich will Ihnen und der Sache sogar ein hübsches

Mädchen aufopfern, dessen Bekanntschaft ich im Park gemacht habe. Sie wird mir ja nicht davonlaufen.

Ich bin nicht mehr so kürig und wählig, u. was mir in den Wurf kommt, das küß ich und herz ich, ohne mich zu verlieben. Ich bin doch sonst so dumm eben nicht; sollte ich denn hierin nichts begreifen?

Weimar d. 2. Mai 1804

Das schöne Wetter lockt mich jetzt ins Freie. Ich bin gestern mit einer Partie in Mellingen auf dem Jahrmarkt gewesen: wir haben uns recht lustig gemacht.

Weimar d. 22. Mai

Ich lebe ziemlich schlaraffisch: esse, trinke, spaziere, küsse mitunter, weiter kommt es aber nicht. Bei G. höre ich einige Collegia über die Metamorphose der Pflanzen, Theorie der Farben; wir besehen den Mond durch einen siebenfüßigen Herschel und wissen uns sonst über allerlei zu unterhalten.

Riemer tauscht die Genüsse. Ist niemand zu seinem Körper gut, ist er es. Er frißt, schläft lange, ist bequem. Die Rezensionen, die G. von ihm will, läßt er liegen. Riemer kreiert seine eunuchische Schwammigkeit. Aus dem Faun schlüpft ein Kapaun.

Weimar d. 9. September

Ich bin sehr ruhig, u. werde dick u. fett. Mein Embonpoint hat beträchtlich zugenommen.

Für den November steht ein Ereignis bevor. Das Herzogtum hat vorteilhaft geehlicht. Eine russische Großfürstin wird in Weimar Einzug halten.

Der einundzwanzigjährige Erbprinz Carl Friedrich von Sachsen-Weimar-Eisenach hat die achtzehnjährige Tochter des Zaren Paul I., Maria Paulowna, im August 1804 in Petersburg geheiratet. Maria Paulownas Vater ist von einigen seiner Großen im März 1801 ermordet worden. Weimar erwartet ein Stück russischen Reichtums und einen Abglanz von Zarenmacht. Es wird auch ein Stück russischen Großmachtschicksals in den Napoleonischen Kriegen mitmachen müssen.

Erbprinz Carl Friedrichs Heirat mit Maria Paulowna ist die Tat seines Lebens. Sonst sticht er durch *Sonderlichkeiten* hervor. *Gemütsblödigkeit* sagen Zeitgenossen. Carl Friedrich hat Passionen.

Von der Literatur interessieren ihn am meisten Märchen. Draußen, im Tiefurter Schlößchen, unterhält er eine mit Tausenden von Talern zusammengekaufte Sammlung von Nippsachen. Vor allen Dingen aber wird die Pflege von *Standesunterschieden* seine Leidenschaft. Als er in die Jahre kommt, wo Vorsorge für die Zeitlichkeit zu treffen ist, erklärt er adelsstolz, er wolle nicht, wie sein Vater, bei Goethe und Schiller im Gewölbe ruhen, er wolle sein eigenes, großherzogliches Mausoleum. Maria Paulowna, die in Weimar einzieht, ist klein von Gestalt, aber groß in ihrer Energie. Als Carl Friedrich mit fünfundvierzig ans Regieren gelangt, nimmt sie ihm das Geschäft ab.

Der Vater, der Schwiegervater, der Herzog Carl August, reist den Neuvermählten ins preußische Küstrin entgegen und wartet dort auf sie. Er ist auf befreundetem Territorium. Zum Leidwesen G.s ist es Carl Augusts Stolz, Offizier des preußischen Königs zu sein. Auch steuert Carl August der preußischen Armee ein Detachement Soldaten bei. Über zwei Jahre, wenn Napoleon seine große Schlacht bei Jena schlägt, wäre es Weimar dienlicher, Carl August wäre kein preußischer Offizier und sein Haus nicht mit dem russischen Zaren verwandt.

Weimar bereitet sich umtriebig auf Maria Paulownas Einzug in das Städtchen am 9. November vor. G. geht daran, sich mit der russischen Sprache zu befassen. Anfang Oktober leiht er sich Johann Heyms Wörterbuch der russischen Sprache aus der herzoglichen Bibliothek aus. Auch Riemer lernt wie der Meister Russisch. Nicht so sehr, *um mit dem erwarteten Gefolge der Russischen Großfürstin parliren zu können, als vielmehr nur, um nicht ganz un-*

wissend u. wie ein gewisses Tier vor den russischen Buch-
staben zu stehen, u. einigermaßen die Epigramme auf
dem hergebrachten Heiratsgut lesen und entziffern zu
können; zumal da mehrere Weimaraner Russisch lernen.
Die Stadt quillt vor Petersburger Gespannen über. An die
achtzig Wagen sind am Schloß abgestellt, und ein gutes
Hundert maroder Pferde lagert dazwischen. Spiegel,
Kommoden, Schränke sehen die Weimarer auf den
Wagen, Küchengeräte, einen Flügel, eine Harfe. Ein
fürstlicher Hausstand. Eine Ehrenpforte wird aufgerich-
tet. Von den Stadtliteraten werden Beiträge zum Willkommen der Großfürstin erwartet. Riemer kennt Einzelheiten des Glanzes: *Des Abends wird die Pforte*
transparent erleuchtet. Sie ist im großen Stil u. kein so
dürftiges Ding etwa, wie man sonst dergleichen macht.
Wäre sie von Stein, so würde sie Berlin und jede große
Stadt verschönen. Aus allen Ecken drängen Neugierige
nach Weimar, um beim Einzug am 9. dabeizusein. Schon
Anfang November ist in den Hotels nicht mehr unterzukommen und ebenso schwer in Privathäusern, die Zimmer vermieten. Besonders begehrt sind Häuser mit Fen-
sterblick auf den feierlichen Einzug. Wieland hat ein
Begrüßungsgedicht, *Anrede,* geschrieben. G. übt es mit
Minchen Klauer, der Tochter des Bildhauers, ein. Minchen, eine Weimarerin, hat gewisse lokale Schwierigkeiten mit dem Diphthong »au«. G. übt mit Minchen unermüdlich. Am Ende hat Minchen eine reine Aussprache.
Riemer kennt sich hinter den Kulissen aus. Riemer will
dem aus der Naumburger Richtung kommenden Paar
entgegengehen, mit dem Zug mitlaufen, um dann über
die Sternbrücke in den Schloßhof zu schlüpfen. Dort
wird Besonderes passieren.
Der Hof erwartet das Paar auf der untersten
Schloßtreppe mit sämtlichen *wirklichen Räten,* also auch
GOETHE.
Acht Pferde ziehen die Kalesche der Großfürstin. Musik

erklingt. Maria Paulowna grüßt huldvoll vom Schloßbal-
kon. Dann gibt es einem Empfang im Großen Saal.
GOETHE und SCHILLER unter den Gästen. Nichts
wird aus der Illumination der Pforte. Es regnet. Ein anderer Programmpunkt, die feierliche Begrüßung der
Großfürstin im Hoftheater ist mittlerweile auf gutem
Wege und wird am 12. auf das schönste zelebriert werden
können. Es ist der festliche Begrüßungsprolog für Maria
Paulowna, den zu verfassen GOETHE und SCHILLER
keine Lust zeigten. G. zeigte, je näher der Theatertag
kam, Unruhe, weil ihm keine Idee kommen wollte. G.
drängte SCHILLER, *noch etwas Dramatisches zu erfinden.*

SCHILLER schreibt in ein paar Tagen Nachtarbeit *Die
Huldigung der Künste. Ein lyrisches Spiel, Ihrer Kaiserlichen Hoheit der Frau Erbprinzessin von Weimar Maria
Paulowna, Großfürstin von Rußland, in Ehrfurcht gewidmet.* SCHILLER sieht man zur festlichen Stunde in
Hofuniform im Theater unter den privilegierten Personen des Balkons. G. ist unten in Parkett. Christiane bereitet es Freude, ihm die Namen der da oben sagen zu
können. Sie kennt sich aus. G. kann mit der Mademoiselle
Vulpius an der Seite keinen Platz im Rang beanspruchen.
Das Spiel beginnt.

*Die Scene ist eine ländliche Gegend; in der Mitte ein
Orangenbaum mit Früchten beladen und mit Bändern
geschmückt. Landleute sind eben beschäftigt, ihn in die
Erde zu pflanzen, indem die Mädchen und die Kinder ihn
zu beiden Seiten mit Blumenketten halten.*

Caroline Jagemann, die Geliebte von Carl August, spielt
mit. Der Herzog hat darauf bestanden. Sie gibt die Tanzkunst: *Die Freude führ ich an der Schönheit Zügel, Die
gern die zarten Grenzen übertritt; Dem schweren Körper
geb' ich Zephyrs Flügel, Das Gleichmaß leg ich in des
Tanzes Schritt ...*

Die Stimme der Jagemann ist schwach. Eben hat sie ihr

erstes, vom Herzog gemachtes Kind geboren. Herzog Carl Augusts Frau, die Herzogin Luise, hat ihren Platz im Rang und schaut auf die Jagemann als *Tanzkunst*. Das dynastische Netzwerk ist weitläufig. Maria Paulownas Mutter, Maria Feodorowna, ist eine geborene Sophie Dorothea Augusta Luise, Prinzessin von Württemberg. Der Württemberger SCHILLER läßt durch seinen Schwager, Wilhelm von Wolzogen, Oberhofmeister des Herzogs, Maria Paulowna die Handschrift des Festspiels mit der Bemerkung überreichen, dem Verfasser könne keine größere Ehre zuteil werden, als wenn es in die Hände ihrer Mutter gelangte. Die Künste huldigen die Großfürstin einhellig.

Genius
Und Alle, die wir hier vor Dir erscheinen,
Der hohen Künste heil'ger Götterkreis
Sind wir bereit, o Fürstin, Dir zu dienen,
Gebiete Du, und schnell auf Dein Geheiß,
Wie Thebens Mauer bei der Leier Tönen,
Belebt sich der empfindungslose Stein,
Entfaltet sich Dir eine Welt des Schönen.

Es wird berichtet, die Aufführung hätte sich des *allgemeinsten Beifalls* erfreut und die Großfürstin sei bis zu Tränen gerührt gewesen.
SCHILLER erhält einen kostbaren Ring Maria Paulownas. Aus den geheimen Räten des Herzogs werden Exzellenzen. Bälle und Feste finden statt.
Exzellenz von GOETHE schreibt Bürgermeister Schultze unter dem Datum des 15. November, *bevor Sie wieder Anstalt machen die Ehrenpforte zu illuminiren,* solle er es ihn, G., wissen lassen. *Serenissimi Wunsch ist, daß man recht schönes Wetter abwarte.*
Riemer besucht mit Voß und zwei anderen jungen Männern den 16. November ein Maskenfest im Redoutenhaus

an der Esplanade. SCHILLER, nebenan zu Hause, ist auch da und trinkt mit ihnen unerschrocken bis 3 Uhr morgens Champagner. Für den nächsten Abend muß er seine Anwesenheit bei der Aufführung der *Jungfrau von Orleans* absagen. Seine Champagnerfreunde beeindrucken als *ägyptische Statuen* auf der Redoute. Riemer glänzt goldfarben. Er hat sich Hände, Füße und das Gesicht vergoldet. Es ist das Auffälligste, was sich an G.s Hofmeister in dem Jahr seines Hierseins coram publico in Weimar beobachten läßt.

Anfang des neuen Jahres 1805 zieht Riemer gegenüber Verleger Frommann eine gewisse Bilanz der Monate nach seinem Einzug bei G.

Weimar d. 18. Januar 1805
Ich habe noch nicht daran kommen können zu recensiren u. möchte nur die Recensionen, die ich übernommen fertigen. Ob ich es ferner unternehme soll der erste Erfolg lehren. Dazu kommt, daß ich doch manche Stunde bei Göthe bin, meine Stunden mit August habe, Russisch, wenn auch nur dreimal die Woche, Chemie, wenn auch nur zweimal, höre, u. neben her gern einmal ins Schauspiel oder zum Besuch gehe. Die Zeit vergeht mir ganz ungeheuer u. ich komme zu keiner ersprießlichen Beschäftigung.

Riemers Schüler August wird mit diesem Jahr 1805 auf das Gymnasium gehen. Er ist durch seinen Hofmeister gut vorbereitet. Wegen seiner vorzüglichen lateinischen Kenntnisse wird August am 9. Juni gleich in die Prima aufgenommen. Riemers Aufgaben am Frauenplan verringern sich darüber nicht. Er bleibt Augusts Hauslehrer, und GOEHE hat seine Aufgaben für Riemer. Immer schmeichelhaftere. G. ist mitten in der Arbeit an *Winkelmann und sein Jahrhundert. In Briefen und Aufsätzen.* Das Vorhaben beschäftigt ihn seit dem vorigen Sommer. Es hat Bekenntnischarakter. G. richtet das klassizistische

Kunstideal gegen das romantische Jahrzehnt auf. Riemer darf G. den Index zum Sammelband *Winkelmann und sein Jahrhundert* zusammenstellen.

Noch hält Riemer sich zurück, spricht nicht von *wir*, von *uns*, wenn er von G. und sich, von sich und G. spricht. Ihn zu dublieren ist Riemer im Wortlosen weiter. Bei Schillers Tod ist er als Imitat des Meisters zu sehen.

Am Donnerstag, dem 9. Mai 1805, stirbt Schiller. Der Kunstmeyer ist gerade wieder einmal bei G. Man ruft Meyer heraus und teilt ihm die Nachricht mit. Der Busenfreund verläßt den Frauenplan ohne Abschied. G. bemerkt die Verwirrung im Haus, er spürt, daß man ihm ausweicht. Er sagt: *Ich merke, Schiller muß sehr krank sein.* Christiane sagt, er sei in eine lange Ohnmacht gefallen, habe sich jedoch erholt. In der Nacht stellt sie sich schlafend. G., der sie ruhig atmen hört, schläft nach einiger Zeit ein. Am Morgen sagt Christiane ihm die Wahrheit. Ein Ungeheuer überfällt G.

Ich dachte mich selbst zu verlieren, und verliere nun einen Freund und in demselben die Hälfte meines Daseins.

Charlotte von Stein fragt G., ob er ihn noch einmal sehen wolle. G. antwortet: *O nein! die Zerstörung.*

Samstag, den 11. Mai 1805, nachmittags und abends bitten Bürgermeister Schwabe und Voß, Sohn, in einem Zirkularbrief die Freunde SCHILLERS, ihn, anstelle der üblichen Zunfthandwerker, zum Friedhof zu geleiten. Es kommen dann Bürgermeister Schwabe, Dr. Schütze, Heinrich Voß, Sohn, der Maler Ferdinand Jagemann, Kriegssekretär Helbig. Die Zeit, die Nacht zum 12. Mai zwischen Mitternacht und ein Uhr. Der Ort, der Friedhof der St. Jakobsgemeinde und das Landschaftskassengewölbe. Die Begräbnisstätte für Standespersonen ohne eigenes Erbbegräbnis. Auf dem Friedhof schließt sich Wilhelm von Wolzogen, eben von einer Reise zurückgekommen, dem Zug an. G. ist durch Krankheit verhindert. Riemer ist erkrankt.

Riemer: *Schiller wurde in der Nacht zum Sonntag beerdigt, ganz still. Seine Leiche sollten ... Schneider tragen. Der junge Voß indignirt darüber, warb andere Träger an, deren sich auch genug fanden. Ich sollte mit dabei sein, mußte es aber meiner Aversion vor Leichen und Leichengeruch u. einer Unpäßlichkeit wegen ablehnen.*

Voß, der Ältere, wird von Jena als Professor nach Heidelberg gehen. Voß, der Sohn, sich dem Vater anschließen.

G. sagt am 18. Mai zu Christiane: *Voß wird seinem Vater nach Heidelberg folgen, und auch Riemern wird über kurz oder lang wegziehen, und dann steh' ich ganz allein.* Soll GOETHE gesagt haben.

VI
1806

G. ist in Karlsbad. Ohne Christiane. Mit Riemer. Riemer
begleitet ihn nicht als ein Domestik. Riemer nimmt einen
besonderen Platz an GOETHES Seite ein. Er ist wohl
vorangekommen. Kein Ort nirgends ohne Beobachtung
GOETHES.

Man kennt sich in Karlsbad oder lernt sich kennen. Oder
meint, sich kennengelernt zu haben. In der Badeliste stehen anfangs über fünfhundert Personen, und es werden
von Tag zu Tag mehr. Baron von Voght, aus Hamburg hat
in diesem Sommer die Bekanntschaft GOETHES in der
Sprudelstadt gemacht und über GOETHE einen Brief
nach Hause geschrieben: *Er hat mit Beihülfe **seines Ge-
sellschafters, des Dr. Riemer,** der ein großer Grieche ist,
alles gesammelt, was die Alten über das Sehen gesagt
haben und wird einer Optik in drei Bänden, die auf
Ostern herauskommen wird, diesen Sinn nach seinem Sy-
stem darstellen, welches dann mit der Ansicht der Alten
wunderbarlich zusammentreffen soll.*

Unter den neuen Bekanntschaften am Ort rechnet G. die
mit Voght zu den *vorzüglichsten. Hinter einer etwas rau-
hen, bürgerlichen Schale, die man am reichen Reichsstäd-
ter wohl verträgt, zeigt sich große Kenntnis der weltlichen
Dinge …*

Manche kennt man in Karlsbad und kennt sie lieber nicht.
G.s Weimarer Intimfeind Böttiger gehört dazu, der auch
in Karlsbad ist. Böttiger klagt Ende August nach GOE-
THES Abreise dem Weimarer Manufakturisten und Ver-

leger Bertuch: *Mit Goethe habe ich in den vier Wochen,
wo wir zusammen in Karlsbad gewesen sind, mich nur
stumm gegrüßt. Er wollte es so haben …*

G. ist von einem Karlsbader Morgenspaziergang in das
Quartier, das er mit Riemer bewohnt, aufgeschreckt mit
den Worten zurückgekommen: *Man stößt in der Welt
doch immer und allenthalben auf unsaubere Geister, da
habe ich von fern einen Mann vorbeirutschen gesehen,
der Kerl hat mich ordentlich erschreckt; ich glaubte den
leibhaftigen Böttiger erblickt zu haben.*

Kotzebue ist nicht in Karlsbad.

Allerdings sind auch ihm G. und Riemer auf der Herfahrt
in Asch, den 30. Juni, begegnet. Wenn auch nicht leibhaftig. Nur einem Stück von ihm, den *Hussiten vor Naum-
burg,* die eine reisende Schauspielertruppe in einer
Scheune aufführt.

Es ist ein regnerischer Tag, und G. und Riemer sind mit
dem gemieteten Wagen seit vier Uhr früh unterwegs gewesen und vertreten sich jetzt am Abend noch etwas vor
dem Tor die Beine. Sie sehen sich des *Spaßes halber* einen
Akt des Schauspiels an, und G. spaßt danach biblisch mit
Riemer über die Begegnung mit Kotzebue: *Und hätt' ich
Flügel der Morgenröte und flög' an die äußersten Enden
der Welt, so würde seine Hand mich doch treffen.* Theaterdirektor G. hält Kotzebue aber sonst für einen *vortrefflichen Mann.* Was der für eine Menge Menschen ab-
speise, die wie hungrige Raben auf ihn warten.

GOETHE ist tags zuvor am Sonntag mit Riemer und
Major von Hendrich, Kommandant von Jena, *ein tätiger
rund behender Freund,* in aller Herrgottsfrühe zwischen
drei und vier Uhr von Jena abgereist. G. hat seinen Diener Karl Gensler dabei. Am Mittwochabend sind sie in
Karlsbad. Der 2. Juli.

G. ist über ein Jahrzehnt nicht in Karlsbad gewesen. Im
Sommer 1795 war er das letzte Mal hier. Das Städtchen,
findet er, hat in der Zeit viel gewonnen, neue Spazierwege

sind angelegt, es ist hübscher geworden. GOETHE, Riemer und Hendrich sind erst einmal provisorisch untergekommen. In ein paar Tagen wird man zur Frau Heilingötter am oberen Ende des Marktes in die »Drei Mohren« ziehen, wo G. in den nächsten Jahren absteigen wird. G. gibt Christiane regelmäßige Berichte.

Karlsbad, den 3. Julius 1803
Es fehlt nichts, als daß wir nicht alle zusammen hier sind. Wir essen zusammen auf der Stube und werden gut bedient. Das Essen ist hier besser als sonst. Das baare Geld steht sehr hoch, weil die Papiere immer mehr fallen.
Wir grüßen alle zum schönsten. Mit dem herzlichsten Lebewohl. G.
Karlsbad, den 7. Julius 1806
Seitdem ich den Sprudel trinke, habe ich keine Tropfen eingenommen und die Verdauung fängt schon an, recht gut ihren Gang zu gehen. Ich werde nun so weiter fortfahren und abwarten, was es werden kann. Übrigens mutet man sich hier viel mehr zu, als zu Hause. Man steht um 5 Uhr auf, geht bei jedem Wetter an den Brunnen, spaziert, steigt Berge, zieht sich an, macht Aufwartung, geht zu Gaste und sonst in Gesellschaft. Man hütet sich weder vor Näße, noch Wind, noch Zug und befindet sich ganz wohl dabei. G.
Herr von Hendrich und Riemer grüßen zum schönsten.

Er fragt sich, warum er nicht längst nach Karlsbad gereist ist, und wird in den nächsten Jahren in den Sommern oft monatelang in Karlsbad sein. Im folgenden Jahr 1807 gleich ein reichliches Vierteljahr. Es sind seine kleinen Fluchten, nachdem er die Wiederholung der großen italienischen aufgegeben hat. Natürlich haben der Sprudel, die frische Luft, die Spaziergänge eine gute Wirkung und ziehen ihn nach Karlsbad, aber mehr noch, aus der Enge Weimars herauszukommen, kein großes Haus führen zu müssen, in das die Leute zur Besichtigung drängen, sich die interessanten Menschen selber aussuchen können. Hier gibt es genug. Und er kann arbeiten und mineralogisieren. Es ist ein Paradies für GOETHE. Was für Monate in Karlsbad.

Es ist sind die Monate, wo Riemer für G. einzuspringen beginnt und sich angewöhnt, vor Dritten für ihn zu sprechen. Auch enthüllt er sich in Karlsbad als ein verständiger Mineraloge wie sein GOETHE. Riemer an Johanna Frommann, die Tochter seines Verlegers:

Carlsbad, d. 24. Juli 1806
Goethe grüßt Sie sämtlich freundlichst und befindet sich äußerst wohl. Die Kur schlägt an. Motionen macht er sich viel, in einem Tage mehr als in Weimar während eines ganzen Jahres, und er übernimmt sich damit nicht; er kann es aushalten. Wir machen zusammen nur mineralogische Spaziergänge und Fahrten und kehren steinreich zurück. Die Natur ist hier groß. Verschwenderisch tritt man hier den Inhalt kostbarer Mineralienkabinette mit Füßen. Nichts wie Granit und wieder Granit in allen Abarten! Von sich allein gibt er wenig zu erkennen, nur daß er Johanna Frommann um Verzeihung bittet, daß er das *Beste* zuletzt bringe. *Schönheiten gibt es hier von allen Arten, große und kleine, vornehme und geringe. Die Carlsbader Bürgermädchen sind fast alle sehr hübsch, mitunter schön und kleiden sich sämtlich artig und galant.*

In Weimar ist G. hinfällig. In Karlsbad belebt und unternehmend. Im Sommer vorigen Jahres ist sein alter Jugendfreund Friedrich Heinrich Jacobi bei ihm in Weimar gewesen, und G.s Zustand hat ihn erschreckt. *Bald sah ich ihn ermüdet, und wie er eine Stelle nach der anderen suchte, um sich auszuruhen. Dieser Wechsel trat an demselben Tage mehrmals ein, und abends um halb zehne sehnte er sich sichtbar nach dem Bett.*

Jacobi kennt ein Rezept dagegen. Er vertraut es Zelter in Berlin an. Warum G. von dem probaten Mittel bisher keinen Gebrauch gemacht hat, erklärt sich Jacobi landläufig: Christiane. Vielleicht wird Zelter, auch ein Freund, irgendwie auf G. einwirken.

3. Juli 1805
Wegen seiner Kränklichkeit müßte er reisen, entfernte Bäder besuchen, zum Beispiel Karlsbad; und wegen dieser Kränklichkeit kann er nicht reisen ohne eine Umgebung, die ihn unaufhörlich in Verlegenheit setzt.
In Weimar selbst, welch ein verwünschtes Verhältnis des Sohnes zwischen diesem Vater und dieser Mutter. Die Mademoiselle hilft sich, und nennt den Sohn August; aber wie soll der Sohn die Mademoiselle anreden?
Die ganze Haushaltung, wie sie jetzt besteht, ist ungereimt, und muß jedem weh tun, diesem so, jenem anders.
Darüber sind alle eins, daß Goethe diese gemeine Natur nicht heiraten kann; aber (setzen sie hinzu) mit welchem Recht nötigt er uns dann, mit ihr umzugehen, als wäre sie unserer wert, da er sie doch seiner selbst nicht wert hält?
G.s Haushaltung in Karlsbad ist plausibel. Vor allen Dingen bewegt er sich regelmäßig und ist an der frischen Luft tätig als Mineraloge. Der Forellenfang in der Tepla ist noch nicht aufgekommen. In diesem Jahr 1806 lebt man in Karlsbad inmitten der europäischen Wirren angenehm wie in einer Oase. Oder wie auf dem Pulverfaß.
Karlsbad gab damals das Gefühl, als wäre man im Lande Gosen; Österreich war zu einem scheinbaren Frieden mit Frankreich genötigt, und in Böhmen war man wenigstens nicht wie in Thüringen durch Märsche und Widermärsche jeden Augenblick aufgeregt, trägt G. in die *Tag- und Jahreshefte* unter 1806 ein. Aber Karlsbad ist nicht aus der Welt. Genügend Nachrichten wehen herein, weil genügend Personen in Karlsbad sind, deren Schicksal daran hängt, was Napoleons Absichten in Deutschland, in Österreich, in Rußland, in Europa sind. G. trifft sie täg-

lich. Sie reden darüber. Nur daß G. in seine Tagebücher
nichts *Politisches* einträgt. Auch der aufmerksame Riemer
notiert nichts, obwohl er mittlerweile weiß, daß jedes ge-
sprochene Wort des Meisters ein Schatz ist und er eine
Sammlung eröffnet. In den Aufzeichnungen von G. gibt
es keine *Politica.* Es gibt nur Namen.

20. Juli 1806
Mit Fürst Reuß über die gegenwärtigen politischen Ver-
hältnisse. Mit dem Landgrafen von Hessen über Urge-
schichte und den Gang der Menschheit. Mit Voght über
die höheren Einsichten woraus sich das Einzelne herleitet.
Der Fürstin Nariskin auf der Promenade vorgestellt. ...
Mit Graf Lepel und Voght spazieren. Das Gespräch fort-
und die Thesen heiter durchgesetzt. Visite bei der Feld-
marschallin von Kalkstein.

Kaiser Napoleon ist dabei, Frankreich über die französischen Grenzen auszudehnen. Schon seit 1801 gehört das
ganze linke Rheinufer zu Frankreich. Der Versuch der
Österreicher und Russen, Napoleon zurückzudrängen,
ist fehlgeschlagen. In der Schlacht bei Austerlitz, 2. Dezember 1805, haben die Österreicher und Russen eine
völlige Niederlage erlitten. Die Österreicher, immer noch
im Besitz der deutschen Kaiserkrone, haben Napoleon
zugestehen müssen, das rheinische Deutschland an sich
zu binden. Vor der Schlacht von Austerlitz reist der re-
gierende Zar, Alexander I., im November 1805 bei seiner
Schwester Maria Paulowna in Weimar vorbei. Die zwischen Alexander und Bonaparte gezwängten herzoglichen Landeskinder beherrscht das ungute Gefühl des
kleineren Übels beim Zarenbesuch. *Besser A, als B. –*
Wenn nur Friede würde! Wir haben die Franzosen so tief
in Deutschland, daß wir sie nicht noch mehr reizen müs-
sen. Das Volk ist wie Heuschrecken, hat Riemer damals im
November 1805 geseufzt.

Napoleon zögert nicht, von dem nach Austerlitz erteilten
österreichischen Freibrief Gebrauch zu machen. Er gründet sechzehn süd- und westdeutsche Fürsten, darunter
die Souveräne von Bayern, Württemberg, Hessen –
Darmstadt, Berg, Nassau in einen *Rheinbund* hinein.
Seine Armeen bekommen neue Völker. Das Datum ist
der 16. Juli, 1806. G. ist in Karlsbad. Es ist keine eilige
Zeit. G. vermerkt im Tagebuch seine Sprudelgänge. Oder
die unterlassenen Sprudelgänge.

17. Juli
Nicht getrunken und gebadet, mich mit meinen
SCHRIFTEN beschäftigt ...
Keine Nachricht in Karlsbad von der die Verhältnisse
stürzenden Nachricht der Gründung eines Rheinbun-
des?

18. Juli
Am Sprudel. Am Neubrunn. Mit Fürst Reuß über Poli-
tica ...
Doch eine Nachricht?
Baron von Tümpling zeigt, daß er sie kennt. Kinder und
Narren, sagt man, sagen die Wahrheit. Riemer nennt
Herrn von Tümpling einen närrischen Patron.
G. sitzt, Freitag, 25. Juli, beim Abendessen Tümpling ge-
genüber, *der den Organisationsplan seines Volksaufstan-*
des sehr lebhaft und leidenschaftlich vortrug.
G. ist mit Tümpling oft zusammen und hat an seinen
spaßigen Einfällen Vergnügen. Tümpling ist Kammerherr
des Herzogs. Das Geschlecht ist länger als Carl Augusts in
der Gegend zu Hause. Karl der Große hat einen Tümpling
an die Ostgrenze des Reiches, an die Saale, als Wehrmann
gegen die Slawen gesetzt. Tümpling erheitert G. mit der
Erzählung, wie er zum Neujahrstag Durchlaucht ein
Scharlachfieber vorgespiegelt habe, um sich keine Hofuniform anschaffen zu müssen. Tümplings ungewöhnliches Verfahren, abends den Brunnen zu trinken, probiert
G. aus. Mißfallen findet Tümplings vaterländischer Auf-

standsplan. *Angst und Gefahr jedoch vermehrte der brave tüchtige Wille echter deutscher Patrioten, welche in der ganz ernstlichen und nicht einmal verholenen Absicht einen Volksaufstand zu organisieren und zu bewirken, über die Mittel dazu sich leidenschaftlich besprachen …*

Einhundertsiebzig Jahre später wird ein Nachfahr als *Autor* und *Mensch* mit ähnlichen Späßen das östliche Saaledeutschland irritieren. Horst von Tümpling.

GOETHE reist mit Riemer Montag, den 4. August, um 5 Uhr früh aus Karlsbad ab. Das Wetter ist schlecht wie bei der Herfahrt. G. allerdings ausgeruht und guter Laune. Riemer einmal mehr an einem Ort über Stand und Einkommen gewesen.

Am 5. sind sie in Eger. Am 6. abends gegen neun Uhr in Hof. Dort holt sie der Gang der europäischen Dinge ein. In den Zeitungen finden sie die Nachricht von der Auflösung des *Deutschen Reichs.*

Die Rheinbundfürsten sind aus dem Reichsverband ausgetreten. An diesem 6. August hat der österreichische Franz II. die deutsche Kaiserwürde niedergelegt.

GOETHE und Riemer zeigen keine historischen Emotionen. G. gibt der Sache eine besondere Wendung. G. *politisirt* unterwegs mit Riemer, daß heißt, sie erfinden gemeinsam spaßhafte Titel für den Kaiser der Franzosen: *Wir Napoleon, Gott im Rücken, Kaiser von Frankreich, Protektor von Deutschland, Setzer und Schätzer des empirischen Universums …*

Nichts geschieht. Bonaparte ist fern. Noch ein Vierteljahr beinahe, bis seine Soldaten Jena und Weimar plündern. Oder geschieht doch etwas? Jedenfalls bekommen G. und Riemer einen vulgären Fingerzeig auf Eruptives außerhalb der dahinrumpelnden, heimeligen Kutsche.

Seit der Abfahrt aus Karlsbad streiten G.s Diener Karl Gensler und der Kutscher laut und unaufhörlich. Gensler, ein Mann von zwanzig, ist ein ungestümer Bursche. Gleich bei der Abreise hat es Hader zwischen Gensler und dem Kutscher wegen der Unterbringung des Gepäcks gegeben. Am vorletzten Reisetag fangen Gensler und der Kutscher draußen auf dem Bock an, sich zu prügeln. Gensler ist nicht durch GOETHE, nicht durch Riemer, nicht durch den wieder mitreisenden Major von Hendrich zu beruhigen und setzt *sein gewöhnliches Betragen bis Jena auf eine dem Wahnsinn sich nähernde Weise* fort.

Der Patron Genslers erstattet in Jena, 8. August, bei der Polizei Anzeige.

Da ich mich nun in dem Fall sah, durch Zorn und Ärger die ganze Wirkung meiner vollbrachten Badekur zu verlieren, auch auf dem Punct stand, zu einer unschicklichen und sträflichen Selbsthülfe genötigt zu werden, so blieb mir nichts übrig, diesen Burschen bei meiner Ankunft in Jena in militärische Haft bringen zu lassen, den ich nach diesem Vorgang nicht mehr in meinen Diensten behalten kann.

G. hat seine gute Laune behalten. Als Major von Knebel, auch einer der Urfreunde G.s und eine Zeitlang Prinzenerzieher am Hofe, den Durchreisenden, Riemer und den Professor Hufeland zu einem Abendessen einlädt, gibt G. eine Probe davon. Zunächst aber sitzen sie zunehmend ärgerlich herum. Der neu nach Jena berufene Professor Luden verspätet sich. Als er endlich kommt, sagt ihm Louise Knebel auf der Treppe: *Drinnen ist eine große Verstimmung. Der Geheime Rat ist sehr eigen; er will auf niemand warten, sondern verlangt, daß alle Welt auf ihn warten soll.*

Luden tritt rasch durch die Tür.

In dem Zimmer befanden sich, außer den Herren von Knebel und Hufeland, nur Goethe und Riemer, der Goethe zu begleiten pflegte. Alle standen schweigsam da; kein Gesicht zeigte sich freundlich. Hufeland sah gutmütig, Riemer gleichgültig, Knebel verlegen, Goethe verdrießlich.

Luden entschuldigt sich. Knebels sehr junge Frau sagt ein
gutes Wort. Die Sache ist erledigt. Fünf Minuten später
sitzen alle am Tisch, essen gut und trinken noch besser,
und dann redet man. GOETHE hat bald allein das Wort.
Er erzählt Karlsbad-Anekdoten. Ein alter Österreicher,
der ihn schon mehrfach auf der Kurpromenade gemustert
hat, spricht ihn eines Tages an.

Nicht wahr, Sie nennen sich Herr Goethe?

Schon recht.

Aus Weimar?

Schon recht.

Nicht wahr, Sie haben Bücher geschrieben?

O ja.

Und Verse gemacht?

Auch.

Ist denn das Versemachen schwer?

So, so.

*Es kommt wohl halter auf die Laune an, und ob man gut
gegessen und getrunken hat, nicht wahr?*

Es ist mir fast so vorgekommen.

*Na, schauen's, da sollten sie nicht in Weimar sitzenbleiben,
sondern halter nach Wien kommen.*

Hab' auch schon daran gedacht.

*Na, schauen's, in Wien ist's gut, es wird gut gegessen und
getrunken*

Hm.

*Und man hält was auf solche Leute, die Verse machen
können.*

Hm.

*Ja, dergleichen Leute finden wohl gar, wenn's sich gut hal-
ten, schaun's, und zu leben wissen, in den ersten und vor-
nehmsten Häusern Aufnahme*

Hm.

*Kommen's nur, melden's sich bei mir, ich habe Bekannt-
schaft, Verwandtschaft, Einfluß; schreiben's nur: Goethe
aus Weimar, bekannt von Karlsbad her. Das letzte ist not-*

Goethe um 1810.
Gezeichnet von Riemer

wendig zu meiner Erinnerung, weil ich halter viel im Kopf habe.

Werde ich nicht verfehlen.

Schade, daß ich nichts von Ihnen gelesen und auch früher nichts von Ihnen gehört habe. Sind schon neue verbesserte Auflagen von Ihren Schriften erschienen?

O ja, wohl auch.

Und es werden wohl noch mehr erscheinen?

Das wollen wir hoffen.

Ja, schauen's, da kauf' ich Ihre Werke nicht. Ich kaufe halter nur Ausgaben der letzten Hand, sonst hat man immer Ärger, ein schlechtes Buch zu besitzen, oder man muß dasselbe Buch zum zweiten Male kaufen. Darum warte ich, um sicher zu gehen, immer den Tod der Autoren ab.

Nach Mitternacht löst sich die Runde auf. G. gibt das Zeichen. Man geht noch ein Stück gemeinsam, *aber in tiefem Schweigen,* erinnert sich Professor Luden. *Am Tore trennten wir uns; Goethe und Riemer gingen um den Graben, Hufeland und ich in die Stadt und nach der Sonne.* Morgen werden G. und Riemer endgültig nach Weimar zurückkehren. Montag, der 4. August 1806.

Über zwei Monate noch, bis Napoleons Soldaten die Schlacht von Jena schlagen.

G. geht wieder an seine Arbeit. Verleger Cotta ist in diesem Jahr alleiniger Rechteinhaber GOETHES geworden, und G. bereitet mit Cotta eine neue Gesamtausgabe seiner Werke vor. Manches Liegengelassene ist dafür zu bearbeiten. Das Bühnenfragment *Elpenor* gehört dazu. G. hatte es als Huldigung für einen Sachsen-Weimarischen Stammhalter gedacht, dessen Geburt im Sommer 1781 erwartet wurde. Als die Herzogin Luise anstatt des erhofften Erbprinzen ein Mädchen tot zur Welt brachte, blieben die beiden ausgeführten Akte bis in dieses Jahr liegen. Riemer hat ihm vorgeschlagen, den Text in Verse zu bringen, und G. zugestimmt und Riemer gleich be-

auftragt, sich der Sache anzunehmen. Riemer schreibt für
GOETHE Jambenverse.

Zur Zufriedenheit des Meisters.

Riemer gibt dem Fragment den Untertitel *Ein Trauer-*
spiel.

Der Meister läßt es zufrieden stehen.

Den IV. Band der *Werke* hat G. den 18. August, Montag,
1806, fertig. Lediglich *Elpenor* fehlt. Riemer arbeitet noch
daran. G. wird *Elpenor* mit der reitenden Post den anderen Manuskripten Cotta hinterherschicken. Der Plan der
nächsten Bände ist aufgestellt.

Samstag, den 23. August, hält G. einen *Wink* von Kammerpräsident Voigt *über die äußern Zustände* in Händen.
Voigt, der die ministeriellen Geschäfte Sachsen-Weimars
führt, schreibt G., daß *vor der Hand eine französische In-*
vasion nicht zu fürchten ist. Sie wird vielleicht statthaben,
wenn es wirklich zu einem Krieg kommen sollte, was man
noch immer bezweifelt.

Samstag, den 20. September, meldet Riemer Verleger
Frommann nach Jena: *Wir arbeiten fleißig an den Farben.*
Und: *Hiesigen Orts sind die meisten Menschen vor Furcht*
vor den F ... n; ganz unnötig, da uns die nähern Preußen
schützen. Erst gestern sind wieder Füsiliers an uns vor-
bei ins Coburgische gegangen. In Eisenach sind auch
Preußen. Kurz vor Invasionen, unvermuteten, wären wir
wohl sicher. Napoleon, heißt es, nach einem öffentl. Blatte,
habe alle seine Feldmarschälle nach Paris zu einem großen
Kriegsrate berufen. Entscheidendes möchte sonach durch-
aus herbeigeführt werden. Gebe Gott zu unserem Vorteil!
Preußen bemüht sich, über Napoleons Eroberungen hin-
wegzuschauen. Zumal Napoleon mit der Revolution
Schluß gemacht hat. Preußen hat sich mit Napoleon nach
Austerlitz in einem Vertrag zu arrangieren versucht, und
sein König Friedrich Wilhelm III. glaubt, das Verhältnis
mit dem Allianzvertrag vom 15. Februar 1806 befestigt zu
haben. Schlaue Imperatoren portionieren, was sie haben

wollen. Noch ist Napoleon schlau. Nach Österreich und Rußland ist jetzt Preußen dran. Im September sammelt sich das preußische Heer um die Festung Erfurt. Preußen hat einen Verbündeten: Kursachsen. Die Sachsen können 20000 Mann stellen. Carl August von Sachsen-Weimar-Eisenach wird von seinen fünfzig Husaren vierzig geben und ein Bataillon Soldaten und sich als preußischen General.

Donnerstag, den 2. Oktober, schickt der Herzog seinen Minister, Exzellenz von GOETHE, als Verpflegungskommissar in das preußische Hauptquartier. *Er war beflissen, vom Gelehrten und Dichter nicht, sondern allein den Minister sehen zu lassen. Er erschien nicht anders, als im Hofkleide und im größten Staat,* merkt sich ein preußischer Offizier.

G. bemerkt an seiner Stadt: *Den 6. Oktober fand ich in Weimar alles voller Unruhe und Bestürzung. Die großen Charaktere waren gefaßt und entschieden und man fuhr fort zu überlegen, zu beschließen: Wer bleiben, wer sich entfernen sollte.*

Freitag, den 10. Oktober, wird das preußische Korps Hohenlohe von den Franzosen bei Saalfeld geschlagen.

Samstag, den 11. Oktober, verläßt die Erbprinzessin Maria Paulowna Weimar.

Sonntag, den 12. Oktober, durchströmt die preußische Armee in großer Eile Weimar und biwakiert eine Stunde vor der Stadt in Richtung Jena auf freiem Felde.

Sonntag, den 12. Oktober, flieht Erbprinz Carl Friedrich.

Montag, den 13. Oktober, abends, tritt die Garde König Friedrich Wilhelm III. am Weimarer Webicht an. General Ernst Philipp von Rüchel, 72, reitet die Front der *Hurra* rufenden preußischen Soldaten ab. Es ist ein herrlicher Herbstabend. Im Licht der untergehenden Sonne marschieren die Soldaten auf Jena zu.

Seit 5 Uhr früh hört man am 14. in Weimar Kanonen-
donner. Es ist der Tag der Schlacht von Jena und Auer-
städt. Napoleon führt seit 3 Uhr nachts seine Armeen an
Jena heran. Um 6 Uhr werden die Dörfer Klosewitz und
Lützeroda von den Franzosen angegriffen und nach
zweistündigem Kampf erobert. In Klosewitz kommandiert die Preußen Bogislaw Friedrich Emanuel Graf Tau-
entzien, 46.
Friedrich Ludwig Prinz von Hohenlohe-Ingelfingen, 72,
preußischer General, sitzt um 9 Uhr in Kapellendorf
beim Frühstück. Seine Soldaten werden seit 5 angegriffen. Hohenlohe postiert die Preußen bei Vierzehnheili-
gen, die Sachsen bei Isserstedt. Um die Mittagsstunden
beginnt sich die Armee aufzulösen und zu fliehen.
Rüchel langt mit der Königsgarde um 2 Uhr bei Kapellendorf an. Nach kurzem Gefecht gibt die Garde auf. Es
herrscht wilde Flucht. Die preußisch-sächsische Armee
existiert nicht mehr. Von Preußen noch der Name.

Am Frauenplan hören die Bewohner morgens um 7 Uhr
im Hausgarten das Kanonenfeuer. Der Wind weht es von
Jena heran. Es schwächt sich in den nächsten Stunden ab
und ist gegen Mittag nicht mehr zu hören. Man setzt sich
beruhigt zur üblichen Zeit, 3 Uhr mittags, zu Tisch und
beginnt zu essen. Auf die Straßen, auf die Stadt zu
schauen wird man vorgezogen haben zu unterlassen.
Kein Bedienter draußen, kein Riemer, keine Nachricht,
keine Vorsorge. Johanna Schopenhauer, die seit einer
Woche in der Stadt eine Wohnung hat und bei der G. vor
zwei Tagen zur Antrittsvisite war, näht um 9 Uhr ihren
Schmuck in ihr Korsett ein und 100 Louidors in einen
Gürtel, den die Bediente Sophie sich auf den Leib bindet.
Im Keller machen die Frauen ein Versteck für Wertsachen
und werfen Kartoffeln darüber. Um 10 Uhr flüchtet die
Herzoginmutter Amalia mit ihrer Enkeltochter nach Er-
furt. Seit 10 Uhr flüchtet sich der Troß der preußisch-

sächsischen Armee in Richtung Erfurt. Fernow sieht: *Wenigstens 10000 Mann schlenderten zur Bedeckung dieses gewaltigen Heerwurms, dessen Schwanz sich um 4 Uhr noch nicht ganz durch Weimar gewunden hatte, nebenher, statt in Reih und Glied zu fechten. Blessierte kamen auch gegen den Nachmittag immer häufiger; desungeachtet sprengten noch immer preußische Offiziers mit Siegesnachrichten in die Stadt, aber auch sogleich zum anderen Tore hinaus, wahrscheinlich um sie auch nach Erfurt zu bringen. Endlich kam der Donner der Kanonen bis ans Webicht und bald darauf pfiffen auch mehrere Kugeln über die Stadt weg, und verschiedene derselben schlugen ein. Eine Haubitze ging durch das Komödienhaus durch und zerplatzte in einem Garten hinter demselben ...*

Im Haus am Frauenplan steht das Essen auf dem Tisch. Es ist 3 Uhr. Seit dem Glockenschlag 12 ist die Kanonade verstummt. Johanna Schopenhauer läßt an Brot und Fleisch aufkaufen, was sie bekommen kann. Diener Duguet muß 50 Flaschen Wein aus dem Keller herauf in die Wohnung holen. Man hat der Schopenhauer gesagt, Wein wäre das erste, wonach die Franzosen verlangen würden, und sie solle vermeiden, die Franzosen danach im Hause suchen zu lassen. Am Frauenplan ist zur üblichen Stunde das Essen angerichtet. Riemer weiß, was passiert: ... *aber wir hatten kaum angefangen, von den Speisen zu genießen, als wir Kanonenschüsse, erst einzeln, danach mehrere hintereinander ganz in der Nähe vernahmen. Wir standen sogleich auf, der Tisch wurde schleunigst abgeräumt; Goethe entfernte sich durch die vordern Zimmer, ich eilte von der andern Seite durch den Hof in den Hausgarten und fand ihn bereits darin auf und ab gehend. Während dessen pfiffen die Kanonenkugeln über das Haus hin. Es war von der Altenburg her, und eine der Kugeln hatte in das alte Komödienhaus eingeschlagen.* Riemer läuft über den Hof zurück in das untere Haus,

um sich dort zu schützen. Fernow: *Unsere Häuser zit-
terten, und ihre Bewohner noch mehr; einige derselben
flüchteten in die Keller* ... Am hinteren Teil des Hauses
von G. führt eine Gasse entlang, die *Ackerwand.* Auch
durch diese Gasse fliehen die Preußen. Riemer: *Ich sah sie
nicht, sondern hörte nur das Geschrei und bemerkte die
Spitzen der Gewehre und sonstigen Waffen über der Gar-
tenmauer hin und her schwankten.*
Im Haus herrscht angstvolle Spannung. Man versteckt,
was von der bisherigen preußischen Einquartierung
zurückgeblieben ist. Nach einer Stunde erkundet eine
Gruppe französischer Husaren am nahen Frauentor, ob
noch Preußen zurückgeblieben sind. GOETHE, Sohn
August und Riemer bringen ihnen Bier und Wein. Die
Franzosen nehmen die Getränke erst an, als sie ihnen ver-
sichern, die Preußen wären abgezogen. Dann reiten die
Husaren die Stadt hinein. Riemer: *Zu gleicher Zeit oder
bald darauf bemerkte ich, daß Goethe zu Fuße an der
Seite eines Husarenoffiziers nach dem Markte zu, also
vermutlich auf das Schloß zu ging.*
Riemer macht keinen Versuch, den Mann zu begleiten.
Die Klassik ist im Pulverdampf allein unterwegs. Riemer
ist ein Philologe. Er vermag zu sagen, *kein deutscher
Autor hat so viel von Natur, Leben, Kunst und Wissen in
sich aufgenommen, es mit seinem ganzen Wesen so innig
verarbeitet und verschmolzen, es durch und in ihm selbst
der Welt mitgeteilt ... als eben Er.* Bloß mit dem Mann
mitgehen zum Schloß, 14. Oktober, später Nachmittag,
kann Riemer nicht. Die Franzosen hauen noch ver-
sprengte Preußen nieder. Auf dem Markt liegen tote Soldaten beider Armeen. Zwischen den Leichen verkaufen
die Sieger erbeutete Pferde. Riemer geht zurück an den
Frauenplan.
*Erst lange nachher erfuhr ich, dieser Offizier, der mir als
ein Bekannter Goethes bezeichnet wurde, habe sich sehr
geheimnisvoll nach ihm erkundigt; es war ein Baron von*

Türkheim, Sohn der unter dem Namen **Lili** *als Goethes frühere Geliebte berühmt gewordenen Frau von Türk-heim.*

Im Schloß hält sich die Herzogin Luise mit ein paar Dutzend weimarischer Frauen auf, die sich zu ihr ge-flüchtet haben. Luise weiß von der verlorenen Schlacht. *Kinder es ist alles verloren,* hat eine Stunde vor dem Ein-zug der Franzosen ein Offizier des Herzogs ihr auf der Schloßtreppe zugerufen. Marschall Murat und andere Generäle sind im Schloß. Die Franzosen sind über-rascht, noch jemanden von der herzoglichen Familie zu treffen. Noch ist der Krieg Fürstenkrieg. Der Sieger nimmt alle Steine vom Brett. Nur der König verbleibt *matt. Herzogin Luise hat die Stadt gerettet,* sagt die Schopenhauer und daß schon die *glühenden Kohlen* be-reitet gewesen, sie anzuzünden. *Weimar sollte ganz ecra-sirt werden,* sagt Riemer.

Vor dem Schloß sind die herzoglichen Wachen ver-schwunden. G. läßt aus dem Schloß nach Hause bestel-len, Marschall Ney würde sich samt einigen Kavalleristen am Frauenplan einquartieren. Man solle sonst niemand einlassen. Der Marschall im Haus bedeutet Schutz. Sech-zehn elsässische Kavalleristen belegen das Bedientenzim-mer. Gegen 6 Uhr nachmittags beginnen Plünderungen, und in der Umgebung des Schlosses brennen Häuser und Straßen. Fernow: *Die allgemeine Plünderung, wo jedes Einwohner Gut und Leben in den Händen einer zügello-sen Horde war, hat ohngefähr vierundzwanzig Stunden gedauert; nachher, als am folgenden Tage der Kaiser kam, ward Generalmarsch geschlagen, und das Gesindel mußte aus der Stadt; es kamen reguläre Truppen herein; indessen blieben doch noch viele oder schlichen sich mit der Nacht wieder ein, und auch in der folgenden Nacht und am fol-genden Tage wurden einzeln noch manche Gewalttätig-keiten verübt.*

G. ist inzwischen vom Schloß zurück. Ohne den Mar-

schall. Im hinteren Teil seines Hauses drängen sich
Flüchtlinge aus der Stadt. Einige Frauen helfen Christiane, Speisen für den Marschall und sein Gefolge vorzubereiten. Riemer geht in der dunklen Diele des Hauses auf
und ab. Er erwartet den Marschall. Doch als in der Nacht
Kolbenstöße an der Haustür donnern, ist es nicht Ney
mit seinem Gefolge. Marodeure verlangen Einlaß. Sie lassen sich auch nicht abweisen, als Riemer ihnen zuruft, das
Quartier sei schon für den Marschall in Beschlag genommen, er müsse jeden Augenblick kommen und außerdem
sei es mit sechzehn elsässischen Reitern belegt. Riemer
holt einen der Reiter zu Hilfe, der den Plünderern vom
Fenster aus noch einmal die Lage erklärt. Es hilft für den
Moment. Riemer ist erleichtert. Riemers Besorgnisse
haben eine Reihenfolge: ... *und ich glaubte mich und das*
Haus schon geborgen. Es dauerte aber nicht lange, so
pochte es wieder an die Tür, diesmal höflicher ... Jetzt gebraucht Riemer eine Notlüge. Der Marschall sei schon da.
Die Soldaten auf der Straße sehen Riemer durch ein kleines Fenster neben der Tür in der Diele. Riemer scheut sei-
nen Blick nach draußen. Er hätte zwei armselige kleine
Kerle, Tirailleure, Angehörige der sogenannten Löffel-
garde gesehen, die Lärm machen und darangehen, das
Fenster einzuschlagen. *Nun hielt ich es nicht für geraten,*
den Widerstand weiterzutreiben, ich schob daher den
Riegel zurück und ließ sie ein.
Die Soldaten vor der Schopenhauerschen Tür wehren Sophie und ein Hausbewohner wieder und wieder ab. Sie
reichen durch ihr Türfenster Brot und Wein auf die
Straße.
Es gibt eine Ordre, Soldaten, die Türen erbrechen und
sich gewaltsamen Zugang in die Häuser verschaffen, werden erschossen. Die Ordre ist eine Schimäre. Weder halten sich die Soldaten daran, noch nehmen sie die Offiziere
ernst. Sie wissen, die Aussicht zu plündern, wird für die
Aussicht zu sterben gebraucht. Die Soldaten werden in

die Schlacht mit Pulver und Blei und ohne Proviant geschickt. Fehlendem Sold. Nicht einmal eine taugliche Illusion haben sie. Die Mehrzahl der Franzosen nicht und
die deutschen Hilfsvölker schon gar nicht. Weimar am
Abend des 14. Oktober 1806 ist frei zur Plünderung. Es
sind fünfzigtausend Soldaten in der Stadt. Der Park ist
verwüstet. In Oberweimar, zum Webicht hin, biwakieren
die Männer an offenen Feuern. Die Parkbäume geben das
Feuerholz. Die wenigsten wissen, daß weiter unten eine
ansehnliche Stadt liegt. Als Soldaten mit Beute aus der
Stadt ins Lager kommen, läuft die Masse der Soldaten der
Plünderung Weimars zu.

Riemer hat die Tür zum Haus am Frauenplan geöffnet.
Bei Johanna Schopenhauer ist die Tür erbrochen. Sophie,
die Bediente, fragt die Marodeure, ob sie nicht in der
Diele essen und trinken wollten? Sie hätte die Schlüssel
für das Zimmer oben gerade nicht zur Hand. Dann tischt
sie auf. Es sind ein Dutzend Kerle mit blankgezogenen
Säbeln und blutbespritzten Uniformen. Sophie ist in
ihrer Mitte. Sie lacht und scherzt. Einer faßt sie um den
Leib. Sophie windet sich aus dem Griff und schüttelt
dem Soldaten die Hand, damit er nicht den Geldgürtel an
ihrem Körper fühlt. Riemer trägt für die beiden Marodeure im Goethehaus, Licht, Essen und Wein aus der
Küche in die Diele. Die Burschen saufen sich voll. Dann
verlangen sie GOETHE zu sehen. Sie werden fordernder
und fordernder. Sechzehn elsässische Soldaten sind im
Haus. Ein Schock Flüchtlinge. Das Hauspersonal. Christiane. Es ist Zeit, Lärm zu schlagen. Schlau zu sein. Hilfe
zu holen. Die Betrunkenen kennen das Zimmer GOE-
THES nicht. Riemer weiß nur einen Weg. Alle Wege Riemers führen zu seinem Meister: ... *ich mußte befürchten,*
sie möchten sich selber den Weg zu seinem Zimmer suchen
und es ihm dann empfindlicher entgelten lassen. Ich eilte
zu Goethe hinauf, erzählte mit kurzen Worten den Her-

gang und wie ich mir nicht weiter zu helfen wußte und ihn bäte herunterzukommen, sich den Leuten zu zeigen und sie mit mehr Gewicht abzuweisen, als ich haben könne.

GOETHE erscheint im Nachtrock auf der Treppe, spricht mit den Tirailleuren, und Riemer beobachtet eine Szene, die, wie er sie beschreibt, erlaubt, beruhigt zu sein. Jeder andere wäre auch unbesorgt gewesen, denn ... *sie waren auf einmal wieder die höflichen Franzosen, schenkten ein Glas ein und ersuchten ihn, mit ihnen anzustoßen. Es geschah auf eine Weise, die jeder Unbefangene den Umständen gemäß und seiner nicht unwürdig erkannt hätte.*

Riemer sieht, wie G. wieder in sein Schlafgemach geht, die Marodeure weitertrinken, das Zimmer in Beschlag nehmen, das für die Begleitung des Marschalls vorgesehen ist, sich von ihm nicht zurückhalten lassen, doch was soll es, die Leute Neys werden sie aus dem Zimmer ohne viel Federlesens vertreiben, wenn sie kommen. Also ins Bett, die Tür zu, die Nachtmütze aufgesetzt, kein Grund zur Beunruhigung, und dann auf einmal am Morgen diese Überraschung. ... *ich erfuhr in der ersten Unterredung mit den übrigen Hausgenossen: daß, während ich die beiden Marodeurs in den Betten glaubte, sie dem Hausherren auf das Zimmer gerückt wären und sein Leben bedroht hätten. Da habe seine Frau einen der mit ins Haus Geflüchteten zu Hülfe gerufen, dieser habe Goethe von den Wütenden befreit, sie hinausgejagt, die Türen seines Zimmers und Vorgemachs verschlossen und verriegelt ...*

Riemer hat ruhig geschlafen. Christiane hat getan, was zu tun war. Schreien. Lärm machen. Den Mann schützen. Hilfe holen. Auf die Kerle losgehen. Sich ihnen in den Weg stellen. Ein Fremder aus der Stadt springt ein, wo seine Stelle gewesen wäre. Riemer an diesem 14. Oktober ist die deutsche Geistigkeit als Philister: tatenarm, aber redselig. Riemer wird später sein Versagen in den *Mittei-*

lungen über GOETHE unter einem Schwall von Worten zu verstecken suchen. Christiane aber hat ein gutes, derbes Gedächtnis.

Als sich im Oktober 1813 nach der Schlacht von Leipzig die Schreckensszenen von 1806 mit umgekehrtem Vorzeichen in Weimar zu wiederholen scheinen – die Franzosen fliehen vor den russischen Kosaken, Kanonenkugeln schlagen in der Stadt ein, der französische Widerstand will sich noch einmal formieren, die Österreicher kommen –, notiert Riemer, der jetzt nicht mehr am Frauenplan wohnt, unter dem 22. Oktober 1813: *Nach der ersten Ruhe zu Goethe. Anzüglicher Vorwurf, da ich erst jetzt käme, da es vorbei sei.*

Christiane ist es, die ihm den Vorwurf macht, zu erscheinen, als keine Gefahr mehr droht. Sie kennt sich aus. Mit GOETHE dagegen ist Riemer d'accord. *Von Goethe entschuldigt,* steht unter dem 22. Oktober 1813 im Tagebuch. Riemers Meister ist ein Meister, wie er ihn braucht. Dieser Meister hat auch mit dem 14. Oktober 1806 kein Problem: *Goethe selbst ließ sich nie etwas davon merken, ich aber war nicht wenig bestürzt über die Gefahr, in welcher er ohne mein Wissen geschwebt hatte,* resümiert Riemer die Ereignisse.

G. schreibt am 17. Oktober, Freitag, dem Oberkonsistorialrat und Hofprediger Günther einen Brief. *Ich will meine kleine Freundin, die so viel an mir getan und auch diese Stunden der Prüfung mit mir durchlebte völlig und bürgerlich anerkennen als die Meine. Sagen Sie mir, würdiger Herr und Vater, wie es anzufangen ist, daß wir, sobald möglich, Sonntag, oder vorher, getraut werden.*
Um die notwendigen Formalien abzukürzen, geht G. die direkten Wege, über die Exzellenz GOETHE verfügt. G. wendet sich an den Amtskollegen Kammerpräsident Voigt mit einem nächsten Schreiben und erhält umgehend die *Höchste Einwilligung zu seiner vorhabenden Verehe-*

lichung mit seiner zeitherigen Hausfreundin *Christiane
Vulpius.* Am Morgen des 19. Oktober, Sonntag, heiraten
G. und Christiane in der Schloßkirche. Oberkonsistorial-
rat Günther vollzieht in der Sakristei die Trauung. Sohn
August und Sekretär Riemer geben die Trauzeugen ab.
Montag schickt G. Riemer zu Johanna Schopenhauer, zu
fragen, wie es ihr geht. Sie hat alles gut überstanden. Bis
auf sechzig Flaschen Wein. Am Abend läßt sich der frisch
Vermählte bei Johanna Schopenhauer mit seiner Frau
Christiane melden. *Ich empfing sie, als ob ich nicht wüßte,
wer sie vorher gewesen wäre, ich denke, wenn Goethe ihr
seinen Namen gibt, können wir ihr eine Tasse Tee geben,*
sagt Johanna ihrem Sohn Arthur.
G. freut sich. Er bleibt zwei Stunden mit Christiane. Die
Damen, die gerade bei der Schopenhauer sind, geben sich
zuerst formell und steif, dann folgen sie dem Beispiel der
Gastgeberin.
*Alle Freunde und Verehrer billigten und belobten diesen
längst erwarteten Schritt ...,* sagt Riemer der Nachwelt.
Charlotte von Stein sagt ihrem Sohn Friedrich, daß
GOETHE sich *während der* Plünderung hat mit *seiner
Mätresse öffentlich in der Kirche trauen lassen.*
Fernow offeriert Böttiger am 26. Oktober: *Goethe hat
sich in diesen bedenklichen Zeiten mit seiner alten Freun-
din heimlich trauen lassen, u. die bisherige Demoiselle
Vulpius ist jetzt Geheimrätin. Sie ist also wahrscheinlich
die einzige, die in dieser allgemeinen Not ihren Schnitt ge-
macht hat.*
Riemer schreibt Verleger Frommann am 22. November:
*Die alte Neuigkeit aus unserem Hause habe ich halb ver-
gessen, halb darum nicht geschrieben, weil ich schon
wußte, daß Sie sie auch ohne mich erfahren würden. Das
Wie und Wann und Warum eignet sich nicht nur zur
mündlichen Kommunikation.*
Charlotte von Schiller läßt Sohn Friedrich von Stein am
24. wissen: *Das Nachteilige des Eindrucks, den dieser*

*Schritt auf die Gemüter tun muß, ist nicht zu unter-
drücken. Auch ist es so ohne Nutzen und Zweck. Ich habe
nicht Glück wünschen können, wie andere und schwieg
lieber.*

Charlotte SCHILLER ist es auch, die die Trauung aus
der kleinen Sakristei der Hofkirche hinausphantasiert in
eine Kirche, *wo Tote und Verwundete tags vorher lagen,
wo man sicher erst alle Spuren der vorhergehenden Tage
sorgfältig verwischt hatte.*

In der von Cotta in Ulm verlegten *Allgemeinen Zeitung*
erscheinen hämische Artikel über die Kriegsschicksale
Weimars und G.s Trauung. Der Vorgang ist außerordentlich. Noch ist die Zeit für das Privateste in der Presse sehr
fern. Der journalistische Avantgardist, der das voran-
treibt, ist Böttiger. Anonym. Böttiger beliefert die *Allgemeine Zeitung* mit Extrakten aus Fernowschen Briefen
an ihn.

*Weimar, 6. Nov. Göthe ließ sich unter dem Kanonendon-
ner der Schlacht mit seiner vieljährigen Haushälterin,
Dellm. Vulpius trauen, und so zog sie allein einen Treffer,
während viele tausend Nieten fielen. Nur der Ununter-
richtete kann darüber lächeln. Es war sehr brav von
Göthe, der nichts auf gewöhnlichem Wege tut.*

Aus den Wirren des 14. Oktober 1806 ist G. ganz gut herausgekommen. An Leib, Leben, Haus und Manuskripten
unversehrt. 2000 Taler für Einquartierung auf der Ver-
lustseite und ein bißchen Nachrede. Wenn auch über
Jahrhunderte. Jetzt nicht mehr bei Böttiger, sondern in
den Ikonographien. Schlau stellt er es an, heißt es, daß er
gerade heiratet, als die öffentliche Ordnung aufgelöst und
die Beachtung seiner Person gedämpft ist. Und dann *kein
Wort von der Lebensrettung durch Christiane,* als femi-
nistischer Zweifel am Liebeszeugnis der Heirat.

Christianes Mann ist es besser ergangen als seinem
Schwager Vulpius. Der Verfasser des *Rinaldo Rinaldini*

hat das ganze Haus geplündert und vollgeschissen vorgefunden. Die junge Frau ist vergewaltigt worden. Die alte Schwester des Professors Kästner vergewaltigt worden. Freund Meyer eine Mappe von Zeichnungen im Wert von 1000 Taler gestohlen worden. Nachgelassene Manuskripte HERDERS in der Wohnung seiner Schwiegertochter vernichtet. Das Haus des Juden Uhlemann abgebrannt. Charlotte von Steins Haus ausgeplündert. Der alte Zeichenschuldirektor Kraus mißhandelt und beraubt. Carl August landflüchtig und das Herzogtum von der Auflösung durch Napoleon bedroht. Über GOETHE ist in der *Allgemeinen Zeitung* ein Kübel Dreck ausgekippt worden. Aber kleiner als der über seinen Schwager Vulpius.

Allgemeine Zeitung 18. XII. 1806 Nr. 352
Unserm famösen Romanfabrikanten V…s ist es auch scharf ans Leben, und seiner Frau ans Notzüchtigen gegangen; aber wenn es traurig ist, dergleichen zu erleben, so ist es eine Wonne, ihn die Scene erzählen zu hören. In jenen Momenten ist die Gebärmutter seines Geistes, aus der schon so viele Räuber und Ungeheuer hervorgingen, gewiß aufs Neue zu einem Dutzend ähnlicher Schöpfungen geschwängert worden, die in den nächsten Messen wie junge Ferkel herumgrunzen werden.
G. schreibt für seinen Fall am 24. Dezember einen Brief an Verleger Cotta. *Ich bin nicht vornehm genug, daß meine häuslichen Verhältnisse einen Zeitungsartikel verdienten; soll aber was davon erwähnt werden, so glaube ich, daß mein Vaterland mir schuldig ist, die Schritte die ich tue, ernsthaft zu nehmen: denn ich habe ein ernsthaftes Leben geführt und führe es noch.*
Er diktiert Riemer ein langes Schreiben an Cotta.
Ich muß nur eilen diesen Brief zusammenzufalten und fortzuschicken: denn vielleicht hätte ich morgen Bedenken, und schwiege zu diesen Avanien wie zu anderen. Aber unser Verhältnis ist mir zu lieb. Hätte ich das nicht

*vom Herzen, so könnte ein Krebsschaden daraus werden;
ich würde Ihnen anrechnen, was Sie vielleicht nicht verschulden, ich würde Ihnen anrechnen, daß Sie einen kleinen bisher leuchtenden Punkt Deutschlands, der doch
auch Ihre Freunde und Genossen, Herdern, Schillern und
mich beherbergt hat, wie es früh Nebenbuhler taten, und
wie es jetzt, ohne unser Gebet, das Unglück tun wird, mit
zu trüben, zu verfinstern und zu vernichten suchen.*

G. diktiert Riemer den Brief zu Ende, doch ihn zusammenzufalten und abzuschicken unterläßt er. Den Wettlauf der Meinungen über GOETHE wird er nie gewinnen. G. ist aus Pragmatismus vornehm. Cotta bekommt
am nächsten Tag eine kurzen Brief, *weil es nicht gut ist
über unangenehme Dinge weitläufig zu sein.* Auf der
knappen Seite steht der Satz, *machen Sie diesen unwür-
digen Redereien ein Ende* und am Schluß das Donnerwort: *Nicht weiter!*

Cotta versteht.

Tübingen. 9. Jan. 1807

Euer Exzellenz

*kann das unanständige Benehmen des Redacteurs der A.
Z. in Betreff Weimars, worüber Sie Sich in Ihrem Schreiben vom 25. Dec. beschweren, nicht höher indigniert
haben, als mich. Ich bin nicht im Stand mit Vorsatz den
fremdesten Menschen zu betrüben, wie sehr mußte mich
also die Kränkung afficiren, die, mir so teuren, Personen
durch jenes Institut verursacht wurde. Es war, als wenn
ein böser Genius den Redacteur um jene Zeit beherrschte,
der mir durch ihn wehe tun wollte ...*

Böttiger weiß zu dieser Zeit längst schon, was auf ihn zu-
kommt. Fernow, der bei G. aus und ein geht, der bei Riemer aus und ein geht, hat Böttiger den Inhalt des langen
Briefes mitgeteilt, den G. geschrieben und dann doch
nicht abgeschickt hat. Von GOETHE selbst will Fernow
angeblich davon erfahren haben. Böttiger beschwört
Cotta, seine Autorschaft nicht preiszugeben. Er muß

Cotta nicht besonders bitten. Cotta ist ein avantgardisti-
scher Zeitungsverleger. Cotta läßt Informanten Böttiger
wissen, daß er G. gegenüber dem Redakteur die Schuld
gegeben habe.

In Zukunft ist Cotta sehr offen, wenn G. Meinungen
über Zeitungen hat. Und G. findet es klüger, mit der
Presse zu kooperieren, als von außen an ihr herumzumo-
deln. Er hat jetzt ab und an etwas für das *Morgenblatt*
Cottas. *Ästhetisches.* Über den Maler Hackert, über
Karlsbad oder das *Vorspiel zur Wiedereröffnung des Weimarischen Theaters.*

*Sie erhalten, mein wertester Herr Cotta, das am 19. Sep-
tember aufgeführte Vorspiel, für das Morgenblatt, mit
einer Nachschrift, welche ich hinterdrein abzudrucken
bitte.*

*Indem ich Ihnen nun von der ästhetischen Seite, was wir
haben und hervorbringen, gern mitteile, auch sonst von
anderen öffentlichen Dingen einiges nachkommen soll; so
muß ich nochmals ausdrücklich bitten, das, was unsere
politische Existenz betrifft und nicht von mir kommt, von
Ihren Blättern abzuweisen.*

*Wir sind niemals politisch bedeutend gewesen. Unsere
ganze Bedeutung bestand in einer gegen unsere Kräfte
disproportionierten Beförderung der Künste und Wissenschaften. Von andern Seiten sind wir jetzt so wenig und
weniger als sonst. So lange also der Zustand von ganz
Deutschland sich nicht anders entscheidet, haben alle, besonders die kleineren Staaten, Ursache zu wünschen, daß
man sie ignoriere; und absurde Nachrichten, welche die
Unruhe besoldeter Nouvellenschreiber, der Müßiggang
und der böse Wille erfindet und verbreitet, wenigstens
von solchen Anstalten nicht aufgenommen werden, mit
denen man in guten Verhältnissen steht, und welche man
zu befördern selbst geneigt ist.*
Weimar den 7. October 1807

Wir leben, hat G. am Tage nach der Hochzeit an Nicolaus
Meyer geschrieben. GOETHE hat Glück gehabt. Seine
Geliebten und seine Bücher haben ihm Glück gebracht.
Gleich der erste Angehörige der französischen Armee,
dem er begegnete, war ein Freund, Wilhelm von Türk-
heim, der Sohn seiner einstigen Verlobten, der Frankfurter Bankierstochter Lili Schönemann. Und so ging es
weiter. Die Marschälle Murat und Ney im Schloß kennen
einen Dichter GOETHE und stellen ihm Schutz und
dem Haus Bewachung. Auch den Dichter WIELAND
haben sie gekannt und ihm eine Sauvegarde gestellt.
GOETHE hat den Baron Denon zur Einquartierung,
der von Napoleon den Auftrag hat, Kunstschätze in den
eroberten Ländern für die Pariser Museen zu requirieren.
Aber der Hausherr und Denon kennen sich aus G.s Aufenthalt in Venedig, und so hat G. Napoleons Kunstoffi-
zier Denon ganz ruhig seine Sammlungen zeigen können.
Der nichtige Hofmeister Riemer hat sich für sein Glück
die Zipfelmütze über den Kopf gezogen.
Riemer hat Frommann am 24. Oktober geschrieben.
*Die gemeine Raçe hat bei der allgemeinen Verwirrung
ihren Vorteil wahrgenommen und gewiß ist manches in
ihren Händen, was den Franzosen angerechnet wird. An
Pferden ist nur großer Mangel. Des Herzogs seine sind alle
weggenommen und man sieht nur einzelne. Gestern bot
Augusten ein Franzose ein Pferd für einen halben Laubtaler an. Siebzehn Uhren wurden für 17 Krontaler ver-
kauft und so mag manches wiedergebracht werden, nur
freilich an den unrechten Mann.
In unsern Hause ist alles tätig, jeder auf seine Weise. Ich
habe diese Woche einen neuen Band von Goethes Werken
durchgesehen, der nun abgehn kann, damit wir das ge-
fährliche Manuskript los werden. Auf den Montag fange
ich die Farben an und in der Zeit von 8 Tagen haben Sie
wieder Manuskript, wenn Sie drucken können und
mögen. Man kann jetzt nichts weiter tun, als sich zu be-*

schäftigen, um durch die Gedanken an das allgemeine Elend nicht mutlos und untätig zu werden.

Kraus, Georg Melchior, der Zeichner, der Direktor der Weimarer Zeichenschule, der Hausfreund vom Frauenplan, stirbt am 5. November im Hause seines Freundes Bertuch an den durch die Franzosen erlittenen Mißhandlungen. Kraus ist neunundsechzig Jahre alt. Kraus wird am 9. November auf dem Jakobsfriedhof beigesetzt. G. ist bei der Beerdigung dabei. In Weimar kann man sich nicht erinnern, wann man GOETHE zuletzt auf einem Friedhof gesehen hat.

Herzog Carl August ist ein versprengter preußischer General in Deutschland. Man schickt hinter ihm her, denn Napoleon droht, findet er sich nicht in Weimar ein, wird das Herzogtum kassiert. Im Dezember 1806 macht Napoleon einen Frieden mit dem Kurfürsten von Sachsen in Posen, dem sich die ernestinischen Nebenlinien anschließen, also Sachsen-Weimar-Eisenach, also Carl-August. Der Kurfürst von Sachsen darf König werden. Er darf dem Rheinbund beitreten. Carl August darf dem Rheinbund beitreten. Es dürfen 20000 Sachsen für Napoleon kämpfen. Achthundert Mann des Kontingentes kommen aus Sachsen-Weimar-Eisenach. 1812 nimmt sie der General Reynier mit nach Rußland.
Weimar beginnt Anfang Dezember wieder zu sich zu kommen. *Wir können in unserm Lande noch von Glück sagen. Die Teurung geht noch wohl an. In Berlin kostet das Pfund Butter 20 Gr. das bei uns nur 12 kostet. Fleisch ist dort so teuer, daß wohl nur wenige es werden essen können,* sagt Riemer. Alle wollen spüren, daß sie leben. Riemer korrigiert für G. die *Metamorphose der Pflanzen* für eine Neuherausgabe bei Frommann. Johanna Schopenhauer hat in ihrem Haus einen Teezirkel eingerichtet. In Weimar liegt dünner Schnee. Das Theater ist geschlos-

sen. Läge mehr Schnee, würden G. und Riemer mit dem
Schlitten gern für einen Tag nach Jena hinüber. Mit dem
Theater muß noch ein wenig Zeit vergehen. Vielleicht ein
besonderes Ereignis abgewartet werden. Am 2. Weihnachtsfeiertag soll es wiedereröffnet werden. *Theater ist
noch nicht,* sagt Riemer Verleger Frommann am 6. Dezember. *Jetzt will es sich wohl nicht schicken, wenn man
so viel Steuern geben soll, und doch noch Comoedien laufen. Wiewohl erspart wird nichts. Unglück bessert nicht.
Die Menschen sind allesamt jetzt nur liederlicher. Alle
Caffehäuser liegen voll, jeder vertut, was er kann, aus
Furcht der Wechsel der Dinge könnte es ihm rauben. Und
das Beispiel! Man hat es an den Truppen der Alliierten gesehen, viel schlimmer als die Franzosen; grob, imperti-
nent, bestialisch und ohne allen innern Halt. Den Franzosen darf man noch bei der Ehre anfassen, ihm ein wenig
um den Bart gehen, so ist's doch ein Auskommen mit
ihm …*

GOETHE hat die gleichen Gedanken wie Riemer. Gerade hat GOETHE zu Riemer gesagt und Riemer sich
aufgeschrieben: *So werden die Franzosen nach innen zu
genötigt, sich tugendhaft zu zeigen, ehrlich, honett, recht-
schaffen usw. zu sein, da sie nach außen zu als Räuber und
Spitzbuben und Mörder zu agieren gezwungen sind.*

G. geht regelmäßig zu Johanna Schopenhauer. Mitte November haben die Teeabende mit fünf Personen angefangen. Donnertags und sonntags am Abend ist *Gesellschaft.*
Riemer gehört dazu. Johanna Schopenhauer ist stolz, daß
GOETHE keinen ihrer Teeabende ausläßt, *solange Weimar steht, hat er das nirgends getan, des Abends sticht er
eine kleine Handlaterne an und geht wohlgemut nach
Hause.*

Am 2. Weihnachtsfeiertag wird das Theater wiedereröffnet. Mit einem Lustspiel. Ende November hat G. zu Fernow gesagt: *In diesen Zeiten der Zerstörung muß man
alles Bildende und Gebildete, was zu retten ist, retten und*

erhalten. Die Weimarer Theatertruppe spielt Frau von Weißenthurns neue Komödie »Die Erben«. G. sitzt mit Christiane auf seinem alten Platz im Parkett. *Mit seiner Donna,* schreibt Frau Falk Herrn Falk. Die Herzogin Luise, die in Weimar ausgehalten hat, ist auch im Theater. Es wird ihr eine große Ovation gebracht.

Am nächsten Abend wird von der Bühne herab nach der Vorstellung *unter Pauken und Trompeten* der am 15. Dezember zwischen Napoleon und Sachsen-Weimar-Eisenach geschlossene Friede bekanntgegeben. Im Weimarer Theater wird laut *vive Napoléon* gerufen.

Carl August kehrt Ende Januar 1807 nach Weimar zurück.

Als Herzog.

VII
Sonettenwut

In Weimar trifft man sich jetzt bei Madame Schopenhauer. Die Dame hat Geld, ist Witwe eines Danziger Großkaufmanns, von dem man nicht genau weiß, ob er Selbstmord gemacht hat oder bloß aus dem Speicher tief gefallen ist, Johanna Schopenhauer hat einen Sohn, Arthur, und eine Tochter, Adele, einen gewissen Ehrgeiz, eine Zeitlang in Hamburg gelebt und ein besonderes Faible für Fernow. So alt ist sie ja noch nicht. Sie ist vierzig. Aber es ist ganz platonisch. Johanna beruhigt Sohn Arthur. *Denke Dir nur nicht einen jungen hübschen Mann unter Fernow, er ist einige 40 Jahre alt und hat eine Römerin zur Frau, die ich aber nicht kenne, weil sie nie ausgeht.*

Johanna Schopenhauer hat in ihrem Haus einen Teezirkel eingerichtet. Teezirkel sind modern und dann auch sehr zeitgemäß in diesen armen napoleonischen Kriegszeiten. Das Teetrinken ist eine viel jüngere Leidenschaft als Kaffeetrinken und die Kaffeegesellschaften. Weimar nimmt beim Tee einen ähnlich hervorgehobenen Platz wie in der Poesie ein. In Weimar wirkt als Herzoglich-Sächsisch-Weimarischer Mundkoch der Franzose François le Goullon, und Goullon ist der Verfasser des Buches *Der elegante Teetisch oder die Kunst einen glänzenden Zirkel auf eine geschmackvolle und anständige Art ohne großen Aufwand zu bewirten.* In der Esplanade in ihrem Haus wirkt Johanna Schopenhauer.

Riemer ist gern gesehen bei der Schopenhauer und

kommt regelmäßig wie GOETHE. Die Teeliteratur ist bei ihr Teeleben. *Die Geselligkeit hat durch diese Neuerung offenbar gewonnen, denn der Teetisch vereint die Gesellschaft von Frauen und Männern, wo letztere von den geheimen Caffe – Comitien sonst ausgeschlossen waren, ja die Teegesellschaften füllen als löbliche Ersparnis in diesen Eisenschweren und Geldarmen Zeiten oft selbst den Platz eines Soupers aus,* hat Goullon geschrieben.

Kurz vor Ende des alten Jahres bringt G. zum erstenmal seine Frau mit. *Eine Frau von noch vielem materiellen Reiz,* sagt Teebesucher Professor Reinbeck. Auch am Silvesterabend sind sie alle bei der Schopenhauer in der Esplanade. G. und Gattin. Riemer natürlich. Fernow natürlich. Meyer. Der Weimarer Nachwuchsautor Stephan Schütze. Die ein bißchen dilettantische Porträtmalerin Caroline Bardua, der Schütze den Hof macht. Bertuchs Schwiegersohn Froriep. Der junge Conta, ein diplomatischer Gehilfe Carl Augusts, mit seiner sechzehnjährigen Schwester. Alle sind der besten Stimmung.

Was für ein Jahr ist überstanden.

G. hat vor drei Wochen zu Riemer gesagt: *Die Krieg ist in Wahrheit eine Krankheit, wo die Säfte, die zur Gesundheit und Erhaltung dienen, nur verwendet werden, um ein Fremdes, der Natur Ungemäßes, zu nähren.* Alle bleiben bis zwei Uhr morgens. Am Abend des Neujahrstages trifft man sich gleich wieder. Der Kreis hat gewisse feste Regeln. Lesungen gehören dazu. Fernow liest aus Schützes Lustspiel »Der Dichter und sein Vaterland«. Es ist ein ziemlich abstruses Stück Poetenverehrung. Geld wird darin für einen angeblich toten Dichter gesammelt, der genau in dem Augenblick hinter seinem Grabstein hervortritt, um es selbst zu empfangen, als es ein Bote dort niederlegen will. G. ist recht müde von der vorhergehenden Silvesterfeier, hat aber die Chuzpe, Autor Schütze den olympischen Rat zu geben, den Boten sagen zu lassen: *Ich muß protestieren, für diesen Fall habe ich keinen Auftrag!*

Im März liest G. bei der Schopenhauer an mehreren Abenden Calderons *Standhaften Prinzen*. Dann wieder Fernow bei Tee und Waffeln eine Erzählung von Schütze. Die Bardua singt GOETHE-Lieder, der alte Wieland kommt mit Cicero-Briefen, und immer ist Riemer da. Eigenes hat er nicht vorzutragen, auch liest G. noch selber und borgt sich nicht Riemer als Vertretung der eigenen Lesestimme aus, um ihn Erzählungen aus *Tröst – Einsamkeit* von Arnim oder den mittelalterlichen *Armen Heinrich vortragen zu lassen,* doch wird Riemer die Runde mit dem gravitätischen Humor unterhalten haben, den er später immer wieder einmal in poetischen Erinnerungen an den Zirkel aufleben läßt. Am 1. Januar 1815 schickt Riemer Johanna Schopenhauer einen melancholischen Neujahrsgruß als Doppelsonett. Die strenge Dichtform ist so ernst nicht gemeint. Riemer hat Aufwendigeres schon im Sonett probiert. Lange und unwiederbringlich liegen Riemers Tage in der Ersatzfamilie des Teekränzchens zurück. G. ließ einmal seinen Diener mit der Laterne stundenlang auf der winterlichen Straße warten, weil es ihm da oben bei der Schopenhauer so behaglich war.

I.

Gedenk ich jenes Tags, wo um die Wette
Glückwunsch und Gegenwunsch bei Dir cursirte,
So denk ich auch gewohnter Etiquette
Womit ich stets dich Würd'ge venerirte.

Und alte Lust empfind' ich zum Sonette,
Zwar nicht der Doctor, der von creirte,
Doch wär' ich nur gern – gewohnter Stätte
Wär' mein Humor noch wie er einst florierte.

Der Jenaer Verleger Frommann.
1824

Als noch um uns herum karthaunte,
Da ward Dein treuer Saal mir zum Asyle
Voll Scherz und Lust und holder Musenspiele;

Da stieg' ich hoch auf echten Ruhmes Staffeln
Und wenn die Muse dann in's Ohr mir raunte,
*Sang ich **Te dea**, und das Glück Waffeln.*

II.
Ein Anderes
auf die Melodie Ompteda
und Lirum Larum Leier!

Ach, wenn mich sonst Dein Mund willkommte
Und sagte: Doctor, sind Sie da:
Wie mir's das Blut zum Herzen pompte,
Ich wußte nicht wie mir geschah.

Auf eine ganze Woche frommte
Mir solch ein freundliches: Sie da!
Und meine Muse war so prompte
Und reimte lustig hopsa sa!

Nun siehst Du Dich nicht mehr nach mir um
Und fragst auch weder wie noch wárum;
Verstummt ist meiner Muse Leier.

So schlepp' ich mich denn da und hier um,
Es bringt der Schmerz mich noch fürwáhr um;
Doch bleib' ich tot noch Dein Getreuer!

Auf einem der winterlichen Nachhausewege von der Schopenhauer muß sich G. erkältet und sich dabei ein paar alte
Leiden eingestellt haben. Der Winter ist sowieso nicht
seine Zeit, und gewöhnlich verbringt er ihn in der Stube.
Verleger Frommann bekommt die Nachrichten aus dem

Olymp von Mitarbeiter Riemer immer aus erster Hand.
Ihm sprudelt jetzt bei jeder Gelegenheit das *wir* nur so über.

Weimar d. 28 Januar 1807

*Unserer teurer G. ist zeither nicht ganz wohl. Er will
zwar nicht, daß man es laut werden lasse, u. ich sage
Ihnen nur im Vertrauen; allein er kann es doch nicht verbergen. Es sind sie schlimmen Monate gerade; u. es kommt
so vieles zusammen, was auf ihn nicht zum besten ein-
wirkt. Wenn wir nur den Mai erreichen, ohne heftigere
und eigentliche Anfälle, dann wollen wir ihn schon wieder mit Gesundheit ausrüsten.*

Weimar d. 18. Febr. 1807

*.... Viele Grüße von G. und mir an die Ihrigen und Sie.
Nächstens mehr.*

Weimar d. 6. April 1807

*Die Sonne will uns zu unseren Experimenten nicht recht
Stich halten; doch haben wir ihr soviel abgewonnen, daß
wir Mittwoch neues Manuscript zu schicken gedenken,
wenn Sie uns den Rest, den Sie drüben haben, mit der
Dienstagspost senden ...*

Weimar d. 15. April 1807

*Der Druck unserer Farbenlehre leidet durch den Tod der
Herzoginmutter ... eine für uns und Sie gleich unangenehme Unterbrechung, die jedoch so kurz als möglich
dauern soll, indem ich besonders darauf dringe, daß die
Polemik völlig gedruckt sei, ehe wir nach Carlsbad gehen.*

Carlsbad den 18. Julius 1807

*G. befindet sich seit einigen Wochen trefflich wohl und es
ist nur zu wünschen, daß er sich dieses Zustandes auch
entfernt von Carlsbad zu erfreuen habe. Unsere, d.h.
meine Person ist auch ganz leidlich wohl, und übernimmt
sich in keiner Weise mit Arbeiten ...*

Riemer ist ein zweites Mal in Karlsbad mit gewesen.
Auch Sohn August war in der Sprudelstadt. Christiane,
der es G. bei der Trauung versprochen hat, muß noch

warten. Mitte September wieder in Weimar, kann Riemer sich nicht so recht zurückgewöhnen. Irgendwie beginnt ihn jetzt im vierten Jahr bei G. manchmal ein Unbehagen anzufallen, eine kleine Mißstimmung, irgend etwas über den alltäglichen Verdruß hinaus, bei der Rückkehr aus dem gewohnten Mansardenzimmer in Augusts noch nicht völlig ausgeräumtes Zimmer ziehen zu müssen. Riemer, seit 11. September zurück, gesteht Frommann am 30. *noch kann ich mich noch nicht wieder eingewohnen* und daß er *zeither nicht von dem rosenfarbensten Humor gewesen.* Kommt da etwas, oder ist es nur der innige Gleichklang mit dem Meister? Der hat einen Karlsbader Badefreund, den Grafen Reinhard, gerade zwei Tage vorher aus Weimar wissen lassen, daß er das Problem habe, sich in seiner *hiesigen Lage, die mir, bei einem fast viermonatlichen Außenbleiben, einigermaßen fremd geworden ist, wieder zu fassen suchen.*

Es ist ja nicht so, daß sich nur Riemer GOETHE überläßt.

G. überläßt mit der Zeit Riemer beinahe seine ganze Korrespondenz. Die meisten Briefe diktiert er ihm, einige schreibt Riemer nach Hinweisen des Meisters allein, einige schreibt G. allein. *Er wird immer bequemer,* meint Pauline Gotter, *und diktiert Riemern alles, nur seine jungen Freundinnen haben den Vorzug, daß er selbst schreibt, und warten gern dafür etwas länger.*

Eine junge Frau hat in diesem Jahr 1807 angefangen, dem achtundfünfzigjährigen G., nach einem vom alten WIELAND im April vermittelten Besuch, Briefe zu schreiben. Die Briefe kommen aus seiner Geburtsstadt, Frankfurt am Main. Die junge Frau zeigt sich äußerst vertraut mit G.s Mutter, Catharina Elisabeth GOETHE, die Briefschreiberin ist zweiundzwanzig Jahre alt, sie ist die Tochter eines reichen Frankfurter Kaufmanns, sie heißt Elisabeth Brentano, Bettina, Bettine genannt. Ihre Briefe sind schwärmerisch. Den dritten Brief von ihr hat G. im September bekommen.

Es wird in der Jahreszeit, wo die Sonne heiß scheint, der blaue Himmel oft dunkel, man ahndet Sturm und Regen und doch geht endlich die Sonne wieder rot und golden unter: so war mir's, da ich Ihnen geschrieben hatte; ich ward oft rot über den Gedanken, daß Sie es wohl unrecht fänden, und endlich ward mein Mißtrauen, nur durch wenig Worte, aber so lieb gelöst. Wenn Sie wüßten, wie schnelle und große Fortschritte mein Zutrauen in dem selben Augenblick machte, da ich erfuhr, daß Sie es gern wollen. O dürfte ich jetzt bei ihm sein, dachte ich, so glühend und hell sollte meine Sonne jetzt vor ihm auf und unter gehen, wie sein Aug sich freundlich auf mir bewegte, ja wohl herrlich, ein Purpurhimmel mein Gemüt, ein warmer freudiger Liebestau meine Rede, die Seele müßte wie eine Braut aus ihrer Kammer treten, ohne Schleier und sich bekennen. O Herr in Zukunft will ich Dich oft sehen und lang am Tage, und oft soll ihn ein solcher Abend schließen.

Elisabeth Brentano folgt ihrem Brief sechs Wochen später nach Weimar. Sie bringt ihre Schwester Meline mit. G. notiert im Tagebuch: *1. November. Nach Tische kamen die Demoiselles Brentano.*

Elisabeth, also Bettine, Bettina ist jetzt bis zum 10. November beinahe jeden Tag im Haus im Frauenplan. G. vermerkt ihre Besuche, wie jeden anderen Besucher, gewissenhaft im Tagebuch.

Montag, 2. November. Mittags die Demoiselles Brentano zu Tische.

Dienstag, 3. November. Mittags Savignys und die beiden Brentanos. Viel über München.

Mittwoch, 4. November. Spazieren. Nachher auf die Bibliothek, wo die Fremden waren. Zu Tische Herr und Frau von Savigny und die beiden Demoiselles Brentano.

Donnerstag, 5. November. Abends Probe im Theater von

Zwei Worte. Nachher bei Madame Schopenhauer mit Brentanos und Savignys.

Freitag, 6. November. Mittags Sophie Teller. Abends bei der regierenden Herzogin.

Sonnabend, 7. November. Mittags Bettine Brentano und Herr und Frau von Savigny.

Sonntag, 8. November. Mittags allein, Demoiselle Engels mit zu Tisch. Nachher Bettine Brentano.

Montag, 9. November. Mittags Savignys, zwei Demoiselles Brentano, Reichardt. Abends Tasso, wovon ich einen Akt sah.

Dienstag, 10. November. Zu Frau von Savigny. Nachher Mittags Bettine Brentano und Elsermann. Familiengeschichte der ersten. Kam Arnim nach Tische.

Nächsten Tag früh bricht G. mit Riemer nach Jena auf. Wieder einmal. G. will arbeiten. Mit Riemer und Verleger Frommann soll die *Farbenlehre* um den Druck einiger Bogen vorangebracht werden. G. und Riemer werden bis zum 18. Dezember bleiben. Auf der Reise nach Jena hat der Meister Riemer einiges zu erzählen: *Die ganze Idee und Tendenz seines Gedichtes* Pandora *umständlich und ausführlich.* Und natürlich über den Besuch der Demoiselle Brentano: GOETHE ... *erklärte sich im Gespräch mit mir über Bettine nicht eben als leidenschaftlicher Liebhaber, sondern nur als Bewunderer ihres geistreichen, aber auch barocken Wesens.* Riemer wird anderes auch nicht erwartet haben. Er kennt mittlerweile G.s Art, *unbequeme Menschen fortzudulden, wenn sie es ihm nicht gar zu arg machten, als dann aber mit Ungestüm ein solches Verhältnis abzubrechen.* Und es paßt für Riemer zu G.s Erzählungen, daß Bettina in Weimar sich eines Morgens bei ihm beklagte, *daß Goethe sich so wunderlich und sonderbar sich gegen sie zeige.*

Bettina Brentanos erster Brief nach dem Besuch, den sie Anfang Dezember auf der Rückreise nach Frankfurt aus Kassel G. schickt, ist ein Brief der Wünsche.

Warum muß ich denn wieder schreiben? Einzig um wieder mit Dir allein zu sein, so wie ich gern kam in Weimar, um mit Dir allein zu sein; zu sagen hab ich nichts, damals hatte ich auch nichts zu sagen, aber ich hatte Dich anzusehen und innig froh zu sein, und war Bewegung in meiner ganzen Seele …

Allein war sie mit G. in Weimar tatsächlich nur selten, G. hatte sich seltsamerweise, wenn die *Demoiselles Brentano* oder nur Bettina kam, immer Gäste hinzugeladen, aber nichts kann sie aufhalten, einen GOETHE zu besitzen. Sie ist wie eine fanatische Kunstsammlerin. Oder Schwärmerin. Oder wie eine von der Kapitalmacht des Vaters verwöhnte Bankierstochter. Nichts kann sich Elisabeth Brentano in den Weg stellen. *Und wenn Du stehst als ein Gott auf dem Altar und wenn sie alle rufen: Du bist herrlich! herrlich! wir opfern Dir; und wenn Dein Sinn wäre von Stein wie Dein Bildnis, so müßte ich doch rufen: umarme mich, weißer Cararischer Stein.*

Bettine erfindet Szenen einer rauschhaften Liebe.

Wenn ihre Seele nur in Bewegung ist.

Sie erfindet glühende Worte, nächtliche Spaziergänge, Huldigungen, Träume, Mantelszenen, männliches Begehren, ihr gewidmete Sonette, sie beansprucht alles an G. und besitzt alles. Christiane, Riemer, Sohn August sind Puppen ihrer Verliebtheit wie G. Im Teezirkel der Schopenhauer verspricht sie im November, Christiane ein Kleid zu sticken, um, als es ausbleibt, im Januar zu sagen, ich werde in der nächsten Zeit *meinem Minister Riemer Auftrag und Aufklärung geben,* und den Brief zu schließen: *Küß mir Deinen Sohn und meine, es wäre* **ich**.

G. ist nicht fremd, unter die Götter gereiht zu werden. Er ist skeptisch. Bettine freigebig: Mitte Januar 1808 Bettine: *Göthe, keiner weiß, wie Du mit Gott vertraut warst und was Du herrlichen Reichtum von ihm erlangt hast.* 30. Januar 1808 Bettine: *Ich weiß, daß, wenn sich die Wolken vor den Sonnengott lagern, daß er doch bald wieder mit*

*glänzender Hand sie niederdrückt; ich weiß, daß er kei-
nen Schatten duldet, als den er unter Sproßen und Bäumen seines Ruhms sich selber sucht, ich weiß, daß, wenn
er sich über den Abend wegbeugt, so erhebt er wieder im
Osten das goldene Haupt – Du bist Ewig!*

In Riemers treulich geführtem Protokollbuch der bedeutenden Worte GOETHES, meditiert G. plötzlich häufig
über sein angeblich Göttliches.

30. Januar 1808.

*»Ich bin Gott darin ähnlich, daß er immer geschehen
läßt, was er nicht will«, sagte Goethe über Tisch.*

1. Februar 1808

*Als man ihn einen göttlichen Mann nannte, sagte er: »Ich
habe den Teufel vom Göttlichen! Was hilft's mir, das man
mir nachsagt: das ist ein **göttlicher** Mann, wenn man nur
nach eigenem Willen tut und mich hintergeht. **Göttlich**
heißt den Leuten nur der, der sie gewähren läßt; wie ein
jeder Lust hat.«*

*Er drückte dies ein andermal so aus. »Man hält nieman-
den für einen Gott, als daß man gegen seine Gesetze handeln will; weil man ihn zu betrügen hofft; weil er sich was
gefallen läßt; weil er entweder von seiner Absolutheit so
viel nachläßt, daß man auch absolut sein kann.«*

Fünfzehn Jahre später, 1825, erzählt Bettine, der Dichter
habe sich in der Bibliothek neben seine Büste gestellt und
nach einiger Zeit gezürnt, sie erkenne ihn nicht. Sie habe
da die Büste geküßt, aber G. sie eifersüchtig in seine
Arme gerissen, emporgehoben, geküßt und gerufen: *Göt-
terkind! Sternenkind!*

Sie trifft G. im Sommer 1810 in Teplitz. Bettina erzählt
einen Augustabend. Der Tag war heiß, G. ist in seinem
Zimmer. *»Mache doch den Busen frei, daß ihm die
Abendluft zugut komme.«* Und da er sah, daß ich nichts
dagegen sagte, obschon ich rot ward, so öffnete er meine
Kleidung; er sah mich an und sagte: *»Das Abendrot hat
sich auf Deine Wangen eingebrannt«,* und dann küßte er

mich auf die Brust und senkte die Stirne darauf; – »kein Wunder«, sagte ich, »meine Sonne geht mir ja im eigenen Busen unter«. Er sah mich an, lang, und dann waren wir beide still. Er fragt': »Hat Dir noch nie jemand den Busen berührt?«. »Nein«, sagt ich, »mir selbst ist es so fremd, daß du mich anrührst«. Da drückte er viele, viele heftige Küsse mir auf den Hals, mir war bang, er solle mich los- lassen, und er war doch so gewaltig schön ...

Fünfunddreißig Jahre nach dem Treffen in der Biblio- thek, 1843, erzählt Bettine, G. habe sie zu der Büste ge- führt, sich majestätisch in den Mantel gehüllt daneben ge- stellt, sie getan, als erkenne sie ihn nicht, und gesagt: *Das ist ein schöner Mann* und er gesagt: *Ja, der konnte in sei- ner Jugend sich schön nennen.* Sie wollte ihm um den Hals fallen, aber verletzt hätte er sie abgewiesen, worauf GOETHE ihr in die Augen schaute und sagte: *Du Son- nenkind!* Bettine erzählt: *Darauf schrieb er das bekannte Sonett ...*

G. läßt Bettine gewähren, doch nicht, wie sie *Lust hat,* sondern wie es ihm paßt und frommt. Auf ein Verhältnis läßt er sich nicht ein, aber angenehm ist ihm, daß diese Bettine seine Verhältnisse in Bewegung bringt. Seine Ver- hältnisse sind vor allen Dingen seine literarischen Ver- hältnisse. Gefährte Riemer sieht G. nicht als *Liebenden,* sondern als ein **Angeliebter,** *der sich diese Anliebe mit guter Art gefallen läßt, völlig wie jene Marmorbüste, wel- che die Liebende solange küßt, bis es ihr gelinge, das le- bendige Original eifersüchtig darauf zu machen. Das ge- lingt ihr nun aber nicht. Er läßt sie, wie ein Kind, gewähren, so lange, bis sie ihm lästig wird und ihn kom- promittiert.* G.s Gegenbriefe an Bettine sind fern ihrer Begeisterung, ohne das *Du,* das sie gebraucht, aber G. be- nutzt Worte wie am 9. Januar 1808: *Schreiben Sie bald, daß ich wieder etwas zu übersetzen habe.*

Inzwischen dringt ein anderer Enthusiast auf G. ein. Am 3. Dezember des alten Jahres ist der *genialische* Dich-

ter Zacharias Werner nach Jena und zu GOETHE gekommen. Er beeindruckt G. nicht wenig: *Ein sehr schönes poetisch-rhetorisches Talent hatte sich in dem wun-
derlichen Individuum verkörpert. Dieser seltsame Gast
war ohne Frage großer Ansichten über Welt und Leben
fähig, die ihm aber bei einem zerstörten Innern und
zerrütteten Leben nicht genug taten und die er daher mit
phantastisch-religiösen Gesinnungen verknüpfte ... Mit
großer Wahrheit und Kraft las er vor, wodurch denn seine
trefflichen Sonette noch höhern Wert erhielten und besonders die rein menschlich leidenschaftlichen großen
Beifall gewannen.*

G. fühlt sich bedeutsam angeregt. Durch den Mann: *Es
war das erste Mal seit Schillers Tode, daß ich ruhig gesel-
lige Freuden in Jena genoß.* Durch Werners Sonette. Die
strenge, unterwerfende Form hat G. früher nichts sagen
wollen. Doch jetzt: *Gewohnheit, Neigung, Freundschaft
steigerten sich zu Liebe und Leidenschaft, die, wie alles
Absolute, was in die bedingte Welt tritt, vielen verderblich
zu werden drohte. In solchen Epochen jedoch erscheint
die Dichtkunst erhöhend und mildernd. Und so war diesmal die von Schlegel früher meisterhaft geübte, von Werner in's Tragische gesteigerte Sonettenform höchst willkommen.*

In Jena bricht aus, was Riemer die *Sonettenwut* nennt. G.
schreibt im Dezember Sonett auf Sonett. Und jählings
verfällt auch Begleiter Riemer in Jena der *Sonettenwut*
und verfaßt ein Sonett nach dem anderen. Die an-
spruchsvolle Form mit ihrem Auf- und Abgesang und
den sich umschlingenden Reimen ist nicht das Problem.
Die meistert genauso Riemer: *Besonders auch sagte sie
Riemers geistreich poetischem Talente zu, und ich ließ
mich gleichfalls hinreißen ...* Zur Höhe eines Dichtwer-
kes gehört der Lebensstoff. Und es kann noch immer
kein Zweifel über G.s Kraft sein, Leben auf sich zu ziehen. G. beginnt von einem Tag auf den anderen, From-

manns achtzehnjährige Pflegetochter, Minna Herzlieb, »Minchen«, auf eine besondere Weise anzusehen. Und dann war Bettine da, und er hat ihre Briefe. Er ist ein anziehender Mann. G. braucht den Sängerkrieg mit Zacharias Werner nicht zu scheuen.

Das Mädchen spricht
Du siehts so ernst, Geliebter! Deinem Bilde
Von Marmor hier möchte ich dich wohl vergleichen;
Wie dieses gibst du mir kein Lebenszeichen;
Mit dir verglichen, zeigt der Stein sich milde.

Der Feind verbirgt sich hinter seinem Schilde,
Der Freund soll offen seine Stirn uns reichen.
Ich suche dich, du suchst mir zu entweichen;
Doch halte stand, wie dieses Kunstgebilde.
An wen von beiden soll ich nun mich wenden?
Sollt ich von beiden Kälte leiden müssen
Da dieser tot und du lebendig heißest?
Kurz, um der Worte mehr nicht zu verschwenden
So will ich diesen Stein so lange küssen,
Bis eifersüchtig du mich ihm entreißest.

Als Bettine nach G.s Tod Anspruch auf die Jenaer-Sonette, als ihr gewidmet, erhebt, weist Riemer Bettine zurück. *In dieser kurzen Zeit also, mit wahrer »Sonettenwut« gedichtet, können sie, auch wenn der Inhalt und sonst ein Umstand der Zeit oder des Ortes nicht widerspräche, gar nicht auf Bettine gemünzt sein.* Riemer legt sich für GOETHE mit dem Terminkalender ins Zeug. Die Gedichte habe G. *schon* im Dezember 1807 in Jena gemacht, wie könne sie Bettine später reklamieren, fragte er in den *Mitteilungen.* Nicht einmal der *Stoff* komme von ihr.
So arm konnte Goethes Phantasie und Herz auch im sechzigsten Jahre nicht sein, daß er Empfindungen von

Bettine erst entlehnen mußte, um sie nur, wie ein griechi-
scher Hypothetes die begeisterten Naturlaute der som-
nambülen Phytia, in Verse zu bringen. Der Stoff ist ganz
woanders her, und eine Menge in den Sonetten vorkom-
mender Umstände kann schon dem Ort und der Zeit
nach, auch gewisser Verhältnisse wegen, gar nicht auf Bet-
tine bezogen werden.

Der eifrige Anwalt offenbart, warum er bei aller Mühe so
ein schlechter Poet ist. Ihm will sich, trotz seines täglichen Umgangs mit einem Dichter, das Innere der Dicht-
sachen nicht erschließen. Riemer versteht einigermaßen
ihre Mechanik. Nicht aber das Doppelbödige aller literarischen Phantasie. Wie kann GOETHE Distanz zu Bettina bewahren und sie doch in seine Gedichte hineinneh-
men? *Wie stimmen jene leidenschaftlichen Sonette, jene*
feurigen Lieder, die er an sie gerichtet haben soll, zu den
gleichzeitigen steifen und kalten Briefen? Kann man den
einen Fuß im Kothurn, den anderen im Soccus, oder deut-
scher zu reden, mit einem Fuß im Steigbügel, den anderen
auf der platten Erde, den Liebesritter spielen? Riemer
kann nur Riemer sein. Der arme Riemer kann etwas verstecken, seine italienische Geschichte, die Tagebücher,
seine wahnwitzigen Lüste, aber ein wirklich anderer kann
er nicht sein: ein Werther, Hafis, Heinrich Faust, der Sonettenschreiber.

Riemer schreibt in diesen Wintertagen unermüdlich Sonette. Die Hürde, daß man einen *Stoff* erst leben muß,
bevor man ihn schreiben kann, hat er nicht. Ihm gehen die
Poesien nur so bei jeder Gelegenheit von der Hand. *Meine*
Wenigkeit hat ein paar Sonette wieder geliefert, die aber
sorgfältig zu secretieren sind; daher kann ich sie Ihnen nur
mündlich communiciren, heut zu Tage wird alles ver-
schwätzt, schreibt er Frommann am 23. Dezember. Er
macht Sonette auf den Jenenser Professor Grieß, die Weimarerin Johanna Schopenhauer, den Dichter Werner, er
macht auf alles und jeden Sonette, so daß G.s Freund

Knebel stöhnt, Riemer solle ja kein Sonett auf ihn machen.
Als G. sein Sonett auf Frommanns Pflegetochter *Minchen
Herzlieb* geschrieben hat, Zacharias Werner sie andichtet,
verfaßt bald auch Riemer ein Herzlieb-Sonett. Diesmal
allerdings ist mehr im Spiel als die bloße *Sonettenwut.*
Auch G. hat mit mehr zu tun als einer literarischen Ver-
wicklung. Das Phänomen beunruhigt. Er kennt *Minchen,* seit sie in Kindertagen als die verwaiste Tochter
eines Theologen 1798 in das Frommannsche Haus kam.
G. hat sie bei Frommann erlebt, sooft er bei seinem Verleger in Jena war, und G. ist in Jena beinahe häufiger zu
treffen als in der GOETHE-Kapitale Weimar, aber jetzt
plötzlich wirkt Minna Herzlieb mit Macht als eine Frau
auf ihn.

*Als kleines art'ges Kind nach Feld und Auen
Sprangst du mit mir, so manchen Frühlingsmorgen.
»Für solch ein Töchterchen mit holden Sorgen
Möcht ich als Vater segnend Häuser bauen.«*

*Und als du anfingst, in die Welt zu schauen
War deine Freude häusliches Besorgen.
»Solche eine Schwester! und ich wär geborgen:
Wie könnt ich ihr, ach! wie sie mir vertrauen!«*

*Nun kann den schönen Wachstum nichts
                    beschränken;
Ich fühl im Herzen heißes Liebetoben.
Umfaß ich sie, die Schmerzen zu beschwicht'gen?*

G. macht das Sonett, das er *Wachstum* nennt, für sich, für
Riemer, für Zacharias Werner, Minna Herzlieb lernt es
erst viele Jahre später im Druck kennen. Für sie ist G. ein
Dichter, eine faszinierende Erscheinung im schlafmützi-
gen Jena. Aus dem wirbelnden Kreis, der sich da im
Frommannschen Hause versammelt hat, geht sie in ihr

stilles Zimmer, und ich überdachte, was für goldene Worte
ich den Abend wieder aus seinem Munde gehört hatte,
und dachte, was der Mensch doch aus sich machen kann,
ich ganz in Tränen zerfloß und mich nur damit beruhigen
konnte, daß die Menschen nicht alle zu einer Stufe gebo-
ren sind, sondern ein jeder da, wo ihn das Schicksal hin-
geführt hat, würken und handeln muß ...

G. kennt von sich diese Neigungen zu den jungen Frauen
wie Minna Herzlieb. Gerade war Bettine da, und wenn er
sich auch von ihr nicht zu ihrem Liebhaber hat machen
lassen, so haben doch ihre Worte, Küsse, Gesten Feuer
unter der Glut geschürt.

Minchen, achtundsechzig Jahre alt, wird gefragt werden,
wie sie, eine Achtzehnjährige, der achtundfünfzigjährige
GOETHE habe beeindrucken können, und *Minchen*
antworten: *Goethe war immer jung, man bemerkte bei*
ihm nicht das Alter.

Riemer aber ist der Abstand der Jahre der Grund, warum
G. sich von Bettines *Liebesflamme* nicht wirklich entzünden läßt, sondern sie mit einem *Spiegelbilde* abspeist,
wie *es auch von einem sechzigjährigen Mann nicht anders*
werden konnte noch durfte.

G. bemäßigt die Leidenschaft in der bedingten Welt der
Verhältnisse und gibt ihr Freiheit in der unbedingten Welt
der Literatur. Die Ottilie der *Wahlverwandtschaften* bekommt im Roman das Gesicht der Herzlieb, und der
unüberwindliche Abstand wird im Sonett zur unüber-
brückbaren Kluft zwischen Unten und Oben.

> *Doch ach! nun muß ich dich als Fürstin denken:*
> *Du stehst so schroff vor mir emporgehoben;*
> *Ich beuge mich vor deinem Blick, dem flücht'gen.*

Zacharias Werner macht sein Sonett auf Minna Herzlieb
am Abreisetag von G. und Riemer aus Jena, 16. Dezember 1807. Die Herzlieb ist nicht die Hauptsache von Wer-

ners Sonettenmühe wie bei den Dichterkollegen. Auf die eigenhändige Abschrift seines *Charaden-Sonett auf Minchen Herzlieb,* schreibt Zacharias Werner: *Dies Sonett, in einer der wenigen hellen Perioden meines Lebens gemacht, ward mir belohnt, wie ich es nur wünschen konnte. – mit einem Kusse von Helios.*

Werners Herz hängt an Sonnengott Helios, GOETHE, der Dichter Riemer wäre glücklich, würde ihn Minna Herzlieb belohnen.

Was er in Weimar so gut versteckt, weshalb er sich vollgefressen hat, den Dichter imitiert, am liebsten bis mittags im Bett liegt: die Stimme der Natur, sie ist nicht zum Verstummen gebracht.

Die alte Liebeswut brodelt noch in Riemer.

Gott sei Dank.

Herzlieb
Herz, ist das Höchste, was wir immer nennen,
Wenn wir das Liebste, was wir haben, geben
Herz ist der Liebe Quell von Lieb und Leben
Von Herzen macht es Schmerz, das Herz zu
                              trennen.

Lieb ist ein herziges, ein inniges Entbrennen,
Vom Herzen kommt, zum Herzen geht sein
                              Streben.
Was Herz des Herzens ist der Liebe Leben.
Schmerz macht dem Herzen, sie nicht zu
                              bekommen.

Herzlieb ist alles, was das Herz mag lieben.
Herzlieb sind Gott und Götter, Eltern, Kind,
Herzlieb der Liebe still gehegte Schmerzen.

Herzlieb ist auch noch ein besonderes Kind
Das alle wir so recht von Herzen lieben.
Doch einer, wär ich's, darf sie liebherzen.

Riemer darf sie nicht liebherzen, G. nicht, Werner interessiert das Mädchen nicht. In seinen Briefen an Frommann bittet Riemer jetzt manchmal, *Tausend Grüße im*
Hause, und Mienchen ein herzliches Lebewohl, Empfeh-
len Sie mich Mienchen aufs Beste, aber mehr geschieht
nicht. Oder doch. Ein anderes junges Mädchen, auch
im Alter von *Minchen*, auch im Alter von August
GOETHE, die Tochter eines Justizamtmanns, der einfach verschwunden ist, kommt häufiger in das Haus am
Frauenplan als Gesellschafterin, Briefschreiberin, Vorle-
serin von Christiane. Aber da wird noch Zeit vergehen,
bis man sieht, es ist etwas geschehen.
Alles ist wie immer. Ungefähr. Es ist keine eilige Zeit.
Riemer schreibt für GOETHE. Sagt *wir.* Bringt mit ihm
die *Farbenlehre* voran. Fährt auch im Sommer 1808 nach
Karlsbad mit. Erlebt einen heftigen Zusammenstoß
GOETHES mit Werner am letzten Tag des Jahres 1808 im
Haus am Frauenplan und macht darauf ein Sonett. Notiert mit Vorliebe Äußerungen GOETHES über die Weiber. Gibt vielleicht ein Zeichen vom Brodeln, daß er auf
die Redoute im Stadthaus, das große Vergnügen der Weimarer zwischen Weihnachten und Aschermittwoch,
diesmal, 3. Februar, das Jahr 1809, als Schmied geht. Johanna Schopenhauer ist von ihm entzückt.
Riemer war so schön, daß ich noch immer nicht begreife,
wie es zuging. Ich hätte nie geglaubt, daß seine Gestalt
sich so machen könnte, er hatte einen goldenen Helm, wie
Ulyß abgebildet wird, eine sehr schöne Maske, bloßen
Hals, der ihm sehr gut ließ, Trikot an Arm und Beinen,
eine kurze braune Tunike, eine feuerfarbne Draperie drü-
ber und Sandalen an den Füßen, er schien würklich der
schönste Mann auf dem Ball zu sein, so vorteilhaft war

ihm die Kleidung, also ließ das Feuer sich gern von ihm bedienen ...

Es sind überhaupt ganz wunderbare Feste, die Weimarer Redouten. Der Geburtstag der Herzogin Luise, der 30. Januar, fällt in die Karnevalszeit, und der Maskenzug, der zu Ehren Luises jedes Jahr veranstaltet wird, gibt dem Fest einen besonderen Glanz. Die Masken überbringen ihr die Gratulation. G. hat einige Male auch Texte für den großen Bedarf geschrieben, aber die Dutzende von Aufzügen beliefern sonst die Stadtdichter. Diesmal, zur Redoute 1809, liegt der Maskenzug in der Hand von Johanna Schopenhauers Danziger Landsmann Johannes Falk, auch ein Mann der Feder, ein renommiersüchtiger Allerweltsschreiber. Falk arrangiert die Masken, macht Huldigungsverse, läßt Riemer mitdichten und bekommt auch GOETHE dazu, ein paar Reime beizusteuern. G. schreibt der Maske des Sterndeuters die Verse und die wenigen Zeilen, die die Landleute, Gärtner und Hirten, vor Luise aufsagen. Ehefrau Christiane geht als Bäuerin im Maskenzug gleich nach der Gruppe der *Vier Elemente* und des *Genius von Weimar*, aber noch vor der Szene der *Heiligen Drei Könige*, in der Madame Schopenhauer mit Tochter Adele und Falks Frau wirkt. Dichter Werner schreitet als Knecht Ruprecht mit. Er hat auch den Heiligen Drei Königen die Verse geschrieben. Bertuchs *Journal des Luxus und der Moden* vermittelt das Ereignis den vielen draußen im Lande: *Als um 9 Uhr die Herzogin, der Herzog und die Prinzessin Caroline, umgeben von Ihrem Hofstaat auf der Tribüne des Stadthaus-Saales erschienen, bewegte sich geleitet vom Chorführer der erste Maskenzug zweimal an der Tribüne vorbei, und jede Maske huldigte ihrem Charakter gemäß die Göttin des Tages.*

Die vier Elemente, verkörpert von Damen, haben männliche Begleiter. Die Erde einen Jäger, die Luft einen Vogelsteller, das Wasser einen Fischer, das Feuer den Schmied Riemer. Das *Journal: Letzterer, ein rüstiger Feu-*

ergeselle, hatte diesmal vier wohlgelungene Sonette ge-
schmiedet, die das Wesen der Elemente schön bezeichnen.
Der beschränkte Raum unserer Blätter erlaubt nur eins
davon auszuführen.

Feuer
Am Himmel flammend, aller Wesen Bronnen
Entbehrte mein der Menschen dunkle Hütte
Da führte Prometheus mich in ihre Mitte,
Und ihrem Herd entkeimen andre Sonnen.

Ein neuer Tag war aus der Nacht begonnen!
Um mich versammelt sich gesell'ge Sitte:
Der Künste Chor folgt mir mit raschem Schritte,
Dem Leben ist Gehalt und Zweck gewonnen.

Die Du der Menschheit erstes Unterpfand
Als Priesterin pflegend auf des Bürgers Herd,
Grauenvoller Stürme Wut von mir gewandt,

Laß heute mich auf Deinem Opferherd
Begleitet von des treuen Volkes Segen
Dankbar die reinste meiner Flammen legen.

In einem zweiten Umzug präsentieren sich die Akteure
und Aktricen des Weimarer Theaters mit dramatischen Rollen und deklamieren aus den Stücken der großen Dichter
vor der Herzogin Luise, Carl Augusts Frau. Seine Geliebte,
Caroline Jagemann, tritt als *Thekla*, mit allen Juwelen Carl
Augusts geschmückt, vor Luise und spricht Schillerverse zu
ihrem Geburtstag. Die Geliebte zur Ehefrau:

Das Spiel des Lebens siehst Du heiter an
Da Du den reichen Schatz im Herzen trägst
Und froher kehrst Du, wenn Du es gemustert,
Zu Deinem schönen Eigentum zurück.

Als der Zug vorbei ist, der Tanz begonnen hat, die Zeit fortgeschritten ist, geht Johanna Schopenhauer mit Riemer aus dem quirligen Saal hinauf auf die Estrade des Stadthauses, wo sie Christiane trifft *mit ihrer Gesellschaft, einen Offizier Deng in wilder Lustigkeit bei Tische, der Champagner tobte in den Köpfen, die Damen quiekten und Göthe stand still und ernsthaft in einer Ecke.* Der Teezirkelkreis setzt sich zueinander. Christiane und ihre Freunde gehen nach einiger Zeit hinunter zum Tanz. Der Teezirkel bleibt *gar gesellig und fröhlich oben, Goethe war über die Maßen zufrieden.* GOETHE bleibt bis 3 Uhr nachts. Riemer-Schmied bleibt bis 3 Uhr nachts. *Es ist fast beispiellos, daß Göthe so lange aufblieb, aber er war gar zu froh über das Ganze,* staunt Madame Schopenhauer. Mit Johanna Schopenhauer ist es in Weimar vergnüglich. Riemer feiert es in einem Gratulationssonett zum *1. Jänner 1809.* Er macht mehr als ein Dutzend Sonette auf Johanna Schopenhauer.

Heut zu des Jahres jungen Wiegenfeste
Bring ich an Deiner gastlich offnen Pforte
Aus voller Brust gefühlten Dankes Worte
Und aus der Wünsche Schatz das schönst' und beste:

Stets findet man bei Dir die feinsten Gäste
Arrak und Tee von gern gewohnter Sorte,
Die Waffeln ferner zart wie Mandeltorte
Voll wie das Ölkrüglein die Zuckermeste

Und aller Tische Inbegriff der Teetisch,
Zuvörderst Faktisch, nimmer problematisch
Dann allzeit praktisch, nimmer theoretisch;
Sodann pathetisch, drastisch und dramatisch
Und plastisch und romantisch und poetisch,
So heißt er uns mit vollem Recht S. T. tisch.

Im endenden Jahr 1808 ist Humboldt am ersten Weihnachtsfeiertag nach Weimar gekommen und wohnt wieder am Frauenplan bei GOETHE. G. liest ihm neue
Arbeiten vor. In der Schillerfamilie beschäftigt sich
Humboldt mit dem Nachlaß des Dichters. Bei G. erlebt
er am Silvesterabend Zacharias Werner. Er hält von seinen
Dichtungen nichts. *Alles ist locker, ohne Motive, nicht*
reele Personen, sondern bloß Burattini. Zuletzt wieder
die Sakramente und das mystische Wesen. Unter GOE-
THES Dach erlebt er den Sonettenschreiber Riemer.
Seine Dichtungen gefallen ihm nicht. Und der Mann
dazu. So emotionslos, wie es schien, ist die Erinnerung an
den römischen Hofmeister in der Humboldt-Familie
wohl doch nicht. Humboldt schreibt Caroline am 9. Januar: *Riemer ist noch breiter, schwammiger und zerflos-*
sener geworden, als Du ihn schon kanntest, und so be-
haglich und gemächlich, daß er um 8 Uhr immer noch im
Bett liegt.
Er ist ganz eigentlich der Famulus des großen Mannes,
redet immer in »Wir« und hat auch zu den kleinsten Din-
gen, um die man ihn bittet, nie einen Augenblick Zeit.
Dabei treibt er unendlichen gesellschaftlichen (auch
Goethe nachgemachten), meist sehr tändelnden, meist
läppischen und ziemlich arg magistermäßigen Spaß. So
macht er jetzt Sonette, die Goethe unendlich protegiert.
Nicht genug, daß Riemer sie mir vorlesen mußte, so
nahm auch Goethe selbst sie oft und las sie noch einmal.
Sie sind nicht geradehin schlecht, meist komisch und sati-
risch, aber doch oft sehr fade. Die meisten roulieren zu-
letzt auf einem Wortspiel, einem angewandten Sprich-
wort oder einer Volksphrase usf.
Sagt Humboldt GOETHE etwas? Humboldt schweigt
in seinem Urteil gegen Riemer. Riemer spricht nicht mit
Humboldt.
GOETHE sagt nichts zu Riemer.
GOETHE schreibt Riemer im Mai einen Brief.

Jena 19. Mai 1809

Den gestrigen Vorfall sehe ich als ein günstiges Ereignis an, denn die böse Laune, der Sie sich zeither übergeben, mußte früher oder später eine Scene herbeiführen, und ich gestehen Ihnen Sie haben meine Geduld auf starke Proben gestellt. Doch will ich gern, da das Übel einmal seinen Ausbruch genommen hat, und Sie aus unerfreulicher Erfahrung wissen wohin wir geführt werden können, mich beruhigen und wir wollen es weiterhin versuchen. Indessen mache ich Ihnen zur Pflicht an Selbstbeherrschung, ja an Selbständigkeit zu denken und sich nach einem Amte umzusehen, deren manche Sie mit Ehren begleiten könnten und geschähe es nur um die Überzeugung bei sich zu nähren: daß in jeder Lage des Lebens eine bestimmte Tätigkeit von uns gefordert wird und daß wir nur insofern etwas gelten als wir den Bedürfnissen anderer auf eine regelmäßige und zuverlässige Weise entgegenkommen.

Vom Besonderen erwähne ich nichts, als daß ich Ihnen eine sorgfältige Prüfung der Manuscripte empfehle, ehe sie dem Druck übergeben werden. Doch dies und alles andere wird sich leicht finden, wenn Sie Ihre schönen Einsichten auf die augenblicklichen Lebenspunkte wirksam konzentrieren. Und so lassen Sie uns wieder zusammenkommen als wenn nichts gewesen wäre.

Was ist am Vortage gewesen? *Kam meine Frau von Weimar ...,* steht in G.s Tagebuch. Hat die Sache damit zu tun? So viele der Weimarer Vorfälle bleiben körperlos. Was war die *Eselei* von Lenz damals 1776, für die er aus Weimar gewiesen wurde? Wie heißt der Grund, aus dem sich Bettine und Christiane im September 1811 wütend in aller Öffentlichkeit streiten? War es jetzt nur die flüchtige Durchsicht der Manuskripte?

G. redet von *allem anderen* und dem *Besonderen* an Riemer nicht.

Er hat ihn sich reduziert. Riemer ist ein Korrektor.

Manch anderen noch irritiert das seltsame Wesen von

Riemer. Im Dezember 1809 ist der junge Wilhelm Grimm nach Weimar gekommen, um GOETHE zu besuchen. Natürlich lernt er auch Riemer kennen: *Der Riemer hat etwas höchst Widriges für mich. Ich meine nicht, daß er ein wenig Goethe spielt und nachmacht, welches nur sehr pedantisch an ihm aussieht; denn das geht wohl natürlich zu. Sondern wegen einer seltsamen Art von Freundlichkeit und Schmeichelei: er packt einem beständig die Hände und drückt sie und dergleichen, wozu er etwas Fatales in seinem Gesicht hat …*

Zu hören sind in Weimar die Stimmen, die von Riemer als einem verträglichen, einem brauchbaren Menschen sprechen. Er ist mittlerweile ein Stadtdichter, und die Stadt braucht viele Verse, weil der Hof großen Gebrauch an Dichtungen hat. Auf die Geburtstage, Geburten, Hochzeiten, Jubiläen, Verlobungen, Errettungen aus den Wirren der Zeit will man einen Reim haben. *Der wiederkehrende Geburtstag unserer Durchlauchtigsten Herzogin ist jederzeit ein ersehntes Fest für die Bewohner von Weimar, beseelt von den innigsten Gefühlen der Liebe, des Dankes und der Verehrung gegen diese edele Frau,* schreibt Bertuchs *Journal.* Auch GOETHE ist wieder zur Teilnahme aufgefordert.

Mit dem Geburtstag der Herzogin Luise am 30. Januar 1810 soll zugleich die bevorstehende Verlobung der Prinzessin Caroline von Sachsen-Weimar-Eisenach mit dem Erbprinzen Friedrich Ludwig von Mecklenburg-Schwerin beim Redoutenaufzug gefeiert werden.

Riemer fühlt sich beauftragt.

22. Januar 1810 Mittags mit Goethe allein. Beratschlagung, was auf der Redoute zur Vorstellung gebracht werden sollte.

24. Januar 1810. An Frommann: Wir sind auf alle Weise sehr beschäftigt und inquitiert … ein Maskenball ist im Werke, wozu man unsern Rat und Beistand verlangt, und dies und jenes …

G. greift nach dem, was ihn gerade beschäftigt, die *alte deutsche Dichtung*, das Nibelungenlied. Der Dezemberbesuch von Grimm hat sein Interesse an der alten Dichtung belebt, und dann ist sie überdies gegenwärtig in aller Munde bei den Gebildeten. Das wird dem Festzug zugute kommen. Im *Journal des Luxus und der Moden* steht eine Novemberzuschrift aus Weimar: *Man hat Ihnen die Wahrheit berichtet, meine liebenswürdige Freundin! Wirklich ist die alte teutsche Poesie auch hier während des letzten Winters der vorherrschende Gegenstand der Unterhaltung in den besten Gesellschaften gewesen, und es ist nicht zu zweifeln, daß sie in dem nächsten dieses wohlerworbene Recht noch ferner behaupten wird. Insbesondere beschäftigte man sich mit dem Heldenbuch und dem Liede der Nibelungen.* G. erfindet eilig einen Aufzug der *Romantischen Poesie* und diktiert Riemer Stanze auf Stanze in die Feder.

Die Gestalten des Zuges haben diesmal keine eigenen Worte. Ein Minnesänger und ein *Heldendichter* stellen die Personen vor.

G. zeigt sich wie im Vorjahr als Familiendichter. Sohn August spricht den Heldendichter. Riemer steuert Kostümideen bei. Im Redoutensaal steht G. am 2. Februar inmitten der herzoglichen Familie und betrachtet den Zug, den er geschaffen hat. Der nächste Festzug steht schon vor der Tür.

Am 16. Februar wird die Erbprinzessin Maria Paulowna ihren 24. Geburtstag feiern. Man denkt daran, den Maskenzug *Die romantische Poesie* zu wiederholen und noch etwas Russisches anzuschließen. Riemer schaut in einem Brief an Frommann zurück und voraus: *Nun haben wir aber noch ein Großes zu bestehen. Der Geburtstag der Großfürstin soll gleichfalls sehr brillant ausfallen. Der neuliche Aufzug bleibt und soll nochmals erscheinen, wie es heißt auf dem Schlosse selbst. Nun wollen die übrigen in russischen Trachten kommen, da sich denn bei der*

Größe des Reichs eine große Mannigfaltigkeit denken läßt. Die Hauptsache sind aber wieder Verse, und deren müssen recht viele und vielerlei sein. Göthe übernimmt einiges, ich gleichfalls einige Sonette.

GOETHE trommelt zusammen, was Weimar an Dichtern hergibt. Natürlich Riemer. Freund Knebel muß mittun, August von Einsiedel, ein stadtbekannter Projektemacher, Professor Gries, selbst Carl Augusts hohe Beamte schont G. nicht. Friedrich von Müller und Voigt müssen her. Der ferne Thümmel. WIELAND steuert bei. Als Gries Schwierigkeiten machen will, läßt ihm Riemer über Frommann bestellen: *Griesen sagen Sie nur zwei Verse aus dem Faust:*

> *Gebt ihr Euch einmal für Poeten,*
> *So kommandiert die Poesie!*

oder, wenn es Ihnen zu hart erscheint, sagen Sie: Wir, das heißt Goethe, rechneten noch auf ihn!

G. bekommt alle und alles zusammen, ist Dichter, Regisseur, Arrangeur und als Maske im Kostüm eines Tempelherrn zu sehen. Das Fest wird ein großer Erfolg mit Riemers Sonetten, den Reimen von Knebel, Gries und Einsiedel im edlen Rahmen von GOETHES *Stanzen zur Erklärung eines Maskenzuges*, bei dem alle örtlichen Nobilitäten unter Maske mitgehen, die gehen können. Riemer hat den drastischen Teil besorgt. Ohne daß es ihm etwas ausmacht. Es gibt eben doch Unterschiede.

> *Der Frau Großfürstin am 16. Februar 1810*
> *Völkerwanderung.*

> *O Du, Gefeierte von Millionen*
> *Die an dem Belt, am Pol, am Pontusstrande*
> *Und an der Ilme ulmbekränzten Rande*
> *Durch Deines Namens Licht verbrüdert wohnen*

An Deinem Tag' erscheint aus allen Zonen
Die bunte Schar, im fremden Festgewande,
Und legt der Liebe, der Ergebung Pfande
Voll Ehrfurcht hin zu Deinem Doppel-Thronen.

Betrachte sie mit der Huld! und im Gefühle
Des süßen Vaterlandes und der Deinen
Verzeih der Wohlgekannten Maskenspiele.

Ihr Äußeres soll dem Innern gleich erscheinen,
Das wie Dein Volk Dich feiert – und so fühle
Dich doppelt heut bei uns bei den Deinen.

Die herzogliche Familie applaudiert. Das *Journal des Luxus und der Moden* schwelgt: *Für einen gewählten Kreis hatte Se. Ex. der Geheime Rat Herr von Goethe das aus poetischen Elementen bestehende Ganze kunstvoll zu einem Maskenzuge der romantischen Poesie geordnet, um die verschiedenen Dichtungen, denen unsere Vorfahren und auch die Ahnherren unseres hohen Hauses (wer gedenkt nicht der Minnesinger auf Wartburg?) eine vorzügliche Neigung schenkten, in bedeutenden mannigfaltigen Gestalten darzustellen.*
Zwei Wochen später kommt Frau GOETHE in Riemers Mansardenzimmer und spricht mit Riemer über etwas, das ihrem Mann gar nicht gefallen hat. Der Tag, der 2. März. Das Jahr 1810.

Früh oben. Besuch von der Geh. Rätin, die mir entdeckte, daß Goethe gestern eine Äußerung übelgenommen, von maître des plaisirs. Verdrießlich darüber. Über Tische blieb ich sehr retiré.
Ein paar Tage brodelt es in Riemer menschenhaft, dann bescheidet er sich klassisch. Im Haus ist er still. Bei seinem Anteil am Festzug sollte Riemer eine Ansicht über den mitwirkenden G. wohl erlaubt sein.

6. März 1810
Goethe kommt mir vor, wie der Orpheus in der antiken
Poesie, der sich vor den auf seinen Gesang andringenden
Bestien gewissermaßen fürchtet. Ich gehöre zwar auch zu
den Bestien, aber ich will lieber Gott die Ehre geben als
mir.
Daß es Johanna Schopenhauer gibt, hilft auch diesmal. Er
schreibt ihr einen Brief. *17. April 1810. Daß Sie so freund-*
lich meine Gesundheit in Tee trinken wollen, macht mich
unbeschreiblich glücklich. Plötzlich beginnt Riemer gegenüber Johanna Schopenhauer zu reden, worüber er solange geschwiegen oder nur alberne, renommistische
Worte hatte: die Frauen und seine Einsamkeit.
Zwei *schöne Schwestern* waren bei der Schopenhauer,
denen Johanna seine *Unterwürfigkeit* bezeigen soll, *die*
gar nicht einmal wissen, wie sie mich unterjocht haben.
Daß ich Ihnen dergleichen gestehe, zeigt, daß ich Sie für
meine Großpönitentaria halte und daß ich glaube, von
Ihnen Vergebung der Sünden zu erhalten, deren ich so
sehr benötigt bin. Ein wenig Märtyrertum, sagte ich einst
von Wernern, stünde ihm nicht übel zu Gesichte. Das
kommt mir nun zu Hause und Hof, oder, da ich kein Haus
und Hof habe, zu Gemüte. Ich leide und kein Mensch
sieht es und glaubt es. Wenn Sie die Güte haben wollten,
wofern es schicklich geschehen kann, beiden mich zu emp-
fehlen, so würde es mir nicht fehlen können, und ich
würde nicht verfehlen Ihnen meinen herzlichsten Dank
auf alle Weise zu beurkunden. Jede von beiden hat, was
der anderen fehlt, und beide haben, was mir fehlt, folglich
fehlt mir alles, wenn mir eine fehlt. Doch wo gerate ich
hin?
Riemers Werbung geht ins Leere. Die Namen der schönen Schwestern sind verloren. Sie haben keine Spuren
hinterlassen. Außer ein paar Zeilen. Riemer geht mit
GOETHE nach Jena. Riemer begleitet GOETHE nach
Teplitz. In Riemers Tagebuchregistratur der Gescheh-

nisse am Frauenplan steht häufiger jetzt: *Demoiselle Ulrich*. Es gibt einen neuerlichen Zusammenstoß mit G.
Der Tag, der 3. März. Das Jahr 1811.

*Abends bei Frau Hofrat Schopenhauer. Las ich den
Armen Heinrich vor. Unangenehme Interpellation von
Goethe, die mich verstimmte. Deswegen nicht zu Tische
unten.*

Am nächsten Tag geht Riemer aus der Mansarde zu den
Frauenzimmern nach unten, Christiane und Demoiselle
Ulrich, und eröffnet den beiden, daß ihn GOETHES Betragen vom Vortage gekränkt habe. Die Frauen hören ihm
zu: *Trost und Beruhigung. Aussicht in die Zukunft.*

Riemer sagt sich, daß mit den vortrefflichen Naturen so
wenig Auskommen ist wie mit den gemeinen. *Diese sind
borniert, und die andern ungleich. Das eine Mal lassen sie
wie Gott alles gelten, wissen alles zu schätzen; das andere
Mal ist nichts recht, soll nichts sein, als was sie leisten, verstehen oder zu verstehen glauben.* Im Vorjahr hat er die
Sache olympisch gesehen. Jetzt, zwölf Monate später, irdisch. Im Juli führt Riemer mit Frommann ein vertrauliches Gespräch *über manches Unverdauliche* Der Tagebuchnotiz fügt Riemer ein besonderes Blatt bei. Der Tag,
der 12. Juli. Das Jahr 1811.

*Es ist keinem Menschen gesund, auch dem allerhöchsten
nicht, wenn er allen Widerspruch entfernt, ihm aus dem
Wege geht und nur lauter Affens verlangt. So ist es jemand
nicht gut, daß Schiller nicht mehr um ihn ist; denn der wi-
dersprach ihm doch zuweilen nicht nur mit Worten, sondern mit der Tat. Seitdem ist er nur mit solchen umgeben,
die zu allem Ja sagen müssen, weil sie ihre Existenz nicht
immer riskieren wollen.*

Im März 1812 entläßt GOETHE Riemer in die *Selbständigkeit*.

Zacharias Werner trifft der Blitzstrahl am 31. Dezember
1808.

Zacharias Werner ist mit Unterbrechungen beinahe das
ganze Jahr in Weimar gewesen. Er fühlt sich zugehörig.
Das Theater hat seine Stücke gespielt. Er besucht den
Teezirkel. Der Hof schätzt ihn. Er verkehrt regelmäßig
bei G. Manchmal erschreckt Werner durch eine schwär-
merische Religiosität. Gelegentlich durch *Genialisches.*
Man nimmt es hin. Beim Sonettrezitieren im vorigen Jahr
in Jena im Knebelschen Haus hat Knebels kleiner Sohn
gesagt: *Der Mensch ist ja verrückt!*
Halt's Maul, Bube, sagt der Vater.
Laß ihn gehen! Der Junge hat eine halbe Welt in sich, sagt
GOETHE.

Am Silvestertag hat G. Tischgäste. Frommann und seine
Frau, der Däne Steffens und seine Frau. Meyer, Werner,
Riemer gehören dazu. G. ist bester Laune, erzählt viel
und sagt nach Tisch zu Werner: *Nun haben Sie nichts,
womit Sie uns unterhalten, keine Gedichte, die Sie uns
vorlesen können?*

Werner greift in die Tasche und zieht ein Bündel zerknit-
terter Manuskripte heraus und beginnt, Sonette zu deklamieren. *Auf seine abscheuliche Weise vorzudeklamie-
ren,* sagt Steffens. Er trägt eins seiner Sonette aus Italien
vor und dann ein zweites, mit dem er aber nicht zu Ende
kommt. Werner vergleicht darin den Mond mit einer Ho-
stie. Goethe springt wütend auf. Er ruft laut: *Ich hasse
diese schiefe Religiosität. Glauben Sie nicht, daß ich sie irgendwie unterstützen werde. Auf der Bühne soll sie sich,
in welcher Gestalt sie auch erscheint, wenigstens hier, nie
hören lassen.*
*Wer mit mir nicht gehen kann, oder will, von dem scheide
ich!*

Nach einer gewissen Zeit formalisiert sich G. und sagt zu
Werner: *Sie haben mir meine Mahlzeit verdorben. Sie
wissen ja, daß solche Ungereimtheiten mir unausstehlich*

*sind. Sie haben mich verlockt, zu vergessen, was ich den
Damen schuldig bin.*

G. leitet zu gleichgültigen Dingen über, Werner ist wie ein
geprügelter Hund, G. verläßt das Zimmer. Nach einiger
Zeit gehen alle. Riemer nimmt Steffens beiseite. Er hat für
ihn eine Mitteilung. *Was Sie gesehen haben, ist in diesem
Hause so selten, daß ich mich kaum erinnere, etwas Ähnliches erlebt zu haben. Sie wissen, wie man sich mit
Goethe beschäftigt, wie seine Äußerungen und alles,
selbst das Kleinste, was man von ihm erfährt, ein Gegenstand der Tagesblätter wird. Ich muß Sie nun recht sehr
bitten, ein ähnliches Besprechen der heutigen Begebenheit
in solchen Blättern nicht zu veranlassen.*

In seiner Not bestürmt Werner den *Amice Carissime* Riemer, mit verzweifelten Phantasien, ihm zu helfen. Er
schreibt an einem neuen Stück *Der vierundzwanzigste
Februar.*

Weimar 1. Februar 1809

*Mir ist etwas eingefallen. Wie wäre, wenn der Hr. Ge-
heime Rath, da er diese Woche doch ohnehin schon Zeit
zu eigenen Arbeiten verliert, etwa heute Vormittage mein
Stück sich oder doch ein paar Akte daraus vorlesen ließe?
Es ist nicht zu lang, und da ich es für ziemlich gut halte
und die Sonne so herrlich scheint, so würde ich mir, wenn
auch mit **Herzklopfen**, ein Herz fassen, es ihm vorzulesen.
Wo möglich, so fragen Sie ihn doch **gleich** darüber und lassen Sie mir **bald** Antwort sagen. Ja?*

Es geschieht nichts. Im April schreibt Werner G. einen
Brief, *da Sie mir weder in Ihrem Hause noch in einem anderen Zirkel das langersehnte Glück verstatten, mich
Ihnen auch nur auf eine Minute nähern zu dürfen,* und
schließt das seitenlange Bittschreiben *Ihrer Frau Gemahlin küsse ich ehrerbietigst die Hand; möge sie meine
edle Fürsprecherin bei Ihrem großen Herzen sein!*

Das Verhältnis zwischen Werner und G. glättet sich nach
Monaten wieder. Das alte wird es nicht mehr. G. nennt

Werner in einem Brief im Februar 1814 einen *abstrusen Dichter.*

Bettines Erlebnis datiert vom 13. September 1811.
G. hat das Verhältnis mit Bettine die ganze Zeit dauern lassen. Er hat sich umwerben lassen, Distanz gehalten, Bettine ermuntert. Bettine hat im März dieses Jahres Achim von Arnim geheiratet. Ihre Briefe an G. sind liebevoll wie immer. Zum 25. August kommt das Ehepaar Arnim nach Weimar, um GOETHE zu besuchen. Riemer hat ihnen vorher eine hübsche Wohnung am Park besorgt. Caroline Ulrich, das junge Mädchen, das als *Gesellschafterin* Christianes am Frauenplan wohnt, hält in ihrem Tagebuch den Arnimschen Besuch fest. Riemer macht sich später eine Abschrift der Blätter und fügt sie in das eigene Tagebuch ein. Die Notizen gehören zum wenigen, das von Caroline Ulrichs Tagebuch überlebt hat. Sie beginnen am Tage nach dem Eintreffen der Arnims in Weimar.

d. 26. August. Früh französische Stunde. Herr und Frau Arnim aus Berlin frühstückten bei uns, aßen dann Mittag da und fuhren mit uns nach Tiefurt, von da nach dem Schießhause, wo wir Kaffee tranken, den Abend waren sie wieder bei uns.

d. 27. August. Kam der Assessor (August Goethe) *von Kapellendorf. Wir gingen zusammen zum Frühstück bei Arnims und spazieren. Den Mittag aß Frau v. Arnim bei uns. Nachmittag im Schießhaus und bei uns zu Tisch.*

d. 28. August. War der Geburtstag von Hr. Geh. Rat. Eduard brachte ihm eine Morgenmusik. Die Frau Geh. R. und ich banden (beschenkten) *ihn im Bette an. Hr. und Fr. von Arnim, die Diaconus, der Hofmarschall Egloffstein kamen des Morgens, um zu gratulieren. Den Mittag Arnims und Hofr. Meyer. Nachmittags der Regierungsrat Müller und Ottilie Pogwisch. Den Abend Arnims.*

d. 29. August. Des Mittags unter uns. Zum Tee war Fr. v.

Bettine Brentano. 1809

Wolzogen, Fr. v. Schiller, Fr. v. Stein, die Hofmarschällin Egloffstein, Arnims und Hr. von Einsiedel bei uns.

d. 30. August. Französische Stunde des Morgens u. Fr. v. Arnim. Den Mittag Arnims. Den Abend mit Arnims ins Schießhaus, im blauen Zimmer gegessen, und spät nach Hause.

d. 31. August. Französische Stunde. Gegen Abend im Schießhause ...

d. 1. September. Früh in der russischen Kirche mit Arnims. Den Mittag Frau v. Arnim. Nachmittag im Schießhaus. Lewandowsky und die Müller mit uns Whist gespielt. Den Abend da gegessen.

d. 2. September Den ganzen Morgen bei Frau v. Arnim. Den Abend auf dem Ball, zu welchem uns der Hauptmann v. Beulwitz eingeladen hatte.

d. 3 September. Nachmittags bei Müllers, um den Turmknopf zu sehen, der aufgemacht wurde, den Abend im Schießhaus, Feuerwerk u. Illumination zu des Herzogs Geburtstag.

d. 4. September. Die Frau v. Arnim bei uns. Den Mittag der Hauptmann v. Beulwitz. Der kleine Spanier und Arnims bei uns. Den Abend der Hofrat Meyer.

d. 6. September Frau v. Arnim besucht. Den Abend die Frau v. Arnim.

d. 7. September. Frau v. Arnim, die Tante und Rinaldo besucht. Die Diaconus zu uns gekommen. Mittags Herr v. Arnim. Nach Tische gingen wir zusammen spazieren, auch waren wir im Theater, um der Ballettprobe zuzusehen. Den Abend Frau v. Arnim und Hofrat Meyer.

d. 8. September. Mittag Dr. Schauß und Frau v. Arnim. Nachmittag in Belvedere. Den Abend Hofrat Meyer und Frau v. Arnim.

d. 9. September Nachmittag in Tiefurt, die Diaconus mit. Den Abend Herr u. Frau v. Arnim.

d. 10. September. Den Abend mit dem Herrn Geh. Rat im Schießhaus soupirt, wo die ganze Klubgesellschaft war.

*d. 11. September. Die Engels besuchte uns. Ich ging mit
der Tante in die Ausstellung.*
*d. 12. September. Frau v. Arnim ... Nachmittag nach Bel-
vedere gefahren, die Diaconus mit, der Stallmeister Müller machte den vierten Mann beim Whist. Den Abend d.
Hofrat Meyer.*
*d. 13. September. Besuchte ich Rinaldo. Zu uns kamen Hr.
und Madame Lortzing. Hr. Haide, Hr. Strobe, Hr.
Moltke, Hr. Oels, Mamsell Silie, Mamsell Müller, Hr. Genast, Mamsell Genast, Frau v. Arnim, Hr. und Madame
Deny. Des Mittags unter uns. Nachmittags Hr. und Fr. v.
Arnim und Mamsell Engels. Wir gingen zusammen in die
Ausstellung und besuchten Rinaldo. Gegen Abend spa-
zierengefahren.*
Den Abend unter uns.

Des Morgens war noch die ganze Weimarer Schauspieler-
gesellschaft von den Lortzings über »Silie« Unzelmann
bis zu den Denys da und Bettine natürlich auch, die beinahe zu jeder Tages- und Abendstunde am Frauenplan zu
treffen ist, doch an diesem Abend fehlt sie, nachdem man
noch gemeinsam in der Ausstellung war. Sie wird auch
nicht mehr kommen. Christiane hat ihr das Haus verboten. GOETHE hat ihr das Haus verboten. Man braucht
am Frauenplan nach den Ereignissen des Tages *den
Abend unter uns.*
In der Ausstellung der Weimarer Zeichenschule, die Direktor Meyer veranstaltet, ist es zwischen Bettine und
Christiane zu einem Eklat gekommen. Daß er heftig gewesen sein muß, Bettine die Brille von der Nase gerissen
wurde, sie Christiane etwas von einer *toll gewordenen
Blutwurst* nachgesagt, die sie gebissen hätte, geht die
Rede. Der Grund des Skandals jedoch verschollen, wie
das Tagebuch der Caroline Ulrich.
Einiges überliefert man eben in Weimar und anderes
nicht.

Auch Demoiselle Ulrich spricht über bestimmte Privata nicht.

Aber der Weimarer Kopist Keil.

Als Robert Keil Jahrzehnte später die Tagebücher abschreibt, gibt es in Weimar noch Erinnerungen an den Skandal, über den Charlotte Schiller der Prinzessin Caroline geschrieben hatte: *Die Flut des Klatschens ist ungeheuer, die ganze Stadt ist in Aufruhr, und alles erdichtet und hört Geschichten über den Streit mit den Arnims.* Keil kann den Punkt in Caroline Ulrichs Registratur des 11. September 1811, *Nachmittags ... in die Ausstellung,* in einer Anmerkung aufklären, die ungedruckt liegenblieb. *Dort war es, wo der Auftritt geschah, der den Bruch der Familie Goethe mit Bettina zur Folge hatte. In geheimer Eifersucht fing Frau von Arnim mit Frau Christiane von Goethe einen Streit an, indem sie über ein Urteil das diese über ein Gemälde getan, sich wegwerfend äußerte, und als Christiane dies nicht ruhig hinnahm, schimpfte, frech genug, die im Goethehause so gastfreundlich empfangene Frau v. Arnim die Geheime Rätin Christiane von Goethe eine »Blutwurst« oder, wie »Das Büchlein von Goethe« (1832 S. 33 flg.) erzählt, »eine wahnsinnige Blutwurst«. In Entgegnung hierauf verbot Christiane Bettinen ihr Haus, und zum größten Schrecken der letzteren bestätigte Goethe dieses vollberechtigte Verbot seiner Gemahlin.*

Arnim erwartet ganz selbstverständlich die Desavourierung Christianes. Er appelliert an G., den alten Zustand wiederherzustellen, und denunziert ihn zu gleicher Zeit in einem Brief gegenüber Wilhelm Grimm: *Durch die Frau von allen rechtlichen Menschen in Weimar abgeschnitten, die nun alle Schuld auf ihn werfen, ihn herzlos und charakterlos nennen, scheint in ihm ein künstlicher Stolz und eine tiefe Zerknirschung abzuwechseln.* G. läßt sich von Christianes Entschluß nicht abbringen.

Am 21. September verlassen die Arnims Weimar. Riemer hat am Vortag vergeblich versucht, sie in der Parkwohnung zu besuchen. Arnim kann sich vor Haß nicht fassen. Unter dem Siegel der Verschwiegenheit streut er die abenteuerlichsten Denunziationen. *Über unsern letzten Aufenthalt in Weimar hätte ich Dir noch allerlei zu schreiben, es muß aber unter uns bleiben, das heißt, Du und Deine Frau ihr erzählt es nicht weiter,* mahnt er wenige Tage nach dem Weimarer Abgang seinen Schwager Carl von Savigny am 28. September. *Die Geheimrätin wurde gegen meine Frau auf der öffentlichen Ausstellung von Zeichnungen ohne deren Veranlassung so grob, daß auf der einen Seite ihr heimlicher Groll hervorging, weil meine Frau wahrscheinlich mit ihren häufigen Besuchen ihrer Hurerei mit Schauspielern Hindernisse in den Weg legte; vielleicht auch, weil sie ihre Art Erzählerei und Offenherzigkeit fürchtete, während sie Göthe's Briefe heimlich erbricht, die Leute ohne sein Wissen abweist ...*

Mit Bettine fühlen alle *braven Leute in Weimar* und steuern Trost aus der Geschichte eigener Kränkungen bei. *Die Schiller erzählte wie Göthe trotz aller langgehegten Freundschaft ihren Mann oft gekränkt habe, ebenso die Wolzogen, die ihn für herzlos und charakterlos erkannt haben wollte, seine älteste Geliebte eine Frau von Stein berichtete weinend die herzzerreißenden Grobheiten, die er ihr mitten in den herzlichsten Verhältnissen angetan, der Herzog sagte, er wisse lange, daß kein Verlaß auf ihn, wie er dem Glücke nur anhange und seiner ... Der Riemer weinte bei meiner Frau und sagte, daß dem Göthe alle seine Freunde durch die Frau entzogen und abgewendet würden.*

Arnim weiß auch, daß GOETHE in Jena heimlich katholisch geworden ist und demnächst *sein Leben* in zwei Bänden erscheinen wird, *wenn es nicht im Stil untergeht, ich meine das Empfundene in der Wortform, an der Riemer fürchterlich riemert, so kann es schauerlich lehrreich werden, denn ich wüßte keine große Natur, die es so ernst gemeint und endlich von lügenhafter Umgebung so um-*

*strickt worden wäre, die alles zu erkennen gesucht, um
am Ende in den ersten Elementen des Lebens zu schwanken.*

Riemer bekommt seinen Arnim-Brief einige Wochen
später. Arnim sieht sich ungebrochen im Recht.
28. Oktober 1811.
*Daß es Goethe leicht gewesen wäre, ohne seiner Frau
etwas zu vergeben, meine Frau für ihre langgehegte
fromme Anhänglichkeit zu belohnen und mit ein paar
Worten für die erlittene Kränkung zu entschädigen, wird
Ihnen eingeleuchtet haben.*
Es leuchtete Riemer nicht ein. Sein Fazit nach Jahrzehn-
ten in seinen *Goethe-Mitteilungen* über Bettine: *Es gereichte aber zu ihrem Glück, ja zu ihrem Dichterruhm,
daß eine solche Katastrophe eintrat: denn ohne diese
fände kein Dekurs ihrer Liebe ins Tragische statt ...*
Zwischen Bettine und G. stellt sich das alte Verhältnis
nicht wieder her. Nach Christianes Tod im Jahre 1816 besucht Bettine G. nach einiger Zeit gelegentlich in Weimar.
Bis er in sein Tagebuch einträgt: *30. August 1830. Frau
von Arnims Zudringlichkeit abgewiesen.*

Den 18. März 1812 schreibt Riemer seinen Brief. An
Frommann. Es ist ein Mittwoch. Nächste Woche ist
Ostern.
*Am Sonntage habe ich mein Dekret als Professor am
Gymnasium erhalten. Nächste Woche muß ich ausziehen,
einwohnen und mich vorbereiten: denn nach den Fei-
ertagen fangen die Stunden an.*
Riemer wird in das Weimarer Gymnasium als Gymnasiallehrer eintreten. G. hat schnell und kräftig gehandelt.
Die Gelegenheit ergriffen wie einer, der lange schon auf
eine Gelegenheit wartet. Gymnasialprofessor Schulze
geht an das Hanauer Gymnasium. Johannes Schulze ist
vom Jahrgang Sohn Augusts, 1789. Schulze ist ein ehemaliger Schulfreund von GOETHES Sohn. Das sind Ver-

bindungen. G. wird sie genutzt haben für Riemers Weg an das Gymnasium, denn Riemers Wunsch ist das Gymnasium nicht. Er haßt diese gehobene Hofmeisterexistenz geradezu. Es ist eine seltsame Konstellation, denn eigentlich können GOETHES Arbeiten Riemer nicht entbehren. Die Korrespondenz geht weiter, das Tagebuch ist zu führen, G. hat sich an die Autobiographie gemacht, und er hat sich daran gewöhnt, das meiste, was er zu schreiben hat, zu diktieren. Riemer gehen zu lassen, ohne Ersatz zu haben, wäre halsbrecherisch. Wieder ist Sohn August beim Wechsel im Spiel.

August hat einen studierten Jenenser Freund, Ernst Carl Christian John, Jahrgang 1788, aus gutem Hause mit *sauberer Hand*. John steht als Nachfolger Riemers bereit. Es scheint alles für G. geregelt, und G. nimmt John in seine Dienste. In nicht allzuferner Zeit wird sich allerdings herausstellen, daß John eine Neigung zum Trinken und Spielen hat. Was aber John nicht hindert, eine große Karriere zu machen.

Freund Knebel verwundert die Verabschiedung. Knebel schreibt G. den 24. März: *Wie ich höre, hast Du Dich von unserm guten Riemer trennen müssen, das tut mir leid, für ihn und für Dich und für uns ...*

G. beruhigt Knebel, es sei zu Riemers Besten geschehen, weil Riemer durch das neue *Lebensverhältnis ... zu der so notwendigen Selbständigkeit eingeführt wird. Sein trefflicher Charakter so wie seine vorzüglichen Talente offenbaren sich jetzt in ihrer völligen Schönheit, da er in eigener entschiedener Tätigkeit der Welt Brust und Angesicht bieten muß.*

G. redet in Zusammenhang mit Riemer auffallend oft von Selbständigkeit. Eigentlich redet er von seiner eigenen Ungebundenheit. Etwas an Riemer ist, das G. behelligt. G. hat den Wunsch nach einem vollkommneren Riemer. Es wird einige Zeit vergehen, bis er sich eingestehen kann, den alltäglichen Riemer zu brauchen.

Riemer zieht nach neun Jahren am Frauenplan am
24. März an die Marktecke, drei Treppen hoch, zum Satt-
ler Meißner. Riemer bringt nichts mit. Der Schauspieler
Wolff ist der erste, der zu ihm kommt. Schauspieler Wolff
kommt mit einer Flasche Wein. Andere wollen ihm auch
helfen, mit Leuchtern, Kaffeegeschirr, Frommann mit
Gläsern. *Das nehm ich denn mit großem und gefühltem
Danke an: Denn ich komme ziemlich nackt auf diese
neue Welt.*
Am 7. April wird Riemer am Gymnasium vereidigt. Am
13. in die Klassen eingeführt. Nun also jeden Tag an den
Töpfermarkt und in das Haus neben der Stadtkirche und
die Freitreppe hinauf in die Schule. Da drüben das Haus
mit der ansehnlichen Renaissance-Fassade gehört seit ein
paar Jahren der Frau von Heygendorf. Der Herzog sorgt
für die Seinen. Und in der Kirche hat Herder gepredigt
und dahinter gewohnt. Nun der Gymnasialprofessor
Riemer am Töpfermarkt. Wenn er nur den Anfang
schafft. Die ersten drei Tage. Nachher, denkt er, wiederholt sich alles nur, und er wird wissen, wie es geht. Riemer hält bei seiner Einführung eine Rede. Am 19. April
wird er achtunddreißig Jahre. In der Zeit hat man in dem
Alter sein Leben schon vor sich hingestellt zu haben.
Aber ganz ohne Lebensgewinn ist der arme Riemer nicht.
Seine Rede ist:
*Nicht Gelehrte eines besonderen Fachs, die denn öfters
auch nur Fachwerks-Gelehrte sind, nicht Literaten, nicht
Philologen von Profession aus den oberen Hörsälen eines
Gymnasiums zu entlassen, sondern gründlich unterrichtete, und zu jeder Geist erfordernden Beschäftigung wohl
vorbereitete Menschen zu erziehen, wird unser Hauptbe-
streben sein müssen. Denn Unterricht und Bildung wird
durch die Schule nicht abgeschlossen, das Leben die Akademie, das Selbststudium treten nun erst, aber mit größe-
rem Erfolg, in ihre unvorgreiflichen Rechte.*
Es ist eine Idee. Die Wirklichkeit des Gymnasiums ist

fade und lähmend. Aus der Hoffnung wird Schrecken, täglich wiederholt sich alles Unerträgliche.

Ich bin immer noch wie der Fisch auf dem Sande; ich zermartere mich und kann doch nicht schwimmen. Diese halbe Woche ist es mir etwas leidlicher gegangen; aber dennoch gehe ich jeden Morgen mit mehr Verdruß und innerlichem Widerwillen in meinen Stall: denn das ist es. Ich genüge **mir** *nicht, und also auch denen nicht, denen ich etwas vortragen soll ... Ich hätte ebensowohl getan, gleich aus dem Leben zu scheiden, als mich in ein Amt zu begeben, dem ich teils entfremdet, teils entwachsen bin; und weder so vorstehen kann, wie ich möchte, und noch weniger wie ich sollte,* schreibt Riemer Frommann im Juni nach zwei Schulmonaten.

In Jena macht man wohlfeile Messer und Gabeln mit Hirschhornen Griffen. Ich habe sie bei Hendrich gesehen und Goethe hat sich einige Dutzend kommen lassen. Ich wünschte nur 2 paar Messer und Gabeln vor der Hand, und Sie würden mich sehr glücklich machen, wenn Sie mir solche nächsten Sonnabend durch die Botenfrauen zukommen ließen. Ich speise zwar außer dem Hause, aber des Abends, und wenn Jemand kommt, auch nur ein Butterbrot bei mir zu essen, fehlt's an einem harmonischen Paar, dieser unentbehrlichen Werkzeuge, hat Riemer Frommann gebeten.

Riemer hat einen Brief von GOETHE, in dem steht, *Geduld und Ausharren ist überall nötig.*

Als GOETHE im nächsten Jahr am 16. April zu seiner böhmischen Kur nach Teplitz abreist, hinterläßt er Riemer den aktuellen Cotta-Band seiner *Werke* zur Korrektur.

In Teplitz leiht sich GOETHE zwei Schreiber von der Polizei, um *Dichtung und Wahrheit* diktieren zu können.

VIII
Demoiselle Ulrich

Mit dem Februar 1808 hat das Haus einen neuen Tischgast. Ein junges Mädchen kommt jetzt öfter an den Frauenplan, ein Mädchen im Alter von Sohn August, ganze achtzehn Jahre, ein hübsches Kind, Caroline Ulrich.

Montag, 8. Februar. Mittags Demoiselle Ulrich zu Tische …, steht in G.s Tagebuch. *Donnerstag, 11. Februar. Mittags Demoiselle Ulrich zu Tische. Über Voßens Übersetzung des Agamemnon. Sonntag 13. Februar. Mittags Demoiselle zu Tische. Ich begab mich bald auf mein Zimmer.*

G. überfallen seine Winterleiden. Unlust und Schwäche. Der Schnee deckt das Land wie ein *Leichentuch,* dichten die Dichter. G. meidet alle Nähe des Todes. Dem Winter kann er nicht entgehen. Italien ist unerreichbar geworden. Italien ist Kunst, Sehnsucht und Antike. Kein Ziel, das man erreichen kann wie Jena, wie Carlsbad, wie Teplitz. Caroline ist G. nicht unbekannt.

In Miniaturen, wie dem Herzogtum Sachsen-Weimar, hat in der Schicht über der unteren jeder mit jedem irgendwann schon einmal irgend etwas zu tun gehabt. Den Bruder ihres Vater, Carolines Onkel, hat G. als Philosophieprofessor in Jena kennengelernt. Der berühmte Weimarer Hofapotheker, Doktor Buchholz, ist Carolines Großvater gewesen und hat G. manche Auskunft in botanischen und chemischen Fragen gegeben. Den Weimarern hat sich der Apotheker unvergeßlich durch die Montgolfièren gemacht, die er nachbaute und in den Frühsommermonaten

1784 und 1785 in den Himmel über Weimar zu unerhörtem Erstaunen steigen ließ. Und dann hat Caroline noch eine skandalöse Familiengeschichte vor seriösem Hintergrund. Erst ist ihre Mutter dem Vater davongelaufen, dann der Vater seinen Schulden.

Davon hört man.

Vier Jahre hat die am 17. März 1790 in Rudolstadt geborene Caroline in einer Familie gelebt, bis die Mutter dem Vater, dem Rudolstädter Justizamtmann und Notar Ulrich, die Ehe aufkündigte und zurück zur Buchholz-Familie nach Weimar ging. Mutter Johanne Caroline ist da fünfundzwanzig. Sie hat Ulrich kaum zwanzigjährig geheiratet. Für Frauenleben ist es eine eilige Zeit. Johanne Caroline stirbt 1802. Sie ist dreiunddreißig Jahre. In Weimar hat man sie die *gewesene Amtmännin* genannt.

Amtmann Ulrich ist inzwischen auch Amtmann gewesen. Ulrich hat sich an Finanzen vergriffen und ist auf und davon. Seine Tochter Caroline gilt in Weimar freundlich als *Vollwaise*.

Man kennt sich. Jeder hat schon mal mit jedem zu tun gehabt. Die Kinder Caroline Ulrich und August GOETHE bei einem Kindertanz zum jährlichen Herbstereignis des *Zwiebelmarktes* am Frauenplan. Sie kennen sich durch eine musikalische Inszenierung von GOETHES *Rattenfänger*. Caroline hat mit vier anderen Kindern im Goethehaus zu den Mädchen und Jungen gehört, die der Rattenfänger einsammelt. Und man hat sich beim österlichen Eiersuchen getroffen, das G. viele Jahre bei schönem Wetter in der Nähe seines Gartenhauses am Parkeingang an der sogenannten *Schnecke* veranstaltete oder bei Regenwetter im Theater, *was jedoch selten geschah,* wie sich Caroline Ulrich 1822 erinnert, denn auch damals war *damals* das Wetter schöner. *Entweder waren die Frühlinge damals wärmer und zeitiger als jetzt, oder, was wahrscheinlicher ist, das Fest der roten Eier fand nach Ostern, vermutlich um Himmel-*

*fahrt statt, denn immer grünten die Linden und die
Hecke um die Schnecke, auch konnte die Gesellschaft ei-
niger Eltern der Kinder und anderer Freunde Goethes im
Freien stundenlang ausdauern.*

GOETHES Kinderfeste gehen bis in die achtziger Jahre
zurück. *Ihr kleinen Menschengesichter,* nennt er seine
Gäste. Die kleinen Wielande und Herders sind dabei, der
Bube Kotzebue, Fritz von Stein, der Sohn des Ministers
Fritsch. Caroline Ulrich kommt Jahre später dazu und in
einen anderen Kreis. Es ist immer noch ein ganz wun-
derbares Fest. *Die in allen Farben prangenden Eier waren
an zwei Orten in den Hecken verteilt, niedriges für die
kleinen, höheres für die größeren Kinde. Das Nest mit
dem die Eier legenden Hasen, fein aus Zuckerteig ge-
formt, fehlte nie. Wie jubelte der oder die, welche es fanden! Pyramidenartige Erhöhungen der geschnittenen
Hecken waren mit Bratwürsten und ähnlichen eßbaren
Dingen behangen. Danach sprangen, die sich bei dem
Wettlauf der Gänge der Schnecke freuten, später mit den
übrigen munter umher.
Nach geendigtem Eiersuchen wurden die Kinder mit
Backwerk, Mandelmilch, Himbeersaft und ähnlichen er-
frischenden Getränken bewirtet. Spiele jeder Art wurden
auf der nahen Wiese und im engeren Kreis des Schnecken-
bezirks getrieben. Erst mit einbrechender Nacht zog die
frohe Schar heim, im Voraus sich auf die Wiederholung im
nächsten Frühling freuend.*

Kinder sind Leben. Solch ein junges Mädchen ist Leben.
G. kann sich über Alleinsein nicht beklagen. Aber in sei-
nem Haus wird es stiller. Sohn August verläßt Anfang
April 1808 Weimar, um in Heidelberg Jura zu studieren.
Es ist ein Einschnitt. Christiane beobachtet, daß ihr
Mann in der ersten Zeit ohne den Sohn *fast nichts geges-
sen hat.* Mitte Mai wird GOETHE auf seine böhmische
Badereise gehen und bis in den September bleiben. Zu Jo-

hanni hat er in Jena einen Termin. Ihm ist die Oberauf-
sicht für die Schloßreparatur übertragen. Für 3000 Franzosen hat das Schloß als Lazarett gedient. Christiane
könnte über Alleinsein klagen. Jemand an ihrer Seite, wie
es dieser Riemer immer um den Geheimen Rat ist, wäre
ihr schon willkommen. Eine *Gesellschafterin* vielleicht,
wie ihr Mann einen Sekretär hat.
Caroline Ulrich wird Christianes Gesellschafterin. Nicht
von einem Tag auf den anderen, wie Riemer zu Goethe
gekommen ist. Dies und das werden die Frauen erst noch
gemeinsam tun, bis Caroline im nächsten Jahr zu Christiane in eins der Mansardenstübchen zieht: das Kleid
miteinander bewundern, das Bettine Brentano im April
endlich doch aus Frankfurt für Christiane schickt. Oder
zusammen am 1. Oktober von Weimar nach Frankfurt
am Main reisen, um dort die Erbschaftsangelegenheiten
der Familie GOETHE nach dem am 13. September er-
folgten Tod der Mutter zu regeln. Auf der Poststation Erfurt treffen die Frauen G. Er ist schon seit zwei Tagen in
der Stadt.
Herzog Carl August hat GOETHE am 29. September
per *express* nach Erfurt rufen lassen. *Konnte er gegen 6
Uhr Pferde erhalten,* notiert Riemer. In der Gegend um
Weimar wird wieder Geschichte gemacht. In Erfurt treffen sich Kaiser Napoleon und Zar Alexander, um sich die
Herrschaft über Europa zu teilen. Den Vorvertrag hat
Napoleon mit Alexander schon im Juni auf dem Njemen
gemacht, nachdem Russen und Franzosen sich eine un-
entschiedene Schlacht nach der anderen geliefert haben.
In Erfurt versuchen es Napoleon und Alexander mit der
Illusion, es genüge ihnen eine halbe Alleinherrschaft. Napoleon Deutschland, Spanien und Portugal; Alexander
die Türkei und Schweden. Sachsen-Weimars Nachteil der
letzten Jahre, die russische Erbprinzessin Maria Paulowna, ist jetzt ein Vorzug. Geschichte ist Wendung. Dynastische Geschichte kann leicht das Gegenteil von ge-

stern sein. Napoleon hat den Wunsch, die Schloßherrin des Städtchens, das er vor zwei Jahren am liebsten hätte abbrennen lassen, möge ihm und seinem kaiserlichen Gast einen Ball geben. Herzogin Luise gibt den Ball, und Carl August hat auch Ideen. Für 8000 Taler eine Hirschjagd am Ettersberg und auf den Bergen nach Jena hin, wo das Menschenschießen der Napoleonschlacht war, ein Hasenschießen.

G. ist lustlos nach Erfurt, aber nachher enthusiasmiert. Er hat französisches Theater gesehen, einen französischen Orden in Aussicht, und Napoleon hat mit ihm gesprochen. G. hat genossen, was er sonst gewährt: das Glück einer Audienz mit einem Phänomen. G. dankt Christiane, daß sie ihn *herübergetrieben* hat nach Erfurt. *Ich habe dem Kaiser aufgewartet, der sich auf die gnädigste Weise lange mit mir unterhielt. Nun gehts zu den Weimarischen Festen, wobei ich Dich wünschte. Manchmal ist mirs verdrießlich, daß Du so eigensinnig auf Deiner Reise bestandest. Dann denk ich wieder: es wird wohl gut ausfallen, da so vieles gut ausfällt. Lebe recht wohl. Grüße Deine Gesellschafterin und alle Freunde.*
                              Dienstag, den 4. October 1808

Am 30. November 1809 schreibt sich Riemer ins Tagebuch, daß Caroline *von nun an im Hause wohnt.* Ein paar Tage vorher hat Riemer mit GOETHE *allein* unten zu Mittag gegessen. Das Tischgespräch war freimütig. Wohl nach Art kultivierter Männer. *Über die Weiber, weibliche Schälke, die Humboldt und die Bohn. Zur Charakteristik derselben etc.* Wenn es denn ein Tischgespräch war, hätte Riemer beisteuern können. Die Humboldt kennt Riemer besser als G., und Sophie Bohn ist die Schwester von Johanna Frommann in Jena. Aber vielleicht war es auch wieder nur eine Tischrede von G., und Riemer hat nicht nur wieder nicht das Wort genommen, sondern gar nicht erst das Wort bekommen. Riemer je-

denfalls überliefert lediglich etwas, das ihm als *merkwür-*
dige Reflexion Goethes über sich selbst vorkommt: *Daß*
er das Ideelle unter einer weiblichen Form oder unter der
Form des Weibes konzipiert. Wie ein Mann sei, das wisse
er ja nicht. Den Mann zu schildern sei ihm nur biogra-
phisch möglich, es müsse etwas Historisches zum Grunde
liegen. Im siebenten Jahr bei GOETHE befremdet G.
Riemer noch immer, weil Riemer noch immer die Frauen
fremd sind.

Dem Meister soll Demoiselle Ulrich im Hause willkommen sein.

Aber es kommen so viele fremde Leute.

Arnim hat in diesem November einem jungen Mann,
Wilhelm Grimm, Bibliothekar am Museum in Kassel,
einen Empfehlungsbrief an GOETHE geschrieben: ...
ich verspreche Ihnen nach bestem Wissen und Gewissen
ein paar angenehme Stunden, wenn sie sich seine Über-
setzungen der Volkslieder, die er meist alle bei sich hat,
und eine Sammlung von Sagen, von denen er nur den
kleinsten Teil mit sich führt, vorlegen lassen (er kann nicht
gut vorlesen wegen Schwäche seiner Brust, seine Hand-
schrift ist aber sehr leserlich). Grimm ist jetzt da. 11. Dezember 1809. Zehn Tage nach Carolines Einzug. Grimm
gibt Arnims Brief am Frauenplan ab. G. ist unpäßlich. Er
hat einen heftigen Katarrh. Riemer bekommt den Auftrag, Grimm aufzusuchen, mit ihm ins Theater zu gehen
und danach G. über Grimm zu berichten. Riemer tut es
noch am gleichen Abend: *Ein artiger junger Mann, der*
aus Arnim, Brentano und Engelhard gemischt ist, auch in
der Physiognomie. Am nächsten Tag hat GOETHE für
Grimm Zeit. Grimm hat sein Audienzerlebnis, ... *wie*
wurde ich überrascht über die Hoheit, Vollendung, Ein-
fachheit und Güte dieses Antlitzes. Dann ist er auch zum
Mittagessen eingeladen. Grimm bemerkt, ein *ungemein*
splendides Mahl, *seine Frau, die sehr gemein aussieht,* Riemer und *ein recht hübsches Mädchen.*

GOETHE stellt Caroline Ulrich dem Besucher als seine *Nichte* vor.

Als im nächsten Jahr GOETHE wiederum ins Böhmi-sche reist und seinen Riemer mitnimmt, kann Christiane, als sie wieder nach Bad Lauchstädt reist, ihre Caroline mitnehmen. Sie ist gern mit der Ulrich zusammen. Doch so selbstverständlich, wie es sich der Geheime Rat zu eigen gemacht, ohne Christiane zu reisen, ist es für sie nicht. Als GOETHE sich im Mai in Jena vorbereitet, mit Riemer am 16. für die Sommermonate nach Karlsbad zu gehen, gibt es Worte, Tränen, Szenen. Zwei Tage vor dem Aufbruch besucht Riemer Knebel und trifft *Goethe und seine Frau. Eifersüchtiges Weinen derselben. Deshalb bald nach Hause. Nachher zusammen, doch sie ohne Anteil.* Am Tag vor der Abreise erlebt Riemer kein glücklicheres Verhältnis zwischen den beiden. *Mittags die Geh. Rätin zu Tische. Verdrießlichkeiten aus Eifersucht.* Im März, als G. sich wieder einmal mit Riemer nach Jena verabschiedete, ist es nicht anders gewesen. *12. März 1810. Um 9 Uhr von Weimar gefahren. Weinte die Geh. Rätin und Demoiselle Ulrich sehr. Gegen 12 Uhr in Jena, im Bischoffschen Hause.* Christiane wird der Geheime Rat für lange Wochen fehlen, denn noch immer ist die *Farbenlehre* nicht abgeschlossen und Jena sein eigentli-cher Arbeitsort. Aber warum weint Demoiselle Ulrich? Aus Mitgefühl mit Christiane? Wegen des Geheimen Rates? Gewiß nicht wegen Riemer.

G. schreibt unterwegs von jeder seiner Reisestationen einen Brief und den vierten, gleich als er in Karlsbad an-langt. Der Davongereiste ist sehr um Aufmerksamkeit gegenüber Christiane und ihren kleinen Aufträgen bemüht. Zinnlöffel soll er besorgen, Stecknadeln ein hal-bes Pfund und Nähnadeln reichlich. *Schreibe mir ja bald und grüße Deinen lieben Secretarius, dem von den Steck-*

und Nähnadeln ohnehin sein Teil werden wird. Christiane ist GOETHE ein Stück ähnlicher geworden. Sie hat auch einen *Secretarius* wie ihr Mann. Christiane hat ihrer *Gesellschafterin* seit einiger Zeit die Korrespondenz übertragen. Christianes Riemer heißt Caroline Ulrich. Christianes erster Brief nach Karlsbad geht am 24. Mai ab. Caroline schreibt den langen Hauptteil, Christiane einen kurzen Nachsatz. Caroline erledigt das Weimarer Allgemeine, Christiane bespricht mit ihrem Mann das Intime. Daß sie ihre Regel bekommen hat. Ob denn die Bettine in Karlsbad angekommen sei? Und die Frau von Eybenberg? Daß man in Weimar sagt, die Sylvie von Ziegesar und die Frau Gotter kämen auch nach Karlsbad. Was er denn mit all diesen *Äuglichen* anfangen will? *Das wird zuviel. Vergiß nur nicht ganz Dein ältestes, mich, ich bitte Dich, denke doch auch zuweilen an mich. Ich will indeß fest auf Dich vertrauen, man mag sagen, was man will. Denn Du bist es doch allein, der meiner gedenkt.* An einer ruhigen Hand für die Schreiberei fehlt es Christiane nicht. Aber Christiane schreibt, wie sie spricht und hört, das thüringische Kind. Auch viele andere noch schreiben nicht regelrecht in dieser schönen Zeit der unverordneten Schreibregeln. Madame Schopenhauer, zur Romanautorin geworden, bittet ihren Verleger um Orthographie und Interpunktion. Die Weimarer Hofdame der Herzoginmutter, Anna Amalia, das Fräulein von Göchhausen, schreibt sich den *Faust* ab und bringt dabei ständig *b* und *p* und *g* und *k* durcheinander. Der Hesse GOETHE dichtet, *neige Du Schmerzensreiche.* Seine Mutter bittet: *Daß das Bustawiren und gerade Schreiben nicht zu meinen Talenten gehört – müßt ihr verzeihen – der Fehler lage am Schulmeister.* Nur Riemer ist perfekt. Und Demoiselle Ulrich ziemlich.
Christiane schreibt *Nückse, Efijenige, Grüdick, Ecks Sembelar, Biebeldäck, Liedratur,* sie schreibt für jeden des mitteldeutschen Idioms Mächtigen verständlich, sie

schreibt im Februar 1797, *diensdagsabent den 21. ich und
dein liebes bübgen sind glücklich und wohl wieder zu
Hause ein gelangt ... Heude den ganzen Dag habe ich
mich der Reinlichkeit Deiner Zimmer beschäftigt und bin
in der Comedie gewesen. Morgen werden vom ganzen
Hause die Forhänge gewaschen und den Donners Dag ge-
bügelt und über haubt habe ich in dieser Woche mir vorgenommen das haus vom boden bis runder in Ordnung
zu bringen den Sondag mich mit dem rothen Kleid zu
buzen und künfdige die Aufsätzgen in Ordnung zu bringen und als denn daß übrige wird sich finden.* Sie schreibt
in den Ausgaben ihrer Briefe schön richtig. Sie war ma-
kelhaft, aber das ist nun getilgt. Nur GOETHE hat die
Erlaubnis der Philologen bis in die dritte Lesart zu
schreiben, wie er geschrieben hat.

Christiane GOETHE wird jetzt allem Ärger aus dem
Wege gehen und lange Zeit Demoiselle Ulrich ihre Briefe
schreiben lassen.

G. schreibt aus Karlsbad einige *eigenhändige* Briefe und
viele Briefe in Riemers Hand. Nach gewohnter Weise
diktiert er den Inhalt in einem Fluß.

Christiane schreibt *eigenhändig* für die Briefe nach
Karlsbad nur gewisse Nachsätze. Was *Intim* ist. Alles andere schreibt Caroline.

*Den 5 Juli ... ich freue mich sehr, daß Dir das Bad so gut
bekommt ... Ich denke, es soll mir künftiges Jahr auch gut
sein, vielleicht hilft es mir auch von dem bösen Magen-
krampf ...*

*Lauchstädt, den 11. Juli 1810. Wenn ich nur manchmal so
ein Stündchen könnte bei Dir sein, dies ist mein Wunsch.*

Christiane diktiert ihre Briefe nicht. Sie sagt Caroline,
was es mitzuteilen gibt, und überläßt es ihr, daraus einen
Brief zu machen.

So gehen die Briefe im Grunde alle über Kreuz.

GOETHE und Christiane schicken sich direkte Nach-

richten. GOETHE und Caroline mischen in die Briefe
einen Unterton gegenseitiger Anziehung. Riemers Anteil
an der Korrespondenz ist überwiegend mechanisch.
Carolines für Christiane abgefaßte Briefe lassen spüren,
daß noch eine andere als die Absenderin spricht. Gelegentlich kokettiert Caroline an einem Briefende ein
wenig mit G.: *Die Schreiberin empfiehlt sich untertänig.*
Sie legt Wert, GOETHE in den Briefen ganz nebenbei
über sich selbst zu unterrichten, und was er ihr bedeutet.
Christiane hat mit Caroline den Tag gefeiert, an dem
Christiane und G. sich 1778 im Ilmpark begegneten, was
sich als Brief der *Gesellschafterin* liest:
Lauchstädt, den 18. Juli 1810. Den 12. Juli habe ich mit
Carolinen zu Hause gefeiert, wir haben des Morgens von
Deiner guten Chocolade getrunken, des Mittags speisten
wir im Salon, wo es sich gerade traf, daß uns die beiden
Grafen von Schulenburg mit Campagner, worin sich Eis
befand, regalirten, und so tranken wir beide im Stillen
Deine Gesundheit; und des Abends waren wir allein und
haben Dich hoch leben lassen.
GOETHE ist in seinen Briefen an Christiane weniger
zurückhaltend als die Demoiselle Ulrich. Eigentlich
schreibt er sich mit beiden Frauen. Er schickt Christiane
einen Schleier und Caroline ein Tuch. *Auch grüße, sie soll*
sich in meinen Namen mit dem Tüchelchen putzen. G.
macht charmante Bemerkungen. *Versäumet ja nicht, mir*
zu schreiben ... Empfiehlt nach Lauchstädt, *Macht euch*
in jener Gegend so viel Freunde wie möglich ... Quittiert
Weimarische Post, *Euern Brief vom 24. Juli erhalte ich*
am siebenten Tage und will auch gleich dankbar ein Wört-
chen dagegen vernehmen lassen. Verspricht aus Teplitz an
seinem Geburtstag: *den 28. August 1810. Wenn Carolin-*
chen recht artig ist, soll sie übers Jahr hier auch baden.
Riemer ist in dieser Korrespondenz ganz formeller Sekretär. Nicht anders behandelt ihn auch Caroline in ihren
Christiane-Briefen. Nur einmal liegt ein Zettel mit einem

Auftrag des Komponisten Eberwein bei, für den Riemer
hölzern dankt.

Für das gütige Andenken der gnädigen Frau und der De-
moiselle Ulrich meinen gehorsamsten Dank. Den Auftrag
des Herrn Eberwein werde ich mich bemühen zu erfül-
len. Die letzte Zeit war in Karlsbad zu unruhig; ich
denke, daß es mir hier gelingen wird, etwas auszudenken.
Er soll es schon zu rechter Zeit erhalten. Mich zu fernerem
Wohlwollen angelegentlichst empfehlend und das Beste
wünschend

F. W. Riemer

Töplitz den 8. August 1810

Nichts verrät, daß Sekretär Riemer mit der anmutigen
Demoiselle Ulrich unter einem Dach und Tür an Tür
wohnt. Er ein Mann ohne eine Frau ist. Diese italienische
Geschichte hat. Alles scheint wie weggetrocknet. Und ist
doch nur Täuschung und die Demoiselle Ulrich ein Ob-
jekt der Begierde.

Tagebücher wie in Tegel oder Rom schreibt Riemer nicht
mehr. Riemer hat sich ins Weimarische transformiert und
gibt von sich in Gedichten Nachricht, die er meist im
Tischkasten deponiert. Keins von ihnen hat die Bedin-
gungslosigkeit der Tagebuchnotizen. Man kann sie alle
vorlesen. Keins dieser Gedichte ist wirklich intim. Sie berichten lediglich Weggedrücktes. Der Verfasser kichert
eunuchisch. Er hat sich die ernsthafte Rede weggeschnit-
ten.

Nachbarschaft
Ich bin wohl auf gar in der Früh,
Die Nachbarin läßt mir keine Ruh;
Ich weiß, der allerschönste Schatz
Schläft über mir, grad an dem Platz.

Zwar setz' ich mich zur Arbeit hin,
Sie aber liegt mir nur im Sinn,
Da lausch' ich denn und lausche viel,
Ob's über mir sich regen will.

Nur stille, Herz! Du wirst sie sehn
Bald an der Tür vorüber gehn:
Die Stiege knarrt schon: poch, poch, poch;
Geschwind, geschwind ans Schlüsselloch.

Ein zierlich Füßchen tanzt heran,
Es hat die art'gen Lätschchen an,
Bis übern Zwickel aufgeschürzt –
Wie's mir da gleich zu Herzen stürzt!

Nun hab' ich erst nicht Ruh noch Rast,
Bis ich den Weg ihr abgepaßt,
Und ihr den ersten Morgengruß
Gebracht, auch wohl 'nen Händekuß.

Da bin ich froh und flink gewandt,
Jetzt geht die Arbeit von der Hand!
Der Meister kommt und nennt es gut:
Er weiß nicht, daß es Liebchen tut.

Im nächsten Jahr, 1811, ist Riemer wieder mit G. in Karlsbad. Es ist das Jahr der Überraschungen. Riemer sitzt auf
gepackten Koffern im Mai neben G. in Jena und wartet
auf die Abreise. Riemer ist anspruchsvoll geworden und
fühlt sich in die Reiseplanung nicht einbezogen, als G.
den Abfahrtstermin bestimmt. Es ist das Jahr der Kränkungen. *Ich bin es so gewohnt, es immer nur einen Tag*
vorher zu erfahren, daß ich beinahe nicht mehr frage.
Überraschend für Riemer sind auch die Weimarer Damen
plötzlich in Karlsbad.
29. Mai. Nach 11 Uhr waren auf einmal Frau v. Goethe

8.

Brief Christianes an ihren Mann
in der Handschrift Caroline Ulrichs.
Schlußsatz von Christiane.

*und Demoiselle Ulrich angekommen. Nach erster Be-
grüßung ausgeräumt in den dritten Stock.*
G. hat im Tagebuch für die Ankunft die Worte: *Nach 11
Uhr kamen die Frauenzimmer an. Ging der Tag hin mit
Aus- und Einräumen.*
Seit einiger Zeit schon geht G. mit Christiane und Caroline um, als hätte er es mit einem einzigen Wesen zu tun.
31. Mai. Mit den Frauen spazieren ...
2. Juni. Die Frauenzimmer in die Kirche ...
*19. Juni. Nach Tisch mit den Frauenzimmern hinter St.
Florian hinaus ... .*
22. Juni. Mit den Frauen nach Weheditz gefahren.
G. bleibt diesmal kürzer als sonst. Am 28. Juni reist er mit
Riemer ab. Ihn treibt, in Jena den ersten Teil von *Dichtung und Wahrheit* abzuschließen. Christiane und Caroline bleiben noch bis zur Julimitte in Karlsbad. Sekretär
Riemer hat nach seinem Tagebuch scheinbar nur einmal
der Secretarius Ulrich im heiteren Karlsbad näher bewegt. *21. Juni. Gegen* $^1/_2$ *6 Uhr Morgens weggefahren
über Ellbogen nach Schlackenwalde. Unterwegs lustig
und Späße mit der Ulrich.*
Eine Woche später, unmittelbar vor der Abfahrt, notiert
sich Riemer das Wort von G. in seiner Sammlung von
GOETHEANA: *Zu der Zeit liebt sich's sich am besten,
wenn man noch denkt, daß man allein liebt und noch
kein Mensch so geliebt hat und lieben werde.*

Es ist Riemers letzte böhmische Reise mit G. gewesen. G.
bricht zu seiner 1812er Badereise ungewöhnlich früh
schon Ende April auf, als wäre ihm etwas in Weimar zuwider. Sein im März in eine Gymnasialprofessur ge-
schickter Sekretär sinkt in Verzweiflung und Haß. Nun
ist der gerühmte Philologe Riemer doch nur, was er nie
hatte werden wollen, ein Lehrer. Ihm ist ein Martyrium
auferlegt worden. Die Eltern wissen nicht, *was für eine
Geduld dazu gehört, sich von fremden und nichts ange-*

*henden Creaturen alle Augenblick stören zu lassen, und
doch nicht über die Gebühr unwillig zu werden. Die ei-
gennützige Förderung dazu, daß einer das was er in seinem ganzen Leben mit Mühe und Aufopferung errungen,
auf eine faßliche Art den Bestien auch beibringen solle,
damit sie halb wissen, was er ganz weiß, od. was wenigstens bei ihm in einem lebendigen Zusammenhange steht.*
Alle Zukunft ist düster. Riemer ist aus großer Höhe ab-
gestürzt. Der Schatten hat den Körper verloren. *Unter
solchen Betrachtungen alt zu werden ist keine erfreuliche
Aussicht: u. doch habe ich die Beispiele vor Augen.* Riemers Kummer macht die Runde. Er ist auch bei Charlotte
SCHILLER gewesen. Ohne Riemer wird es noch
schlimmer um den Meister, sagt sie sich. Charlotte
SCHILLER beklagt sowieso und ausdauernd GOE-
THES jämmerliche Lage. Im vorigen Jahr hat sie sich das
Maul zerrissen, daß er Christiane nach Böhmen mitgenommen hat, ... *die Kugelform der Frau Geheimerat er-
innert zu sehr an das runde Nichts, wie Oken die Kugel
nennt, und ist doch ein Nichts von Leerheit und Plattheit.
Wenn wir ihn in einer besseren Welt ohne dieses Bündel-
chen sehen können, wollen wir uns freuen?*
Nun lastet auf GOETHE auch noch, Riemer verloren zu
haben.
*Ich betrübe mich, daß der Meister nun kein kluges Wort
sprechen wird; denn der Sohn ist zu gut und brav fürs
Leben, aber zu real und hat keinen Sinn für Wissenschaft.
Ich sagte es R., daß er dem Meister fehlen würde; er sprach
mit Anhänglichkeit von ihm. Doch von dem August sagte
er, daß er dem Vater nichts sein könne in der Poesie, weil
er gar zu klug für das ökonomische Leben sei und dabei
immer auf den Nutzen sehe.* Fort möchte Riemer, nur
fort. Einige tausend Taler wünscht er sich, um Kartoffeln
und Blumen anzubauen oder zu arbeiten, *wenn und wie
mir's beliebte ... Weimar fängt mir an zuwider zu werden; wir wollen sehen, ob uns das vielleicht anderswohin*

bringt, u. zwar weder an eine Schule, noch an eine Universität. Eine Bibliothek wäre das beste.

G. ist nach einigen Tagen Aufenthalt in Jena am 30. April weiter nach Karlsbad. Ohne Abschied und in der kalten Witterung, klagt Charlotte von Stein, *er eilte so entsetzlich geschwind zu meiner Tür hinaus, daß es mir wunderbar vorkam, ich glaube, ich sehe ihn nicht mehr wieder.* Pauline Gotter hat die Reise schon im März Sorgen gemacht. *Wie es diesen Sommer mit ihm werden wird, weiß ich noch gar nicht; sein Famulus wird Ostern bei der weimarischen Schule angestellt, und lange kann G. doch nicht in fremden Landen ohne diesen existieren.*

Mitte Juni reisen Christiane und Caroline Ulrich GOETHE hinterher nach Karlsbad. GOETHE: *Freitag, 19. Juni. Nach Tische kamen die Frauenzimmer. Beschäftigung mit Auspacken und Durchsicht der mitgebrachten Dinge.* Zwei Monate später kehren sie nach Weimar zurück. *Samstag, 15. August. Die Frauenzimmer packten ein und fuhren um acht Uhr ab.* Mitte September ist auch GOETHE wieder in Weimar. Lange ist er diesmal draußen geblieben. Über vier Monate. Am 16. mittags trifft er ein. Abends geht er gleich ins Theater.

Abends geht auch Riemer gleich ins Theater und begrüßt GOETHE in der Loge.

GOETHE hat an diesem Rückkunfttag gleich seines treuen Mitarbeiters an *Dichtung und Wahrheit,* Riemer, gedacht.

Stolz kann Riemer vermerken: *Schickte mir Goethe die zwei letzten Bücher seines Lebens zu.* Riemer hält sich zugute, GOETHE auf den Titel gebracht zu haben. *Wahrheit und Dichtung,* die Biographie zu nennen, war sein Gedanke. Der Meister hat in der *Zueignung* die Worte *Der Dichtung Schleier aus der Wahrheit Hand ...* zu stehen. *Wahrheit und Dichtung,* nicht schlecht. Aber *Dichtung und Wahrheit* ist viel besser. Der Unterschied zweier Horizonte.

Den Geburtstag des Meisters hat Riemer in diesem Jahr

allein gefeiert, aber gemeinsam mit Demoiselle Ulrich vormittags draußen in GOETHES Garten. Es hat ihn sehr interessiert, zu erfahren, wie es in Karlsbad war. *Viel mit der Ulrich über Karlsbad. Den ganzen Nachmittag und Abend draußen.* Am Frauenplan ist Riemer nun wieder öfter, der Meister braucht ihn, der *Faust* ist zu besprechen. *Die neue Melusine* zu korrigieren. Riemers *GOETHEANA* wachsen: *November 1812. Wer die Technik nicht versteht, kann über poetische Produkte nicht schreiben.* Da steckt ein Lob auf seine Fähigkeiten drin. Besser ist seine Lage nicht geworden, aber erträglicher. Die schrecklich leeren vier Monate ohne GOETHE sind vorbei. Endlich füllt sich auch die schlaff gewordene Figur des vielbeschäftigt Vertrauten gegenüber Verleger Frommann mit neuer Wichtigkeit. Es hapert Riemer an korrigiertem Druckmanuskript, denn: *Die ersten Tage hatte ich Gedichte zu korrigieren und selbst zu machen, da es Geburtstage die Menge gibt. Mittags mußte ich bei G. speisen und Abends war Schauspiel.*

Der anbrechende Winter weckt Frühlingshaftes.

Riemer im Tagebuch.

4. Dezember. Zu Goethe und John. Dann zu ihr und Ulrich. Mittags bei Goethe zu Tische.

10. Dezember. Zu Wolffs. Wo Goethes. Neben Dem. Ulrich.

17. Dezember. Abends bei Goethe. Madame Wolff. Mit der Ulrich geschmollt. Schalt die Goethe auf sie ein, daß sie sich die Partien verschläge.

20. Dezember. Mittags bei Goethe. Annäherung an die Ulrich. Abends im Theater die erste Vorstellung von Iffland.

Ein Amt hat auch Vorteile. Es erlaubt Gedanken an eine Frau. Als Gymnasialprofessor könnte sich Riemer auf den Weg zum regelrechten bürgerlichen Liebhaber machen. Zwischendurch ein welthistorisches Ereignis. Riemer im Tagebuch.

15. Dezember. War des Morgens Napoleon inkognito durchgegangen. Abends oben bei Goethe. Herr von Schwebel und die Diplomatiker. Erzählung von der Durchreise Napoleons.

Der Tag ist ein trüber Wintertag. Napoleon hat in einer auf Schlitten gestellten Postkalesche gesessen. Die Aufteilung Europas am Tisch ist mißlungen. Seine Armeen sind in Rußland untergegangen. Napoleon hat grüßen lassen: Maria Paulowna. Wieland. *Monsieur Göth.*

Herzog Carl August nennt Napoleon jetzt *Kaiser der Nacht.*

Befreiung

Zu diesem Geburtstag der Demoiselle Ulrich, der 14. März, das Jahr 1813, kommt Riemer mittags an den Frauenplan, ihr zu gratulieren. Sie wird dreiundzwanzig. Es ist ein ruhiger Sonntag. Das Land ringsum in Unruhe. Die deutschen Scharmützel der Franzosen und Russen ziehen auf die Weimarer Gegend zu. Riemer albert, er begrüßt Caroline mit *Sunne, Munne, Nunne.* Im Haus ruft man sie manchmal spaßhaft wegen ihrer Zurückhaltung das *Nunnenfräulein.* Caroline wird wissen, warum sie auf Distanz achtet. Es hat mit den Männern in ihrer Nähe zu tun. Familie G., Vater und Sohn. Riemer. Auch andere. G. hat zu Carolines Geburtstag bedeutendere Worte als Riemer. GOETHE hat für Carolines *Stammbuch* ein Gedicht geschrieben:

> *Muntre Gärten lieb ich mir,*
> *Viele Blumen drinne,*
> *Und du hast so einen hier,*
> *Merk ich wohl, im Sinne.*

> *Mögen Wünsche für Dein Glück*
> *Tausendfach erscheinen;*
> *Grüße sie mit heitrem Blick,*
> *Und voran die meinen.*

Die schöne Caroline beschäftigt G. an diesem Sonntag noch in ganz anderer Weise. Da er als eine Art Vormund von Caroline gilt und sie in seinem Hause lebt, ist bei ihm

um Carolines Hand angehalten worden. Er schreibt an
diesem 14. März einen Brief in der Angelegenheit. Der
Name des Adressaten ist untergegangen wie das Original
des Briefes. Aber G. hat sich ein Konzept des Briefes gemacht. Eigenhändig. Das bleibt in den Papieren.

Ew. Hochwohlgeb.

zutrauliche Eöffnung sogleich zu erwiedern halte ich für
Schuldigkeit, um so mehr als ich keine Ursache finde
Ihren Antrag abzulehnen. Es kann mir im Gegenteil sehr
angenehm sein wenn Sie sich in der Lage sehen ein so vor-
zügliches Frauenzimmer glücklich zu machen. Ich über-
lasse daher bei den höchsten Behörden um die erforderli-
che Zustimmung nachzusuchen; wobei ich nur bemerke
daß verschiedener Umstände halber zu wünschen habe
das Schicksal meines Zöglings bald entschieden zu sehen.
W. d. 14. März 1813

Der Mann ist von einem Stande, in dem eine Heiratser-
laubnis gebraucht wird: ein Offizier, vielleicht ein bei den
herzoglichen Behörden Tätiger.

G. hat Caroline nicht einfach ein Blumengedicht geschrieben. Dichter G. hat angefragt, wo sie leben will.
Wohl in dem Garten hier bei ihm.

Caroline sagt dem Mann von Stande in der Woche nach
dem Geburtstag ab. Es muß ein autoritärer Mann gewesen sein. Der Mann will Caroline nicht verstehen. Aus der
Werbung wird Bedrängung. G. muß sich vor Caroline
stellen. Sie ist sein *Schützling.* Und mehr: G. liebt Caroline.

Am 20. März schreibt G. dem Mann noch einmal einen
Brief. G. nennt ihn auch diesmal nicht mit einem Namen.
Der Abgewiesene muß sich zu einer Intervention bei dem
obersten Juristen des Herzogtums, *Kanzler von Müller,*
angeschickt haben, dem der Unerkannte auch G.s Brief
überläßt.

Die mir angezeigte, mir keineswegs gleichgültige Sache
habe ich auf das beste aufzuklären und mir zu verdeutli-

Caroline Ulrich.
Um 1810

chen gesucht, und finde folgendes, welches mit aller Auf-
richtigkeit mitteile.

Ein wohldenkendes und wohlerzogenes Frauenzimmer
wird die Neigung eines braven Mannes, die sie nicht er-
wiedern kann, nicht roh und hart abweisen, sie wird viel-
mehr mit Bescheidenheit und Artigkeit ablehnen, was sie
nicht anzunehmen willens ist. Und dies war auch hier der
Fall! Verzeihen Sie! Aber Sie haben das was zu Ihrer Scho-
nung gesagt war zu ihren Gunsten erklärt.

Demoiselle Ulrich wird, mit völliger Freiheit, ihre, vor ei-
nigen Jahren getane, mit meinem Vorbewußt bisher ge-
hegte Zusage erfüllen und daran nach meiner Überzeu-
gung recht handeln ... Fürstliche Personen stehen so hoch
über uns, daß wir keinen sonderlichen Begriff von unse-
rer Klugheit geben, wenn wir sie zu Vertrauten und
Schiedsrichtern unserer Herzensangelegenheiten die al-
lenfalls vors Familiengericht gehören zu machen unvor-
sichtig genug sind.

Mehr sage ich nicht, weil auch ich Ihre gute Gesinnungen
zu schonen wünsche. Möchten Sie mir bald wieder als der
Besonnene Mann, wie ich Sie zuerst gekannt, erscheinen.

Weimar bewegen andere Stürme. Die Russen treiben die
Franzosen vor sich her, und jeder sieht sie bald in Weimar.
Riemer notiert, *7. April. Erwartete man die Russen. Be-*
wegung auf der Straße. Viele Menschen auf der Straße.
Goethe notiert, *7. April. Blinder Lärm wegen der Russen.*
Carl Augusts Frau entschließt sich, nach Teplitz abzurei-
sen. Das sächsische Kontingent Napoleons bleibt in der
Gegend. Die seit dem Februar wieder mit den Russen
verbündeten Preußen nehmen es ein paar Tage später ge-
fangen und rücken mit einem Kommando in Weimar ein.
Nun steht zu befürchten, daß die Franzosen kommen,
um die Preußen zu vertreiben. Christiane denkt mit
Schauder an die Oktobertage 1806. Der Geheime Rat
muß schleunigst weg. Am Gründonnerstag, 15. April, hat

sie ihn endlich zur Abreise überredet. Gedacht hat er sich
das Jahr anders.

Eigentlich hatte er diesen Sommer in Weimar aushalten
wollen, um die Lebensgeschichte weiterzuschreiben. Am
Karfreitag wird Riemer bestellt: *Nach Tische um 4 Uhr
zu Goethe gerufen, der mir ankündigte, daß er nach
Teplitz gehe.* Karsamstag früh um 6 Uhr reist G. mit der
eigenen Kutsche aus Weimar ab. Schreiber John, der von
August empfohlene junge Mann, ist dabei. Für Riemer
hat G. ein Exemplar seiner Werke zurückgelassen. G.
trägt einen preußischen Paß bei sich. Unterwegs auf der
Reise durch Sachsen trifft er überall auf Preußen und
Russen. Einmal tritt ein Offizier salutierend an ihn
heran: *Euer Exzellenz melde, daß eine Abteilung der
königlich preußischen Freischar der schwarzen Jäger auf
dem Durchmarsch nach Leipzig vor Ihrem Quartier
aufmarschiert ist und Euer Exzellenz die Honeurs zu
machen wünscht.*

Ein Feldwebel kommandiert: *Präsentiert das Gewehr!*
Der Offizier ruft: *Der Dichter aller Dichter, Goethe lebe
hoch!* Die Kompanie antwortet: *Hurra! Hurra!* Der Pa-
triot will gesehen haben, daß GOETHE mit der *Haltung
eines Generals* an seine Mütze faßte und freundlich
nickte.

Am 26. April ist G. in Teplitz. *Gewissermaßen als Flücht-
ling aus dem sehr unruhigen Thüringen in dem* friedli-
chen *Böhmen angelangt*, schreibt er nächsten Tag der
Gräfin O'Donell.

G. ist rechtzeitig aus Weimar weggekommen.

Schon am Tag nach seiner Abreise wird in der Stadt
gekämpft. Ein bayerisches Detachement erobert den
Franzosen die Stadt am Ostersonntag zurück. Riemer
geht am Abend hinüber an den Frauenplan zu Christiane
und Caroline. Er bleibt: *Nicht nach Hause. Voll Erwartung, daß Goethes Einquartierung bekämen. Nach 12*

Uhr dort zu Bett bei August. Immer wieder ist Riemer in
den nächsten Tagen bei *Goethes.* Truppendurchmärsche
und Einquartierungen plagen die Stadt. Am 28. April
wird das Gymnasium geschlossen. Napoleon kommt.
Diesmal wieder mit allem Protokoll. Am Mittag zieht er
über die Esplanade in die Stadt ein und reitet auf eigenem
Roß einige Stunden später davon. Was macht GOETHE?
Was macht Demoiselle Ulrich?
Riemer geht beinahe jeden Tag an den Frauenplan, sich zu
erkundigen.

*21. Mai. Gegen Abend zu Dem. Ulrich. Großen Brief
von Goethe an seine Frau gelesen, von seiner Reise.*

*30. Mai. Mittags bei Goethes. Gedicht von Goethe, die
Glocke. Brief von Goethe vorgelesen. Die Goethe unausstehlich durch ihr Bremsenartiges. Einquartierung.*

Christiane wird Riemer den Brief kaum vorgelesen
haben. Lesen, sagt man, ist nicht gerade die Vorliebe der
Geheimen Rätin. Und Riemer Briefe vorzulesen schon
gar nicht. Beider Verhältnis schwankt. Zudem machen
G.s Briefe Christiane aus einem besonderen Grund
Schwierigkeiten. G. nennt ihn: *Wenn Du meinen Brief
nicht lesen kannst, so wird Uli aushelfen, ich gewöhne mir
fast ihre Hand an, es sieht fast so aus als wenn ich in sie
verliebt wäre.*

Caroline Ulrich wird vorgelesen haben:

Teplitz, den 21. Mai 1813

*… Wir sind fleißig und fahren sodann in der Gegend
umher. Ohne die Equipage wäre hier nicht zu leben: denn
da man so nah dem Kriegsschauplatz ist, daß man Nachts
sogar manchmal die Feuerzeichen am Himmel sieht,
wenn irgend ein unglücklicher Ort brennt, da man von
lauter Flüchtigen, Blessirten, Geängstigten umgeben ist,
sucht man gern in die Weite zu kommen …*

*Bis jetzt läßt sich alles gut an. Der künftige Monat muß
ausweisen, was weiter zu tun ist. Grüße Professor Riemer
zu schönsten und teil ihm das Gegenwärtige mit … Sobald*

*ein paar Bücher der Biographie im Reinen sind, sende ich
sie ab. Soviel für diesmal, mit dem herzlichsten Lebewohl!
welches auch dem kleinen Mandarinen gelten soll. G.
Da es mir nun, wie Du siehst, so wohl als möglich geht, so
danke ich Dir herzlich für den Antrieb, mich hierher zu
begeben. Einige Tage später wäre es unmöglich gewesen.
Was Du erduldest, möge eine fröhliche Folgezeit vergelten.*

Riemer in Weimar muß lange auf Manuskriptblätter war-
ten. Fast ein Vierteljahr vergeht: *2. Juli. Kam von Goethe
ein Brief und zwei Bücher seiner Lebensbeschreibung an.
Drin gelesen.*
GOETHE in Teplitz hat Schwierigkeiten mit seinem
Schreiber John. Seit Mai ist John krank, *durch körperliche
Anlage und vielleicht durch Schuld,* wie G. dezent sagt.
John säuft.
Eine Zeitlang sucht G., sich mit einem Blick auf das große
Ganze zu trösten, *man muß jetzt alle Verhältnisse re-
spektiren und Gott dancken wenn man leidliche Tage hat,*
dann holt er sich von den Behörden Schreiber und nimmt
sich Johns Entlassung nach der Rückkehr vor. *Er ist prä-
tentiös, speisewählerisch, genäschig, trunkliebend, däm-
perich und arbeitet nie zu rechten Zeit,* schreibt G. Christiane nach einigen Wochen Teplitz mit John im Juli. Der
Jenaer Malerfreundin Luise Seidler ist der Platz des Jena-
ers John bei G. schon im vergangenen Jahr unverständlich
gewesen: *ein kleines, hageres, stilles, aber nicht so still und
klein sein wollendes Wesen, von dem ich nicht begreife,
wie es der Geheimrat um sich dulden kann.*
Klein und still will Ernst Carl Christian John wirklich
nicht sein. G. wird weiter noch mit John zu tun haben
und hinter dem Schleier hervortreten müssen, den er gern
über die Widerwärtigkeiten seiner Existenz breitet. John
bewirbt sich nach seinem Abschied bei G. erst einmal für
den sächsischen Staatsdienst, und G. sieht sich zu einem
Empfehlungsbrief nach Dresden veranlaßt.

Weimar d. 24. Jan. 1814
... Was die Umstände betrifft, welche außer einer schwe-
ren Krankheit, die ihn befiel, unsere Trennung veranlaßt,
mag er selbst bekennen und entschuldigen, ich dagegen
kann mit Wahrheit sagen: das ich ihn ungern vermißt ...
Können Ew. Hochwohlgeboren dieß gegenwärtige Schrei-
ben zu seiner Empfehlung irgendwo benutzen, so soll es
mir um seinetwillen, besonders auch seiner würdigen El-
tern willen, sehr angenehm sein. Diese stehen hier in dem
besten Ansehen und mit meinem Haus in freundschaftli-
chen Verhältnis.

Sachsen-Weimars Vertreter in der Residenz, Hauptmann
Verlohren, kann mit dem Schreiben etwas für John tun. Er
wird Registrator bei den Behörden in Merseburg. G. fördert eine Karriere. Der Wiener Kongreß fördert Johns
Karriere. 1815 fällt Merseburg an Preußen, und John wird
preußischer Beamter. In Merseburg wird John wegen an-
geblicher burschenschaftlicher Sympathien denunziert
und verhaftet. In Berlin ist Kriminalrat Julius Eduard
Hitzig mit der Untersuchung des Falls beauftragt. Hitzig
schriftstellert, übersetzt, ist mit Adalbert Chamisso und
Willibald Alexis befreundet, Hitzig bittet GOETHE um
Auskunft über John, vorzüglich in *politischer* Hinsicht.
G. antwortet postwendend.

Weimar 18. März 1816
Auf die von Ew. Wohlgeb. an mich erlassene zutrauliche
Anfrage verfehle ich nicht sogleich das Notwendige zu
vermelden. Die Familie des gedachten John befindet sich
wirklich hier in Weimar, eine Mutter und eine unverhei-
ratete Schwester. Sein Stiefvater, Herr Geheime Cammer-
rat Büttner, ist ein bejahrter und würdiger Großherzogli-
cher Diener, dessen Söhne wohlgeraten und versorgt.
Durch mich sollen diese guten Leute nichts von dem vor-
liegenden Falle erfahren.
Obgedachter John studirte mit meinem Sohne in Jena,
dieser empfahl mir seinen Universitätsgenossen wegen

schöner Handschrift und vorzüglichen Kenntnissen in alten und neuen Sprachen, und ich konnte die zwei Jahre die er bei mir in Diensten stand, ganz wohl mit ihm zufrieden sein. Heimliche Untugenden, Neigungen zum Trunk, Spiel u .d. g. wußte er geschickt zu verbergen, doch kamen solche mehr zum Vorschein, als er mich zweimal in's Bad begleitete, besonders aber das letzte Mal 1813 in Töplitz.

Um seine heimlichen Ausgaben zu decken, hatte er Schulden gemacht, nicht eben auf meinen Namen, aber doch das Zutrauen mißbrauchend, welches das nahe Verhältnis zu mir verschaffte. Ich entließ ihn und habe seit der Zeit nur im Allgemeinen von seiner Anstellung in dem Königreich Sachsen und Preußen vernommen.

Wenn nun Vorstehendes keineswegs zu seiner Empfehlung gereicht, so kann ich dagegen bezeugen, daß ich niemals an ihm eine politische Tendenz bemerkt habe, außer jenem löblichen patriotischen Eifer, welcher damals die deutsche Jugend belebte ...

Eben so kann ich versichern, daß ich in ihm gar keine schriftstellerische Neigung gekannt, ja daß er, wie sich's besonders am Ende ergab, alle Zeit, die ihm seine Geschäfte übrig ließen, zu heimlichen Wohlleben anwandte und in lustigen Gesellschaften vergeudete.

Sollte ihm nun jenes mir selbst unwahrscheinliche Verbrechen nicht erwiesen und er wegen seiner leichtsinnigen Handlung nicht gänzlich verstoßen werden, so würd ich, ob er es gleich nicht um mich verdient, die Vorbitte für ihn einlegen, daß man mit ihm, wiewohl unter strenger Aufsicht, einen nochmaligen Versuch zu seiner Besserung machen möge.

Wie ungern gibt man die Hoffnung auf, so schöne Talente untergehen zu sehen!

Menschenfreund GOETHE hat Erfolg. John wird unter die preußische Beamtenschaft als *expedierender Sekretär* gereiht, kommt nach Berlin, wird 1823 Redakteur der

Preußischen Staatszeitung, Hofrat, 1831 Oberzensor, Geheimer Hofrat, 1836 Spezialzensor für die Literaten des *Jungen Deutschland,* was John bis 1848 bleibt. Da wird die Zensur aufgehoben.

G.s Auftrag an den daheimgebliebenen Riemer als Korrektor von *Dichtung und Wahrheit* reicht weit. *Es sei also, mein Wertester, Ihnen die völlige Gewalt übertragen, nach grammatischen syntaktischen und rhetorischen Überlegungen zu verfahren ...* Wo Riemer sowieso mit allen seinen Lebensdingen intim ist, warum soll er nicht auch Vertrauter und Abhelfer seiner Schreibschwächen sein? Ein Mann mit solcher Nähe zu ihm ist auch prädestiniert für die heikle Aufgabe, *auf dasjenige zu merken, was von noch lebenden Personen gesagt ist.*

G. hat an Riemer nicht nur einen zuverlässigen Korrektor, sondern auch den wortgewandten Bewunderer, der dem Entstehen großer Werke wohltut. Mit Grammatisch-Syntaktischem ist Riemer G. gegenüber allgemein. Das findet G. im Manuskript. Im Lob des Werkes ist Riemer groß. Das findet G. in Riemers Briefen nach Teplitz. Den ersten Brief kann Riemer Anfang Juli schreiben.

Ew. Exzellenz,

versäume nicht mit erster Gelegenheit den Empfang des Mskpts zu vermelden und meinen gefühltesten Dank dafür auszudrücken, daß Sie solches meiner geringen Einsicht anvertrauen wollen. Ich habe dasselbe sogleich durchlaufen, um den Eindruck das Ganze auf einmal zu haben, und werde nicht verfehlen es in diesen Tagen genau durchzugehen, und von den mitgeteilten Winken und Erinnerungen nach bestem Vermögen Gebrauch zu machen.

Die Aufgabe ist freilich groß, wenn nicht ungeheuer: denn es gehörte beinahe wieder ein Leben dazu um das erste bewußtlose oder halbbewußte, und eben darum so intensive, auseinanderzuwickeln ...

In Weimar wartet Riemer sehnsüchtig auf Manuskriptblätter. Von den Kalamitäten mit John weiß er nichts.
Nur daß G. gesagt hat, es gehe *sachte* voran. Verleger
Frommann drängt. Er möchte die nächsten Bücher der
Autobiographie drucken. Aber ein anderer Grund ist viel
wichtiger für Riemer, jede Seite Manuskript von G. ist
Lebensbestätigung. Für mich *erquicklich und trostreich*,
sagt Riemer. Dann die Abendstunden vom 2. August, das
Jahr 1813, Bibliothekssekretär Kräuter steht vor der Tür
und bringt ihm die nächste Sendung. War es ihm *vorher
im Herzen wunderweh gewesen, so durchdrang mich
jetzt auf einmal eine stärkende Linderung und der Nach-
geschmack des Ganzen war nicht bitter, sondern süßer
denn Honig*, bekennt er dem abwesenden G. *Hätte ich
Ew. Exzellenz zur Stelle gehabt, ohne herzliche Umarmung wären Sie nicht davongekommen. Der Geist der
mich durchdrang war ein wahres Lebenselexier. Ich war
auf einmal klug und reich, und war es ohne Mühe und
Anstrengung, und sonder eigene Kosten geworden. Nicht
allein meine eigenen Erfahrungen kamen mir anmutiger
und schöner entgegen; durch eine natürliche Täuschung
eignete ich mir das Fremde, indem ich es fühlte, es verstand, mit augenblicklicher Schnelle an und lebte so zwei
Leben zugleich …*
Wunderweh ist es Riemer gewesen, bevor Kräuter in der
Tür stand, und *stärkende Linderung* hat er danach empfunden.
Über einiges spricht man in den Briefen und über anderes nicht.
Bevor Kräuter an die Tür pochte, ist Riemer bei *Goethes*
gewesen und hat mit Christiane über die Demoiselle Ulrich gesprochen, um die er zu werben, er kein Geheimnis
macht. Was Christiane darüber denkt, ist nicht gerade
hoffnungsvoll. *2. August. Mit der Goethe Aufklärung
über die Ulrich, Seidler pp. Ich sollte mich um eine andere
bewerben; Vorschläge. Ich hörte von allem nur das Nein.*

Christiane kann sich viel bessere Partien für Caroline
vorstellen als diesen verdrucksten Riemer. Sie sieht ja, wie
die jungen Männer Caroline auf all den Bällen und Vergnügungen umschwärmen, auf die sie mit ihrer Gesellschafterin geht. Sie sieht, wie Sohn August sie anhimmelt.
Von G. zu schweigen. Der Meister hat Riemer zur gleichen Stunde gestärkt, wo seine Frau ihn abgewiesen hat.
*Ohne herzliche Umarmung wären Sie nicht davonge-
kommen ...*
Am nächsten Morgen beginnt Riemer die Folioblätter
des Manuskriptes in das Quartformat umzuschreiben, in
dem er bisher für G. geschrieben hat. Der autobiographi-
sche Autor Goethe ist jetzt bis in das 12. Buch von *Dichtung und Wahrheit* gekommen. Vierzehn Tage später muß
Riemer den drängenden Verleger Frommann zur Geduld
mahnen: *Weimar d. 14. August 1813. Es erfolgt hier die
Revision, und soviel neues Mspt. als ich habe anfertigen
können. Vor Ende künftiger Woche aber kann ich nichts
senden. Ich muß mich jetzt an das Goethische halten, das
mir, bei seiner Entfernung und da ich das Risico tragen
muß, wirklich einige Not macht: Denn es enthält gewaltige Nachlässigkeiten im Stil, teils wohl durch die Ähnlichkeit ja Gleichheit der Zustände veranlaßt, öfter aber
auch durch Mangel an Aufmerksamkeit des Dictators
oder Schreibers.*
Am 20. August ist G. wieder in Weimar. Riemer kann mit
ihm endlich wieder ohne die Nöte der Abwesenheit leben
und arbeiten. Die Sorge ist er los. Die Sorgen sind geblieben. Was wird mit Caroline Ulrich? Was mit den napoleonischen Kriegen, die über Sommer eine Pause gemacht
haben?
Riemer bringt sich seit einiger Zeit mit immer neuen Aufmerksamkeiten bei Caroline in Erinnerung. Mal schickt
Bibliothekar Riemer neue Bücher, mal eigene Zeichnungen, Blumen oder anderes. Kleine Billette liegen bei, die
meisten undatiert, ihre Sprache deutlich.

Erlauben Sie. Liebenswürdigste, daß ich Ihrem schönen
Munde, der keine gemeinen Früchte genießen dürfte, we-
nigstens eine seltne und edlere Frucht, Apricosenpfirsich,
als herzlichen Tribut übersende, und mich in dem Ge-
danken selig fühle, daß so göttliche Lippen mich würdig
*finden, durch den Genuß dieser Vermittler, **mich selbst***
***auf die geistigste Weise zu berühren:** denn ich habe durch*
die Gunst der Dämonen, mein Herz darein verzaubern
lassen. Wenn nicht dies gerade Ihren Abscheu vermehrt,
so verschmähen Sie nicht, was Niemand in der Welt mit
mehr Ergebenheit widmen kann.

d. 30. September 1813 Riemer

Von Anfang Juni bis zum 10. August hat es Waffenstill-
stand mit Napoleon gegeben. Jetzt stehen ihm die
Armeen von Zar Alexander I., dem österreichischen Kaiser Franz I. und dem preußischen König Friedrich Wilhelm III. gegenüber, und sie liefern sich Schlacht auf
Schlacht. *Gott wenn nur für diesen Winter einige Ruhe zu*
hoffen wäre! und nicht etwas Schlimmeres noch bevor-
stände, schreibt Riemer Frommann am 10. Oktober.
Sechs Tage später, 16. Oktober, beginnt die Schlacht von
Leipzig. *Die Völkerschlacht.*
Im Weimarer Theater wird wieder einmal und immer
noch an diesem 16. Oktober die *Saalnixe* gegeben. Nach
vier Schlachttagen siegen die Alliierten. Am 19. Oktober
mittags ziehen Zar Alexander, der preußische König und
der österreichische Fürst Schwarzenberg in Leipzig ein.
Napoleon entkommt. In Weimars Umgebung kämpfen
französische Nachhuten mit Kosaken, bis die Alliierten
allein das Feld beherrschen. Humboldt trifft Freund
GOETHE skeptisch: *Allein die Befreiung Deutschlands*
hat noch bei ihm keine tiefe Wurzel geschlagen. Er glaubt
zwar ernstlich daran, aber stellt mit vielen Umschweifen,
unbestimmten Phrasen und Gebärden vor, daß er sich an
den vorigen Zustand einmal gewöhnt habe, daß alles

*schon Ordnung und Gleis gewesen sei und der neue nun
hart falle. Die Verheerungen der Kosaken, die wirklich
arg sind, nehmen ihm alle Freude an dem Spaß. Er meint,
das Heilmittel sei übler als die Krankheit, man werde die
Knechtschaft loswerden, aber zum Untergehen.*

Wenn Weimar patriotisch 1813 auch nicht viel hergibt, erreichen es doch Patrioten. Sie stiften vor allen Dingen
Verwirrungen der Herzen.

Ende Oktober kommt der preußische Premierleutnant
Ferdinand Heinke mit seinem Freund, Major von Kleist,
als Quartiermacher, nach Weimar. Heinke und Kleist
haben das Völkerschlachten von Leipzig mitgemacht
samt einer Episode. Major von Kleist hat sich in der
Freude des Sieges betrunken, ist vom Pferd gefallen und
von Rausch und Fall besinnungslos als vermeintlich
schwer Verwundeter, begleitet vom treuen Heinke, nach
Leipzig hineingeschafft worden. In Weimar zieht Heinke
bei dem Kammerherrn von Helldorff ein, wenige Schritte
von GOETHES Haus, *in welches ich durch Professor
Riemer sogleich eingeführt und Frau von Goethe vorgestellt werde.*

Heinke kennt *Frau von Goethe,* woher sie viele kennen
und sie viele kennt, von den Bällen, die sie mit Caroline
fleißig besucht. Heinke kennt Christiane schon aus Bad
Lauchstädt und urteilt wie viele, die sich ein Vergnügen
machen, mit Frau von GOETHE zu tanzen: *Sie hat seit
unser früher in Lauchstädt gemachten Bekanntschaft
nicht gewonnen.*

Ansonsten schätzt Heinke die Weimarer Frauen, und die
Weimarer Frauen schätzen Heinke.

G. lädt Heinke ins Theater, 1. November, und an den
Frauenplan ein. Im Theater wird wieder einmal und
immer noch Kotzebues Komödie *Die beiden Klingsberg*
gegeben. Premierleutnant Heinke ist von allem rapport-
mäßig beeindruckt: *Nach dem Theater wird Abendbrot
im Goetheschen Hause eingenommen, wo sich auch Rie-*

*mer und mehrere Mitglieder der Bühne einfinden. In
Fräulein Ulrich lerne ich einen höchst liebenswürdigen
Sekretär von Goethe kennen, der er ambulando zu dik-
tieren pflegt.*

GOETHE, der Gewiefte, weiß, um militärische Zeiten zu
bestehen, empfiehlt es sich, Militärs zu kennen. Jetzt einen
Preußen. Und wenn es ein junger Premierleutnant ist.

Das städtische Einquartierungsamt schickt G., 6. November, zwölf russische Kosaken. G. mag keine Donko-
saken. Er läßt das Haus verriegeln und schickt nach
Heinke. Die Russen wollen mit Gewalt eindringen, und
Heinke läßt seine ankommenden Preußen ebenfalls Gewalt gebrauchen. Nach zwei Stunden wird Weimars russischer Kommandant gefunden und die Sache für G. geregelt.

Im Hause GOETHES verliebt sich Sohn Augusts Freundin, Ottilie von Pogwisch, in Heinke.

Im Hause Johanna Schopenhauers verliebt sich Tochter
Adele in Heinke.

Jenny von Gerstenbergk verliebt sich in die Liebe beider
Frauen und in Ferdinand Heinke.

Caroline Ulrich hält sich zurück.

Ottilie ist gerade siebzehn geworden. Adele ist sechzehn.
Da braucht man Helden zum Anschwärmen.

Adele schreibt Ottilie einen romantischen Brief. *Wir sind
wirklich in einer traurigen Lage, denn fast liegt's am Tage,
daß wir beide eine und dieselbe Person lieben – ja liebe
Ottilie, ich glaube fast, daß ich ihn liebe. Doch leider will
sich's noch immer nicht recht zeigen, ob H. Dich liebt –
daher halt ich für's Beste, daß Du Deiner Mutter alles
sagst; ich meinerseits schweige, weil ich fest beschlossen
habe, jeden Gedanken an ihn zu unterdrücken und mit
seiner Achtung mich zu begnügen. Doch die muß mir, bei
Gott, die muß mir werden!*

August bleibt die Konkurrenz mit Heinke nicht unbemerkt. Doch am 28. Dezember entreitet Heinkes Regi-

ment Weimar. Welch stolzes Gefühl, ein preußischer Premierleutnant zu sein. *Die Trompeten blasen das Herz wieder leicht. Aus allen Fenstern Grüße und wehende Tücher ...* Am 31. ist der Nebenbuhler allerdings wieder da. *Gegen Mittag auf meinem bebenden Hengst gen Weimar, einer Einladung folgend.*

Sie geht an den Frauenplan, wo G. krank im Bett liegt. *Ich mußte dafür eine halbe Stunde mit seiner unliebenswürdigen Dulcinea vorlieb nehmen.* Am letzten Tag des Jahres hat der junge Mann gewisse Erinnerungen. ... *nicht ohne Scham und Widerwillen kann ich an die Zeit zurückdenken, wo ich eitel genug war, mir etwas darauf einzubilden, daß diese Magdnatur (diesen Namen hat ihr Wieland gegeben) mich vor andern auszeichnete. Auch war ich so unglücklich, schon seit lange ihre Gunst zu verlieren, weil es mir oft gemütlicher war, zu Hause zu bleiben, als ihren Einladungen zu folgen, und weil ich mich unterstand, den Umgang und die Unterhaltung mit ihrem Mann und mit anderen trefflichen Leuten des Ortes ihren Whistpartien vorzuziehen. Die schuldige Höflichkeit meinerseits und die heilige Scheu vor ihrem Manne ihrerseits sind es allein, die uns bisweilen noch zu einer kläglichen Unterhaltung bringen, im Herzen aber ist sie erzürnt und ergrimmt auf die Verstocktheit des meinigen, was sich nicht schämt, bessere neue Bekanntschaften der älteren schlechteren vorzuziehen.*

Dem unangenehmen Prolog schließen sich eine Reihe poetischer Akte an. Heinke geht mit Christiane, August, Ottilie und Adele zur Silvesterfeier. Ottilie und Heinke gestehen sich dort Liebe. Heinke schreibt nachts 2 Uhr seiner Breslauer Verlobten einen patriotischen Liebesbrief ... *daß nächste volle Glas meiner edlen, deutschen, großherzigen und doch so weichherzigen Lottina.* Der unwissende August wird zum feurigen Liebhaber, und Heinke muß in seinen Weimarbericht aufnehmen, daß sich August jeden Tag mit ihm schießen will. Riemer

steht erst noch vor seiner Herausforderung. Ottilie verzichtet schließlich. Auch stellt sich heraus, daß Ferdinand
Heinke mit einer Auswärtigen verlobt ist. Weimar stinkt
nach Scheiße. In den Lazaretts liegen 6000 Ruhrkranke.
Wacholderdämpfe wallen in den Straßen. Ottilie schreibt
ein romantisches Gedicht auf Heinke.

Ich wünsche Dir, mein lieber Freund,
Ein Mädchen, das Dir schön erscheint;
Ein Auge, das sich zu Dir wendet
Und süßen Flammenblick Dir spendet;
Ein Köpfchen, was Dir freundlich nickt,
Ein Händchen, das die Deine drückt,
Ein sanftes Lächeln, heitres Scherzen,
Und etwas Schalkheit in dem Herzen;
Und wenn Dich dieses hoch beglückt,
So rufe freudig und entzückt:
»Ihr nun verdanke ich es ja,
Der geliebten Tante Ottilia!«

Jenny von Gerstenbergk, Tochter eines herzoglichen Beamten, erfindet eine romantische Geschichte um alle. Danach ist Heinke Lützowscher Jäger und wird von Ottilie
und Adele im Weimarer Park aus vielen Wunden blutend
aufgefunden. Ottilie und Adele retten den Verletzten
heimlich und pflegen ihn gesund.

August hat sich mittlerweile ebenfalls als *Freiwilliger* ge-
meldet. Aus welchen Gründen auch immer. Der unter-
nehmende Doktor Kieser aus Jena betreibt die Aufstel-
lung eines weimarischen Freiwilligenkorps. G. kennt den
jungen Arzt von seinen medizinischen Vorlesungen und
Kiesers Anteil an der Entwicklung des Berkaer Badewe-
sens. G. schätzt Kieser, doch wünscht er keine Verwick-
lung seines Sohnes in lebensbedrohlichen Patriotismus.
Allerdings will er es sich auch mit dem Zeitgeist nicht

verderben. G. bemüht sich in den Dezembertagen hinter den Kulissen um ein Arrangement für den Sohn beim Herzog und seinem obersten Minister von Voigt. Seine Sorge um den Sohn verhüllt G. Voigt gegenüber akten- fest: *Bestünde mein Verhältnis zu Riemern noch, oder wäre mir das zu John geraten, so möchte sich mein Sohn, wie so viele andere, auch einmal versuchen. Aber in **die- ser Zeit** (die pecuniarischen Unstatten gar nicht gerech- net) einen Fremden in das innerste meiner Correspon- denz, meiner Arbeiten, meiner Verhältnisse einzulassen, würde meine Lage unerträglich, ja, ich darf wohl sagen, mein Dasein unmöglich machen. Dies jedoch sei bloß zu Ihrer freundschaftlichen Teilnahme vertraulich gespro- chen.*

Im Interesse der Sache hat G. den schönen Umstand zurückgehalten, daß beinahe alles, was er zu schreiben hat, ihm *Uline,* Caroline Ulrich schreibt. *Diese ist mir übriggeblieben, mir mit der Feder beizustehen, da meine ganze Canzlei das Schwert ergriffen hat,* klagt er kokett in einem anderen Brief, den er Uline diktiert hat.

G. hat mit seinen Bemühungen Erfolg. Der Kammer-As- sessor August von GOETHE wird Uniform in sicheren Verhältnissen tragen. Der Herzog *dispensiert* August *von dem aktuellen Militärwesen* und Carls Augusts oberster Minister macht seinen Freund G. am 31. Dezember mit den Einzelheiten bekannt, wonach August allenfalls beim Erbprinzen als *Quasi-Adjutant bei der Landwehr, jedoch ohne alles Marschieren und im freundlichen Zuhause* ge- braucht werden würde. G. kann zum Entschluß seines Sohnes ja sagen und das Jahr 1813 mit einem Dank an den Herzog beschließen: *Zu diesem Schritte hätte ich wider- strebender meine Einwilligung gegeben, wenn Ew. Durchlaucht Höchste Erklärung nicht zum Voraus be- zeugte daß Ihro oberste Übersicht jeden an seinen Platz sich zu stellen sich vorbehalte.* Und Geheimrat Voigt kann G. am 2. Januar sagen: *Ew. Excell. erlauben mir nur mit*

*wenigem zu versichern, daß mir, durch die Einleitung der
Sache die mir so sehr am Herzen lag, eine sehr frohe Aussicht für's neue Jahr eröffnet worden.*

Riemer findet sich am Neujahrstag bei seinem Meister
ein, um ihm zum neuen Jahr 1814 Glück und Gesundheit
zu wünschen. GOETHE umarmt seinen Riemer. Daß
Riemer ihm ganz außerordentlich und noch dazu *in dieser Zeit* fehle, darüber wird nicht gesprochen. Riemer
würde auf den kleinsten Wink den Schuldienst aufgeben
und zurückkehren. Sie vergnügen sich. G. zeigt Riemer
ein kleines, ihm zum neuen Jahr zugesandtes Gedicht,
und Professor Riemer soll den Namen des Verfassers her-
ausfinden, der ein *c* in der Mitte hat. Brieflich macht G.
auch gleich noch den Spaß mit Knebel: *Riemern selbst,
dem großen Wortkünstler, ist es nicht gelungen.* Und
ebenso mit Charlotte von Stein: *Raten Sie wohl den
Namen? Ein c in der Mitte, ohne daß es auf ck oder ch
deute?*
Regierungsassessor Peucer hat G. den Ratespaß beige-
steuert zu den Vergnügungen am Neujahrstag. Riemer
liest GOETHE eigene *Reflexionen* vor. GOETHE holt
auf Zetteln notierte Epigramme vor und ordnet sie mit
seinem Riemer. Riemer ist glücklich. Und hat wenig Illusionen.
*8. Januar. Er ist doch der einzige, durch den ich mich ge-
schmeichelt fühle, selbst wenn er mich benutzt. Denn
die anderen, unfähig mich zu schätzen und zu beurteilen, benutzen mich nicht einmal, sondern haben Gunst
oder Abgunst bloß auf Vorurteil und lassen mich einen
guten Mann sein. So sehr sind Menschen von mittel-
mäßigen Talenten, um nur etwas zu sein, genötigt, sich
an eminente anzuschließen (derselbe Fall mit Napoleon,
der alle Welt an sich lockt), und eminente Personen fordern dergleichen und gefallen sich, sie um sich zu versammeln.*

Drei Tage später steht Riemer dem Patrioten gegenüber,
der ihn zum traurigen Liebhaber werden läßt. Es ist der
Doktor Kieser aus Jena. Zu Kiesers Gepäck gehört die
bedeutungsvolle Uniform der Freiwilligen.

Kieser ist im November 1813 von Jena nach Weimar her-
übergekommen, weil in der Stadt das Faulfieber grassiert.
Kieser besucht G. nun häufig am Frauenplan. Kieser hat
ein waches Auge auf die Krankheit und das Patriotische.
August Goethe hatte sich gestern noch nicht unterzeich-
net, meldet der Kopf der Weimarer Freiwilligenbewegung
an Luise Seidler am 27. November nach Jena.
Im neuen Jahr, Mitte Januar, muß Kieser, der Arzt, sich
um Uline kümmern. *Goethe sehe ich fleißig, weil die*
Kammerfrau am Nervenfieber darniederliegt. Mit den
Freiwilligen abzumarschieren wäre ihm allerdings lieber.
Doch wünschte ich, nur erst aus Weimar zu sein. Den patriotischen Doktor Kieser beeindruckt die Demoiselle
Ulrich wie schon viele Männer vor ihm. Kieser wirbt
energisch um seine schöne Patientin. Die Zeit drängt.
Bald wird das weimarische Korps ausziehen, und Kieser
will auf jeden Fall dabeisein. Freitag, den 28. Januar, hat
Professor Riemer kein Gymnasium, weil die Freiwilligen
in der Kirche gesegnet und vereidigt werden. Es ist sehr
feierlich. Die Glocken läuten, und die russische Kaiserin
Elisabeth Alexejewna, eine Prinzessin von Baden, gibt
die Ehre der Anwesenheit. Kieser geht mit den Männern
als Feldarzt im Range eines Wachtmeisters nach Flandern
und läßt das Mädchen in Weimar. Er hat ein halbes Ja und
ein halbes Nein von ihr. Das Gerücht macht die Runde,
er sei mit Caroline verlobt und er sei der Mann gewesen,
der GOETHE im vergangenen Jahr mit einer Werbung
so hart bedrängt habe.
Caroline wird im März vierundzwanzig, Kieser ist fünfunddreißig, Riemer steht im vierzigsten Lebensjahr. An
Frommann schreibt Riemer jetzt dauernd pessimistisch.

Viel zu hoffen ist nicht in dieser Welt, wenn man über gewisse Jahre hinaus ist, u. es ist schon lange, daß ich sanguinisch zu sein aufgehört habe.

Sonst wüßte ich so weiter nichts zu melden. Ich lebe wie der Gaul in der Roßmühle, mit verbundenen Augen, für alles was um und neben mir vorgeht, wenn es nicht etwa meine Ohren erfahren.

Von hier weiß ich Ihnen so **nichts** *zu sagen. Ich lebe für mich u. vor mich und außer G. besuche ich Niemand; jenen dafür auch desto öfterer.*

Sie stiften unterdessen Ehen und Heiraten, woraus man die Lebenslust der Jenenser ermessen kann. Hier fällt so was Niemanden ein.

Die Freiwilligen kehren siegreich zurück. Frankreich ist nach einer Epoche der Kriege unterlegen. Der Senat hat die Absetzung Napoleons proklamiert. Die Ruhmeszeichen seiner Kriege in Paris tastet der Senat nicht an oder läßt sie weiterbauen. Paris ist besetzt. Riemer ist bei G. gewesen, als am 14. April die Nachricht kam, Napoleon wolle sich auf die Insel Elba zurückziehen. Riemer staunt zwei Tage später, daß G. meint, sich an ein gutes Betragen der Franzosen in seinem Hause im Jahre 1806 erinnern zu können, *zumal Denons in betreff seiner Kunstsachen.* Riemer schaut anders auf die Zeit zurück, als Napoleons oberster Kunsträuber mit ihnen als Einquartierter unter einem Dach wohnte. *Man habe das Gefühl gehabt, wie wenn einen ein Löwe leckt, daß, sobald er Blut spürte, er einen zerreißen könnte.* Und dann kommt der 19. April. Riemers Geburtstag. Caroline Ulrich macht ihm ein Geschenk. Vielleicht eine Stickerei. Ihre Handarbeiten sind in Weimar berühmt. Riemer dankt mit steifer Rührung. *Verehrungswürdigste,*

Erstaunt und beschämt erblicken meine Augen, das an-
mutigste Geschenk, womit Ihre Güte nicht nur, auch Ihre
*Hand, gerade an **diesem** Tage, mich so verbindlich be-*
lohnt: erstaunt sage ich, da ich mir durchaus keines Ver-
dienstes bewußt bin, wodurch ich mich so großer Auf-
merksamkeit nur einigermaßen würdig gezeigt hätte,
beschämt – doch Sie erlassen mir mein so demütigendes
Geständnis meiner Schwäche. Gern nehme ich mit Be-
schämung als ein reines Glück an, was ich doch zu keiner
Zeit anders als mit dem Gefühl des Unverdienstes mir zu-
eignen dürfte, und sage Ihnen, Verehrteste, für dieses er-
hebende Zeichen Ihres reinen und schönen Wohlwollens,
den empfundensten und herzlichsten Dank. Ich tu es
schriftlich, um nicht unwillkürlich, durch persönliche
Äußerung meiner Empfindung, Ihr Zartgefühl in eben
dem Augenblicke, wo ich Ihnen nur meine ehrfurchts-
volle Ergebenheit zu bezeigen wünsche, zu berühren.
Vergönnen Sie mir aber dagegen bald eine Gelegenheit,
auf tätige Weise, Ihnen die reine Verehrung zu bezeigen,
die mich wahrhaft glücklich macht, die ein unabweisli-
ches Bedürfnis meines Wesens ist. Erhalten Sie mir das un-
schätzbare Vertrauen, das Sie mir am heutigen, für mich
so wichtigen Tage, auf das zarteste von neuem schenken.
Durchdrungen von dem Wert desselben, würde ich, um
keinen Preis der Welt, ein Glück verscherzen wollen, wel-
ches das erste und letzte meines Lebens bleiben wird.
Verehrungsvoll

Ihr ergebenster Riemer
Weimar am 19. April 1814

Am 21. Mai, einem Samstag, halten die Weimarer Freiwilligen Einzug in die Stadt. Kieser ist noch nicht dabei.
Die Freiwilligen tragen die Uniformen der Jäger. An ir-
gendwelchen Kämpfen haben sie nicht teilgenommen.
Aber sie sind im *Feld* gewesen. Riemer sieht sich das

Schauspiel mit Christiane an und fährt am Nachmittag
mit ihr das Ilmtal hinauf in das neue Bad nach Berka, wo
G. seit einer Woche ist. Carl August hat im vorigen Juni
in Berka ein Kurhaus eröffnet. In dem Ilmort sprudelt
eine Schwefelquelle. G. will sie probieren und vor allen
Dingen in Berkas Ruhe arbeiten. Es gibt neue Wünsche
nach *Dichtungen* aus der Hand GOETHES.

In Halle ist Medizinprofessor Reil gestorben. Sozusagen
als Kriegsopfer. Reil ist als Lazarettdirektor an Typhus
gestorben. Das Hallesche Theater verdankt Reil seine
Existenz, und man möchte Reil ehren. Theaterdirektor
G. fühlt sich verpflichtet. Sein eigenes Unternehmen
hält die weimarischen Winter nur durch, weil es sommers gute Kasse im Theater von Bad Lauchstädt macht,
das die Hallesche Badedirektion betreibt. Also setzt
sich G. an ein *Vorspiel zur Eröffnung des Theaters in
Halle.* Doch in die ersten Szenen ist Mitte Mai Hof-
kammerrat Kirms mit einer Anfrage des Direktors der
Königlichen Schauspiele in Berlin, Iffland, hineinge-
platzt, ob GOETHE gewillt sei, ein Festspiel zum feierlichen Einzug der verbündeten Monarchen Preußens,
Österreichs und Rußlands zu verfassen. Iffland hat den
Wunsch, daß der *erste Mann der Nation über diese hohe
Begebenheit schreibt.* Eigentlich hat G. bisher dem patriotischen Krieg seine Teilnahme verweigert. Nicht,
daß er Napoleons Mann wäre. Kammerpräsident Gersdorff erzählt, daß G. Napoleon nie hochgeachtet oder
geliebt, aber als eine *merkwürdige Naturerscheinung*
betrachtet habe, was man ihm doch nicht verargen
könne, wie G. meint. Es tun aber viele. Charlotte von
Stein darunter.

*Goethe, wie man sagt, hat seinen Sohn nicht wollen mit
den Freiwilligen gehen lassen, und er ist der einzige junge
Mann von Stand, der hier zu Haus geblieben. Sein Vater
scheint gar unsern jetzigen Enthusiasmus nicht zu teilen;
man darf nichts von politischen Sachen bei ihm reden.*

Kriegsdienstverweigerer GOETHE geht seltsam zerrissen mit Ifflands Wunsch um. Erst sagt G. Iffland über
Kirms am 18. Mai ab. Dann sagt er ihm über Kirms am
20. Mai zu und schickt Iffland gleich am 24. ein Konzept
und legt schon einmal die Chöre der Krieger bei.

Der Ruf des Herrn
Der Herrn ertönt,
Wir folgen gern,
Wir sind's gewöhnt;
Geboren sind
Wir all zum Streit,
Wie Schall und Wind
Zum Weg bereit.
...

Was er Iffland nicht schreibt, ist, daß er den Chor der
Krieger vor sechs Jahren schon einmal in der *Pandora*
hatte. Bis auf ein Wort. Da tönte nicht der Ruf *der* Herren, sondern der Ruf *des* Herren.

G. hat die Idee zu einem Festspiel, *Das Erwachen des*
Epimenides, und zugleich eine Idee, wie die Freunde in
Halle zu ihrem Recht kommen. Riemer wird das Vorspiel
nach seinem Entwurf ausführen. Am 24. Mai trägt Riemer in sein Tagebuch ein: *Goethes Vorschlag, daß ich ihm*
bei dem Hallischen Vorspiel helfen sollte.

Montag, den 23. Mai, ist ein Bote von Sohn August aus
Weimar nach Berka gekommen.

G. schreibt Knebel einen Brief. *Ich habe beinahe soviel*
Händel auf dem Halse, von guter und schlechter Sorte,
wie der Marschall von Bassompiere ...

Am Mittwoch kommen der Erbprinz Carl Friedrich und
sein *Quasi-Adjutant* August mittags nach Berka und machen einen Spaziergang mit G. *Hielten sich aber nicht*
lange auf, notiert sich Riemer.

In Weimar hat der Rittmeister von Werthern-Wiehe Au-

gust zum Duell aufgefordert, weil August Uniform getragen hat. Ohne im *Feld* gewesen zu sein.

G. hat August im Januar einen didaktischen Brief geschrieben. Aus Carolines Hand. *Fahre fort, mit heiterem
Sinn, auf zwei Dinge zu achten, erstlich, wo die Menschen
hinaus wollen? und zweitens wie sie sich deshalb masqui-
ren? Zeige dich nicht allzubehaglich, damit sie Dir Dein
Glück nicht übel nehmen.*

Caroline hat eine Schlußzeile dazugeschrieben: *Die
Nonne grüßt den Hühnermönch zum schönsten, »gib mit
mir dein Seel«*

Weimar den 14. Jan. 1814.

Der Vater hat August nicht geschrieben, daß er Angst um
ihn hat, ihn nicht ins *Feld* geben will. Wer konnte, hat in
den Kulissen geschoben, seinen Sohn unter die Offiziere
zu bringen. Der Ehre wegen, wie Knebel. Des Todes
wegen, wie GOETHE.

Appellationsgerichtsrat Körners Sohn ist im mecklen-
burgischen Rosenow erschossen worden. Jugendfreund
Klingers Sohn hat die Schlacht von Borodino verschlun-
gen. Oberkammerpräsident von Voigts Sohn ist in französischer Haft umgekommen.

Kriegsdienstverweigerer G. hat den Sohn verstecken
wollen. August aber hat sich über eine Offiziersstelle gefreut, die der Vater ihm besorgt hat und arglos *Uniform*
getragen. G. wird seinen Sohn nun auch vor dem Duell
schützen. Da der Herzog noch abwesend ist, erbittet G.
bei Caroline von Wolzogen eine Intervention der Herzogin Luise.

Berka, 28. Mai 1814

*Empfehlen Sie mich Durchl. der Herzogin zu Gnaden
und stellen Höchstderselben vor daß mein Sohn von Se-
rinissimo nicht freigegeben worden, vielmehr als Ordon-
nanz bei Durchl. dem Prinzen angestellt geblieben, daß er
seinen Dienst pünktlich verrichtet und sich nur zuletzt
auf des Prinzen ausdrücklichen Befehl die Uniform ma-*

chen lassen, also nichts verschuldet und wohl hoffen darf daß man sich seiner annehme und den Cameraden und ehemaligen Jugend Freunden das eigentliche Verhältnis deutlich mache und sie versöhne. Die Herren von Voigt und Gersdorff würden gewiß hiezu behülfliche Hand leisten und durch Einsicht und Klugheit die Sache beilegen.
Am nächsten Tag kommt von Müller nach Berka und bleibt. Es ist Pfingsten. Am Pfingstmontag kommt der Präsident des Kammerkollegiums Gersdorff und bleibt. Es besteht Aussicht, daß es kein Duell geben wird.

Riemer hat von den *Damen*, die auch in Berka sind, von Augusts Schwierigkeiten gehört und für G. ein Memorandum in der Affäre an den Geheimen Regierungsrat von Müller schreiben müssen. Schließlich haben Gersdorff und Müller in Gersdorffs Zimmer mit ihm über *des Assessors Angelegenheit von der Leber weg* gesprochen. Der unterrichtete Riemer zürnt August: *31. Mai. Verstimmt über Tische durch des Assessors alberne Possen.*
Entweder ist August ein Stein vom Herzen gefallen. Oder er hat nicht begriffen, aus welcher Gefahr der Vater ihn zu retten sich anschickt.

Riemer arbeitet jetzt in Berka Tag für Tag angestrengt am *Reilschen Vorspiel.* Er liest Szenen vor. G. spendet Beifall. Es ist der 1. Juni. *Nach Tische spazieren nach Tonndorf. Die Ulrich war sehr liebenswürdig, aber etwas zurückgezogen, und Goethe tat sehr schön mit ihr.*
Am nächsten Vormittag läßt Riemer das Vorspiel erst einmal liegen, macht Gedichte für Caroline und beschwört in dem Gedanken, daß *die schönen Tage, frohen Stunden, die wir vereint in Fried' und Lust gelebt,* Berka als *Arkadien* und wirbt mit G.

> *Der Genius, der uns verbunden,*
> *Er ist's, der in uns beiden wirkt und lebt.*
> *Wie sollten wir, die Er erkannt, die Seinen,*
> *Und nicht in dem Gefühl für ihn vereinen.*

Ein *Blumenlob* findet Riemer besonders aus seinem Herzen sprechend und liest es an der gemeinsamen Mittagstafel vor. *Bei Tisch mein Gedicht leidenschaftlich vorgelesen, ohne die Ulrich anzusehen.* G. zeigt sich sehr zufrieden mit dem Gedicht, Caroline lacht. Nach dem Essen zeigt sie Riemer ein Geschenk GOETHES. Es ist ein Schlangenring mit Rubinen und Perlen. Ob er ihr das Geschenk deuten könne, fragt Caroline?

Riemer geht auf sein Zimmer und macht ein Sonett. Am Abend liest er G. und Caroline die Erklärung vor.

> *Die zarten Perlen um den glühenden Rubin,*
> *Die Schlangenzähne, die sie beide halten*
> *Und sich zum Ring der Ewigkeit gestalten ...*
>
> *Was sie bedeuten? – Dürfen Wort und Lettern*
> *Solch zart Geheimnis laut zu Tage ziehn?*
> *Die keusche Rose freventlich entblättern?*
>
> *»Der Rose Mund, die Perlentau umflossen,*
> *Wart – eine Zung' im klaren Perlengehege –*
> *Geheimnis, so im Herzen brennend rege,*
> *Vor Schlangen klug in ewigem Ring verschlossen;*
>
> *Ein glühend Herz, das Musenkost genossen,*
> *Weiht jungfräulicher Rose zartre Schläge,*
> *Und schlingt geheim, in ewigem Gepräge,*
> *Sich um den Liebling, dem es sich erschlossen.*

Dichter G. findet starke Worte für das Gedicht. *Weil er verliebt in dich ist so sieht er dich allenthalben,* erklärt er Caroline die Ringerklärung, und Riemer beglückwünscht er: *Ihr seid ein wahrer Calderón.*

Seit einem Dutzend Jahren ist Calderón für Theaterdirektor G. das Idol eines Dramatikers, und G. wird nicht müde, sich unter seinen Stern zu stellen. Riemer wird sel-

ber in einiger Zeit das ewig hungrige Weimarer Theater
mit einer Bearbeitung von Calderóns *Das Leben ein
Traum* beliefern. G. hört an diesem Abend nicht auf, Riemer zu loben. Er würde das Ring-Gedicht in den nächsten Damenkalender aufnehmen, sagt er, und ob Riemer
noch mehr in der Art hätte? Caroline braucht Riemers
Deutung des Geschenks nicht. G. hat sich ihr in einem
Gedicht erklärt. Sie ist der Rubin. Er liebt.

> *Wäre der Rubin mir eigen,*
> *Perlen wären um ihn her,*
> *O so wollt ich bald erzeigen,*
> *Wie so herzlich lieb er wär;*
>
> *Denn ich schüf ihn gleich zum Ringe,*
> *Schlangen würd ich um ihn ziehn,*
> *Und ich sagte: Liebe, bringe,*
> *Bring ihn der Geliebten hin.*

Der arme Riemer schickt einen Boten nach Weimar und
läßt holen, was er aus seinem langen stummen Gespräch
mit Caroline zu liegen hat. Es ist ein ansehnlicher Stapel.
Das Leben als Literatur. Die Gewalt der Liebe durch Poesie bemäßigt. Der Meister ist überall.

> *Du willst, ich weiß es, nichts von Liebe hören,*
> *Und schon das Wort vermag Dich zu betrüben,*
> *Und doch, wer kann Dich sehen und nicht lieben?*
> *Wer lieben, und das holde Wort verschwören?*
> *Dann mußt Du selbst uns Deinen Anblick wehren,*
> *Nicht Deines Wesens Zauberkraft mehr üben,*
> *Nicht mehr zu reizendsten von allen Trieben*
> *Durch süßen Blick und Schmeichelwort betören.*

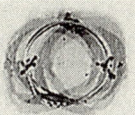

Goethes Ring-Gedicht für Caroline Ulrich

Sie setzen sich zum Abendessen. GOETHE, Riemer und
die Damen. Sie wohnen alle unter einem Dach in dem
schön an der Ilm gelegenen stattlichen barocken Haus,
das sich *Edelhof* nennt und von alters her Logis der fürstlichen Jagdgesellschaften ist. Es ist eine lustige heitere
Zeit. Noch steigt das Jahr. Juni. Noch sind die Blätter an
den Bäumen und Sträuchern in hellem Grün. Ottilie von
Pogwisch in Weimar beneidet die Berkaer Frauen um ihr
heiteres Leben. Geistreiche Gespräche, Musik, *ländliche
Einsamkeit,* die Tanzlust von Christiane und Caroline
und die Kavaliere, die sie haben. Ottilie schickt an die
beste Mamsell Ulrich ein Briefchen mit der koketten
Klage, ihren *treuesten Verehrer,* einen Provisor, abgewiesen zu haben, *als er mich mit dem schüchternen Blick der
Liebe um ein paar Wiener Walzer bat. Der Frau Geheimrätin bitte ich Sie, mich bestens zu empfehlen; und wenn
Sie den Sonntag zephirleicht im Tanz dahin schweben, so
erinner Sie sich Ihrer armen Freundin, die verlassen im
Dachstübchen sitzt ...*
Für Riemer ist jede Stimmungsnuance der schönen Caroline Schicksal. *Donnerstag, 2. Juni. Ulrich wohlwol-
lend. Las sie uns aus dem Cellini vor. Anmutig in höch-
stem Grade. Melodische Stimme. Knabenhaft und mit
einer gewissen Kadenz.*
Jetzt hat Riemer seine Gedichte auf Uline in Berka und
liest sie vor. Nicht Caroline. *Ich las Goethe einige Sachen
auf Ulrich vor, die er lobte und für den Damenkalender
rekommandierte.*
GOETHE arbeitet an seinem Berliner Festspiel. Riemer
an seinem Halleschen Vorspiel. G. erzählt Riemer, daß er
es zu einer kleinen Oper ausarbeite. *Was ich billigte,
wegen Allgemeinheit des Genusses und der poetischen
Ironie.* Am Abend liest Riemer G. den Auftritt der Saale-
Nymphe aus seinem Vorspiel vor. Riemer hat für den
Auftritt der Nymphe auch Musik gewählt, nach der *Melodie »In meinem Schlößchen ist' gar fein«* vom Blasin-

strument hinter dem Theater. Die Nymphe ist eine un-
sterbliche Weimarerin. Sie ist eine Reinkarnation der
Saalnixe, des Donauweibchens.

> *Ich steh wohl gar morgens früh,*
> *Wenn ihr noch liegt in guter Ruh,*
> *Und schau im ersten Sonnenschein*
> *Gleich in den schönen Garten hinein.*
> *Da glänzt das Haus in muntrer Tracht,*
> *Die einem frisch ins Auge lacht,*
> *Und spricht gar freundlich jedermann,*
> *Doch bei ihm zu verweilen, an.*

Es ist ein schöner Juniabend. Wein steht auf dem Tisch.
Die Schauspielerin Eisermann ist jetzt auch da, mit der
G. die Nixenszene durchgeht. Der Meister trägt das Werk
seines neben ihm sitzenden Dichters vor und macht sich
den Spaß, die Versanfänge so sehr zu betonen, *daß es ein*
Spektakel war. Er hatte schon zuviel getrunken. Sagt
Dichter Riemer.
Riemer pendelt zwischen Weimar und Berka, schreibt G.
die *Berliner Oper* ab und macht ihm damit eine Freude.
Inzwischen haben sich neue Gäste in Berka eingefunden.
Professor Wolf ist gekommen. Riemers vertrauter Förderer. Friedrich Zelter ist gekommen. G.s vertrauter Le-
bensfreund. G. ist in diesen Tagen sehr jung. Der Mann
ist dreiundsechzig. Besonders an den Abenden ist G. sehr
jung. Gleich auch an dem Abend nach der Nymphenle-
sung. Diesmal ist die Berkaer Runde oben im Mansardgeschoß des *Edelhofes* versammelt.
Organist Schütz muß Bach auf dem Klavier spielen. G. läßt
sich in diesen Tagen überhaupt viel vorspielen, um sich in
sein Berliner Festspiel einzustimmen. Wie bei Riemer, bestimmt auch bei GOETHE ein Trompeterstückchen die
Stunde. Es ist der letzte Satz aus Bachs Capriccio B-Dur,
die *Fuga all'imitazione della cornetta die Postigglione.*

Das Stück ist das erste Mal gespielt. G. ist begeistert, Wolf weniger. G. bittet Schütz um ein Dacapo und dann um noch eins und ein weiteres, bis Professor Wolf wütend davonläuft. Wolf muß am nächsten Tag müde gewesen sein, als er mit seinem Schützling Riemer einen langen Spaziergang macht, aber wohl auch besonders wach bei Riemers Erzählungen.

14. Juni. Mit Wolf allein auf und ab; über meine häusliche und innere Situation; Goethes Art und Betragen gegen mich. Er wußte alles von der Schopenhauer. Rat von ihm, mich zu verheiraten und eine bessere Stelle zu suchen. Er wollte mir förderlich sein. Ihm meine Neigung zu Ulrich bekannt, da er wissen wollte von der Schopenhauer, daß ich in unglücklicher Liebe mich in Sonetten verzehrte. Wegen Professur in Jena. Abgeraten … Er schien auf Breslau zu denken.

Der Troß des Krieges ist zurück nach Weimar. Aber einige entscheidende Gestalten fehlen noch in diesen Junitagen. Doktor Kieser und Herzog Carl August.

Riemer hat nicht aufgegeben, der schönen Caroline seine Billette nebst kleinen Aufmerksamkeiten zu schicken. Wenn es ihr bloß nicht überdrüssig wird. Er gibt seiner Sorge einen lockeren Anstrich.

Weimar d. 17. Juni 1814
Verzeihen Sie, daß ich Sie nun auch mit Briefen bombardiere, aber diese Bomben springen nicht, u. sie haben obendrein den Vorteil. seither nicht darauf antworten zu müssen.

Leben Sie wohl, und gedenken in Gnaden
Ihres untertänigsten Sclaven Riemer

Von Kieser noch kein Datum der Rückkehr, wohl aber für den Wiedereinzug Carl Augusts in seine Residenz. Im Juli will er kommen. Selbstverständlich geht an GOETHE der Wunsch, die *hohe Begebenheit* zu arrangieren. Schnell hat er ein Schema des Empfangsfestes ent-

worfen und Verse und Versschmiede im Kopf. Riemer bekommt von G. aus Berka nach Weimar einen Brief. In der
Handschrift Caroline Ulrichs.

*21. Juni 1814. Was die kleinen Gedichte zu des Herzogs
Ankunft betrifft, so wollte ich Ihnen gleich den schönen
Anlaß andeuten. Wenn Sie nämlich die Sternbilder wähl-
ten. Hier liegt ein unendlicher Reichtum; ich würde gleich
den Löwen, die Jungfrau und die Waage vorausgehen las-
sen; im Juli kommt der Herzog zurück, im August ist der
Congreß, im September des Herzogs Geburtstag und
wahrscheinliche Wiederkunft. Aus dem Zodiac würde ich
weiter keine Bilder nehmen, allein von den übrigen
Sternbildern die schönsten und edelsten. Secretieren wir
den Vorschlag, daß er Ihnen nicht weggenommen wird.
Die Namen der sämtlichen Dichter erbitte mir zu meinen
Acten. Ich habe übrigens eine Menge Einfälle um der
Sache Mannigfaltigkeit, ja Reichtum zu geben. Horchen
Sie bei andern, damit man sich einander findet und
schickt.*

Riemer hat in Weimar genug für den Dichter zu tun. Es
ist wie immer, aber so wie jetzt ist seine Arbeit noch nie
mit dem Namen des Meisters in einem Atemzug genannt
geworden. *Was wir bringen. Fortsetzung. Vorspiel zur
Eröffnung des Theaters in Halle, den 17. Juni 1814, von
Goethe und Riemer.* Von GOETHE und Riemer. Christiane ist in Berka dagegen gewesen, ihn zu nennen, aber
G. hat darauf nicht gehört. Riemer arbeitet in Weimar an
der Reinschrift von G.s Berliner Festspiel *Des Epimenides Erwachen.* Es ist der 24. Juni. *Früh die Lücken
im Festspiel mundiert. Großer Durchmarsch von Russen.*
Riemer trägt mehr noch in sein Tagebuch ein, aber das
sind bloß gewisse eigene Gedanken und Gefühle ohne
GOETHE-Konkordanz und deshalb in den Editionen
von Riemers Tagebüchern für die Philologen unerheblich.
*24. Juni. Man kann nur in der Beschränkung glücklich
sein, aber wer mag sich freiwillig beschränken, und wer*

*hat die Kraft, es fortzusetzen? Aude beatum esse!, kann
man auch hier sagen.*

Der Herzog läßt sich Zeit. Vor dem Herzog kommt Doktor Kieser.

Abends, 2. Juli, ein Samstag, ist Doktor Kieser in Weimar
und gleich bei GOETHES. Und Caroline. Briefe hat er
ihr viele geschrieben und wohl auch Caroline ihm. Die
Briefe sind verloren. Feldarzt Kieser geht stürmisch auf
sein Ziel los, Caroline zu Frau Kieser zu machen. Riemer
macht nach Goethes Anweisung Gedichte.

2. Juli. Gedichte auf die Sternbilder.

3. Juli. Drei neue Sternbilder dazu.

Kieser ist jetzt überall dabei. Als Zar Alexander I. Mitte
Juli Weimar besucht und die Stadt festlich illuminiert
wird, begleitet Kieser die *Damen* zum Spektakel. Ausgerechnet in diesem Moment eröffnen sich Riemer materielle Aussichten, wie sie zu einer Frau gehören. Bibliotheksrat Keil wird sich nach Leipzig verheiraten, und in
drei Wochen wird seine Stelle an der herzoglichen Bibliothek frei. Kollege Hand vom Gymnasium ermuntert Riemer, sich zu bewerben, der mächtige Voigt unterstützt die
Idee, und auch Meyer bestärkt Riemer. *22. Juli. Eröffnete
ihm mein Plan mit der Bibliothek, worüber er sich freute.
Getröstet, daß doch eine Hoffnung in Erfüllung geht.*
Wenigstens das.

So viele Jahre aus aller Natur.

Es steht fest, Dietrich Georg Kieser und Caroline Ulrich
werden heiraten. Riemer schreibt sich einen Satz ins Tagebuch, dem ihm die Philologen wegnehmen und
GOETHE zuschreiben werden: *Die Wirklichkeit hat nur
eine Gestalt, die Hoffnung ist vielgestaltet.* Riemer versucht ein existentielles Credo. Er blickt wohl bis Rom und
Tegel zurück. Er ist jetzt vierzig. *Ich danke jeden Tag
Gott, daß ich das Leben gerettet, denn wenn ich von einem
Tag zum anderen auch nichts weiter herüber nahm, so ist
es doch das Leben, und im Leben die Hoffnung.*

Warum will ich heute im gestern, vorgestern vor Jahr
u.s.w. leben, warum im Heute und womöglich schon im
Morgen?

G. hätte Uline sicher am liebsten bei sich behalten, aber
wenn sie denn mit einem Mann davongeht, ist ihm Kieser
lieber als Riemer. Für Kieser spricht Unausgesprochenes:
Er war nie GOETHES Sekretär. G. hat Riemer manches
durchgehen lassen, aber nie Entscheidendes. Eine Frau ist
elementar. Und als Ausgesprochenes spricht für Kieser,
was G. im April 1812 sagte, als Kieser sich für die Universität bewarb: *Unser junger Arzt Kieser hat mich beein-*
druckt und gefällt mir sehr, ob ich ihn gleich nur kurz ge-
sprochen. Auch dieser ist wieder ein Zeugnis, daß es an
manchen Orten und Enden recht gute Leute gibt, es könn-
te ihrer noch mehr geben, wenn sie sich nicht von gewissen
herrschenden Phantasien hinreißen ließen, womit sie sich
die schönsten Jahren verderben und oft ihr ganzes Leben
daran leiden. Einen Moment zeigen G.s hohe Worte der
Nachricht von *Ulines* Hochzeit ihr Fassadenhaftes. Thea-
tralisch jammert er bei der Nachricht. *Wer wird mir nun*
die Krumen ausschneiden, wer mir schreiben? Riemer ist
Zeuge der Szene zwischen G. und dem Mädchen: *23. Juli.*
Ulrich weinte, und mir tat es weh. Sie erholte sich erst spät.
Seinem Riemer kann GOETHE am nächsten Tag Nach-
richt von Voigt geben, daß Riemer zum 2. Bibliothekar an
der Herzoglichen Bibliothek ernannt werden wird, und
Riemer dankt G., wie er es sich am Tag zuvor als sein
Schicksal zurechtgelegt hat, *daß wenigstens **eine** Hoff-*
nung in Erfüllung gegangen, da ich auf die andern ver-
zichten müsse. Riemer fügt dieser Nachricht einen seltsamen Satz an: *Man kann sich nur durch einen Verrat*
(proditione) am Ganzen herstellen, wenn man selbst ver-
raten (aufgeopfert) worden.
Und dann verzeichnet er an diesem 24. Juli noch eine
merkwürdige Änderung bei G.:

Goethes Eigenheit, daß er die Ulr. nichts mehr schreiben läßt.

G. ist reisefertig. Er kann sich das Ungebundene erlauben. *Uline* ist versorgt, Riemer ist versorgt. Des Dichters vaterländisches Festspiel ist nach Berlin abgesandt und harrt der Aufführung. Der Herzog kommt nicht. Frau von Stein hat bissig bemerkt, daß alle Dekorationen GOETHES verwelken. G. kann reisen. Am Montag, 25. Juli, bricht er mit Diener Stadelmann zum Main hinunter nach Frankfurt auf. Christiane kommt erst in den ersten Augusttagen aus Berka zurück. Riemer besucht sie. Oder besser, Caroline.

Riemer ist kein schlechter Zeichner. Doch außer einer Zeichnung seines Meisters und einem Bildchen der Caroline von Humboldt im Tagebuch hat sich nichts erhalten. Natürlich hat er auch Caroline Ulrich gezeichnet, und diese Blätter übersendet er ihr jetzt als Zeichen seiner ungebrochenen Anhänglichkeit in einem gedrechselten Liebesbrief ... *Ich habe nichts weiter damit sagen wollen, als wie unvergeßlich mir jeder Augenblick ist, den ich in Ihrer Nähe zuzubringen das Glück hatte, und daß mir nicht leicht eine von den graziösen Bewegungen entgeht, die Ihr ewiger unverwüstlicher Schmuck sind u. bleiben werden. Verzeihen Sie meine Kühnheit für diesmal, u. sehen auch in der Folge einmal durch die Finger, wenn ich wieder einmal etwas erhasche, was mich glücklich macht ...*

Ich küsse die schönen Hände, u. werfe mich im Geist zu den Füßen, die ich verehre.

> *Ihr ganz ergebener Riemer*
> *Weimar d. 4. August 1814*

Christiane ist krank aus Berka nach Weimar zurückgekommen. Man fürchtet, es könnte die Wassersucht sein. So oft es schicklich ist, geht der traurige Liebhaber an den

Frauenplan. *16. August. Zu Uli, wo Kieser und Assessor im Gartenhaus. Einen Augenblick allein mit ihr.*
Riemer beschwört das Schicksal. Er hat eine verzweifelte Idee. Wenn Christiane sterben würde, was zu befürchten sei, könne Caroline doch GOETHE nicht verlassen?
Ja, aber was würden die Leute sagen? fragt Caroline.
Ach, der arme Riemer in seiner Not und in seinem Glück als Doppelgänger.
Goethe würde sie zu seiner Frau machen.
Caroline reagiert mit weiblichem Zweifel.
Warum er aber darauf gedrungen, daß sie Kieser nehmen solle?
Es gibt keine Erklärung Riemers.
Eine Woche später ist das Aufgebot bestellt und Riemer wieder unterwegs von seiner schäbigen Wohnung in das große Haus.
23. August. Zu Goethes. Uli. Notifikation ihrer Vermählung (ward mirs wunderlich).
Als er am nächsten Tag abermals den magischen Ort besucht, trifft es sich, daß er mit Christiane allein im Garten hinter dem Haus ist.
Christiane hält von der Hochzeit ihrer Caroline mit Kieser überhaupt nichts. Sie redet frei von der Leber weg.
Über Kiesers Brummigkeit, und daß es nichts werden könne mit der Heirat. Warum solle sie das Mädchen aufopfern? Aus dem Hause tue sie sie nicht. Wenn er sie haben wolle, so müßte er Anstalt machen pp. Was nur heißen kann, bei Christiane *Anstalt* zu machen und mit ihr ins Benehmen kommen.
24. August. Im Garten mit der Goethe ... (einigermaßen Trost für mich).
Dem forschen Kieser wird bei seiner Werbung nicht in den Kopf gekommen sein, was *Uli* Christiane seit Jahren trotz aller Eifersuchtsszenen bedeutet. Kieser hat von Mann zu Mann gesprochen. Kieser hat um Caroline bei GOETHE geworben. Bei wem sonst? Doktor Kieser wird sein be-

schränkter Horizont Schwierigkeiten machen. Zuerst bei Christiane. Christiane muß sich mehrfach gegen Kieser ausgesprochen haben und Caroline ihn deshalb gebeten haben, nicht länger an den Frauenplan zu kommen. Riemer notiert im Tagebuch: *29. August. Uli schrieb Kieser, daß er nicht ins Haus käme, weil es immer Krakehl gebe.* Am gleichen Tag schickt Kieser *Uli* einen Brief. Es ist ein Montag. Es ist der einzige erhaltene Brief Kiesers.

Kieser ist in Berka und hat beim Vogelschießen und im Tanzsaal vergeblich auf *Uli* und Christiane gewartet, die doch sonst keinen Ball auslassen. *Man bestürmte mich mit Fragen, warum Frau Geh. Rätin nicht da wäre.* Der Krieg ist vorbei, aber nicht die Gewöhnung an Waffen, Eroberungen, Blut. Kieser wird Zeuge, daß Blumengärtner und Blumenliebhaber Dreyssig aus dem nahen Tonndorf mißfällt, wie ein Weimarer Offizier seine Frau im Tanzsaal herzt. Dreyssig geht mit dem Messer auf den Offizier los und kann mit Mühe zurückgehalten werden, den Militär zu erstechen.

Berka, den 29. August 1814.

Liebste Caroline,

Ich erwartete am Sonnabend einige freundliche Zeilen von Ihrer Hand, und hoffte, als diese nicht kamen, daß Sie selbst gestern kommen würden. In beiden bin ich getäuscht, und nun muß ich Ihnen schreiben, hauptsächlich um Sie zu bitten, mir einige Worte zu sagen. Ich gehe in diesen Tagen von hier nach Jena. Ich werde morgen, wenn Gelegenheit ist, wieder bei Ihnen vorschicken. Liebe gute Uli, lassen Sie mich am Dienstag Abend nicht vergebens auf Ihren Brief hoffen.

Ich wartete gestern so sehnlich auf Sie, um Sie vor meiner Abreise noch einmal zu sehen! Wann wird dies nun geschehen? Kann ich Sie nicht einmal bei Ihrer Tante ein Stündchen sprechen? Es ist ja ein so bescheidener Wunsch, Sie, liebe Caroline, noch einmal sehen zu wollen. Überlegen Sie es, und geben Nachricht …

Frau Geh. Rätin hat ein Porträt von Ihnen. Empfehlen

Sie mich ihr bestens, und ersuchen Sie dieselbe, es mir einstweilen zu überlassen.

Wie freue ich mich des Augenblicks, wo ich wieder mit Ruhe zu Ihnen kommen darf, und wo ich Sie aus diesen Ihnen so wenig zusagenden Verhältnissen entfernen kann.

Ich sollte dem Herzog entgegentreten. Aber da müßte ich mich wieder in Weimar herumtreiben, – und ohne Sie zu sehen, das ist mir nicht möglich.

Haben Sie die Güte, mir diejenigen meiner Briefe zurückzusenden, welche in Ihrem Hause nicht gelesen werden können. Ich will Sie Ihnen gern bewahren.

Leben Sie wohl, meine gute liebe Caroline. Bleiben Sie meine getreue Freundin, wie Sie es bislang waren, und gedenken Sie, daß ein freundlicher Brief von Ihnen unendlich erfreut.

Ihren Dr. D. G. Kieser

Am 1. September zieht endlich der Herzog hoch zu Roß in seine Residenz ein. Es ist Illumination in Weimar, und Riemer trifft Kieser *mit seinen beiden Damen* bei der Besichtigung des Glanzes. Riemer hat einen *Prolog bei der Wiederkunft aus dem Felde 1814* geschrieben. Als Dichter ist Riemer erhoben: *So sehn wir glänzend sie erfüllt die Eine / Glückreiche Hoffnung, die wir lange Monden / Dann Wochen, Tage Stunden treu genährt! / Es hat des Sommers gabenvolle Zeit / Auch unsrer Wünsche stille Saat gereift ...* Als Junggeselle ist Riemer lebenstraurig: *4. September. Eine Frau zu nehmen, um im Alter Pflege zu haben, ist sehr philisterhaft gedacht. Wieviel tausend herrliche, schöne, junge und alte Menschen bleiben im Felde, ohne daß ihnen eine freundliche Hand die Augen zudrückt! Ich will im Frieden so im Felde bleiben.* Kieser verläßt Weimar. Riemer kann es nicht entgangen sein, er ist Weimars aufmerksamster Beobachter des Frauenplans. Nun nichts mehr von Resignation im Felde.

Mit einem bibliothekarischen Vorgeplänkel nimmt er den
Kampf um Liebe wieder auf. Am 7. September schickt er
Caroline ein Packen Bücher: *Hierbei übersende ich
Ihnen, Verehrteste, den zweiten Teil der Denkwürdigkei-
ten, in der Voraussetzung, daß er Ihnen eben so wie der
erste gefallen werde. Sie brauchen aber nicht weiter als bis
an das Papierzeichen zu lesen.*

*Sodann lege ich das schon besprochene indische Schauspiel
bei, das zarteste was ich geben kann, u. ich bin überzeugt,
es wird bei aller Fremdartigkeit, Ihnen ebensoviel Beifall
als anderen abgewinnen. Sollte es nicht der Fall sein, so
sorge ich in diesen Tagen für andere Lektüre.*

*Wie glücklich würde ich sein, wenn ich Sie in diesen Tagen
sehen könnte, schon um ein vertrauliches Wort mit Ihnen
zu sprechen. Ich hätte Ihnen viel Schönes zu sagen, Schönes, was andere von Ihnen sagen u. was mir zu innigster
Freunde zu Ohren gekommen ist. Ich wünschte Sie eben
so glücklich dadurch zu machen, als ich es bin.*

*Vielleicht daß ich das Glück habe, Sie bei Wolffs zu sehen,
die heute kommen müssen, wenn sie nicht schon da sind,
denn in Ihrem Hause glaube ich sobald nicht das Vergnügen zu haben.*

*Ich habe zwar diese Woche sehr viel zu tun ... durch
schriftstellerische Arbeiten. Wenn ich aber ein Bild, ein
Muster für Sie machen dürfte, so sähe ich es die ange-
nehmste Fortsetzung der allerliebsten Beschäftigung an.*

Ich lege mich so Füßen und küße Sie tausendmal

> *Ihr*
>
> *Ergebenster Riemer*

»*Schreiben Sie mir nur vier Wörter, daß ich nur Ihren
Namen sehe*«.

Ruhe bei seinen Dichtwerken für den vaterländischen Ta-
gesbedarf, die ihn in diesem September beschäftigen, hat
er nicht. Die Gedanken an *Uli* sind stärker. Die Rückkehr
der befreundeten Schauspielerfamilie Wolff nach Weimar
läßt auf sich warten. Ende des Monats trifft als erster Pius

Caroline Ulrich. 1812

Alexander Wolff ein. Seine Frau, Anna Amalia, ist noch in
Jena. Riemer besucht ohne Säumen Wolff. Was er dort
hört, trifft ihn wie ein Blitzschlag. Wolff weiht Riemer ein
in *Ulis Konfession, daß sie seiner Frau geklagt, daß sie mit
Schauder an die Hochzeit denke.* Dann ist auch Anna
Amalia Wolff da, und Riemer findet sich gleich ein. Er will
das Unglaubliche auch von ihr hören. *28. September. Zu
Wolff. Kam seine Frau. Über Ulis Abneigung gegen Kieser.*
Dann vergehen zwei Wochen bis zur nächsten Nachricht.
*12. Oktober. In diesen Tagen großer innerer Kampf wegen
Uli.*

Was geht vor? Soll er sich noch einmal in die Wirren von
Hoffnung und Enttäuschung stürzen, wenn er einen
förmlichen Heiratsantrag macht, und seine mühevolle
Ruhe aufs Spiel setzen? Und was zählen Wünsche, wenn
man nicht das Geld für sie hat? Gerade hat Riemer Frommann wieder einen seiner Notbriefe geschickt, die der
Verleger regelmäßig bekommt.

Weimar d. 5. October 1814
*Ich habe gar nichts mehr im Beutel und muß noch 8 Wo-
chen leben, ehe ich wieder Besoldung bekomme. Auf eine
Kleinigkeit kann ich wohl rechnen wenn G. zurückkommt; aber es ist noch lange hin und hat schon seine an-
gewiesene Rubrik.*

Riemer läuft um Nachricht über Caroline zu den Wolffs.
*14. Oktober. Über Goethes langes Ausbleiben. Über Uli,
daß sie Kiesern immer noch nicht liebe, sich zwar vornehme, gegen ihn freundlich zu sein, es aber nicht dahin
bringe, sich selbst darüber hasse.*
17. Oktober. Zu Goethes. Mit Uli allein, freundlich.
*18. Oktober. Uli fuhr mit der Goethe nach Jena. Abends
die Biwaks und Wachfeuer zum Andenken an die Leipziger Schlacht.*

Am vorletzten Oktobersonntag ist der unruhige Riemer
wieder bei den Wolffs, und einige Damen des Weimarer
Theaters sind mit ihm zu Gast. Ernestine Engels darun-

ter, mit Caroline herzlich befreundet. Ernestine ist ein reizendes Persönchen, das auf G.s Empfehlung seinem Familiennamen ein **s** angehängt hat, damit es nicht gar so metaphorisch als Engel durchs Leben geht. Natürlich wird über Caroline gesprochen, nein mehr: *Beratung wegen Uli. Abrede, daß sie heute noch selbst zu Wolffs käme.*

Die Frauen werden Tacheles mit Riemer geredet haben. Nachts setzt er sich hin und schreibt einen Brief. Nicht an Uli. Weimar ist nicht Rom. Riemer schreibt Pius Alexander Wolff, daß er Caroline liebt, sie heiraten möchte und die Bitte, *ohne ihr zuzureden, sie nur darauf aufmerksam zu machen.*

Es ist ein Brief für Caroline. Gleich an diesem Montag, an dem Wolff den Brief hat, ist Wolff bei Caroline und dann bei Riemer. Uli, kann der Bote sagen, scheine nicht abgeneigt, ja, er ist sogar gewiß, daß Uli den Antrag annehme. *24. Oktober. Stille Freude. Abends zu Wolffs. Entdeckte sie mir dasselbe und bestätigte es, und daß sie Uli Bedenkzeit bis Mittwoch gegeben. Wolff habe ihr den ganzen Brief vorgelesen, und sie sei gerührt gewesen. 25. Oktober. Zu Wolffs beschieden. Erklärte Mad. Wolff, daß Uli völlig entschlossen sei. Weitere Abrede, wie es mit Goethe und Kieser zu halten. Zweifel, Bedenken.*

Es ist sehr viel zu bedenken. Caroline hat Kieser ein Jawort gegeben. GOETHE steht dahinter. Caroline ist aus dem Haus am Frauenplan zu bringen. An G. ist zu denken. An Christiane. An August. Die Runde hat eine Idee. Vielleicht kann man August zum Verbündeten machen? Man sollte August einschalten, um die Lage zu erklären. Riemer schreibt mit hastigen Zügen Caroline einen langen Brief. Vergessen ist die schöne Schreiberhand, mit der er ihr sonst Briefe und Billette schrieb. Vergessen das Datum. Kein anderes Datum kann er haben, als die Stunde nach Riemers Besuch bei den Wolffs. Ach, jetzt das Glück festhalten.

Vergebens suche ich den Ausdruck, der Ihnen sagt, wie außerordentlich jener köstliche Beweis Ihres höchsten und vollsten Vertrauens mein ganzes Wesen über sich selbst erhöht, wie er mich beseligt und all die süße Begeisterung, welche nur solche Tugenden in solcher Liebenswürdigkeit, wie Ihnen Gott und Natur geschenkt hat, in eines Mannes Brust zu wecken imstande sind. Auf Leben und Tod bin ich hinfort nur Ihrem Dienst geweiht; nur **Ihr** *Glück ist das einzige Ziel meines Strebens,* **Ihre** *Zufriedenheit nur, die süßeste Belohnung; wie im Gegenteil Ihr Schmerz, Ihre Trauer, wenn ich so unglücklich wäre, sie zu verschulden, meine ewige Marter sein würde.*

Noch darf ich Sie nicht in Ihrem Hause sehen; ich fürchte mein Herz nicht verhehlen zu können, ich fürchte, was so natürlich ist, meinen Empfindungen nicht den Schein der Unbefangenheit und der Gewohnheit zu geben, der nötig ist, um uns beide nicht zu verraten. Erlauben Sie daher, bis wir uns an einem dritten Ort sprechen können, Ihnen nur das Notwendigste schriftlich zu vertrauen.

Noch hält Riemer Kieser nicht für endgültig besiegt. Entschuldigungen aller Art und Reuetränen sieht er Carolines Herz bald bestürmen. Wenn sie nur festbleibt.

Bedenken Sie, daß keine Macht in der Welt Sie zwingen kann, selbst die Gesetze nicht, sonst kalt und gefühllos genug. Der Mann, der Sie gab, sah sich wider Willen genötigt, dasjenige als frei anzuerkennen, was sein Glück und seine Wonne ausmachen soll. Lassen Sie den Erfolg Ihres festen Entschlusses nur auf mich einwirken. Die Schale des Grimms, den er erregen wird, mag über mich ausgegossen werden; ich habe nur **ein** *Gefühl, und das sind* **Sie:** *um* **den** *Preis, ist es leicht ein Märtyrer zu werden.*

Suchen Sie vor allem den Feind Ihrer Ruhe von sich entfernt zu halten, indem Sie ihn von nun an kalt und kälter, zuletzt unumwunden sagen, daß nichts zu hoffen sei. Sie sind nicht dazu da, ein Opfer Ihres Wortes zu werden.

Und dann ist da der olympische GOETHE. In welcher

Gestalt Riemer auch mit seinem Dämon umzugehen versuchte, immer war er der Unterlegene. Aber diesmal kennt er das Mittel, das Fatum zu zwingen.

*Nach reifer Überlegung finde ich, daß wir uns zuerst G. entdecken müssen, und zwar nicht **einzeln**, sondern beide zusammen. Diesen Proteus fesseln wir nur auf diese Weise: denn er kann nicht zweierlei Gestalten zugleich annehmen, und auch nicht einerlei, da wir verschieden Geschlechts sind. Was wir ihm zu sagen haben, um seine Eigenliebe nicht zu verletzen, wollen wir mündlich vorher beraten, ich teile meine Gedanken mit, ohne den Ihrigen vorzugreifen.*

Zu bedenken wäre auch, ob wir nicht den A. auf unsere Seite bringen und in das Geheimnis ziehen sollten. Die brüderliche Neigung zu Ihnen, die Achtung gegen mich, wird ihn doch vor ungebührlichen Ausbrüchen etwaiger Unzufriedenheit zurückhalten, und sein Interesse wird befriedigt durch das endliche Resultat, das auch noch so noch das alte bleibt. Unterdes beurteilen Sie das, nach Ihrer gewonnenen Erkenntnis seiner Zuverlässigkeit, weit besser als ich.

*Indem ich nochmal, ganz beruhigt, durch die Würde und Wichtigkeit der Sache, das bisherige überdenke, finde ich es beinahe unglaublich, wie die dabei interessierten Personen nicht gleichsam von selbst die Hände zu einer Wendung bieten, die ihnen auf alle Fälle ersprießlich und in keinem gegen ihren letzten und eigentlichen Endzweck ist. Doch auch den schlimmsten Fall gesetzt, vertrauen Sie mir, vertrauen Sie mir auch ganz, und kein Opfer kann mir zu teuer sein. Erklären Sie selbst nur dreist, daß Sie das Haus verlassen wollen, präponieren nur Ihrer Tante, auf kurze Zeit sie aufzusuchen. Frei sollen sie warten, in **der** Zuflucht ficht sie nichts an, und ich vertraue **der,** die mir vertraut, und mich auf einmal zum besseren Menschen emporhob.*

Ich sehe Sie doch wohl diesen Abend!

August steht an diesem Tag dann plötzlich bei Riemer in
der Tür. *Kam der Assessor zu mir und eröffnete, daß er
alles wisse, Uli es ihm gesagt habe, und er gern die Hände
zu allem biete. Weitere Maßregeln verabredet.* August arrangiert erst einmal ein Rendezvous der beiden, und für
den nächsten Tag verabreden sie sich selber. *Abends mit
Uli in der Loge. Ganz frank und frei alles besprochen,
wegen Kieser Abschreiben u. dergleichen.* Dann der 27.,
das Jahr 1814, ein Donnerstag. GOETHE ist aus Frankfurt zurück.

Früh um sechs ist er in Eisenach abgefahren und nachmittags um vier in Weimar angekommen. Riemer ist
gleich an den Frauenplan, wo schon Wolffs sind. G. weiß
Bescheid. Es ist alles einfacher als gedacht. *War Goethe
eben angekommen. Kam vor, aber ganz verstört, Küßte
Uli auf eine schmerzliche Weise, wie Mad. Wolff bemerkte. Gingen diese hierauf fort. Ich blieb da.*
August geht zu seinem Vater und bleibt den ganzen
Abend mit ihm allein. Christiane, die ihm eigentlich die
Geschichte erzählen wollte, ist zu ihrem Verdruß ausgeschlossen und setzt sich zu Uli und Riemer, *und wir
stimmten sie heiter; ich durch meine Erklärung, wie
glücklich mich Uli mache.* Endlich kommt auch G., um
Reisegeschenke zu verteilen. G. hat die Pose olympischer
Überlegenheit gewählt. Riemer würde ihm wenigstens
am nächsten Tag gern selber etwas sagen, aber G. kommt
Riemer gleich mit launigen Bemerkungen im Garten als
unterrichtet entgegen. Schnell macht Riemer weiter die
Runde im Haus. *Dann zu den Frauen, wo ich hörte, daß
er ganz auseinander sei. Mußte Mittags bei Tisch bleiben.
Verließ ihn alles, und auch mich schickte er fort.*
Die Sekretäre, die heiraten wollen, haben noch eine besondere Not. Dem künftigen Ehemann fehlt das Geld für
die Hochzeit und die Ausstattung der Wohnung. Riemer
bittet am 29. Oktober seinen Verleger Frommann um
einen Vorschuß von 100 Talern. *Ich laborire noch an dem*

Auszug aus dem G. Hause und an manchem anderen Mangel, den ich nur immer durch Auf und Zumachen eines Lochs um das andere gedeckt habe.

Kieser will sich nicht abfinden mit dem Verlust der Verlobten. Riemer wirft es umher. *Wegen Kieser in Besorgnis und rasend für das Mädchen,* schreibt er in sein Tagebuch. Kieser schickt sich an, Riemer bei seinem Vorgesetzten, Konrektor Schwabe, zu denunzieren. Caroline weint bei den Wolffs *über die Behandlung bei Goethes, von ihr und dem Assessor.* Bei *Goethes* scheinen die Gefühle rasch wechseln zu können. *Die Goethe tobte wieder,* hat Riemer vor einigen Monaten in das Tagebuch geschrieben und Caroline ihm im Juli gesagt, *daß es nicht mehr auszuhalten, die Goethe fange nun wieder an, eifersüchtig zu werden.*

Caroline will das alles nicht mehr. Sie will aus dem Haus. Fort von den Anträgen der Männer, den Späßen des Assessors, den Launen der Mutter, der Neigung des Vaters. Sie mag Riemer. Sie kennt Riemer. Kein Bruch mit *Goethes,* aber ein eigenes Dach über dem Kopf. Also die Ehe möglichst schnell.

1. November. Drang sie in mich, das Aufgebotsgesuch einzureichen. Gleich hingerannt und durch Kiesers ostensiblen Brief an Schwabe deprimiert. Zu Wolffs, wo Uli war. Sie ohne Bangigkeit wegen Kieser. Ihr Mut, ihr Zutrauen und ihr Wesen, als wäre sie schon verheiratet, machten mich froh und stellten mich her.

3. November. Zu Uli. Im Hause stehe alles gut, man sei es zufrieden.

G. hat sich nach einem neuen Schreiber umgesehen. Er heißt wieder John, ohne der Teplitzer John zu sein. Der neue John ist ein junger Mann von zwanzig Jahren und Sohn eines Weimarer Stubenmalers. Johann August Friedrich John war weimarischer Freiwilliger und ist brustkrank heimgekehrt. Er wird Riemers leeres Mansardzimmer beziehen. John rühmt sich einer sauberen

Handschrift. An diesem 3. November tritt John seine Stelle bei G. an. An diesem 3. November in der Nacht schreibt
Riemer seiner zukünftigen Frau einen Brief. Soviel ist zu
bedenken. Auch der Vertrag zu der kleinen Wohnung, in
die sie ein paar Tagen ziehen werden. Es bricht aus Riemer
heraus. Ein bißchen wie seine Gedichte.

*Lassen Sie sich **Ihr Vertrauen, Ihr Wort,** nicht reuen, Sie
haben mich so über mich selbst erhoben, daß ich das Un-
mögliche zu tun im Stande bin, u. **wenn es glücklich
macht andere glücklich zu machen,** so sind Sie die glück-
lichste: denn Sie können Niemand glücklicher machen als
mich. So stolz dies klingt, so wahr ist es doch. Ich bin nicht
mehr **ich selbst;** ich lebe und bin nur in **Ihnen,** und mein
Dasein würde aufhören, wenn Sie aufhören, mich zu denken, wenn ich Ihnen fremd werden könnte. Ich bin der
reichste aller Sterblichen, wenn Sie mir Ihre Hand schenken, der ärmste unter der Sonne, wenn Sie sie zurück
zögen. – Nein! Sie können nicht zurückgehn, angebetetes,
durch sieben Jahre in meine Empfindung in mein Gefühl,
in mein Denken verwebtes himmlisches Wesen! Ich habe
keine Worte dafür, ein Leben noch so lang würde nicht
hinreichen das was ich für Sie empfinde in Wort und Tat
auszusprechen. – Mein ganzes Leben ist Ihnen geweiht,
mein Tod, wenn er sie glücklich machen kann, ist mir
Wonne, sobald Sie ihn fordern. O einziges Herz, Seele
meiner Seele! **bleibe nur so wie Du bist,** und ich bin selig,
wie ich es nur werden kann. – Ich sage nichts weiter: denn
ich fürchte Sie eben so sehr als ich Sie liebe! Ihr Unwille
würde mich vernichten.*

*Um 11 Uhr komme ich zu Ihnen. Wir bereden dann das
weitere. Wollten Sie es allein oder Madame W. es übernehmen mir eine Quantität feiner Leinwand zu dem be-
wußten, auszukaufen; ich würde unendlich dankbar
sein. – Vielleicht komme ich etwas später: dann bringe ich
das Möbelbuch von der Bibliothek zum aussuchen ...*

Gott grüße Dich! ewiges einziges Herz. Ich weiß kein tie-

*feres, kein umfassenderes Wort. Du bist mein eigen, mein
ganzes Herz, wie könnte ich aufhören Dich zu lieben.*

Riemers Hochzeit, Carolines Hochzeit, ihre Trauung ist
am 8. November. Das Jahr 1814. Dienstag der Tag. Auf
einmal. Doch noch. Nach so langer Zeit aus aller Natur.
Ach, das Bedürfnis nach einem Menschen.
Ein gemeinsames *Logis* haben sie seit ein paar Tagen. Riemer holt seine Braut am Hochzeitstag nachmittags 5 Uhr
im Goethehaus ab. GOETHE empfängt ihn im Flur und
sagt ein paar nichtssagende Worte. Riemer geht weiter zu
Caroline, *die etwas weinte.* Nun die Braut und der Bräu-
tigam zur Sakristei, wohin Christiane und Geheimer Regierungsrat von Müller schon vorgefahren sind, *wo uns
unter Zudrang von Mädchen und Kindern der Kollaborator Köhler traute.* Dann zurück in das Logis.
Dort erwarten sie August und Konrektor Schwabe vom
Gymnasium. Kiesers böser Brief an Schwabe hat also
nichts bewirkt. Madame Wolff kommt auch noch. Nicht
aber GOETHE an die Tafel seiner Sekretäre und zu ihrer
Trauung.
Nach Tisch bringen Riemers Primaner dem Hochzeits-
paar ein Ständchen und Geschenke *für mich und –* o
Donnerwort *– meine Frau.* Auch mit einem Gedicht ist er
beschenkt worden.

An Herrn Professor Riemer zum 8. November 1814
Wohl hohe Zeit ist's freundlich auszugleichen,
Was Du mit Amorn strebend oft begonnen.
Er gönnt Dir seiner Gnade schönes Zeichen,
Verwirklicht was Dein kühnster Traum ersonnen;
So eil die Segel demutsvoll zu streichen
und ziehe ein in Paradieses Wonnen.

Nach ein paar Tagen schreibt Riemer seinem Verleger und
Freund Frommann einen Brief.

Weimar d. 18. November 1814
Ich bin übrigens der glücklichen Überzeugung froh ge-
worden, daß das Schicksal wohl und allerdings uns die in-
nersten Wünsche des Herzens gewährt, sobald sie mensch-
lich und billig und aus unser eigensten Natur selbst
resultiren und mit ihr nicht in Widerspruch sind. Wäre ich
nicht bei der Sache interessirt, so würde ich frei gestehen
müssen, nach allen bekannt gewordenen Umständen, sei
ein Verhältnis wie das jetzt eingegangene, so natürlich als
vernünftig, wie es denn nicht ohne Vorgang Beispiel und
Analogie aller Zeit ist und sein wird. – Mein abgerissenes
zerstückeltes früheres Leben, erhielt zuerst in Weimar
einen Mittelpunkt, einen Kern, um den es sich sammelte
und bildete, und die Vereinigung mit einem fast unter
gleichen Bedingungen entwickelten und gebildeten
Wesen, das ich beinahe wie mich selbst kenne, schließt
und rundet es ab zu einem Ganzen, das nun erst Bedeu-
tung, Wert und Wirksamkeit erhält …
Das Wüste und Bodenlose des Zölibats habe ich auf alle
Weise durchgefühlt, daß selbst Nahrungssorgen nicht so
entkräften und entmuten können, als jene Einsamkeit
des Herzens, die nur menschenfeindlich und zerstörend
wirkt.
Ich weiß nicht, aber eine Beruhigung, ein Friede, wie sie
uns nur bei einer großen weitverbreiteten Einsicht, bei der
Aufnahme in ein Mysterion, werden, ist das Glück mei-
nes Herzens, und so ist Verstand und Tätigkeit frei ge-
worden und entbunden, um die Zwecke und Mittel des
Lebens mit Stetigkeit und Ruhe zu verfolgen.
Vom 9. November 1814 bis zum 20. März 1815 läßt Riemer sein Tagebuch liegen und trägt nichts mehr ein.
Am 17. Januar 1817 wird Caroline und Friedrich Riemer
ein Sohn geboren. Sie nennen ihn Bruno.

Dauer im Wechsel

Zu diesem Geburtstag der Frau Riemer, es ist der
14. März, das Jahr 1816, ein Donnerstag, schreibt ihr
Christiane einen Brief. Caroline wird sechsundzwanzig.
Das Land ist still. Die Kriege sind vorbei.
Liebe Professorin!
Ich wünschte, den heutigen Tag recht froh begehen zu
können. Möge er mir ewig unvergeßlich bleiben. Ich
schicke Dir hierbei ein kleines Andenken, welches Du
nicht verschmähen wirst.
W. d. 14. März 1816 Chr. Goethe
N. S. Von meinem Mann wird es nachkommen.
Das Ereignis der winterlichen Theatersaison war die Aufführung von G.s Festspiel *Des Epimenides Erwachen* Anfang Februar. G. hat lange darauf warten müssen, aber erst
mußte Berlin spielen, und in Berlin ist die Aufführung
immer wieder bis in den März 1815 zu G.s großen Ärger
vertagt worden. Der preußische König, geht das Gerücht,
habe eine Antipathie gegenüber GOETHE. Trotz des vaterländischen Dichterlobes auf die alliierten preußisch-
russisch-österreichischen Kronen im *Epimenides.*

Und Fürst und Volk und Volk und Fürst
Sind alle frisch und neu.

Der *Epimenides* hat alle überfordert. Die allegorische
Gestalt das Publikum. Die Berliner witzeln, *Eh, wie mee-*
nen Sie des? Die Fürsten, daß sie *neu* sein sollen, als hät-

ten der Krieg und das Befreiungswerk des Volkes ihnen
ihre Macht verliehen und nicht Gott und das Schicksal.
Der *Epimenides* hat G.s Illusion überfordert, die Menschen, hätten mit dem Sieg mehr Rechte gewonnen. Er
schreibt dem *Epimenides* vor der Berliner Aufführung im
März 1815 einen Kommentar. Und läßt ihn auch zur Weimarer Aufführung im Februar 1816 in der Schublade.

> *Was haben wir nicht für Kränze gewunden!*
> *Die Fürsten, sie sind nicht gekommen;*
> *Die glücklichen Tage, die himmlischen Stunden,*
> *Wir haben voraus sie genommen.*
> *So geht es wahrscheinlich mit meinem Bemühn,*
> *Den lyrischen Siebensachen,*
> *Epimenides, denk ich, wird in Berlin*
> *Zu spät, zu früh erwachen.*
> *Ich war von reinem Gefühl durchdrungen;*
> *Bald schein ich ein schmeichelnder Lober:*
> *Ich habe der Deutschen Juni gesungen,*
> *Das hält nicht bis in Oktober.*

Mit aller Macht als Theaterdirektor und aller Kraft als
Theaterregisseur hat G. den *Epimenides* in Weimar in-
szeniert, aber es zeigt sich, der Bühnenkrieg des Festspiels
überfordert Weimar, wie Napoleons richtiger Krieg.
G. hat in das Spiel einen Siegeszug der alliierten Armeen
und ihrer Marschälle hineinkomponiert. Blücher tritt mit
der preußischen Armee auf, Schwarzenberg an der Spitze
der Österreicher, Wittgenstein mit den Russen, Welling-
ton mit den Engländern. Weimars Theater kann den Mar-
schällen nur jeweils 10-Mann-Armeen stellen. G. appelliert an den ästhetischen Sinn der Einwohner: *Die
Wirklichkeit kann auf einem so engen Raum, wie die
Bühne bietet, doch nicht verkörpert werden, ob man da
zehn oder hundert Mann erscheinen läßt, bleibt sich
gleich, man möge sich die anderen dazu denken.* Ein Dar-

steller frotzelt lieber, *da konnte das Publikum recht sehen,*
was dieser Kampf um die Freiheit des Vaterlandes für
Menschenopfer gekostet hatte! Selbst mit den abgehärte-
ten Theatermusikern hat G. Schwierigkeiten. Sie treten
gegen die Musik des *Epimenides* auf, und G. hält es für
richtig, sich am 18. Februar nach einer zweiten Aufführung bei der Hoftheaterkommission zu beschweren,
damit es nicht von *solchen sinnlosen Menschen* abhänge,
ein mit so vielem Bedacht, Sorgfalt, Mühe und Kosten zu-
stande gebrachtes Werk zu verschreien. G. fürchtet um
künftige Wiederholungen. Nur einmal noch wird von der
Rampe des Weimarer Theaters im Oktober 1816 verkündet, daß *alle frisch und neu!*

Caroline, der Christiane so freundlich gratuliert hat, lebt
ohne die Geheime Rätin und den Geheimen Rat anders
und zugleich das alte Leben. Sie besucht regelmäßig
Christiane, klatscht mit ihr, spielt Karten, ist unterwegs.
Sie hat eine eigene Wohnung, jedoch wohnen Caroline
und ihr Mann nicht allein. Schon im Sommer 1815 haben
die Riemers einen Gymnasiasten in Kost und Logis nehmen müssen, um *teils etwas wohlfeiler zu wohnen,* wie
Professor Riemer sagt, *u. sodann eine kleine Nachhilfe für*
meine ökonomische Lage zu haben. Die Unbequemlich-
keit muß man freilich nicht rechnen. Sie würden gern um-
ziehen in ein billigeres *Logis* am Park, die bisherige Wohnung ist um 25 Taler teuerer geworden, aber der Umzug
klappt nicht wegen des Vormieters, der angeblich nicht
aus der Wohnung will. Riemer hat einen Verdacht. *Die*
Sache hängt anders zusammen, u. es ist ein Stückchen,
daß G. und M {ülle} r uns spielen möchten ... Das wäre
mir ein schöner Lohn für die viele Gefälligkeit und Be-
reitwilligkeit, die ich stets u. so auch diesen Winter für G.
gehabt, daß ich meine eigenen Sachen öfter hintangesetzt
habe. Ich weiß nicht der alte Herr gefällt mir nicht.
Seit Riemer verheiratet, hat er sich überraschend oft ge-

Brief Goethes an Riemer.
Berka, Juni 1814

so würde ich dadurch nur gefördert
ein zu Beschleunigung aber sende die
zweite Abtheilung die nun zusammen-
hängend zu gefälliger Durchsicht und
einstweiliger Interpunction die ich
theils ganz weg gelassen theils nur
mit Bleystift angegeben habe.

Die mit Bleystift geschriebenen
Anmerkungen sind vorerst nur
zur allgemeinen Notiz. Ich kann
hoffen daß bis sie heraus kommen
auch der Anfang fertig sey und sie
alsdann alles mit Ihnen nehmen
und durch irgend eine ...
... die selbe recht machen zu
lassen sobald dieses fertig ist wollt
ich die ... durch eine ...
schicken und mir das auch von
diesem schnell zu erledigen ...
... wohl

reizt und verdrossen gezeigt. Es ist eine Stunde der Wahrheit. Die Hochzeit hat ja nur einen Teil seiner Lebensprobleme gelöst. *Zum erstenmal in meinem Leben ... fühle ich die Notwendigkeit und den Wert eines Besitzes.* Riemer ist darum auch im Januar 1815 bereit gewesen, nach Rostock in ein vorteilhafteres Amt zu wechseln. *Von dem Lumpengelde kann ich nicht leben: Schulden über Schulden habe ich über die Gebühr, u. Leben und Gesundheit geht durch das Prickeln Tag und Nacht an einer mühevollen Arbeit hin, daß wenn ich meine Frau nicht hätte, es auf keinen Fall aushalten würde,* hat er Frommann geschrieben und hinzugesetzt: *Dazu noch eine so herzlose Antwort von G. der mich gleichwohl hier behalten will, und mir das Rostock ausreden möchte.*

Auch Frommann möchte Riemer halten und bringt gegen Rostock die Kulturstadt Weimar ins Spiel, aber Riemer antwortet: *Auch ist Weimar nicht eben deswegen der Sitz der Cultur, weil man hier über alles ein Urteil haben will; es fragt sich, ob man es hat, und mehr als ein bischen poetischer ästhetischer Kunstdilletantismus ist doch hier auch nicht.* Am Ende ist alles vergeblich. Weder läßt sich Rostock hören, noch macht Weimar das im stillen erhoffte Angebot zur Besserung seiner Verhältnisse. Es bleibt dabei, er ist eine Aushilfe. Am Gymnasium, in der Bibliothek, bei G. Mehr sind nur die bitteren und bösen Worte Riemers geworden, die er nicht mehr zurückhält. Wie früher.

GOETHE; *der alte Herr.* G. ist sechsundsechzig. Christiane wird am 1. Juni dieses Jahres 1816 einundfünfzig.

Mit Christianes Gesundheit steht es am Jahresanfang 1815 schlecht. Bei einer Ausfahrt in Jena hat sie am 9. Januar einen Zusammenbruch gehabt. Das Gerücht verbreitet sich, es sei ein Schlaganfall gewesen, was Riemer Frommann bestätigt. Riemer läßt einer bösen Meinung freien Lauf. *Der Schlag oder eine Art von Schlag im*

*Wagen hat seine Richtigkeit, wiewohl die Dame das selbst nicht weiß. Unterdes ist alles wieder gut, und es sind schon Supplicationen angestellt worden, oder vielmehr herumgeschickt, Visitencarten mit der Inschrift: »Für genommenen Anteil **höchlich** dankbar.« Das Gegenteil wäre für **ihn** vielleicht gut gewesen, für uns andre gewiß.*

Nun scheint alles gut zu stehen mit Christiane. Sie besorgt das Haus, trifft sich mit ihren Damen, spielt mit ihnen Boston und Whist. Bis zum 22. Mai 1816.

Die kleine Ernestine Engels macht ihre Morgenrunde, die bei der Theaterkollegin Frau von Heygendorf, Carl Augusts geadelter Mätresse, beginnt.

Mittwoch den 22. Früh zur Heygendorf; dann zur Goethen, die nicht wohl war. Dann zur Riemer, wo ich den ganzen Tag bis zur Komödie blieb. Sie glaubte, daß sie schwanger wäre. Wir gingen dann zusammen ins Theater. Die Heygendorf wurde sehr brillant empfangen und spielte vortrefflich.

Freitag den 31. Früh ging ich zur Heygendorf. Nachher zur Goethen, die sehr krank war. Der Geheimerat bat mich, da zu bleiben. Ich blieb den ganzen Tag dort. Die Riemer und Vulpius auch. Abends nach dem Essen ging ich mit der Riemer im Park, dann mit zu ihr und zuletzt nach Hause.

Sonnabend den 1. Juni. Gleich nach Tisch holte ich die Unzelmann zur Goethen ab, und wir blieben bis zur Komödie dort.

Sonntag den 2. Früh mit meiner Arbeit zur Goethen; sie war sehr krank. Die Müller und John kamen hin, später die Riemer. Ich blieb bis zur Probe dort … Beim Nachhausegehn wieder ich zu Goethens; sie war bis zum Tode schlecht. Die Riemer und Vulpius blieben mit mir bis um 10 dort. Dann traurig nach Hause; ich hatte eine schlaflose Nacht.

Montag den 3. Juni. Früh zur Heygendorf. Dann mit ihr zu Goethens. Sie war um weniges besser. Die Lortzing kam auch hin. Wir waren alle in der Küche, weil die Köchin auch krank war.

Kein Blatt weiter gibt es vom Tagebuch der Ernestine Engels. Verstreut und untergegangen. Verloren die Ereignisse. Das Sterben von Christiane nun.

G. hat in der Nacht seinen Schreiber und Helfer Kräuter bei sich gehabt, der auch gleich ein paar Zeilen an Riemer schreibt. Korrekturaufgaben, wie so oft. G. beginnt, sich krank zu fühlen. *Mögen Sie, mein lieber Riemer, beikommenden Heften einige Aufmerksamkeit schenken und sie kritisch durchgehen. Bei ganz gesunden Sinnen würde mir schwer sein die Mängel zu entdecken, weil ich zu sehr das was da steht gewohnt bin. Jetzt in den mitkrankenden habe ich besonders auf's Einzelnen zu gar kein Urteil mehr.*
d. 4. Juni 1816
G. überfällt heftiges Fieber. Er verläßt den kommenden Tag nicht das Bett. Christianes Zustand ist schlechter noch geworden. In der Nacht ist Kräuter bei ihm.
6. Juni. Gut geschlafen und viel besser. Nahes Ende meiner Frau. Letzter fürchterlicher Kampf ihrer Natur. Sie verschied gegen Mittag. Leere und Totenstille in und außer mir.
In Weimar erzählt jemand von einem unversorgten Ende Christianes, wilden Schmerzen, Krämpfen, Schreien und durchbissener Zunge, Schrecken, so fürchterlich, daß niemand in der letzten Stunde bei ihr auszuhalten es ertragen konnte, das Personal sei davongelaufen. Johanna Schopenhauer erzählt von Christianes Verlassenheit, die an keinem Tage der Krankheit bei ihr war. Es ist solch ein schönes Material für die Christiane-Legenden.
G.s Arzt, Hofrat Rehbein, ist während der Krankheit jeden Tag gekommen, auch am Sterbetag, um G. zu sagen, daß es mit Christiane zu Ende gehe. Dr. Huschke, der andere berühmte Arzt Weimars, erzählt, G. habe wei-

nend vor ihrem Bett gekniet: *Du sollst, Du kannst mich nicht verlassen.* War sie wirklich allein?

Kräuter hat in den letzten Tagen der Krankheit jeden Tag im Entree des Hauses ein Blatt mit einer Mitteilung über das Befinden Christianes und des Geheimen Rates ausgelegt, auf dem sich anteilnehmende Weimarer eintragen konnten. Kräuter formuliert auch die Todesnachricht.

7. Juni 1816
Gestern in der Mittagsstunde erschien der schmerzlich entscheidende Augenblick, der dem Leben der Frau Geheimerätin von Goethe ein Ziel setzte. Die hierdurch erregte Bestürzung und daraus erfolgte Gemütsbewegung verstattet nicht, die höchst verehrlichen und dankbarlichst anzuerkennenden Beileidsbezeigungen persönlich zu erwidern, welches besseren Zeiten vorbehalten bleiben möge.

Für Frommann in Jena übernimmt Riemer zwei Tage später Kräuters Rolle als Berichterstatter. Er weiß von einem gefaßt erscheinenden G. zu berichten, den doch immer wieder Schmerz und Tränen überfallen und der wohl bald Weimar verlassen und nach Teplitz reisen werde. Auffallend viel Raum widmet Riemer dem Verhältnis von Vater und Sohn: *Die Einsamkeit wird immer größer werden, sobald der Sohn erst wieder seinen Geschäften und-Vergnügungen nachgeht. Denn außer Meyern und mir sieht er nur wenige oder selten, und wir können selbst in den einsamsten Stunden am wenigsten um ihn sein. Auch wird die öconomische Gesinnung des Sohns ziemlich alles von ihm entfernen, was ihn zerstreuen und aufheitern könnte.*

G. in diesen Tagen ist in einem schwarzen Strudel. Er gesteht ihn allein im Medium seiner Eingeständnisse: dem Tagebuch und der Literatur. Vier Zeilen hat sein Gedicht auf den Tod Christianes:

Du versuchst, o Sonne, vergebens
Durch die düstern Wolken zu scheinen!
Der ganze Gewinn meines Lebens
Ist, ihren Verlust zu beweinen.

Knapp die Tagebucheintragung: *Mein Sohn Helfer, Rat-*
geber, ja einziger haltbarer Punkt. Und dann geschieht
etwas Seltsames. Der Vater redet als Sohn über sich. G.
schreibt der verwandten Familie Schlosser in Frankfurt
einen Brief unter dem Namen Augusts. Als Sohn erlaubt
G. den Blick auf sich.

10. Juni 1816
Wenn ich Ihnen, verehrte Freunde, das Absterben meiner
lieben Mutter vermelde, so ist es schon hinreichend, Ihnen
den Zustand zu vergegenwärtigen, in welchem wir uns
befinden. Mein Vater sucht durch fortgesetzte Tätigkeit
sich aufrecht zu erhalten, und mich belebt der Gedanke,
in häuslichen und geselligen Verhältnissen ihm nützlich
und angenehm zu sein.

Ausgerechnet in dieser Stunde erwartet Riemer von G.,
daß er sich auf seine Seite stellt, als Riemer mit August in
einen Konflikt gerät.

August das Haus übergeben, trägt G. in sein Tagebuch am
27. Juni ein. Er geht nach Jena. Jetzt, August und Riemer allein, geschieht etwas zwischen beiden. Nichts Belangloses
sicher. Etwas Riemer wirklich Beleidigendes gewiß. August ist dazu fähig. Er pendelt zwischen Pedanterie und
Unbedachtheiten. Er neigt zu groben Späßen. August
kann jähzornig sein. In Weimar geht als stehende Redens-
art von August um: *Wenn Du das nicht tust, so schieße ich.*
Riemer trägt in sein Tagebuch ein, der 29. Juni, das Jahr
1816: *Brief an den Kammerrat von Goethe über sein inde-*
likates Ansinnen. Antwort von demselben.
Das Ansinnen ist unbekannt, war es ein finanzielles,
waren es Frauen, war es Riemers Frau, das verwaiste

Haus, hatte es zu tun mit Augusts seit Jahren unent-
schiedenem Verhältnis zu Ottilie von Pogwisch? Auf
jeden Fall war es geschmacklos, unappetitlich, Riemer
entwürdigend. Riemer glaubt es nicht hinnehmen zu
können.

*1. Juli. Meine Beschwerde über den Kammerrat bei
Goethe angebracht, in einem Schreiben nach Jena.*
Riemer hofft auf Vermittlung und Schutz durch
GOETHE. 19 Tage vergehen bis zu einer Antwort. G. ist
wieder in Weimar und will zu seiner Badereise. Da ist
vorher noch einiges zu erledigen. G. hat noch ein Manuskript bei Riemer liegen:

*Wie leid es mir tut Sie, mein guter Riemer, mit meinem
Sohne in einem Verhältnis zu sehen welches mir nicht er-
laubte Sie einzuladen, muß ich aussprechen, ehe ich
scheide.*
*Möge bei meiner Rückkunft alles ausgeglichen sein. Das
Osteologische Manuskript wünsche ich auf die Reise
mit ... diese Gegenstände sind in der Welt sehr rege.
Geben Sie es an den Überbringer.*

Der kleinen Frau die schönsten Grüße
W. d. 19. Jul. 1816 G.

Riemer quittiert enttäuscht mit einer Tagebucheintragung. *20. Juli. Ein nichts sagender Brief von Goethe.*
G. reist einige Tage später ins Bad. Diesmal nicht weit,
ins thüringische Tennstedt nur, aber die Entfernung zwischen Riemer und G. ist so groß wie zu keiner Zeit seit
1803. Riemer ist von GOETHES Leben ausgeschlossen.
Riemer muß Frommann im August bekennen, nicht zu
wissen, wann G. aus dem Bad zurückkommen werde
und auf Hinweise von Käuter angewiesen zu sein. Kräuter spreche von Oktober, weil G. sonst der Winter zu
lang werde. *Auch muß er ja für den Sohn arbeiten,* fügt
Riemer süffisant hinzu. G. hat ihm bei dieser Trennung
nicht einmal eine Illusion über ihr Verhältnis zurückgelassen, und Riemer vermag sich keine Illusionen mehr zu

machen. Vielleicht gelingt doch ein anderes Leben noch als der weimarische Lebenskompromiß? Ein Ich sein zu wollen verlangt viel. Auch Trotz. Riemer findet viele Verwunderer. Man redet immer wieder von seinen *bösen Launen*.

G. macht es seinem Riemer leicht, ungehorsam zu bleiben. Als G. im September aus Tennstedt zurückkommt, bleibt seine Tür für Riemer geschlossen. Auch hat er keine Aufträge mehr für ihn. Als Müller im Oktober Gäste einlädt, sehen sie sich dort und mehr nicht. Müller ist jetzt Sachsen-Weimarischer Justizminister und nennt sich: *Kanzler von Müller*. Riemer wird am 14. Oktober 1816 von Müller zu einer historischen Teestunde eingeladen. Lotte ist in Weimar. Die Hofrätin Charlotte Kestner geborene Buff aus Hannover, Werthers Lotte, das Urbild der Erfindung, ist am 22. September zu einem Besuch ihrer Schwester Amalie Riedel nach Weimar gekommen. Drei Tage später ist sie mit ihrer Tochter zu einem Mittagessen bei GOETHE eingeladen. Es geht steif und verkrampft zu.

Charlotte und Tochter Klara wissen den Schuldigen auszumachen, GOETHE. Sie selber sind äußerst befangen in das Haus gegangen, ohne sich vorstellen zu können, daß es dem *großen Mann* gehen könnte wie ihnen. Zweiundvierzig Jahre hat G. die Frau nicht gesehen, die er einmal hoffnungslos liebte. Tochter Klara hat einen neuen Roman, *Rührung kam nicht in sein Herz! Seine ersten Worte waren, als ob er Mutter noch gestern gesehen:* »*Es ist doch artig von Ihnen, daß Sie es mich nicht entgelten lassen, daß ich nicht zuerst zu Ihnen kam*«. (Er hatte nämlich etwas Gicht im Arm). Der kommunikative Kanzler Müller will wohl eine andere Begegnung stiften. Bei Müller trifft GOETHE Charlotte in einem sehr kleinen Kreis. Lediglich ihre Weimarer Verwandten, Riemer und die Gräfin Caroline von Egloffstein sind eingeladen. *Müller hat letzthin das Wunder zuwege und Goethe bei sich zum Tee gebracht, und* **Werthers Lotte,** *wie sie hier heißt, – auch dazu. Goethe war sehr liebenswert ...,* berichtet die Gräfin ihrer Mutter. Man plaudert, beschaut Egloffsteinsche Zeichnungen, hört Riemersche Gedichte. Riemers erste Sammlung ist in diesem Jahr 1816 in Leipzig bei Carl Cnobloch herausgekommen. *Blumen und Blätter* hat Riemer sie genannt und sich selbst den Dichternamen *Sylvio Romano* gegeben. *Wurden die Sonette von mir vorgelesen. Ich entfernte mich.*

Riemer wird der Kälte zwischen G. und sich davongelaufen sein.

Der Bajazzo lacht, als ihn wenig später zwei reisende Engländer als GOETHE-Instanz besuchen. Riemer enttäuscht die Erwartungen von Edward Everett und George Ticknor nicht, dem Intimus und alter ego des großen Mannes gegenüberzustehen. Er spielt perfekt den literarischen Fremdenführer. George Ticknor in seinem Tagebuch:

Weimar 28. Oktober 1816

Professor Riemer, 2. Bibliothekar der Öffentlichen Bibliothek, unterhielt uns amüsant über eine Stunde mit einer Beschreibung von Goethes Lebensweise, Eigenheiten usf.-, mit Dingen, wie man sie in keinem Buch oder in einer anderen Quelle findet, sondern von denen allenfalls ein intimer Bekannten. bezw. Freundeskreis Kenntnis hat.

Professor Riemer lebte neun Jahre in Goethes Haus und kennt ihn von seiner einfachsten Notiz bis hin zu seinen besten Arbeiten, dem Gipfel seines Schaffens.

Er meinte, Goethe sei ein viel größerer Mann, als es die Welt jemals erfahren würde. Um seinen Geist herauszufordern und zu verlebendigen, habe er jederzeit Reibung und Spannung gebraucht. Es sei ein großes Unglück, daß er jetzt Anregungen wie zu Herders, Wielands und Schillers Lebzeiten, entbehrt.

Auf meine Frage nach Goethes Beziehung zu jenen

außergewöhnlichen Männern, antwortete er, daß sich philosophisch Goethe und Schiller und Herder und Wieland am nächsten gestanden hätten. Nach dem Tode von Schiller und Herder hätte Goethe sich Wieland genähert. Schiller, sagte Riemer, hätte von seiner Freundschaft mit Goethe großen Gewinn gehabt, besonders für sein Drama »Wilhelm Tell«. Aber nun sind sie alle tot und seit 1813 ist Goethe einsam.

Goethe hat noch vieles Handschriftliches, das nie veröffentlicht wurde, und trägt noch vieles im Kopfe mit sich herum, das noch nicht auf Papier kam. Er schreibt immer durch einen Schreiber, dem er nach Notizen auf kleinen Zetteln diktiert, während er in seinem Zimmer auf und ab geht ...

Unter den vielen ungedruckten Sachen sind Teile einer Fortsetzung des »Faust«, die Riemer gesehen hat. Darin führt der Teufel Faust an den Hof und macht ihn zu einem großen Manne. Außerdem Gedichte in persischem Stil und Geschmack, dies schrieb er während des letzten Krieges, um seine Phantasie und sein Gemüt zu erleichtern, indem er sich mit etwas abgab, das mit Europa nichts zu tun hatte.

Riemers Jahr 1816 geht zu Ende, ohne daß sich der Bruch mit *Goethens* mildert. G. gibt kein Zeichen, und August ist die Sache sowieso fern. Noch dazu, wo er gerade in einer anderen, über viele Jahre schon gehenden Angelegenheit einen so schönen Triumph erlebt. August hat in den Dezembertagen bei Ottilie von Pogwisch' Mutter um die Hand der Tochter angehalten und endlich das JA bekommen. *Herr von Göthe steht nicht hoch genug über mir, daß er vielleicht vorteilhaft auf mich wirken könnte,* hat Ottilie ihrer Mutter noch im Juli gesagt, und daß eine Verbindung gegen ihr Zartgefühl sei, *daß sogar vielleicht meine Ehre darunter leiden könnte.* Am 31. Dezember verloben sich August und Ottilie. Eine ihrer Freundinnen will wissen, G. habe der künftigen Schwiegertochter gesagt, *Höre, Ottilie, ich sage Dir eins – mein Sohn will gern immer gelobt sein, da mußt Du nicht widersprechen, wenn Du Lust hast zum Zanken – so komm zu mir, zanke mit mir, ich kann's ertragen.*

Je weniger sich in Weimar für Riemer ändert, desto nervöser macht ihn das Bestehende. Die ihm immer schon fatale Einpassung in die Schulroutine explodiert im Frühjahr 1817, als es öffentliche Redereien gibt, er vernachlässige über die bibliothekarische Tätigkeit seine Gymnasialprofessur. Er verhalte sich in seiner Klasse *unschicklich.* Riemer schickt dem Direktor des aufsichtführenden Oberkonsistoriums, Peucer, einen geharnischten Protest.

Weimar den 14. März 1817

Da ich es unter meiner Würde halte, der Schreibseligkeit unserer constitutionen heckenden Zeit nur mit einer Silbe zu antworten, aber auch kein Vergnügen fände mich einer Anstalt aufzuopfern, deren verdiente Mitglieder öffentlich geschmäht und um alle Autorität bei Schülern und Publicum gebracht werden, während man die Miserablen u. Schwachen conservirt und honorirt, so wird mir kein Rechtlicher und Ehrliebender verdenken, wenn ich sobald als möglich aus diesem Mysterio Iniquitatis zu scheiden gedenke.

Von einem Tag zum anderen wirft Riemer das verhaßte Schulamt hin. Er nennt die Aufkündigung ein gewagtes Spiel, das er gewinnen oder verlieren könne, ohne das ganze Ausmaß seiner Gefährlichkeit zu kennen. In der amtlichen Kulisse ist man nämlich der Meinung, er vernachlässige über das Gymnasium sein Bibliotheksamt und betrachte es als Sinekure. *Beinahe lieber wäre* ihm, läßt er Frommann wissen, es *zu verlieren, indem ich dadurch in den Fall käme, mein Glück auf einem neuen Wege zu versuchen. Die Schuriegeleien an der Schule, ein eigener Vorfall, der mich empörte, haben mich zu dem Entschlusse gebracht, den ganzen Kram aufzusagen. Man*

wollte mich nicht gehen lassen und zeigte sich bereit die
Anlässe meiner Unzufriedenheit zu entfernen.
Ich stehe also noch in Erwartung, ob man Wort halten
werde. Da ich aber meiner Ehre wegen nichts halb tun
kann, so würde die Entlassung von der Schule auch die
von der Bibliothek nach sich ziehen; und ob ich schon
glaube, daß man mich auf andere Weise zu halten einiges
tun würde, so habe ich doch in Weimar ein solches Haar
gefunden, daß ich beinahe um jeden Preis daraus zu schei-
den entschlossen bin. Wäre mein schwesterliches Vermö-
gen, wie ich hoffte und wünschte, schon in meinen Hän-
den, so könnte ich ein Vierteljahr davon schon leben, und
mich unterdeß nach einem anderweitigen Umkommen
umsehen, ja ich hätte dann schon die Sache abgeschlossen.
Dieß also hält mich also nur in der Schwebe, und ich er-
warte von dem morgenden oder nächsten Posttag die
Aufklärung über mein Hoffendes zu Hause.
Die Post bringt Riemer die Aufklärung, daß er von zu
Hause nichts zu hoffen hat. Das Vermögen, auf das er
nach dem Tod der Schwester gesetzt hat, ist im Bankrott
eines Kaufmanns untergegangen. Riemer probiert, was
sich an Auswegen nur bietet. Er gibt der Großfürstin
Maria Paulowna griechische Stunden. Er hält dem erb-
prinzlichen Paar Vorlesungen über die Antike. Er speku-
liert, die Aufsicht über das Münzkabinett zu übernehmen. Die tollste Idee hat Riemer im Mai 1817.
G. ist im April seine Theaterintendanz endgültig über geworden, und er hat den Bettel hingeworfen. Gegen seinen
Willen darf der reisende Wiener Mime Carstens mit
einem dressierten Pudel als Hauptdarsteller auf die
Bühne. Carstens zieht mit einem Drama *Der Hund des*
Aubry de Mont – Didier oder Der Wald bei Bondy durch
das Land. Frau von Heygendorf hat ihrem Carl August
das herzoglich gewünschte Pudelstück durchgesetzt, und
G. erinnert, daß dies nicht die erste Sünde der Weimarer
Bühne unter seiner Intedanz gewesen wäre. Hatte er

nicht oft genug dem Theater zugestanden, daß es auf *Un-terhaltung* und *Neuigkeit* Rücksicht nehmen müsse und mit der Taktik der *Budenprinzipale* den Fortschritt sei-ner weimarischen Schule durchgesetzt? G. demissioniert und mit ihm auch Sohn August, der erst im Januar in die Verwaltung des Theaters eingetreten ist.

Riemer tritt aus der Kulisse und bewirbt sich um die Nachfolge G.s im *ästhetischen* Teil der Hoftheater-Inten-danz, die G. gerade noch in einem Rescript ausschließlich sich zu sichern überlegte: *Alles was Kunst angehet leitet S. Exzellenz der Herr geheime Rat von Göthe, das Ganze aber die gesamte Intendanz.*

Frommann zweifelt an dem Gerücht von Riemers Kandi-datur. Doch Riemer traut sich GOETHE zu. Er hat ihn lange genug geübt.

Welche Stunde, auch August hat aufgegeben.

Weimar d. 28. Mai 1817

Ein Resultat läßt sich noch nicht vollkommen ziehen: aber soviel kann ich Ihnen im Vertrauen sagen, was das Gerücht Ihnen zu Ohren gebracht hat, ist in der Tat im Werke, u. ich habe Hoffnung daß es durchgeht, u. viel-leicht in kurzem entschieden ist. Es ist mir äußerst ange-nehm zu sehen, daß Sie, teurer Freund, auch so schon, ohne näher von dem Verhältnis, in das ich treten soll, un-terrichtet zu sein, damit zufrieden scheinen: ich hoffe aber, daß Sie es gänzlich werden sollen, jetzt, noch mehr aber in der Zukunft, wenn ich mich ganz eingewohnt haben werde. Daß ich die Schule quittire und nur bei der Bibliothek angestellt bleibe, und die Intendanz des ästhe-tischen und artistischen beim Theater dabei versehe be-fördert ungemein die Gemütlichkeit meiner neuen Exi-stenz. Zwar wird es an Arbeiten nicht fehlen; allein es ist ein großer Unterschied, für mich wenigstens, ob man Tag für Tag in dasselbe Joch gespannt wird, u. nach der Uhr kommen und gehen muß; oder ob nach einer Anstren-gung auch eine behagliche Muße eintritt, und ich über die

Zeit und ihre Verteilung nach eigenem Gefallen disponi-
ren kann. Rechnen Sie nun noch den großen Vorteil, daß
ich zu dem Besitz einer bedeutenden Bibliothek gelange,
und daß meine Nachmittags Stunden, desgl. die Sonntags
Morgen für mein Interesse verwendet werden können.
Das Theater Geschäft kenne ich aus langer Erfahrung
und Mithülfe. Das wissenschaftliche daran ruht immer
auf dem philologischen Fundament, und bei dem artisti-
schen kommt mir der Rat einsichtiger Freunde zu Statten,
da ich weder Stolz noch Dünkel genug besitze, um nicht
gern von anderen lernen zu wollen.

Kandidat Riemer wird die Prüfung seiner Theatertaug-
lichkeit erspart, er scheitert schon im Vorfeld der Neube-
setzung. Zwar kennt er von seinen Vorlesungen und Hul-
digungsgedichten Personen des Hofes, aber nicht die
wirklich einflußreichen wie die geadelte Schauspielerin
Frau von Heygendorf, die den regierenden Carl August
aus dem Bett kennt. Carl August wählt einen Intendan-
ten nach dem Geschmack der Heygendorf. Es ist der Graf
Edling, der nicht daran denkt, Riemer als eine Art Dra-
maturgen in die Intendanz zu holen. Riemer hat nie
ernsthaft zur Debatte gestanden. Riemers Vorteile aus
seinen Hofbekanntschaften bleiben auf dem Niveau des
Vorjahrs, als er im Juni sagte: *Leider habe ich für derglei-*
chen weder Dank noch Klang, das einzige ist, daß ich mir
die freie Entrée im Theater dadurch conservire: was denn
auch nicht zu verachten ist. Und er kann von Glück
sagen, daß er nicht das wenige verliert, das er hat.

Der mächtige Voigt zürnt ihm, und GOETHE, zu dessen
Amtsgeschäften seit 1797 die Aufsicht über die Bibliothek zählt, hört von Voigt heftige Vorwürfe über den Bibliothekar Riemer. Von Trunk und *frevelhaften Injurien*
ist die Rede. Im Juli beschwert sich Voigt über *Albern-*
heiten in der freisinnigen Frankfurter Zeitschrift *Zeit-*
schwingen bei GOETHE. Am 9. November reicht er G.
empört eine Beschwerde Riemers aus seiner Amtsstube

nach Jena weiter: *Aber nun sende ich auch das Schreiben des Mannes, der uns gewissermaßen den Gehorsam aufsagt. Voigt will wissen, was er sonst der Bibliothek nützt. Hierzu könnte er sich selbst in seiner Wissenschaft eine Arbeit wählen, deren gar viele aufzufinden wären, welche er nach und nach neben seinem Schulunterricht leisten könnte pp. Doch habe ich nicht nötig, mehr dermalen zu sagen. Er ist zu aufgeblasen und faul.*
Ich freue mich, daß das Wetter sich gut hält und Dero Aufenthalt unter den Bergen begünstigt. Gehorsamst Voigt.
G. vertagt in seinem nächsten amtlichen Brief an Voigt den Fall. *Jena, den 12. November 1817. Ew. Exzellenz verzeihen, wenn ich, in einem Strudel von augenblicklichem Andrang, in der Stube hin und wider gehend, mich nach alterlaubter Weise dictando an Dieselben wende.* G. handelt seine Amtspunkte etwas hektisch ab. *Wegen Riemers Gebärde später.* Er meint damit wohl ein Gespräch, denn im Schriftverkehr der beiden Geheimen Räte tauchen Riemers Anmaßungen nicht mehr auf. Es wird schon seine Richtigkeit gehabt haben, daß Riemer das Bibliotheksamt als Sinekure ansah, wo er so viele Sinekuren in Weimar sah. Der Mangel war nur, daß er sich im Bewußtsein großer Verdienste Privilegien selber verlieh. Womöglich hielt G. schützend seine Hand über Riemers Insubordinationen.
Vielleicht nahm auch die Geschichte den Verfolgungsdruck.
Die Geheimen Räte GOETHE und Voigt und das Herzogtum haben um diese Zeit historische Kümmernisse. Auf der Sachsen-Weimarischen Wartburg haben Mitte Oktober 500 Studenten ein vaterländisches Erinnerungsfest gefeiert. An die Leipziger Schlacht und an gewisse Gedanken, die mit den Kriegen unter die Leute gekommen sind.
Das Vaterland gehe unter, wenn der Bürger nicht daran

teilhabe. Das Volk habe es aus der Schmach der Unter-
drückung durch Napoleon erlöst und warte jetzt auf sei-
nen Befreiungslohn.

Nach allen Reden ist auf dem Hof der Wartburg ein Feuer
entzündet worden, und die Gerüchte, was darin verbrannt worden ist, schlagen höher als die Flammen am 18.
Oktober.

Es sollen die heiligsten Papiere der wiederhergestellten
Verhältnisse sein.

Voigt muß G. schreiben:

Weimar, den 15. November 1817
Über die ausgesprengte Verbrennung der Wiener Kon-
greßakte und der heiligen Bundesakte sind die öster-
reichischen, russischen, preußischen, hannöverschen p.
Gesandtschaften in Berlin und Dresden sehr in Alarm.
Wir lassen daher von der Akademie die bei jener Feuer-
handlung gegenwärtig gewesenen Professoren und an-
sehnlichsten Studenten vernehmen, um Grund zu haben,
durch eine Zirkularnote an die Gesandtschaften und dar-
über purifizieren zu können. Der Fürst Hardenberg
kommt vorerst nicht hierher, sondern erst, wenn er aus
den rheinischen Provinzen zurückkehrt.

Vorerst kommt ein anderer Beobachter der Verhältnisse.
Herr von Schmidt aus Wien mit Empfehlung von Herr
Legationsrat Falk, verzeichnet G. einen Besuch in Jena am
6. Dezember in seinem Tagebuch. Falks Empfehlungs-
schreiben beginnt mit dem Satz: *Herr von Schmidt aus*
Wien wünscht die Ehre Ihrer Bekanntschaft, Verehrungs-
würdigster. Er ist an mich durch Herrn Geheimrat A. von
Müller adressiert.

Über den Mann mit dem Allerweltsnamen findet sich
sonst nichts bei G., aber bei dem Mann mit dem Allerweltsnamen etwas über GOETHE: *Auch bot mir Falks*
Bekanntschaft, der bekanntlich eine Waisenanstalt er-
richtet hatte und der mich zu einer Abendversammlung
einlud, die beste Gelegenheit, meinem Ausflug nach Jena

*einen scheinbaren Grund zu unterlegen. Ich äußerte
nämlich großes Verlangen, den Gelehrten Göthe kennzu-
lernen.*

Es besucht G. der Geheime österreichische Polizei-Ober-
kommissar Sicard. Er reist mit falschem Namen, einem
falschen Paß aus der Hand Adam Müllers, der in Leipzig
als österreichischer Generalkonsul fungiert, er reist mit
der Legende, ein ästhetisierender Privatmann zu sein,
und dem Auftrag, bestimmte Nachrichten *aus der Werk-
stätte der unruhigen revolutionären Partei* für die Met-
ternichsche Staatskanzlei zu sammeln. Über das Betragen
der *k. k. österreichischen Untertanen bei dem Wartburger
Feste,* überhaupt alle *Umstände der Wartburg-Feier ...
genau zu beleuchten,* besonders dem Gerücht *über das
Verbrennen der Wiener Congreßacte und jener des heiligen Bundes* bei dieser Zusammenkunft *auf den Grund zu
sehen.*

Am Ende des aufrührerischen Jahres 1817 ist so gut wie
alles unverändert, und Riemers Hoffnungen werden wieder klein. Die erste Stelle bei der Bibliothek würde er sich
wünschen, hört Frommann: *Könnte ich diese einmal allein haben, so wäre es freilich das was ich wünschte.* Und
die Familie tröstet ihn: *mein Humor würde ganz drauf-
gehen, wenn mich nicht Weib und Kind wieder zur Räson
bringen würden.* Nur der Haß auf Weimar ist von seinen
Ausbruchgedanken übriggeblieben: *In diesem verfluch-
ten Neste kann es so ordentlichen u. rechtlichen Leuten
nicht anders gehen, nur die Schelme u. Tagediebe befinden
hier oben auf.*
Riemer wird seine ketzerischen Gedanken vergessen
müssen. Ihm steht die zweite Ankunft in Weimar bevor.
Er ist jetzt zweiundvierzig.

XI

Mit dem Leben versöhnen

Es dauert bis zum Juni 1818, bevor Riemer den Mut findet, GOETHE gegenüberzutreten. Zwei Jahre sind seit dem Bruch vergangen. Riemer ist mit seiner Frau und mit seinem Sohn Bruno in Jena. Mit Frommann hat er beständig in Jena wegen seiner griechischen Wörterbücher zu tun. Diesmal wird er G. besuchen. Jena ist neutraler Boden, und es besteht keine Gefahr, August zu treffen. Auch hat die Zeit vieles applaniert. Sollte sich zwischen Riemer und August das Gerücht gestellt haben, Riemers Frau intrigiere gegen Augusts Verbindung mit Ottilie von Pogwisch, so hat sich das erledigt. Ottilie und August sind seit dem 17. Juni des Vorjahrs verheiratet und bewohnen das Mansardgeschoß am Frauenplan.

Es ist der 23. Juni. G. hat *Uline* seit langem nicht gesehen und Bruno, den Sohn, noch nie. *Uli* könnte G.s Rubinring getragen haben. Sie ist keine vermögende Frau mit ausreichend Schmuck. G. schreibt in sein Tagebuch: *23. Juni. Prof. Riemer über griechische Sprache und was zunächst bei den Wörterbüchern vorgeht. Mittag für mich.* Riemer schreibt in sein Tagebuch: *23. Juni. Mit Frau und Kind nach Jena gefahren. Zuerst zu Goethe, der freundlich und gut. Dann zu Frommann. Zu Knebel.*

Die Begegnung bleibt eine Episode. Im April gibt es äußere Bewegung in Riemers Leben. Die Familie zieht in eine neue Wohnung am Carlsmarkt im Haus des *Kellerschreiber Rugo, zwei Treppen hoch*. Es ist eins der ärmeren Häuser Weimars. *Wie man hier die Häuser baut, d. h.*

die vier Wände, für das Übrige aber die Inquilinen sorgen
läßt; so geht es uns auch hier; u. es wird uns noch Geld
genug kosten. ehe wir leidlich wohnen. Besonders müssen
wir uns gegen die Kälte verwahren, da die Fenster nach
Norden gehen, und die Wände Papier sind. Das letztere ist
aber die allgemeine Not in Weimar; u. so dürfen wir uns
nicht besonders beschweren.

In diesem Jahr geht G. wieder nach Karlsbad, wenn auch
erst spät im Sommer. Ende Juli verläßt er Jena. Diesmal
nimmt er Doktor Rehbein mit. Riemer wird sich nach
dem Tag in Jena mehr erhofft haben, enttäuscht schreibt
er seinem alten Mentor Friedrich August Wolff: *Weimar*
10. August 1818. Die Verhältnisse konnten und können
sich, des Sohnes wegen, nicht wiederherstellen, und ob ich
ihn gleich in Jena sehe und spreche, auch wohl mit sonsti-
ger Vertraulichkeit, so kann man doch hier bei ihm nicht
landen. Auch ist er selten hier und nur auf kurze Zeit, ein
Beweis, daß es ihm in seinem eigenen Hause nicht gefällt.
Riemer trifft GOETHE auf echt weimarische Weise wieder.

Maria Feodorowna, die russische Kaiserin und Mutter
der Erbprinzessin, wird im November nach Weimar
kommen, und es soll wieder ein Redoutenaufzug veranstaltet werden. Die Erbprinzessin läßt G. über Hofmarschall von Bielke im Oktober bitten, sich des Maskenzuges anzunehmen, und offeriert eine Idee ihrer Mutter. Es
sollten die *vieljährigen poetischen Leistungen des weima-*
rischen Musenkreises in einzelnen Gruppen gestaltet werden. Es ist eine kaiserliche Bitte. Und ein anziehender
Gedanke. Der Überlebende der großen Zeit bekommt
Gelegenheit, sich poetisch zu erinnern.
G. läßt die Noten und Abhandlungen zum *West-östli-*
chen Divan liegen und fährt am 17. Oktober nach Berka.
Am nächsten Tage sendet er einen ersten Entwurf nach
Weimar. Maria Feodorownas Einfall wird im Mittelpunkt

stehen, vor allen Dingen aber soll der Aufzug im *Ganzen und Einzeln ... allgemein faßlich* mit kurzen heiteren Versen werden. *Ferner kann jedermann daran teilnehmen; die Mannigfaltigkeit ist groß, und die einzeln haben in Kleidung und Kostümierung vollkommene Freiheit.* G. arbeitet angestrengt am Text und bringt daneben die Besetzung der Rollen, die Beschaffung der Kostüme und Requisiten, den Ablauf auf den Weg. G. sammelt einen Helferkreis um sich, August und Ottilie, Freund Meyer, Oberbaudirektor Coudray, Kanzler von Müller gehören dazu, nicht Riemer. Der Bewährte. Aber er ist eingeladen zu G. Riemer wird sehen.

3. November. Morgens zum ersten Mal bei Goethe. Ließ ich ihm die erste Charade da.

Es ist eine der literarischen Bosseleien Riemers, ein Begriff wird in Silben zerlegt und soll in *lebenden Bildern* erraten werden. Gräzist Riemer hat den Namen des griechischen Malers Appolodorus gewählt. Der Hof hat einen großen Bedarf an Unterhaltung besonders in diesen Besuchstagen. Die Hofgesellschaft wird am 8. Dezember mit G. an der *Charade* ihren Spaß haben. Riemer fühlt sich gebraucht und ist beglückt. G. wird im Festzug einen ganzen Schwarm von Gestalten aufziehen lassen, hört Frommann nach dem Besuch, *in dem ich sogar und meine Frau aufgenommen werden; woraus Sie schließen mögen, daß auch ER von seiner Seite mir entgegenkommen will.*

Ein zweiter Besuch schließt sich an.

6. November. War meine Frau bei der Ottilie und Nachmittags desgl.; auch Bruno bei Goethe, der sich mit dem Jungen viel abgegeben. Lebhafte Freude des Kindes über allerlei Sachen.

Aber eine Einladung zu den Leseproben bei G. erhält Riemer nicht. Für Riemer und Caroline sind bloße Kostümrollen vorgesehen, wie sie Dutzende anderer Weimarer haben. Götz von Berlichingen, Weislingen, Faust, Mephistopheles, Marthe Schwerdtlein, Wagner, Geßler,

Tell, Melchtal, Wallenstein, Graf Terzky, Turandot, allegorische Figuren und Gestalten der russischen Geschichte werden zu sehen sein. Riemer soll im Zug
stumm als Werner Stauffacher mitgehen, seine Frau
schweigend als Fürstin Axinia. Es gab eine Zeit, da sprach
und schrieb Riemer Maskenzugverse. August hat die
Sprechrolle des Mephistopheles. *Daß das Leben zum
Leben eigentlich gegeben,* wird Riemer hören, *nicht sollt
in Grillen, Phantasien und Spintisiererei entfliehen. So-
lang man lebt, sei man lebendig!*
G. ist beim Aufzug am 18. Dezember im Redoutensaal
nicht anwesend. Zuviel Vergangenheit ist beschworen.
Herder, Wieland, Schiller sind im Raum. G. fürchtet, was
er im Spiel nicht fürchtet: *Das will nun alles abgetan erscheinen, Die Großen sehn sich, einen sich, vereinen.*
Riemer kränkt tief, nur unter der Komparserie des Maskenzuges gewesen zu sein. Der Maskenzug war seiner
Meinung nach sowieso ein Debakel. An allen Ecken und
Enden war zu spüren, wohin GOETHE ohne seine viel-
erfahrene Mithilfe gerät. Aber G. läßt sich sowieso nicht
raten. Riemer gibt Frommann einen langen Bericht.
26. Dezember 1818.
*Von Goethes Maskenzug, der unstreitig das Imposanteste
geworden sein würde, wenn der Verfasser nicht die Proben gescheut und zuvörderst die Teilnehmer durch ein
Programm* **vorher** *von seiner Idee hätte unterrichten,
auch in der Ordnung des Aufziehens dem sachverständi-
gen Rate Coudrays hätte folgen wollen. Die Verse haben
nur sehr wenige gehört, noch wenigere verstanden, und
weder vom Ganzen noch vom Einzelnen ist ein Bild übrig
geblieben. Das Ganze hatte etwas von einem Hasentrei-
ben ... Erst hinterher sind mir in einem freundschaftlichen Zirkel die einzeln Verse, zum Teil jedoch nur bekannt geworden, und mein Urteil ist dieses, daß das
Ganze etwas buntscheckig, das Erhabenste und Tiefste
neben dem Plattesten und Unbedeutensten Platz findet,*

und letzteres nicht einmal durch einen geglätteten Aus-
druck ausgeglichen wird.

Es schmerzt. Vier Jahre ist der Schatten schon ohne den
Mann, der ihn wirft. Beinahe bei jedem Dichterwort war
Riemer der Korrektor, solange er in Weimar ist. In alles,
was in der Zeit entstanden ist, hat G. ihn Einblick nehmen lassen und sich mit ihm darüber ausgetauscht. Die
Farbenlehre. Dichtung und Wahrheit. Die Wahlver-
wandtschaften. Die Cotta-Ausgabe seiner *Werke.* Als es
böse Kritiken zu den *Wahlverwandtschaften* hagelte, hat
Riemer eine freundliche herausgezogen, sie auf einem besonderen Blatt drucken lassen und sie G. geschenkt. Jetzt
hat G. nicht einmal daran gedacht, von den 500 ausgeteil-
ten Exemplaren des Maskenzuges auch Riemer ein Heft
zukommen zu lassen, hört Fromman.

Übrigens hätte ich wohl verdient, wenn Goethe mich
nicht das Ganze lesen lassen wollte, ich wenigstens, wie
mancher andre, der weniger von der Sache versteht, bei
der Leseprobe zugegen gewesen wäre. Wir haben die Rol-
len, die er uns zuerteilt, ohne Widerspruch angenommen,
ihn in der ganzen Zeit mit keiner Frage noch Überlauf be-
helligt. Es hat mir und meiner Frau Geld genug, ja mehr
als billig gekostet; der Sohn hat meine Verse gesprochen,
ihm habe ich die Handschrift meiner Scharaden mitge-
teilt, kurz ich habe nichts versäumt, ein Verhältnis, das
sich wieder einleiten wollte, zart und schonend zu behan-
deln – und nun habe ich nicht einmal das Vergnügen zu
wissen, was denn eigentlich gesprochen und dargestellt
worden. Versteht es einer hier zu beurteilen in ästhetischer
und sprachverständiger Hinsicht, so bin ich es; und in
Hinsicht auf Gedanken und Urteile habe ich im Bisheri-
gen nichts entdeckt, das mir fremd und unerreichbar ge-
wesen wäre. Woher und Wozu also diese Zurückgezogen-
heit und Verheimlichung!

Wie ein Durstender vom Wasser redet Riemer mit Frommann über seine Nähe oder Ferne zu GOETHE.

Weimar den 17. Februar 1819
Zu den erfreulichen Dingen melde ich Ihnen daß ich
schon mehrere Abende bei Goethe gewesen bin, und das
alte gute Verhältnis wieder angeknüpft ist. Ich glaube daß
Ihnen dies lieb sein wird zu vernehmen.
Riemer hat zwei Sonntagsbesuche gemacht. Das erste
Mal ist er am 7. bei G. gewesen, als August und Ottilie *bei*
Hofe waren, und jetzt am 14. war er das zweite Mal da. Bis
in den Juni, als G. nach Jena geht, wird Riemer noch zu
ein paar Sonntagsbesuchen kommen und auch Caroline
mitbringen. Aufgaben für Riemer hat G. die ganze Zeit
nicht. Überraschend für Riemer geht G. nach Jena, pendelt zurück, bleibt in Jena.
Weimar d. 28. Juli 1819
G. habe ich seit seinem Hiersein noch nicht wieder gese-
hen. Ich wußte anfangs nichts davon, und diese Woche
hat's sich noch nicht machen wollen, daß ich hinging. Ich
komme außer meinem Morgengange, und in die Schule,
nirgends hin; es ist auch Niemand hier, u. Stadt und Ge-
gend sind mir längst zuwider. Er ist der Einzige um den
es sich noch die Mühe verlohnt, hier auszuharren.
Überraschend für Riemer ist G. seit zwei Tagen wieder in
der Stadt. Unerwartet ist auch Humboldt gekommen. G.
hat ihn an diesem 26. abends zu Tisch. Es hat sich irgendwie herumgesprochen zu ihm. Riemer steht vor dem
Haus auf der Straße und wartet. Drinnen trifft Humboldt GOETHE *heiter und ungezwungen.* G. hat die
Arbeit am *West-östlichen Divan* mit den umfangreichen
Noten und Abhandlungen zu besserem Verständnis abgeschlossen und wartet darauf, daß die ersten Exemplare
aus Frommanns Druckerei kommen. Humboldt findet
G. *im Gesicht und in der körperlichen Haltung gealtert,*
allein *schwach oder kränklich nicht.*
Riemer muß bis 11 Uhr warten, bevor Humboldt das
Haus verläßt.
Als ich von Goethen zu Hause ging, fand ich … Riemern

auf der Straße, der mir auflauerte, um mich zu sprechen.
Ich ging also noch ein wenig mit ihm in den Straßen
herum. Er hatte zwei Bände eigener Gedichte, schrecklich
zu hören!, unterm Arm, mit denen er mich beschenkte.
Sonst war er sehr liebenswürdig und scheint nützlich be-
schäftigt ... Er wünscht sich aus Weimar weg und hat
mich sehr gebeten, wenn es anginge, eine Anstellung hier
oder sonst bei uns zu verschaffen.

Man kann Riemer aufdringlich nennen. Oder verzweifelt.
Warum soll er seine Gedichte schrecklich finden, wie
Humboldt? Elend belästigt. In Riemers Tagebuch ist der
26. Juli ein Ereignis. *V. Humboldt da. Eröffnung meiner*
Wünsche und Bitten. Aussichten.

Humboldt amüsiert der Dichter Riemer. *Er empfiehlt*
sich Dir sehr angelegentlich., schreibt Humboldt seiner
Frau.

Achim von Arnim hat eine hohe Meinung von dem Al-
tertumskenner Riemer. Als der *Divan* erschienen ist,
schreibt er Carl von Savigny: *Wiepersdorf, den 2. Okto-*
ber 1819.

Der Divan von Göthe hat doch viel Schönes, wenn man
ihn mit mehr Ruhe liest, der Anhang wäre gewiß reicher
noch ausgefallen, wenn er den Riemer noch zu Hand
hätte.

Riemer wird die Unzufriedenheit mit seiner Schullehrer-
existenz nicht jeden Tag im Gymnasium herumgetragen
haben, doch spüren lassen, was ihn über die Schulmisere
erhebt. Daß er zum Beispiel der Mann ist, dem die Philologie das *Große Griechische Wörterbuch* verdankt, das er
ständig ausbaut. Im vorigen Jahr 1819 ist die 3. Auflage
erschienen. Keine der anderen gedrückten Pädagogen-
seelen am Gymnasium kann sich auf solchen Trost stützen. Warum soll Riemer ihn haben? Das Gymnasium
verwaltet ein Kirchenmannn, Generalsuperintendent
Krause. Am Gymnasium muß über Riemers Arbeit am

Wörterbuch geredet worden sein, wie in der Bibliothek über eine Tätigkeit am Gymnasium und am Gymnasium über eine Beschäftigung an der Bibliothek. Das Wörterbuch aber ist das Herzstück seiner Identität als ein Wissenschaftler. Es ist eine Sache seiner Ehre. Über die Ehre verhandelt man nicht.

22. Januar 1820. Ging ich damit um, meine Entlassung von der Schule zu suchen.

Wirft er die Anstellung hin, bleibt Riemer allein das schmale Gehalt als 2. Bibliothekar und das kleine Honorar von Frommann für das Lexikon. Kann nicht jemand helfen?

Zwei Tage später ist Riemer nach Wochen das erste Mal wieder am Frauenplan. G.s Tagebuch notiert: *Abends Prof. Riemer und Hofrat Meyer.* In Anwesenheit eines Dritten besprechen sich Fälle gekränkter Ehre schlecht. Riemer kommt zu besserer Stunde an einem anderen Abend zu G. mit seiner Geschichte.

27. Januar. Abend bei Goethe, ihm meine Angelegenheit eröffnet. Beifällig.

Riemer fühlt sich gestärkt, das Notwendige zu tun. Er reicht dem Gymnasium sein Entlassungsgesuch ein und kann Frommann die Gerüchte bestätigen, die wieder einmal über ihn umgehen.

Weimar d. 9. Februar 1820

Die Fama ist mir vorausgeeilt, u. so haben Sie durch ihr ein weiteres Mal erfahren, was Sie in kurzem mit allem Detail von mir mitgeteilt erhalten sollten, wie es sich ziemt. In diesem Augenblick bin ich aber nicht gefaßt, eine lange Deduction zu schreiben, u. so kann ich mich nur auf das Resultat von meiner Seite einschränken. Ich habe meiner Ehre wegen die Entlassung von der Schule nachgesucht, u. kann nicht davon abgehen. Sie wird mir auch werden, u. und in diesem Gefühl bin ich beruhigt, auch für die Zukunft. Daß notwendigste war und ist, daß ich ein Intermudium gewinne, Raum und Zeit zur Be-

sinnung, was ich ferner ergreifen will, u dazu habe ich
selbst einiges beigetragen, anderes erhoffe ich von Ihrem
erprobten Freundesbeistand.

Das Nähere hoffe ich mündlich oder schriftlich mit Ihnen
zu besprechen. Das Lexicon welches mir zur Ehre gerei-
chen sollte, u. mir anderswo gefällige Aufnahme ver-
schaffen dürfte, scheint hier wenigstens gegen mich argu-
mentiren zu sollen. Doch die Sache ist zu dumm, als daß
man nur davon sprechen mag.

Ich bin im Geiste froh, daß ich nun bald dem Schulstaub
u. den Schwarzröcken entflohen sein werde, u. der Welt
und meinen Freunden angehören. Leben Sie wohl u. den-
ken Sie nicht unrecht von mir.

Ihr

F. W. Riemer

Riemer will sich nach Berlin verändern. Am 7. März
schickt er Karl Freiherr von Stein zum Altenstein, dem
preußischen Minister für die *geistlichen, Unterrichts-*
und Medizinalangelegenheiten, *ein Bewerbungsschrei-*
ben. Eine gute Woche später ist er bei G. und bittet um
Unterstützung. Riemer will sich an Preußens obersten
Minister, den Staatskanzler von Hardenberg, wenden
und erbittet ein Empfehlungsschreiben. G. verweigert es
nicht und hat zugleich Vorbehalte. Sie sind für Riemer eh-
renvoll. Riemer bekommt von G. am 19. März für Hardenberg eine schmeichelhafte Lesart ihres Verhältnisses.

Im Gefolge unseres vorgestrigen Gespräches erhalten Sie,
wertester Herr Professor, gegenwärtiges Blatt, welches ich
ungern verfasse, da es die Veränderung Ihres bisherigen
Wohnortes zum Zwecke haben soll. Wenn aber auf ir-
gendeine Empfehlung von meiner Seite auswärts einige
gute Wirkung erfolgen könnte; so möchte die Darlegung
unserer mehrjährigen Verhältnisse hiezu die beste Veran-
lassung geben.

Als Sie im Jahre (1803) aus Italien zurückkehrten, faßte
ich sogleich einen günstigen Begriff von Ihrer Persönlich-

keit und Kenntnissen, entbot Ihnen eine Stelle unter meinen Hausgenossen, mit dem Wunsch, daß Sie an der Bildung meines Sohns Teil nehmen möchten; welches Sie denn auch fleißig und treulich, durch gut – und böse Tage durchgeführt.

Da nun der erwachsene Sohn auf Akademien zog, verweilten Sie bei mir und nahmen an allen meinen Bemühungen für Kunst, Wissenschaft, Natur und Altertum den tätigsten Anteil und überzeugten mich zugleich von bedeutenden Fortschritten in ihrem eigentümlichen Fache.

Eine Stelle bei unserem Gymnasium eröffnete sich und ich opferte meinen Vorteil gern der allgemeinen Bildung und Ihrer verdienten Anstellung auf; wie ich denn zugleich bei der Großherzoglichen Bibliothek Sie noch immer unter den Meinigen fand. Die Ausgaben Ihres Lexikons zeugen von dem fortgesetzten entschiedenen Fleiße, so wie die bei dieser Gelegenheit geäußerten Grundmaximen und die daher abzuleitende leichtere Unterrichts-Methode fähigen Schülern zu großem Vorteil gereichte. Auch mir waren bis jetzt Ihre neusten Bestrebungen höchst nützlich und erfreulich, um so mehr, als durch ein langes Zusammenleben unsere Ansichten über ästhetische und wissenschaftliche Behandlung der Vorkommnisse zu völliger Übereinstimmung gediehen. Mein Sohn ist indessen zu allem Guten und Tüchtigen herangewachsen und seine tägliche Unterhaltung deutet unablässig auf Ihren Unterricht, wodurch er dem Altertum Geschmack und Sinn abgewonnen.

Wenn ich nun gerade im gegenwärtigen Augenblick durch zusammentreffende Umstände einer solchen fruchtbaren Geselligkeit entbehren soll, in einem Alter, wo man sich geprüfter Freunde zu erfreuen wünscht, kaum aber noch neue in seinem Kreis aufzunehmen wagt; so muß ich abermals Ihres eigenen Vorteils und irgend einer vaterländischen Lehranstalt gedenken, wo Sie schon vorberei-

teten und gebildeten Schülern in einem höhern Sinn nütz-
lich zu sein wünschen, als bisher an einer Stelle möglich
war, wo nur von Anfängern meist die Rede sein konnte.
Fasse ich eine solche Betrachtung recht in's Auge, so wird
es mir denn leichter meinen eigenen Vorteil zu entsagen
und Ihnen auf einer neuen Laufbahn alles denkbare
Glück zu wünschen.
Weimar d. 19. März 1820.
Einen Tag zuvor hat Riemer seinen letzten Unterricht am
Gymnasium gegeben. Er hat die Brücken abgebrochen.
Einen Monat später bekommt Riemer von Minister Altenstein im April die Nachricht, daß seinem Gesuch um
Einstellung zur Zeit nicht nachgekommen werden
könne. Jetzt beginnt Riemer einen anderen Plan zu verfolgen. Warum sollte es nicht möglich sein, ihm das 1. Bi-
bliothekariat an der Herzoglichen Bibliothek zu übertragen? Die Weimarischen Verhältnisse hat Riemer wieder
einmal schlecht kalkuliert. GOETHES Schwager Christian August Vulpius ist als Bibliotheksrat das Haupt der
Herzoglichen Bibliothek. Riemer scheint eine fatale Neigung zu haben, bestehende Verhältnisse nicht anerkennen
zu können. Selbst die persönlichsten. Erst Caroline Ulrich, dann Sohn August, jetzt Schwager Vulpius. Als G.
damals im Sommer 1814 an den Main fuhr, hatte er das
Gefühl, in Weimar alles geordnet zurückzulassen. Uline
mit Kieser verlobt, Riemer bei der Bibliothek angestellt,
und er glaubte Riemer deshalb im August aus Wiesbaden
schreiben zu können: *Im Ganzen freue ich mich sehr Sie*
in Ihrer Lage eingerichtet zu finden: Denn je mehr man
in der Welt herum kommt desto mehr findet man daß es
überall nicht recht gut ist und daß die Menschen ihren Zu-
ständen nicht gewachsen sind, woraus denn ewige Dis-
proportionen entspringen, die sich wohlangeblich resolvi-
ren lassen, desto unaufhaltsamer eintritt.
Riemer hat nicht verstanden, was er ihm gesagt hat. *Wie*
wunderlich müssen uns beiden die neueren Tage vorkom-

men, *wo die meisten zur Norm ihrer Pflicht Eigendünkel
und Widerspenstigkeit gegen jede Art von Ordnung anerkennen*, hat G. seinem alten Freund Klinger geschrieben, der auf seinem Posten als russischer Offizier so treulich ausharrt, wie er sich *noch immer in demselben
Ilmtale* hin und her bewegt. Riemer ist ein disproportio-
nierter Mensch.
Im Juni erlebt der Kanzler von Müller bei einem Besuch
G.s *entschiedene Abneigung gegen Riemers erstes Biblio-
thekariat.*

Sommer und Herbst des Jahres 1820 vergehen für Riemer
äußerlich ereignislos. Erst im Dezember hat er eins der
wenigen Tagebuchereignisse dieses Jahres.
Nach beinahe einem Jahrzehnt ist Achim von Arnim wieder in die Stadt gekommen. Arnim macht die Runde bei
den alten Bekannten, GOETHE, Riemer. G. weist ihm
nicht die Tür, Riemer hat sie offen: *5. Dezember. Früh Besuch von Herrn Arnim aus Berlin.*
Arnim trifft Riemer in seiner ausgedehnten Zettelwirt-
schaft. Auf der einen Seite sortiert er Gedichte, auf der
anderen griechische Vokabeln. Zur einen Hälfte ist er systematischer Dichter, zur anderen systematischer Philologe. Er trägt Arnim *viele Empfehlungen* an Bettina auf.
Natürlich interessiert das Arnimsche Paar bei ihrem
Streitfall mit G., wie es mit Riemers Streitfall steht. Er sei
*mit Goethe insoweit wieder ausgesöhnt, daß er ihm die
Korrekturen* besorge, erzählt Riemer und greift vor. Er
hofft auf Korrekturen.
Bei G. war er schon seit Wochen wieder nicht.
Arnim gibt Bettina gern Riemers Erzählungen über G.s
angebliche Einsamkeit weiter: *Er meinte, dem Goethe
fehle jetzt sehr sein ehemaliger behaglicher Abendkreis,
wo ihm die junge Sängerinnen, was er so gewünscht, vor-
gesungen und sich alles von ihm hätten gefallen lassen, der
Kreis von Bekannten seiner Schwiegertochter sei ihm*

*etwas zu vornehm geschoren und zu weise, und er könne
sich nicht so nach seiner Bequemlichkeit auslassen. Es
scheint mir etwas Wahres an der Sache, und das erklärt
auch, wie die Frau Geheimrätin weiland bei allen ihren
Fehlern ihm doch eine angenehme Umgebung schaffen
konnte, die er nachher lange vermißte.*

Zehn Jahre nach der nie zurückgenommenen Beleidigung
Christianes kann der zarte Arnim im Jargon des Jahres
1811 noch immer nicht verstehen, warum ihn G. nicht ans
Herz drückte. *Denn ob er mir gleich die ganz freund-
schaftlich die Hände drückte, scheint er doch so ganz den
alten Tanz mit der seligen Blutwurst nicht vergessen zu
haben, um den alten Umgang zu erneuern ... Den Riemer fand ich, wie er auf einer Seite griechische Etymolo-
gien, auf der anderen Gedichte ordnete,* berichtet Arnim
Wilhelm Grimm von seinem Dezemberaufenthalt 1820.

G.s Verstimmung über Riemers bibliothekarische Ambi-
tionen ist anhaltend, denn Riemer gibt sie auch im neuen
Jahr 1821 nicht auf. Als der Kanzler von Müller G. im Januar besucht, dankt der Hausherr zwar Müller für seine
erfolgreichen Bemühungen, Riemers Gehalt aus der
Schatulle des Großherzogs Carl August und der
Großfürstin Maria Paulowna aufzubessern, meint aber,
*dies sei der beste Zeitpunkt, Riemern fühlen zu machen,
daß er seine Prätensionen auf größere Berechtigung bei
der Bibliothek aufgeben und zufrieden sein müsse, daß
man so gut wie nichts an Leistungen von ihm fordere. Es
liege einmal in der Natur der Sache, daß nur einer das
Heft bei der Bibliothek in Händen haben könne. Ein Bibliothekar, der keine Geheimnisse, kein verschlossenes
Zimmer habe, sei kein rechter. Hier könne eine Zweiheit
nur Verwirrung anrichten. Riemer sei einmal nicht geeignet zum kurrenten Bibliotheksdienst, und man könne
Vulpiusen nicht verargen, wenn er sich nicht ins Handwerk greifen lasse.*

Müller widerspricht. Er führt Vulpiusens *Arroganz* ins Feld, was weimarisches Alltagswissen umschreibt. Jeder weiß, daß Vulpius auf der Bibliothek die Zügel schweifen läßt, ungeniert trinkt und den größten Teil der Zeit in seiner Romanfabrik zubringt. Vulpius hat Dutzende von Unterhaltungsromanen geschrieben. Den berühmten *Rinaldo Rinaldini, der Räuberhauptmann* darunter. Vulpius schreibt für Zeitschriften. Vulpius dient der weimarischen Bühne als Theaterdichter, Opern- und Operettenlibrettist. Er hat Stückebearbeitungen schockweise geliefert. G. bestreitet die *Arroganz* des Schwagers nicht, nur daß ihm bei der Gelegenheit sein Philosophieren über das Wirkliche etwas ins Philisterhafte abrutscht. Vulpius könne man eben nicht anders machen, als er ist, sagt er Müller, und Riemer müsse sich in seine Verhältnisse finden lernen. *Er habe aber leider kein Maß und keine Grenze in seinem Tun und Wollen, er sei ein Faß, dem die Reifen fehlten.*

Ende April kommt der Kanzler von Müller mit einer freundlichen Nachricht zu Riemer. GOETHE wolle ihm für die Redaktion seiner Schriften, insbesondere von *Kunst und Altertum,* jährlich 100 Taler Honorar geben. In vierteljährlichen Raten. Riemer nimmt an. Wohl glücklich. Der Aufstand ist vorüber. GOETHE braucht ihn wieder. Riemer hat gelernt. Zwar wird er *Üble Laune* manchmal weiter zeigen, aber doch nicht mehr die Verhältnisse umwerfen wollen. Eilig macht er sich an die neue alte Arbeit.

8. Mai. Mittags bei Goethe. Vorher das Manuskript zu den Wanderjahren durchgesehen und nach Jena spediert.

16. Mai. Mittags bei Goethe zu Tische. Vorher einiges Manuskript durchgegangen. Den Auszug aus Homer.

20. Mai. Mittags bei Goethe. Vorher Durchsicht von Manuskript für die Farbenlehre, Fortsetzung.

Auch in G.s Tagebuch findet sich Riemer nun wieder als erprobter Helfer.

20. Juni. Prof. Riemer. Wir besprechen das nächste Ma-
nuscript. Blieb derselbe Mittag. Nach Tische im Garten.
Über griechische Lexica. Schubarths Homer und sein
Zeitalter.
Sonntag 24. Juni. Um 12 Uhr Professor Riemer, über
Pflanzenfarben Versuche und Unterredung. Verschiede-
nes die Sprachforschung betreffend. Waren Riemers zu
Mittag geblieben.
27. Juni. Die Frage wegen der Jenaischen Literaturzeitung
durchdacht. Im Garten. Etwas über Pflanzenfarben. Um
12 Uhr Prof. Riemer, dieselben Materien weiter durchge-
sprochen. Blieb derselbe zu Tische.
In dieser Zeit nimmt sich Riemer eine Reise vor. Die Verhältnisse sind geordnet. Sohn Bruno ist sechs Jahre alt.
Riemer wird mit seiner Frau in die böhmischen Bäder
fahren. Er wird die alten Plätze alle auf einmal besuchen,
denn mehr als einmal hat ein Gymnasialprofesor nicht
das Geld für solch eine Reise. Also Franzensbrunn,
Karlsbad und Teplitz. Und zurück über Dresden. Da ist
Böttiger, der notorische Unruhestifter, der die alten Bekanntschaften sorgfältig pflegt. Böttiger schreibt Hun-
derte von Briefen nach allen Seiten. In Dresden ist die
Galerie mit den Gemälden. Und die *Abend-Zeitung,* die
seine Scharaden gedruckt hat. Von Teplitz ist auch
GOETHE immer über Dresden zurückgereist. Riemer
besucht mit Caroline die Orte, wo GOETHE war und er
mit G. Und wo Caroline mit GOETHE, Christiane und
Riemer war. Das ist die Lebensreise des Ehepaars Riemer.
Denn eine andere so große Reise machen sie in ihrem
Leben nicht. Es kann nicht anders als eine heitere, erin-
nerungsvolle, stolze Reise gewesen sein. Am 20. Juli sind
sie aus Weimar weg. Professor Riemer und Gattin auf
den Promenaden, beim Sprudel, bei den Soireen. In den
Badelisten *Professor Riemer nebst Gattin aus Weimar.*
Man wird doch Bekannte aus den früheren Jahren getroffen haben?

Goethe und Schreiber J. A. F.
John im Arbeitszimmer

Was aus GOETHES Sekretär geworden ist.

Badereisen also kann er bezahlen.

Und solch eine schöne junge Frau.

Und so viel jünger als der Professor.

Für Karlsbad hat G. seinem Riemer ein paar Aufträge mitgegeben. Beim Glasschneider Mattoni nachfragen, ob er für G. diese farbwechselnden Gläser hat. Auch bei einem anderen sich danach umzusehen. Für Herrn David Knoll ein paar Pakete abgeben. Ein paar Muster Karlsbader Sprudelsteins mitbringen. Wer kann GOETHE das erledigen? Es müssen glückliche Tage gewesen sein. Von Riemers Lebensreise ist nur der Unglücksfall der Reise überliefert.

25. August. Abreise von Carlsbad.

26. August. Unglückliche Reise auf der falschen Straße. Wolkenbruch, in den wir gerieten. Umsturz des Wagens. Todesangst. Abends in Saaz gut Nachtquartier.

Am 4. Oktober sind Riemers wieder in Weimar. Die drei letzten Wochen waren sie in Dresden. Riemer kehrt zu seinem zweiten Leben mit der Stadt und mit GOETHE zurück.

Es lohnt. Wer kann aushalten, sein einziges Leben sei kein Leben gewesen?

10. Februar 1822. Weimar. Riemers Tagebuch.

Warum gibt uns ein einziger großer Mensch solche Freude, ja Wonne? warum wiegt er uns Tausende auf? Weil er es ist, der zum ersten Mal die Idee eines Menschen erfüllt, und alle übrigen nur als Mißrätnisse, als citra et infra jener Idee erscheinen. Was in ihnen allenfalls recht ist, ist es in einem geringeren Grade, und das Schlimme erscheint um so miserabler, als es durch das Gute nicht aufgewogen wird und balanciert wird.

Die kleinen Schwächen von Goethe, das was wir manchmal von ihm wegwünschten, wie gerinfügig ist es gegen das Große, Schöne, Wahre, Rechte, was wir von ihm haben und in seinen Schriften lebt!

G. ist auch in diesem Jahr 1822 zu seinem Geburtstag nicht in Weimar. Seit Ende Juni ist er in Marienbad. Zu seinem Siebzigsten schon war er in Karlsbad und hat in Weimar hinterlassen: *Ich bin zu alt zum Geburtstagsfeiern.* Man hat ihn trotzdem gefeiert. Der Mann ist so berühmt, daß man zu den Feiern ihn nicht mehr braucht. So wird es auch diesmal am 28. August sein. Die Enthusiasten haben im berühmten *Erbprinzen* am Weimarer Markt ihre Feier. Riemer hat den Text für eine Kantate geschrieben, und Stefan Schütze sie komponiert. G. wird zweiundsiebzig. Wenn er zu Hause ist, werden wieder überreichlich Glückwünsche aus allen Winkeln Deutschlands angekommen sein. G. sitzt an seinem Geburtstag in der Kutsche, die ihn von Eger über Franzensbrunn nach Hause bringt. Er ist am 28. abends in Pößneck. Sollen sie feiern. Er hat sich in Marienbad in ein *sehr hübsches Kind* verliebt. Es heißt Ulrike von Levetzow und ist achtzehn Jahre alt. Im nächsten Jahr wird G. wieder nach Marienbad reisen. G. hat auf Ulrike ein Gedicht gemacht und es *Äolsharfen* genannt. Es ist schön, sich nicht einzurichten.

Zur Trauer bin ich nicht gestimmt
Und Freude kann ich auch nicht haben:
Was sollen mir die reifen Gaben,
Die man von jedem Baume nimmt!
Der Tag ist mir zum Überdruß,
Langweilig ist's, wenn Nächte sich befeuern;
Mir bleibt der einzige Genuß,
Dein holdes Bild mir ewig zu erneuern
Und fühltest Du den Wunsch nach diesem Segen,
Du kämest mir auf halbem Wege entgegen.

Riemer hat einen *Festgesang am 28. August 1822* gemacht.

Heut laßt im edlen Kreis
Festgesang erschallen!
Eines Namens hohen Preis
Laßt ihn wiederhallen.
IHN den mächtigsten der Geister,
Deutschen Sanges erster Meister,
Feiern wir vor allen.

Riemer fühlt sich gut. Es ist ein buchenswertes Ereignis.
28. August. Feier des Goethischen Geburtstages im Erb-
prinzen mit Schmaus und Liedern … Es ist schön, sich
einzurichten.

Wie wir nun versammelt sind
Und im Geist verbündet,
Danken wir es SEINEM Geist
Der sich uns verkündet!
Und im Guten, Wahren Schönen
Mit dem Leben zu versöhnen
Hat er uns entzündet.

Würdig mag an SEINEN Preis
Jeder von uns reichen
Wer im Maß von Sinn und Kraft,
Denkt und wirkt desgleichen:
Wer es liebt in sich zu hegen,
Nie von dem zu weichen.

Und so bleibt ER nah und fern
Ewig uns geborgen:
Leuchtet nicht der Liebe Stern
Abends wie am Morgen?
Herzens-Dank und Huldigungen
Bleiben Ihm von uns gesungen
Und die Götter sorgen!

Im vorigen Jahr hat ein junger Mann am 25. August
GOETHE einen Brief zu seinem Geburtstag geschrieben. Aber dann hat er ihn liegengelassen und ihn erst
zwei Tage später abgeschickt. Der Brief soll nicht in der
Inflation der Geburtstagsbriefe untergehen. Seine Sendung soll dem Meister auffallen. Es ist ein kluges Kerl-
chen. Der Schreiber hat Faktotum Kräuter gebeten, G.
seine Sendung *zu günstiger Stunde* zu übergeben, denn er
hat der Gratulation auch noch einen Band eigener Gedichte und die sehr ausführliche *Übersicht meines Le-
bensganges* beigelegt.

*Am 27. Sept. 1792 zu Winsen an der Luhe geboren. Eltern
alt, sehr dürftig, eine Kuh und ein Morgen Land Haupt-
quellen des Unterhaltes. Bis zum 14. Jahre wenig in der
Schule; begleite den Vater, der jenseits der Elbe mit wolle-
nen Strümpfen hausiren geht und helfe einen Bündel tragen. Zeige Talent im Zeichnen und mache mir dadurch im
Ort einen guten Ruf, der dortige Justizrat will mich nach
einem Meister in Hamburg senden. Die Eltern aber wide-
raten mir, es sein ein gefährliches Handwerk ... Im
16. Jahre confirmiert. Ein Beamter nimmt mich zum
Schreiben zu sich. Französische Verfassung tritt ein. Von
1810 – 1813 in westphälischen Bureaux angestellt, und zuletzt MairieSecretär in Bevensen. Hoffnung zur Befreiung
von den Franzosen. Ich verlasse meinen Posten und trete
mit Büchse und Holster in das Kielmannsegsche Jäger-
Corps. Feldzug mit ihm durch Holstein, vor Hamburg und
zuletzt in Braband. Hier angeregt durch die Gemälde der
Niederländer, die ich in Kirchen und Museen täglich betrachte, fasse ich den Entschluß noch jetzt ein Maler zu
werden ... Krankheit von den Folgen des Feldzugs, kann
es nicht durchsetzen muß die Malerei aufgeben und einen
Posten annehmen. Registraturgeschäfte bei der Militair-
Kleidungs-Comission in Hannover. Körners Dichterruhm. Erster Versuch in der Poesie, 23 Jahre alt. Weiß noch
von keinem Homer, Sophocles, Goethe, Shakespeare.*

Schiller wird gelesen auch Klopstock. Mache ein Gedicht auf die Rückkehr unserer vaterländischen Krieger aus Frankreich, in Schillers Tone. Viel Lob, zweimal nachgedruckt. Höre von Goethen, erlange seine Gedichte, und finde, daß mein LieblingsLied »Dort oben auf jenem Berge« von ihm ist. Lebe einen ganzen Monat in Goethes Liedern. Dann gelingt es mir den Wilhelm Meister zu bekommen, dann sein Leben, dann die dramatischen Werke. Den Faust lese ich alle Festtage. Bewunderung und Liebe nimmt täglich zu. Jahr und Tag lebe und webe ich in diesen Werken. Ich denke und spreche nichts als von Goethen ... Ich lese viele Biographien und sehe daß alle tüchtigen Männer auf einer Universität studirt haben. Ich fasse den Entschluß ein Gleiches auszuführen ... Zunehmendes Streben nach Göttingen. Entschluß, meine Gedichte herauszugeben, und es dadurch vielleicht zu bewirken. Mit Verlegern unbekannt, wähle ich den für meinen Zweck vorteilhaften Weg der Subscription. Diese wird von Freunden eingeleitet und nimmt guten Fortgang. Ich trete bei meinen Obern mit meiner Absicht auf Göttingen wieder hervor und bitte im Fall des Gelingens um meine Entlassung. Diese, sehend daß ich nicht nachlasse, so wie daß die Subscription guten Fortgang gewinnt, befördern meinen Zweck. Die Kriegs Canzlei bewilligt meine Entlassung und läßt mir die Hälfte meiner Gage, jährl. 160 Taler behuf meiner Studien, wogegen ich allen Ansprüchen auf eine Wiederanstellung entsage. Glückliche Periode des Gelingens der jahrelang gehegten Pläne. Gedichte im Frühjahr 1821 gedruckt und versendet. Nach Abzug aller Kosten und nach Bezahlung einiger Schuld behalte ich aus den Gedichten noch etwas 150 Taler. Gehe im Mai nach Göttingen, eine teuere Geliebte zurücklassend. Entschließe mich zu juristischen Studien ...

Der junge Mann weiß die Episoden seines Lebenslaufes und die Beiworte zu wählen. Er hat das Talent zu einem geschickten Biographen.

An Se. Execellenz den Herrn Großherzoglich Weimari-
schen Minister und Geheimen Rat W. v. Göthe
Zu der bevorstehenden Feier Ihres Geburtstagsfestes,
wünsche ich Eure Excellenz viel Freude und bitte Gott,
daß er uns diesen glücklichen Tag noch recht lang gönnen
wolle, und noch viele Jahre Ihnen zu Glück und Freude
wiederkehren lasse.
Nach solch Wunsch weiß ich nichts mehr hinzuzufügen,
als daß ich mit höchster Liebe und Verehrung beharre
Euer Excellenz ganz gehorsamster
Göttingen d. 25. August 1821 Eckermann

G. läßt die Sendung unter den anderen liegen und unbe-
antwortet. Eckermann träumt von GOETHE. Seine
Braut bekommt am 19. Dezember 1821 einen Traumbe-
richt.
Mir träumte die ganze vorige Nacht bei Goethen, ich
habe viel mit ihm gesprochen. Ich faßte immer seine Beine
um, aber er hatte dicke Unterhosen an; er sagte, er könne
anders nicht mehr warm werden. Er war schon sehr alt,
aber mich hatte er sehr lieb, er holte mir auch aus der
Kammer eine ganze Hand voll Birnen, die er auch
schälte, aber bloß am Stengel herum; ich sollte …
Im Traum sieht Eckermann auch, wen er noch nie sah,
Ottilie, ihre beiden Kinder, *hübsch und dick mit hellen*
Locken, den Großherzog von Weimar *und andere große*
Männer.
Er hat eine brauchbare Einbildungskraft.

XII
Riemer trifft Eckermann

Riemer und Eckermann bringt ein schlechter Schüler
und Tunichtgut zusammen.

Johannes Falk hat nach schlimmen persönlichen Schick-
salsschlägen im Mai 1813 in Weimar die *Gesellschaft der
Freunde in Not* gegründet, die das *Falksche Institut* unterhält, das sich um verwaiste und bedrohte Kinder kümmert. Im Jahr 1822 ist der sechzehnjährige August Kiesewetter einer der Eleven Falks. Auch Gymnasiallehrer
Riemer hat mit August Kiesewetter zu tun, und August
hat einen Bruder Karl, der mit Eckermann in Göttingen
studiert. So knüpfen sich die Fäden.

August Kiesewetter versorgt Eckermann in Göttingen
mit Berichten über Eckermanns Idol GOETHE:

Weimar 20. Februar 1822.

*Schon lange hätte ich Ihnen geschrieben, allein ich zögerte
noch immer, weil ich nicht schreiben wollte, bis ich den
großen Goethe, Ihren hohen Meister, gesehen, auf dessen
Anblick ich so begierig war.* Zwei Monate will Kiesewetter um das Haus gestrichen sein. Vergeblich. Bis er
die Idee hat, vom Garten des Nachbargrundstücks
GOETHE auszuspähen, denn der Geheime Rat soll bei
schönem Wetter mittags in seinem Hausgarten zu sehen
sein. G.s Nachbar gibt Kiesewetter die Erlaubnis. Ein
wenig betrübt allerdings: *Warum nicht! Es ist doch wunderbar, lieber Freund, daß man, um einen Neger, um eine
wilde Katze zu sehen, einen halben Gulden bezahlen
muß und daß man einen großen Mann in dieser Welt um-*

sonst sehen kann. Kiesewetter kann verdeckt eine halbe Stunde lang Weimars Neger betrachten und Eckermann einen Bericht geben. *O daß Sie doch auch ein Mal hier wären an meiner Seite! Ich freue mich schon darauf, wenn es Frühling wird, wo die Knospen aufbrechen, da will ich Goethes Gespräche mit den Blumen und Vögeln belauschen und sie Ihnen aufschreiben.*

Schlingel Kiesewetter kommt zu keinem Band *Goethes Gespräche mit den Blumen und Vögeln,* denn er wird vom Falkschen Institut wegen Rüpelhaftigkeit zu seinen Eltern nach Hannover ausgewiesen. Aber Kiesewetter ist seine Nähe zu G. nützlich. Er kann Eckermann bitten, den ihm bekannten Gymnasialprofessor Riemer zu bitten, ein gutes Wort vor Rückkunft bei den Eltern in Hannover einzulegen. Riemer verschließt sich der Bitte nicht und unterrichtet Eckermann.

Weimar den 7. Februar 1823
Hochgeehrtester Herr,
Indem ich der Bitte des jungen Kiesewetter nachgebe, einige vorbittende Zeilen für Ihn an Dieselben aufzusetzen, folge ich zugleich einer natürlichen Eingebung meines Herzens, das durch den zeitherigen Briefwechsel ein lebhaftes Interesse gewonnen hat, unmittelbar gegen Sie sich auszusprechen, da ich aus allem zu entnehmen glaube, wie Sie am geeignetesten sein möchten, eine Mittelsperson in dieser Angelegenheit abzugeben. So sehr auch Zeugnisse und Tatsachen gegen die zeitherige Aufführung des jungen Mannes sprechen, so ist bei einer billigen Erwägung aller Umstände nicht abzuleugnen, daß Naturell, Gewohnheiten, Beispiele u. Jugend in Anschlag gebracht, sich manches in einem milderen Lichte zeigen u. er keineswegs, wenn auch vielfältig tadelnswürdig, durchaus unverbesserlich und hoffnungslos erscheinen dürfe …
Möge nun die unerwartete Wendung, welche mein gutgemeintes Einschreiten in dieser Angelegenheit gebracht hat, nicht die Erinnerung an meinen Namen trüben, u.

Sie nicht die Geneigtheit verlieren mich sowohl von dem fernern Schicksal des mir anvertraut gewesenen, als von der Beschaffenheit der Gesinnungen zu unterrichten, die Sie gegen mich hegen könnten. Mögen Sie endlich die Versicherung der ausgezeichneten Hochachtung für Ihre Person u. Talente genehmigen, womit ich die Ehre habe mich zu unterzeichnen

> *Ew. Wohlgeboren*
> *ergebener Diener*
> *F. W. Riemer*

Daß Kiesewetter GOETHE gesehen hat, bewirkt noch mehr. Falk schmückt mit dem Brief seines mißratenen Schülers, bearbeitet und anonym, sein Werk *Goethe aus näherem persönlichen Umgang dargestellt,* und Eckermann kann Riemer unbefangen bitten, ein Manuskript, das er über GOETHE geschrieben hat, bei G. zu plazieren.

Hannover den 24. Mai 1823
Hochgeehrtester Herr!
Sie sehen eine bekannte Handschrift wieder, und zwar komme ich diesmal in meiner eigenen Angelegenheit, ich bedarf der Hilfe und Mitwirkung eines bedeutenden Mannes. Mich an Sie zu wenden, dazu treibt mich Zutrauen und Neigung.
Beikommendes Paket enthält ein Manuscript, das ich gerne recht bald möchte gedruckt sehen; ich hoffe davon eine Wendung meiner höchst bedrängten Lage. In anliegendem Briefe habe ich es der Cottaschen Buchhandlung zum Verlage angeboten. Damit ich nun hierin sicher gehen und durch vieles Hin- und Hersenden nicht eine kostbare Zeit verlieren möchte, habe ich mich in angelegtem Briefe an Goethe gewandt, und ihn um ein empfehlendes Wort an Cotta gebeten.
Da ich nun Goethen bei seinem hohen Alter und vielleicht noch nicht ganz wiederhergestellten Gesundheitsumständen nicht gern beschwerlich sein möchte, Sie aber als

langjähriger Freund täglich um ihn sind, so lege ich Ihnen
das Manuscript zur geneigten Ansicht vor mit der Bitte,
eins und das andere zu lesen, und dasjenige, was Sie dazu
für geeignet halten, Goethen mitzuteilen.
Was sollte aus mir werden, wenn ich nach einem durch das
halbe Leben fortgesetzten Kampf mit widrigen Umstän-
den nicht endlich durch das Hinzutreten bedeutender
Männer Hülfe und Rettung fände!
Eckermann schreibt an diesem Tage noch zwei weitere
Briefe. Er geht das Ziel von allen Seiten und im Zentrum
an. Seine trauliche Versicherung, GOETHES Gesundheit
und Alter schonen zu wollen, war ein bißchen corrigier la
fortune. Eckermann schreibt an diesem 24. Mai
GOETHE und kündigt sein Manuskript an. Er habe
Beiträge zur Poesie mit besonderer Hinweisung auf
Goethe geschrieben und keinen größeren Wunsch, als sein
Buch *bald gedruckt zu sehen; da ich aber den Verlegern*
noch gänzlich unbekannt bin, so würde mir dies gewiß
nicht sobald gelingen wenn ich nicht in der Empfehlung
eines hochverehrten Mannes Hülfe und Fördernis fände.
Eure Excellenz hierum zu bitten ist der nächste Zweck
dieses Schreibens.
Ich habe der Cottaschen Buchhandlung mein Manuscript
angeboten. weil ich auch gern für die Folge mit dieser
Buchhandlung zu tun haben möchte.
Wären nun Eure Excellenz geneigt, eins oder das andre
von den Blättern anzusehen, die der Herr Professor Rie-
mer in solchem Fall Ihnen vorzulegen die Güte haben
wird, und fänden Sie danach in Berücksichtigung einige
empfehlende Worte an Cotta beizufügen, so würde mir si-
cher vor der Hand auf das beste geholfen sein.
Entschuldigen Sie diesen Wunsch mit dem Drange meiner
Umstände. Ihre Ruhe ist mir so heilig wie irgend etwas;
aber ich fürchte nicht durch diesen Schritt zu stören, viel-
mehr habe ich die beste Hoffnung, daß Ihnen die Blätter
einige Freude machen werden. Denn was kann erfreuli-

cher sein, als täglich eine neue Bestätigung zu finden, wie
das von Ihnen Ausgegangene sich fortpflanzt und in ver-
wandten Geistern *und Gemütern wirkt und als Gutes*
und Rechtes wieder aufgeht!
Zugleich mit den Briefen an Riemer und GOETHE bietet Eckermann am 24. Mai Cotta das Manuskript gegen
ein *wohlverdientes Honorar* zum Druck an. Und dann
macht sich Eckermann ungesäumt nach Weimar auf.
Antworten wartet er erst gar nicht ab. Aber Eckermann
ist nicht voreilig. Er hat lediglich gut überlegt. Diesmal
wird er mit GOETHE zusammenkommen, und er
täuscht sich nicht. Als er in Weimar ankommt, öffnet sich
am 10. Juni GOETHES Tür für den Bewunderer. Gleich
am nächsten Tag empfiehlt G. seinem Verleger Cotta das
Eckermann-Manuskript: *Die Klarheit und Freiheit der*
Handschrift besticht schon und der Inhalt muß mir an-
genehm sein, weil der junge Mann sich … an mir heran-
gebildet hat. Er ist gegenwärtig hier, und ich denke ihn
mit gewissen Vorarbeiten zu beschäftigen. Eckermann
soll ihm die Jugendarbeiten in den *Frankfurter gelehrten*
Anzeigen aufspüren, ein Inhaltsverzeichnis zu den bisher
erschienenen Heften von *Kunst und Altertum* anlegen,
die Kritiken durchsehen, die G. für die Jenaische *Allge-*
meine Literaturzeitung geschrieben hat.
Für das nächste muß Eckermann nun nach Jena.
Frommann ist Cottas Drucker für Goethisches. Seine
Beiträge zur Poesie mit besonderer Hinweisung auf
Goethe wird doch wohl auch Frommann drucken?
Eckermann hat die Absicht, einige Zeit in Jena zu blei-
ben. G. sorgt für die Erledigung der Formalien in Jena
und schreibt Eckermann außerdem einen Empfehlungs-
brief an Knebel. Und jetzt kommt auch Frommanns
Autor Riemer wieder ins Spiel. Den bittet Eckermann
nicht vergeblich um eine Empfehlung an den Verleger.
Weimar d. 21. Juni 1823
Eckermann, ein junger privatisirender Gelehrter, von

Göttingen kommend, gedenkt einige Zeit in Jena sich aufzuhalten, um eine gewisse literarische Vorarbeit, die er für Goethe in Auftrag übernommen, daselbst zu Stande zu bringen. Er hat sich das Zutrauen des Geheimenrates erworben, und dies dürfte leicht die beste Empfehlung sein. Unterdessen erlaube mir ihm einen Brief an Sie, verehrter Freund, mitzugeben, um ihn dadurch als einen Landsmann Ihrer Frau Gemahlin in Ihr Haus einzuführen, überzeugt, daß außer dem Anklang der Muttersprache ihn noch andere Tugenden und Eigenschaften Ihres freundlichen Empfangs wert machen dürften. Er besitzt ein schönes poetisches Talent, das ihm bei seinen ästhetischen Studien zur förderlichsten Grundlage dient. Durch eingezogenes Studiren, der Welt und ihren Manieren noch etwas, wie er selbst gesteht, entfremdet, wird er in Ihrem Cirkel am leichtesten die Ecken ablegen, die ihm vielleicht noch etwas unbeholfenes geben, od. richtiger schüchternes, welches die Frauen sehr bald in eine anständige Sicherheit zu verwandeln wissen werden.

Goethe hat ihm die Redaction des Mscpts seiner früheren Recensionen übertragen, u. so ist seine Beschäftigung von der Art, daß sie einen interessanten Gegenstand der Unterhaltung abgibt. Vielleicht dient das Unternehmen auch zu seiner weiteren Beförderung, die er eben so sehr zu bedürfen als zu wünschen scheint, wie ich teils aus einen früheren Briefe, teil aus einzelnen Äußerungen im Gespräch entnommen habe ...

Wie immer

Ihr

F. W. Riemer

Riemer hat ihm einen sehr schönen Brief geschrieben. Daß er ihn darin *Dr. Eckermann* nennt, obwohl Eckermann nicht promoviert ist, hat Riemer nicht freundlich hinzuerfunden. G. spricht von Eckermann von der ersten Stunde unentwegt als *Doktor Eckermann*.

G. zieht es nach Marienbad. Im Februar war er todkrank.
Vor allen Dingen jedoch will er Ulrike von Levetzow
wiedersehen. Er trägt sich mit dem Gedanken, der Levetzow einen Heiratsantrag zu machen. Es halten ihn nur
so viele Arbeiten zurück, die abgeschlossen sein wollen.
Im Mai hat Riemer gestöhnt: *Auch hat mich Goethe
ziemlich daran gekriegt, teils mit mehrmaligen Durchgehen des Manuskriptes, teils auch daß ihn in seiner Einsamkeit und Verlassenheit des Abends Gesellschaft leiste.
Ich tue es zwar von Herzen gerne, um so mehr als man
nicht wissen kann, wie lange die Götter ihn uns noch erhalten; allein es unterbricht manchmal meine lexikali-
schen Arbeiten, so daß es mir wenigstens den Gefallen an
diesen grammatischen und philologischen Quisquillen
verleidet, und ich mich ungern wieder zu dieser undank-
baren Arbeit wende. Den Abschluß des Kunst und Alter-
tumsheftes ingleichen des Morphologischen scheint er sehr
zu wünschen, und ich auch; denn das kommt mir auch
ökonomisch zugute!*
Riemer ist an vielen Abenden und Tagen Redaktor und
Gefährte von G., und es sieht wie Nähe aus, aber G. hat
nun einmal seinen Blick auf Riemer. Im Februar hat G.
dem Kanzler von Müller über Riemer gesagt: *Er habe
mehr Talent und Wissen, als er nach seiner Charakter-
stärke vertragen könne.* In einer fernen Zeit hätte er wohl
gesagt, der Mann sei überqualifziert und finde sich mit
seiner tatsächlichen Beschäftigung nicht ab. Am 3. Februar 1823 philosophiert GOETHE: *Was wir in uns
nähren, das wächst, dies ist ein ewiges Naturgesetz. Es
gibt ein **Organ** des Mißwollens, wie es eines der Opposition, der Zweifelsucht gibt. Je mehr wir ihm Nahrung zu-
führen, es üben, je mächtiger wird es, bis es sich zuletzt
aus einem Organ in ein krankhaftes **Geschwüre** umwan-
delt und verderblich um sich frißt, alle guten Säfte auf-
zehrend und erstickend.*
Ein gesünderer Mitarbeiter wäre nicht unrecht.

Am 21. Juni verabschiedet sich Eckermann bei G. und macht sich auf den Weg nach Jena. G. ist reisefertig. Alle Arbeiten sind erledigt, und was noch offen, läßt er Riemer zurück. *26. Juni. Reiste Goethe nach Marienbad ab, nachdem er mir zuvor die Asia polyglotta von Klapproth zugesendet.*
Endlich, Donnerstag, 26. Juni kann er weg.
Endlich, Samstag, 13. September, ist er wieder zurück.

Sohn August erwartet ihn in Jena und läßt den Vater bis in den Abend nicht los, *wir tranken zusammen und nichts störte unser Zusammensein. Der bewußte Name ist noch nicht genannt worden, und ich fange an zu hoffen, daß alles gut gehen und sich die ganze Geschichte wie ein Traumbild auflösen wird.* Augusts Hoffnungen erfüllen sich. Es wird keine Verbindung des Vaters mit Ulrike von Levetzow geben. Montag früh kommt Eckermann, dem Meister zu zeigen, was er für ihn gearbeitet hat. G. im Tagebuch: *15. September. Früh mit Eckermann die Recensionen, sowohl die älteren als die Jenaischen durchgegangen. Auf's mineralogische Cabinett, alles in schönster Ordnung, sowie neue bedeutende Acquisitionen vorgefunden.*
Was G. von dem jungen Mann verlangt, ist eine brotlose Kunst. Doch der weiß sich zu helfen. Er wird GOETHES Eckermann werden. Der selbstlose, rastlose, der ihm die Worte von den Lippen ablauscht und der Nachwelt zur Kenntnis bringt. Als 1835 Nachwelt ist und Eckermann den ersten Teil seiner *Gespräche mit Goethe in den letzten Jahren seines Lebens* präsentiert, geht er rasch von seiner Weimar-Ankunft weiter nach Jena, *Montag den 15 September,* wo G. ihm sagt: *Ich muß gerade heraussagen, ich wünsche, daß Sie diesen Winter bei mir bleiben.* Nach diesen ersten Worten über Eckermann hört Eckermann als zweite, *in der Poesie und Kritik steht es mit Ihnen aufs beste, Sie haben darin ein natürliches Fun-*

dament ... Und nun läßt G. nicht mehr ab, durch Eckermann zu sprechen. *Jena, Donnerstag den 18. September
1823. Gestern morgen vor der Abreise nach Weimar, war
ich so glücklich, wieder ein Stündchen bei ihm zu sein.
Und da führte er ein höchst bedeutendes Gespräch, was
für mich ganz unschätzbar ist und mir auf mein ganzes
Leben wohltut. Alle jungen Dichter in Deutschland müß-
ten es wissen, es könnte ihnen helfen ... Was werde ich diesen Winter nicht noch bei ihm lernen, und was werde ich
nicht durch den bloßen Umgang mit ihm gewinnen, auch
in Stunden wenn er eben nicht gerade etwas Bedeutendes
sagt.*

G. behandelt Eckermann nicht gerade großzügig. Eigentlich dürftig von Anfang an. Eckermann huldigt ihm
auf eigenes Risiko. Für Eckermanns Bezahlung setzt G.
erst einmal auf das Cotta-Honorar für Eckermann. Eine
Wohnung muß er sich abseits des Hauses am Frauenplan
suchen. Eckermann hat den Mut eines Schwärmers. Er ist
gekommen, um dienend G. zu besitzen. Es ist ein gefährliches Spiel. Wer G. zu nahe kommt, ist in der Gefahr, ver-
schlungen zu werden. Im Leben behauptet sich
GOETHE. Eckermann hat seinen Triumph im Nachle-
ben.

Wie hilflos ist der pußlige Professor Riemer gegen den
Biographienerzähler. Riemer wird eine Verteidigung-
schrift GOETHES aus dem philologischen Zettelkasten
anbieten. Eckermann kann Lebensgeschichten. Und die
Nachwelt hilft ihm. Heine nennt Eckermann noch *Goethes Papagei.* Doch wie G. zum *Dichterfürsten* aufsteigt,
steigt der Diener zum *Eckermann* empor. Sie beide sind
heroische Gestalten für ein heroisches Deutschland.
Herrschen und Dienen wunschhaft komplementiert.
Herr und Knecht im heimeligen Verhältnis. Kuschel-
klassik.

Riemer spürt 1823 keine Rivalität. Das ist ein junger
Mensch und er ein vielerfahrener Weimarer. Riemer hat

mittlerweile eine Epoche gelebt. Über G. philosophiert
er beharrlich weiter, aber wenigstens nicht im Apostel-
ton. *26. November 1823. Goethe ist ein schönes Ver-*
mächtnis seiner Zeit (seines Jahrhunderts) an das fol-
gende, ja an alle folgenden. Jeder große Mann, Tat- oder
Schriftmann, ist ein solches. Was an einer Zeit Gutes ge-
wesen ist, sieht man aus den Geistern, die in ihr geboren
und groß geworden. Da ein jeder Genius sein Zeitalter
konzentriert in sich enthält, so hat man in ihm den Ex-
trakt desselben.
Riemer kommt in das Alter der Bilanzen. Es sind nicht
mehr Eröffnungsbilanzen wie damals in Tegel oder Rom.
Das wenigste ist noch offen. Es beginnt die Zeit, dem
Leben hinterherzufragen. Was war es?

Mittwoch, 31. März 1824, treffen sich am Abend der
Kanzler von Müller und Riemer bei G. Anfangs ist auch
G.s Meyer dabei. Nicht sein Eckermann. Hofrat Meyer
ist wegen Angelegenheiten der Zeichenschule gekommen. Vielleicht wegen des neuen Zeichenlehrers Schmeller, den G. sehr protegiert. Vor einem Monat hat G.
Meyer gebeten, sich von Schmeller zeichnen zu lassen, *da*
er doch hübsche Anlagen hat. Schmeller ist gewissermaßen G.s Hausporträtist. Er bekommt von ihm einen
Auftrag nach dem anderen. G. sorgt auch dafür, daß
Schmeller Riemer und Eckermann porträtiert. Schmeller
ist etwas weniger talentiert, als G. ihn hält. Er hat eine
etwas steife Hand.
Riemer bringt an diesem Abend neue Korrekturbogen
von *Kunst und Altertum.* Der Kanzler von Müller französische Zeitungen. Müller findet, *Goethe war durchaus*
heiter, gemäßigt, mitteilend, lehrreich, keine Piken, keine
Ironie, nichts Leidenschaftliches oder Abstoßendes. G.
kann also durchaus abstoßend und schwer erträglich
sein. G. wird sich von Sohn August wohl das eine oder
andere abgesehen haben.

Man kommt im Gespräch über dieses und jenes zum weimarischen Staatsminister von Fritsch, von dem G. sagt,
daß er immer in seinem Wesen hart und starr gewesen sei,
nichts Feines in seinen Formen besessen habe und doch
ein Mann uneigennützigen Strebens und tüchtiger Leistungen gewesen sei.

Riemer findet, es sei ein großer Irrtum, Wissen und Charakter voneinander zu trennen, eins sei erst durch das andere etwas, durch den Charakter trete das Wissen erst
hervor. Man könne allenfalls ohne Wissen, aber nicht
ohne Charakter leben.

Ja, sagt G., Charakter ersetzt nicht das Wissen. Aber
Charakter vervollkommnet es.

Mir ist in allen Geschäften und Lebensverwicklungen das
Absolute meines Charakters sehr zu statten gekommen;
ich konnte Vierteljahre lang schweigen und dulden, wie
ein Hund, aber meine Zweck immer festhalten, trat ich
dann mit der Ausführung hervor, so mußte ich unbedingt
mit aller Kraft zum Ziele, mochte fallen rechts und links
was da wollte. Aber wie bin ich oft verlästert worden, bei
meinen edlen Handlungen am meisten. Aber das Ge-
schrei der Leute kümmerte mich nichts. Die Kinder und
ihr Benehmen gegen mich waren oft mein Barometer hin-
sichtlich der Gesinnungen der Eltern gegen mich. Ich
nahm alle Zustände und Personen, meine Kollegen z. B.,
durchaus real, als gegebene, einmal fixierte Naturwesen,
die nicht anders handeln können, als sie handeln und
ordnete danach meine Verhältnisse zu ihnen. Dabei sucht
ich ringsum mich richtig zu sehen. In die Kriegs-Kom-
mission trat ich bloß, um den Finanzen der Kriegs-Kasse
aufzuhelfen, weil da am ersten Ersparnisse zu machen
waren. Einst zahlte ich 1 000 Louisdor daraus der Herzo-
gin zu einer Badereise nach Aachen aus. Den Ilmenauer
Steuer-Kassier Gruner brachte ich ins Zuchthaus, weil ich
im Conseil seinen Propre-Rest von 4 000 Talern, den er
durch falsche Restspezifikation maskiert hatte, scho-

*nungslos aufdeckte, trotzdem daß der Minister Fritsch
und Hetzer, Eckardt p. ihn protegierten ...*
G. redet lange. Wie man sich in das Leben stellen soll,
gehört zu seinen Lieblingsthemen. Riemer sagt: *Ach wie
glücklich sind Sie, daß Sie immer so real im Leben stehen
konnten, ich komme mit aller Anstrengung kaum hinein
ins Leben, geschweige durch.*

Im November haben sie ein Novembergespräch.
G. hat, Donnerstag, den 25., von Carl August ein Bild des
Hauses im griechischen Missolunghi bekommen, in dem
Lord Byron im April starb. Eine Nachricht wie ein Don-
nerschlag damals. Der junge Dichter tot, der für die Befreiung der Griechen vom türkischen Joch stritt. G. ist im
November darüber noch immer nicht zur Ruhe gekommen. Er dankt Carl August für das Bild: *Es ist und bleibt
doch immer ein wundersames Gefühl, ein so vorzügliches
Menschenkind in jungen Jahren vor sich hingehen zu
sehen.* Der Tod ist kein ferner Geselle in Griechenland. G.
geht es seit Tagen furchterregend schlecht. Eine Erkältung quält ihn. Da er im Bett nicht schlafen kann, bringt
er die Nächte im Lehnstuhl zu. Und die Tage. So treffen
ihn seine erschreckten Besucher. Als am Abend Müller
kommt, spinnt sich im Gespräch Byrons Schicksal fort.
Auch Riemer besucht an diesem Tage G.
*25. November. Nach dem Nachhausegehen von Goethe
(Lord Byron, dänische Volkslieder, oder vielmehr von den
Faröer Inseln). Es gestaltet sich gewiß immer wieder im
Universum derselbe **besondere** Mensch (das Individuum), derselbe Unglückliche, Dunkle, der Mörder, der
Geizige, der Lustgierige, der Tyrann usw., damit es nie
und zu keiner Zeit an diesem Supplement der Totalität
fehle!
Wie oft bin ich nicht schon dagewesen, wie oft werde ich
noch sein, ja wie werde ich nicht immer sein und bleiben!
Immer so unzulänglich, unausreichend, unbedeutend ge-*

wesen; immer noch es seiend, in alle Zukunft so wieder-
kehrend; – wie der getreue Eckart oder eine andere aner-
kannte Volksmaske, die ihre Partie singt, ihre Stimme.
Doch ist in der Musik das Angenehme, daß jeder gewiß
weiß, seine Stimme sei ein notwendiges Harmonieren zu
den übrigen, zum Ganzen, welches in andern als musi-
kalischen Fällen schwerlich zur Wahrnehmung, zum Be-
wußtsein, zur Überzeugung gebracht werden kann oder
wird.

Das wenigste ist noch offen. Was kommt? Außer dem
einzig immer gewissen des Lebens.

3. Juli. Jeder Mensch hat, wo nicht seine tägliche doch
wöchentliche oder monatliche, ja jährliche Umdrehung
um seine Achse, einen Morgen, Mittag, Abend, Mitter-
nacht des Gemüts und seiner Empfindung. Nach irgend-
einem Zeitverlauf kehren gewisse Gesinnungen, Ansich-
ten, Stimmungen wenigstens wieder, und ich bin mir sehr
deutlich bewußt, daß ich von Zeit zu Zeit über dieselben
Personen auf dieselbe Weise gedacht und geurteilt habe,
wenn auch nur mit verschlossenem Munde des Herzens.
Über Goethe z. B. sind mir oft genug dieselben Desidera
zurückgekehrt.

Am 3. September wird das fünfzigjährige Regierungsju-
biläum Carl Augusts in Weimar gefeiert werden. Vor
zweiundzwanzig Jahren ist Riemer am 4. September das
erste Mal bei GOETHE gewesen. Am 7. November wird
das fünfzigjährige Dienstjubiläums GOETHES begangen werden. Zwar stimmt das Datum nicht, G. hat erst
am 26. Juni 1776 mit seiner Ernennung zum Geheimen
Legationsrat Amtsgeschäfte übernommen und müßte
noch warten, aber Carl August hat den Tag von G.s Ankunft in Weimar, 7. November 1775, für das Jubiläum bestimmt, weil G. *schon mit dem ersten Momente seines*
Aufenthaltes hier für Weimars Wohl und Wehe Ruhm zu
wirken und zu schaffen begonnen.

Am Morgen des 3. September donnern 101 Salutschüsse

in Weimars Himmel, die Kirchenglocken läuten, die Stadt
ist geschmückt. Carl August hat draußen im Park im Rö-
mischen Haus übernachtet. G. gratuliert Carl August im
Römischen Haus. Die Stunde ist früh, aber es gibt viele
Zeugen des Ereignisses. Schüler Eisenschmidt stöbert ein
Mitschüler um sechs Uhr auf: »*Komm schnell, der alte
Goethe geht eben gratulieren! Und wirklich hatten wir
das Glück, diese Heroengestalt ernst und sinnend durch
den Park nach dem Römischen Haus wandeln zu sehn ...*
Oberkonsistorialrat Günthers Frau Wilhelmine erlebt: *...
vor 5 Uhr ist er bei ihm im Römischen Haus gewesen ...
Goethe ist so gerührt gewesen, daß ihm die Tränen über
die Backen gerollt sind, und auch der Großherzog hat
außer den wenigen Worten »Es bleibt alles beim alten«
nichts sprechen können.* Kanzler von Müller vernimmt
dies als Worte GOETHES: *Bis zum letzten Hauch bei-
sammen!* Anderes ist unverständlich, was sie an einem
Fenster stehend, leise sprechen, bis auf die Worte Carl
Augusts, *Ich werd es ja noch erleben!*, was sich, wie Müller erfährt, auf G.s Dienstjubiläum bezieht. Carl August
ordnet an diesem Tag die Vorverlegung der Feier auf den
November an.
Riemer ist natürlich auch am Römischen Haus. Sicher
mit Frau und Kind. Sohn Bruno ist jetzt acht Jahre alt.
*3. September Vor das römische Haus geeilt. Großes Ge-
dränge und langes Warten, bis die Kantate anhob. Feierlicher und imposanter Eindruck im Freien bei immer heiterer werdenden Himmel. Aufs Schloß. Grenadier, der
bei Großherzogs Geburt Schildwach gestanden. Im
Theater der Prolog, der auch besser vorgetragen werden
konnte. Nach dem Theater zu Goethe, wo alles sich ver-
sammelte.*
Der *Prolog* ist ein Werk Riemers. G. tritt nur noch in besonderen Fällen mit Dichtungen zu weimarischen Ereignissen hervor. Weimars Dichter ist Riemer. Er behandelt
die großen Ereignisse und Personen mit großen Worten,

und dann hat der Hofdichter noch eine närrische Abteilung böser Sonette, Epigramme und *Scherzreime*.

> *Man sagt mir nach, nicht daß ich viele Worte,*
> *Jedoch daß ich die Worte vielmals mache!*
> *Man sagt mir g'rade nichts zum Torte*
> *Und also denk' ich dafür nicht an Rache.*

> *Wär' ich denn von Poeten eine Sorte,*
> *So würde Poesie auch meine Mache:*
> *Denn macht ein Andrer Sachen, mach'ich Worte,*
> *Zur Täuschung er, Ich daß man darüber lache.*

> *Ist man dort nicht schwierig in der Sache*
> *So sei man's minder da wo's gilt nur Worte:*
> *Versteht man sie – und dies bezeugt die Lache! –*

> *So ist's mit Fug, wenn ich an meinem Orte*
> *Poetischen Gebrauch von Worten mache,*
> *Das heißt: Mach'ich zur Poesie die Worte.*

G.s Jubiläum am 7. November ähnelt dem des Freundes Carl August in Gestalt und Erinnerung. Riemer hat seit Wochen auch dabei eine bedeutende Stellung: *Oktober Jeder Tag ward mit Dichten, Druck, Korrigieren, Beredung mit Müller, Meyer, Coudray pp. zugebracht.* Wieder beginnt alles sehr früh.
Wie der hochverehrte Jubelgreis den Fensterladen seines Schlafzimmers in frühester Dämmerstunde öffnete, tönte ein festlich heiteres Morgenlied ihm aus einem Versteck seines Gartens entgegen. Sein erster Blick fiel auf zarte ersonnene Gaben kunstfertiger Freundinnen in Stickereien, Zeichnungen, Gemälden, Vasen, Kristallen usw., berichtet Zeuge Müller.
Gegen halb neun füllt sich das Haus mit den Personen des Hofes und den Honoratioren der Stadt. Die eigentliche

Gratulation steht bevor. Riemer hat eine *Kantate* gedichtet und Komponist Eberwein sie in Musik gesetzt. Vierzig Damen und Fräulein aus dem Kreis um GOETHE
stehen bereit, sie zu singen. Um neun führt Sohn August
den Vater aus seinem Gartenzimmer in den vorderen Teil
des Hauses. Das Gedränge ist dort so groß, daß sie eine
Seitentreppe benutzen müssen. *Kaum erblickt man das*
verehrte Haupt, als die Musik sogleich begann und mit
ihren Harmonien jeder zu heftiger Rührung, die aus sei-
ner und aller Augen glänzte, vorbeugte.
Riemer hat wieder die Nymphe der Ilm bemüht. Sie begrüßt den *goldenen Tag ihres Getreusten* im Kreise eines
Nymphenchors. Frau Eberwein gibt die Ilmnymphe.
Heil mir, ich darf Ihn stolz den Meinen nennen,
Mich als die Seine dankesvoll bekennen.
Riemer hat es getroffen. Müller erlebt, *die dicht gedrängte*
Menge der Zuhörer, und der ernsteste Geschäftsmann wie
die zarteste jungfräuliche Brust hatten Mühe, den Aus-
bruch innigster Bewegung zurückzudrängen.
Die Töne verklangen in feierlicher Stille. In bescheiden
würdiger Haltung wandte sich der Jubelgreis zu den
Freundinnen, in beredtem Händedruck und herzlichen
Worten seine Dankbarkeit anzudeuten.
Staatsminister Fritsch überreicht ein Handschreiben Carl
Augusts und eine goldene Denkmünze. Auf der einen
Seite der Großherzog und die Großherzogin, auf der anderen das Bild GOETHES: Die Universität in Jena gratuliert, es gratulieren die Landeskollegien, der Stadtrat,
die Freimaurerloge, und die philosophische und die me-
dizinische Fakultät machen ihn zum Ehrendoktor. Und
dann hat die Universität noch etwas für G. *Die philoso-*
phische Fakultät fügte zwei Doktorhüte für Goethes
nächste Gehülfen in Herausgabe seiner sämtlichen Werke,
für den Professor und Bibliothekar Riemer u. für Herrn
Eckermann, aus dem Hannöverischen, bei, mit der Bitte,
solche jenem bewährten Gelehrten und diesem hoff-

*nungsvollen jungen Manne, zu desto ausgezeichneter
Feier des heutigen Tages aushändigen zu wollen.*
Die Überraschung ist für G. keine Überraschung. Er
selbst hat sie im September auf den Weg gebracht, nachdem Carl August das Jubiläum zu feiern veranlaßt hatte.
Auch die Gehilfen trifft die Auszeichnung nicht unvor-
bereitet. Die Universität hat im Oktober Lebensläufe der
Kandidaten eingefordert. Riemer nimmt die Sache gelassen als ihm zukommende Ehrung. Er ist ein Wissenschaftler von Graden, und die eigene Dissertation hat er
damals in Halle allein aus Existenznot abbrechen müssen.
Eckermann erfüllt sie die unruhige Erwartung, daß sich
einmal das Hochstaplerische von G.s Anrede *Doktor
Eckermann* erledigen würde. Hinter den Kulissen hat es
bei seiner Promotion honoris causa Schwierigkeiten gegeben. Der Dekan der philosophischen Fakultät Professor
Bachmann protokolliert: *In Beziehung auf Herrn Professor Riemer ist die Facultät einstimmig, in Ansehung des
Herrn Eckermann aber entstehen zwischen den beiden ältesten Herrn Collegen, dem Herrn Geh. Hofr. Eichstädt
und Herrn Geh. Hofr. Luden, und mir, Differenzen ...*
Eckermann und Riemer bleiben die Kulissen geschlossen. Eckermann schickt der Fakultät ein Dankschreiben
und bedankt sich bei Dekan Bachmann. Riemer schweigt.
*7. November. Feier des Goethischen Dienstjubiläums.
Früh ¹/₂ 9 Uhr Gratulation. Kantate von mir und Eberwein. Um 11 Uhr auf der Bibliothek Aktus der Deposi-
tion der Medaille auf Goethe. Rede von mir und dem
Kanzler. Dann zu Goethe, erhielt ich aus seiner Hand das
Doktordiplom von der Jenaischen Universität. Mittags
Tafel von 200 Kuverts im Stadthause.*
*9. November Bericht und Protokoll des Bibliothek-Aktus
mit Kräuter ajustiert und zum Großherzog gebracht.
Mittags große Tafel bei Goethe, sämtliche Teilnehmer und
Mitwirker zu seiner Jubiläumsfeier.*

XIII

Botschaften

Riemers Tagebücher haben von 1807 an Weimarer For-
mat. Sieben Jahre lang benutzt er für seine Notizen den
*Neuen Schreibalmanach für die herzoglich-weimar-ei-
senachischen Lande.* Von 1815 an ein Produkt der Frommannschen Druckerei, den *Verbesserten Friedens- und
Historienkalender.* Lange war der Schreibraum seiner
Kalender für seine Aufzeichnungen zu klein. Riemer legt
eine Vielzahl von Notizzetteln bei. Mit den Jahren werden die Eintragungen sparsamer, und die Kalendertage,
die Todestage sind, nehmen zu.
Riemers Lehrer am Breslauer Magdalaneum, Caspar
Manso, ist im Oktober 1826 gestorben. Professor Wolf ist
seit 1824 tot. 1826, September, ist SCHILLERS Schädel
samt der *Gebeine* aus der Gruft des Kassengewölbes zu
Riemer auf die Bibliothek gekommen. 1827, Dezember,
den 16., hat die erste Bestattung in der neuen fürstlichen
Familiengruft im Beisein des Bibliothekars Riemer statt-
gefunden. *Frühmorgens zwischen 5 – 7 die Beisetzung
der Schillerschen Überreste in die Fürstengruft. Sie wurden aus dem Archiv der Bibliothek abgeholt, unter Begleitung des Gh. Kammerrates von Goethe, Coudray, mir,
Kräuter, Zwierlein und draußen vom Hofmarschall,
Kanzler, Generalsuperintendent, Bürgermeister Schwabe
und Oberkonsistorialrat Peucer in Empfang genommen.*
G. hat sich von Sohn August vertreten lassen.
*1828. 15. Juni. Um 2 Uhr herum kam ein dunkles Ge-
rücht, Serenissimus sei mit Tod abgegangen, das sich leider*

*nur zu bald in die traurigste Gewißheit aufklärte. Gegen
Abend wurde dem kleinen Rest von Militär, das hier geblieben war, der Eid abgenommen. War das Theater abgesagt, wo Oberon gegeben werden sollte.*

Riemers Theaterfreund Pius Alexander Wolff stirbt zwei
Monate später am Nachmittag des 28. August. G. beschäftigt sich am 28. mit der Gestalt der Weinranke. Eine
annehmliche Geburtstagsbeschäftigung. An der Weinranke gibt es ein *Aberzahn* genanntes Zweiglein, das als
unnütz weggebrochen wird, aber es habe wohl einen
Sinn, sagt G. Er bittet Riemer sich in *älteren Schriften*
nach der Bedeutung des Wortes *Aberzahn* umzusehen.

Riemers Freund Pius Alexander Wolff wird am 31. August begraben. *Abends nach 5 Uhr solennes Begräbnis,
von den Schauspielern getragen, den übrigen gefolgt und
einer zahlreichen Versammlung hiesiger Einwohner begleitet. Der Geistliche hielt ihm eine kurze angemessene
Rede ... den Beschluß machte mein Ruh-Gesang, von
Eberwein komponiert und vortrefflich ausgeführt. Allgemeine Rührung und Beruhigung zuletzt.*

Vielleicht bei den Trauergästen, nicht bei Riemer.

Sich von Wolffs Tod zu lösen mißlingt. Er beschäftigt ihn
ununterbrochen weiter. Nach außen ist Riemers Gefan-
genschaft unauffällig. Er folgt einfach beharrlich dem Gedanken, Wolff ein Denkmal zu errichten. Bei erster Gelegenheit spricht Riemer mit G. im September darüber.
G. ist gerade aus Dornburg und den Schlössern zurück,
wo er seit Anfang Juli war. Er hat nach Carl Augusts Tod
die Stille und den freien Horizont auf der Höhe des Saa-
letals gebraucht. Da unten das Land ist das Leben. Die zu
Dörfern versammelten ländlichen Wohnsitze, die Heu-
ernte, die *die Emsigen beschäftigt,* die *wohlbebauten
Hügel, steilen Waldungen,* die er schaut, sind Metapher
der Existenz: *Feststehend sind die Einrichtungen, zeitgemäß die Verbesserungen; so war es vor, so wird es nach
sein, damit das hohe Worte eines Weisen erfüllt werde,*

welcher sagt: »Die vernünftige Welt ist als ein großes un-
sterbliches Individuum zu betrachten, welches unauf-
haltsam das Notwendige bewirkt und dadurch sich sogar
über das Zufällige erhebt, hat er am 18. Juli dem General-
adjutanten des dahingegangenen Carl August, dem Frei-
herrn von Beulwitz, aus Dornburg geschrieben.

Am Tage nach der Rückkehr G.s ist Riemer am Frauenplan.

12. September. Nachricht, daß Goethe gestern angekom-
men, und Wunsch desselben, mich heute noch zu sehen.
Um 5 Uhr zu Goethe, der allerlei neue Kunstwerke pro-
duzierte. Anfangs war Vogel da, dann Coudray. Als wir
allein, über Wolffs Krankheit, Tod und Begräbnis, auch
sein Monument besprochen, wozu er behilflich sein will.

Riemer wird in seinen Gesprächen mit G. darauf zurückkommen und in den ersten Oktobertagen beginnen, die
Bestände der Bibliothek nach Abbildungen von Grab-
monumenten durchzusehen und einen ersten Entwurf
zu zeichnen.

20. Oktober. Auf der Bibliothek für Wolffs Monument ei-
niges durchgezeichnet. Kam Hofrat Meyer, der meinen
Entwurf billigte und einiges daran verbesserte. Sehr
dankbar dafür.

29. Oktober. Ich ersann eine Grabschrift auf Wolff, die ich
zur weiteren Überlegung niederschrieb.

Was Riemer in diesem Herbst umtreibt, ist mehr als ein
Freundschaftsdienst an Wolff. Seine Lebenslandschaft
löst sich auf. Das Monument ist ein Versuch, sich gegen
den Tod zu wehren. Die Endlichkeit des Menschen kennt
eine Unendlichkeit der Einfälle. GOETHES Einfälle
hören sich immer groß, schön und tapfer an. *Sich wieder*
ins Leben zu wenden, den Geist zu beschäftigen, hat Riemer als G.s *alte, mehrmals ausgesprochene Maxime* nach
Carl Augusts Tod ihn sagen hören, *wodurch er zum Ab-*
schluß seines Faust gebracht wurde. Riemer hat das Monument. Es ist eine rituelle Beschäftigung, die nach einem

Vierteljahr nicht mehr hilft. Der Horizont wird schmerzlich frei. Von der Höhe der Jahre geschaut, liegt da unten
das Leben.

28. Januar 1829

*Alles stirbt um mich! In der Nähe, in der Ferne, alles von
meiner Bekanntschaft, von meinem Interesse!*

*Wie soll, wie werd ich einst Goethes Verlust ertragen.
Schon durch den Tod des Großherzogs ist mir eine Leere
entstanden. Es ist wie eine Lücke im Garten, wo ein
großer Eichbaum gestanden, der vielen und auch mir
Schatten und Schutz gewährte. Jetzt ist da was herausge-
brochen, eine Lücke ist da, und umher stehen nur niedrige
Bäume, die keinen oder nur geringen Schatten geben,
wenig Schutz versprechen.*

*Goethe hat unter seinen Zeichnungen eine von Tischbein,
wo eine Eiche, Pinie und Zypresse eine Gruppe bilden.
Diese könnte man als eine Gruppe ansehen, vom
Großherzog, ihr und Goethe.*

In der Mittagsstunde des 14. Februar 1830 läuten in Weimar plötzlich die Glocken. Die Großherzoginmutter ist
gestorben. Prinzenerzieher Soret kommt ins Haus am
Frauenplan, sieht G. am Tisch und trägt ins Tagebuch ein,
er habe vor *seiner* Flasche Wein gesessen. Eckermann
kommt ins Haus und fragt sich, wie G. die Todesbot-
schaft aufnehmen würde: *Er saß vor uns gleich einem
Wesen höherer Art vom irdischen Leben unberührbar.* Als
Soret seine Erinnerungen veröffentlichen will und Eckermann seine *Gespräche* schon veröffentlicht hat, schickt
Eckermann Soret einen aufgeregten Brief. G. habe an
jenem Mittag nur einige wenige Glas Wein getrunken.
Die Differenz wäre peinlich für den Biographienerzähler.
Und für sein schönes Bild von G.

Riemer hat weder G.s Geschick, unangenehme Dinge ab-
wehren zu können, noch diese tröstenden, die ganze
Menschheit umfassenden Maximen von der Welt als
großem, unsterblichem Individuum. Riemers Welt ist

sterblich und heißt GOETHE. Riemer hat einen Pakt. Er hat sich eingelassen, mit G. zu steigen und zu sinken. Auch Riemers Nachwelt ist eine GOETHE-Welt.

7. März 1830. Alle die belobten und berühmten Gegner Goethes, die ich erlebt habe, sind zu schanden geworden, ja zugrunde gegangen, teils noch am Leben, teils nach ihrem Tode; und die mich überleben oder nachfolgen, werden einem gleichen Schicksal nicht entgehen. Denn nur umsonst verkennt man das Gute, das Vortreffliche, und strebt vergeblich, es zu beseitigen, da es eigentlich das wahre Wirkliche, dasjenige ist, welches allein existieren soll und einen ewigen Bestand hat, während allem anderen nur vorübergehendes Erscheinen geliehen ist. Riemer hat versucht, mit ihm oben zu sein, und wird mit ihm fallen. In jedem der Pakte zahlt die Kreatur für den Genuß einer anderen Existenz mit der eigenen. Riemer ist nicht blind, wie die Rollen verteilt sind. Nur, er hat sie angenommen.

4. November. 1830 Für den Mächtigsten halte ich den, der die anderen am meisten genirt, der am meisten die anderen ärgern kann, der ihnen am meisten Unangenehmes erzeigen kann, der ihre Freiheit am meisten einschränkt, der da macht, daß sich alles nach ihm bequemt.

Goethe hat mich und uns andre was ehrliches geärgert. Er hat uns in unserem Wesen auf alle Weise eingeschränkt. Wir haben uns nach ihm geniren müssen und – setze ich hinzu – auch wollen.

Riemers Existenz schaut sich im alltäglichen Weimar an, als laufe sein Leben nun in ruhigen Bahnen. Riemer hat sich in dem Gemisch aus Klatsch, sozialen Intrigen, Hofdünkel, finanzieller Misere mit den Jahren zu einem bescheidenen eigenen Platz durchgearbeitet.

Seine Beschäftigung bei G. wird nicht allein mit der Ehre bezahlt. Für seine Textrevisionen ist ein Honorar vereinbart.

1826 ist bei Frommann eine Sammlung *Gedichte von Fried-*

rich Wilhelm Riemer in zwei Bänden herausgekommen.

Auf der Großherzoglichen Bibliothek kündigen sich im Frühjahr 1827 Veränderungen an. Das Regiment von Christian August Vulpius wird zu Ende gehen. Er ist krank. Die Hierarchie der Bibliothek ist neu zu ordnen. Kein Zweifel, daß Riemer Vulpius beerben und Oberbibliothekar werden wird, wie es denn auch nach dem Tod von Vulpius geschieht. Aber was mit seiner Stelle als 2. Bibliothekar? G.s Vertrauter Kräuter dient der Bibliothek seit vielen Jahren als 3. Bibliothekar. Auf Riemers frei werdende Stelle hofft auch ein anderer Mitarbeiter G.s, der beinahe alles noch einmal erlebt, das Riemer hinter sich gebracht hat: Eckermann macht langweilige Katalogarbeit ohne festes Gehalt. Man redet, GOETHE sei Eckermann eine Anstellung an der Bibliothek schuldig. Sein Schreiber und Privatbibliothekar Kräuter sei ja auch bei der Herzoglichen Bibliothek untergebracht. Am 5. Mai ist Kräuter bei G. *Kräuter wegen der neuern Bibliotheksangelegenheiten,* steht in Gs. Tagebuch. Nach Kräuters Besuch ist keine Rede mehr, Eckermann das Amt des 2. Bibliothekars zu geben. Kräuter ist ein ehrgeiziger Mensch. Er möchte nicht ewig 3. Bibliothekar bleiben. Er schreibt nach dem Besuch bei G. seinem künftigen Chef Riemer einen Brief, der sagt, was er auch G. gesagt haben wird.

Verehrter Herr Bibliothekar!

Euer Wohlgeboren ... in einem Augenblick mein Herz auszuschütten, wo solches mit Kummer und banger Besorgnis mehr und mehr belastet ... Seit zweiundzwanzig Jahren (vom Jahr 1815 an) gehöre ich zur Großherzoglichen Bibliothek, wo ich von der Pike zu dienen begann; im Jahr 1813 erst erhielt ich den Akzeß und zwei Jahre später geruhten seine Exzellenz der Herr Staatsminister von Goethe meinen jetzigen Charakter beizulegen ... Vor einigen Tagen haben Herr Staatsminister von Goethe mir mündlich zu eröffnen geruht, daß Hochdieselben geson-

*nen wären, den Doktor Eckermann zu unserer Beihilfe
auf Großherzoglicher Bibliothek Beschäftigung zu
geben ... lege über diesen Punkt unbefangen meine ver-
trautesten Gedanken und Gefühle vor ... [es sind] alle
unsere Kräfte in Anspruch genommen, den vernachläs-
sigten Katalog zu ergänzen ... Selbst wenn er bloß zum
Abschreiben hier angestellt werden sollte, würde er uns
keinen Nutzen bringen ...*

Kräuter hat Erfolg. Eckermann bleibt draußen. G. verfolgt
den Gedanken nicht weiter. Kräuter wird 2. Bibliothekar.
Ein paar Jahre später intrigiert Kräuter gegen Riemer. Das
Schema der Kabale ist das alte. Er muß sich schweren Herzens G. als der bessere 1. Bibliothekar empfehlen.

21. Juli 1831

*Alles was Gutes an mir ist: Sinn für Ordnung und Klar-
heit, Liebe zu geregelter Tätigkeit, Ausdauer in Schwierigkeiten verdanke ich größten Teils den glücklichen Jahren wo ich unter Ew. Exc. Augen arbeitete u. in Ew. Exc.
Selbst das höchste Vorbild aller dieser guten Eigenschaften fand. Möge es denn immerhin aus der Feder fließen,
so schwer es mir auch ankommt, daß meinem Vorgesetzten, als Mensch und Gelehrter so außerordentlich liebenswürdig und bedeutend, der Sinn für eine geregelte, fort-
schreitende Tätigkeit doch gänzlich mangelt und ihm nie
so ganz recht zu eigen werden dürfte ... So sind alle Geschäfte in meine Hand gekommen und mein verehrungs-
würdiger Vorgesetzter hängt seiner Neigung Collectancen
zu sammeln und mit Studieren der Bibliothek Schätze
seine großen Kenntnisse noch zu vermehren ununterbrochen ruhig nach.*

Mit seiner Familie hat Riemer Glück. Bruno ist ein guter
Sohn und glänzender Lateiner. Nicht allein durch den
Vater. Als in einem Ovid-Text eine Achillszene zu deuten
ist, erklärt Bruno einem Mitschüler, die Deutung vom
Alten zu haben.

Von welchem Alten?

*Vom alten Goethe. Ich besuche manchmal seinen Enkel,
und dann zeigt er uns gewöhnlich Bilder und erzählt
dazu. So hat er uns auch Bilder vom Homer gezeigt und
uns das vom Achill erzählt.*

Den Maskenzug des Februar 1830, *der Sängerwettstreit
auf der Wartburg,* stammt von Riemer. In Riemers Zug
gehen 90 Personen mit, 400 sind im Saal. Nur August, in
der Rolle des Sängers Klingsor, hat wieder einmal
Schwierigkeiten gemacht. *2. Februar, Ließ Klingsor lange
auf sich warten und kam erst, als der Zug in Bewegung
war. Das Ganze lief ganz gut ab, zu allermeister Zufriedenheit.*

GOETHES 81. Geburtstag wird mit Liedern nach Texten von Riemer gefeiert. Uline hat G. ein Mohnkranzkis-
sen gestickt. Sohn Bruno überreicht es mit einem Gedicht
vom Vater. *28. August. Mittags Feier des Goethischen Geburtstages im Stadthaussaale, gegen 60 Personen. Sehr an-
ständig und gesetzt fröhlich.*

Wie lange noch? Was dann?

3. September. 1830

*Erinnerung – das einzig bleibende von allem, was wir er-
leben, genießen, was uns widerfährt; von aller Gegenwart
bleibt ja nur, wenn sie bleibt, die Erinnerung. Wie glücklich kann sie uns machen, aber auch wie elend! In ihr
finde ich den Himmel aber auch die Hölle. »Ihr Wurm
wird nicht sterben und ihr Feuer nicht verlöschen« ist die
energischste Schilderung einer Erinnerung an das getane
Böse, und die wahrhafte und einzige Hölle.*

*Wie nötig zum Trost der Menschen ist daher die Lethe,
und deren allen Fehl auslöschende Quelle. Die Lethe ist
dann so etwas wie Schlaf, der uns von Glück und Not auf
gleiche Weise befreit, und wahrscheinlich sein Bruder
auch, der Tod.*

Der Fluß des Vergessens, Lethe, fließt in der Unterwelt.
Die Toten trinken daraus, um ihr Leben zu vergessen. G.s
unterirdische italienische Reise wird in diesem Jahre zu
Ende gehen. August war noch nicht in Italien. Er soll und
muß fort aus Weimar. Italien, die Sehnsucht aller Gebildeten, wäre schon ein Ziel. August kommt mit dem
Leben und dem gemeinsamen Leben mit Ottilie nicht
zurecht. Seine Jähzornsanfälle sind berüchtigt. August
und Ottilie *betrügen* sich über Kreuz. August trinkt. Er
ist krank. Lange schon wollte August nach Italien. Jetzt
muß er. Vielleicht wird die Reise seinen Zustand ändern
und ihn gesunden. G. gibt August vorsichtshalber seinen
Eckermann mit. Eckermann ist nicht besonders erfreut,
denn mittlerweile hat auch er seine Zusammenstöße mit
August gehabt. G. hat für Eckermann noch einen besonderen Grund. G. hat Eckermann Gedichte auf den König
von Bayern, seinen besonderen Förderer machen lassen,
und sie soll Eckermann dem König auf Capri übergeben.
G. hat Eckermann zu dessen poetischen Devotionalien
gesagt, sie hätten die Kühnheit und das Ruhige von Lord
Byron.
Am 22. April verlassen August und Eckermann Weimar.
Ottilie möchte August nicht mehr wiedersehen. Seine
Rückkehr drohe ihr wie eine unheilbringende Wolke, vertraut sie im Mai ihrer Freundin Adele Schopenhauer, sie
sehne sich nach dem Zerreißen der Kette. *Wenn ich mir
denke, daß ich August nicht wiedersehen könnte, so empfinde ich nicht die leiseste Bewegung.*
*Er war in einem beklagenswerten Zustand, als er ging,
und ich fragte mich oft, ob dieser wutähnliche Zustand
durch den Tod oder Wahnsinn enden werde.*
Im Juni sind die Reisenden über Verona und Padua in Venedig angelangt. August hat vom Vater den Auftrag, ein
Reisetagebuch zu schreiben. Wann immer es geht, macht
er für ihn Aufzeichnungen. *Donnerstag d. 3. Juni 30 Früh
4 Uhr aufgestanden und alles zur Abreise bereit. Um $\frac{1}{2}$ 6*

von Mailand mit einem Veturin abgefahren. Der Vater
gibt dem Sohn einen Wink. *29. Juni. Sollte Eckermann,
wie wohls möglich ist, an dem Bisherigen Genüge haben,
so gib ihm die Mittel, bequem zurückzureisen.* Es ist
keine eilige Zeit.

Als August Ende Juli der Brief in Genua erreicht, sind
August und Eckermann schon übereingekommen, sich
zu trennen. Auch ist der Besuch beim König von Bayern
überflüssig geworden, der hat die Gedichte schon von
Cotta und sich eine Antwort vorbehalten. Im September
ist August in Florenz. *Freitag den 3. Sept. Den ganzen
Tag zu Haus zugebracht am Tagebuch geschrieben und
alles zur Weiterreise bereitet. Und um 7 Uhr Abends mit
meinem Veturin nach Livorno zu gefahren um das
Dampfboot Ferdinand zu erwarten und mit demselben
nach Neapel abzugehen wo man in 48 Stunden sein kann.
Livorno Montag d. 6. September 30 Das Dampfboot war
angelangt, ich bestellte einen Platz bis Neapel ... zu Tisch,
es wurde mir nicht recht wohl und ich brachte den Abend
auf meiner Stube zu. Morgen soll es denn also abermals
weitergehen, Gott gebe seinen Segen.*

Am 16. Oktober kommt August in Rom an. Er trifft auf
Menschen, die ihm nahe sind. In Rom lebt August Kestner, der zweite Sohn von GOETHES Wetzlarer Lotte, als
Gesandtschaftssekretär. In Rom lebt der befreundete
Maler Preller. Der Anblick der Stadt überwältigt ihn. *Ich
tat die Mütze ab und dankte Gott **hier** zu sein.* Es ist Zeit
für eine Zwischenbilanz der Reise.

*Rom den 18. Oktober 30. Bester Vater. Mein Tagebuch,
den Abgang von Neapel betreffend, werden Sie wahrscheinlich schon erhalten haben und es wird Ihnen zeigen,
wie es mir ergangen ist und was ich gemacht. Jetzt bin ich
hier in 20 Stunden von Neapel nach Rom gefahren ...
Mein höchster Wunsch ist erfüllt ich habe Italien gesehen
und genossen ... Es ist das erste Mal, **im vierzigsten Jahre,**
daß ich zum Geschäfte der Selbständigkeit gekommen,*

August von Goethe. 1830

*und unter fremden Menschen, Lazaronis, Räubern und anderen, auch vornehmen Gesindel. Man wollte mich heranziehen, **Spiel, Mädchen, Frauen**. Drei letzteren Dingen hatte ich verschworen. So kehre ich frei und frank zurück ... »Vieler Menschen Städte gesehen und Sitte gelernt«. Und so will ich heute diesen Brief schließen und wünschen daß es Ihnen, denen ich dies Glück danke sowie allen den Unsrigen wohl ergehe.*
Leben Sie wohl und grüßen Sie Frau, Kinder, Verwandte u. Freunde.

                      Ihr treuer Sohn A. v. Goethe.

Maler Preller, auch ein Weimarer und dem Vater verbunden, begleitet August durch die Stadt. Kestner in den Vatikan. Das letzte Tagebuchblatt ist vom 20. Oktober.

Am 26. Oktober fühlt sich August unwohl. August sagt, ihn plage eine Erkältung und Hämorrhoidalschmerzen. Er trinkt eine Flasche Wein. Schmeller sucht vergeblich, den Fiebernden davon abzuhalten. *Alle, die Ihm nah waren, fanden, daß er zuviel Wein trank,* sagt Kestner im November. Ihm wäre Augusts *Bereitheit, jede Stunde des Tages Wein zu trinken, auffallend, ja anstößig gewesen.* In der Nacht sitzen Preller und ein junger Maler aus Dresden an Augusts Bett. Um zwei Uhr hören die Wachen ein Röcheln. Ein Schlaganfall. August ist tot. Kestner veranlaßt eine Obduktion durch die besten Ärzte Roms. Sie finden Augusts Leber fünffach vergrößert und erklären, auf Grund *seines zerrütteten inneren Baus* wäre sein Tod unvermeidlich gewesen. Aus Schonung wird dieser Teil der Befunde nicht in den Obduktionsbericht aufgenommen. Kestner schreibt Müller in Weimar und bittet ihn, G. die Nachricht zu übermitteln.

Rom 28. October 1830.
Teuerster Freund.
Sobald Sie diesen Brief eröffnet haben, lassen Sie es Ihr erstes Geschäft sein, sich aller Zeitungen oder sonstiger mit dieser Post in Weimar ankommenden Nachrichten zu

bemächtigen, welche dem herrlichsten Greise, dem Geheimen Rat von Goethe, beunruhigende Nachrichten aus Rom bringen könnten. Denn meine Vorrichtungen könnten fehlgeschlagen haben, die ich aus allen Kräften genommen, um dem Vater den Schrecken abzuwenden, das Schlimme von seinem Sohn durch fühllose Berichte zu erfahren, welche in solchen Fällen stets so geschäftig zu sein pflegen.

Es ist keine eilige Zeit.

Freitag den 29. Oktober *Morgens bei* einem *heiteren Sonnenscheine* wird August beerdigt. Der Trauerzug geht von der Porta Pincina über die Piazza Barberini zur Cestius Pyramide. Viele junge Deutsche sind auf dem Friedhof. Es ist nicht irgendein Begräbnis. Der Sohn GOETHES ist gestorben. Acht der jungen Männer tragen den Sarg vom Eingang des Friedhofs zur Kapelle *und von da hinauf zur Grube, die nah an der alten Stadtmauer, entgegengesetzt zur Pyramide des Cestius, gegraben war.*

G. feiert am 29. Oktober in Weimar den Geburtstag der Enkeltochter Alma und erhält einen Brief von August aus Neapel.

Riemer ist am Abend des 10. November im Theater, als der Schauspieler Lortzing mit der Eröffnung auf ihn zutritt, August Goethe sei in Rom gestorben. Bald erscheint auch Bruno im Theater und bittet den Vater dringend, nach Hause zu kommen. Er trifft seine Frau erschreckt durch die falsche Nachricht, *Goethe der Alte* sei gestorben. Riemer eilt sofort an den Frauenplan. Dort hört er, der Kanzler von Müller und Doktor Vogel seien *beim Alten, ihm die Schreckenskunde* beizubringen. *Deswegen nicht hinauf.* Oben sucht Müller den Vater vorsichtig auf die Todesnachricht vorzubereiten, bis G. ihn unterbricht und die Botschaft selber ausspricht. Diener Kräuter will gehört haben: *Nun so sprechen Sie es nur kurz aus, daß mein Sohn am Fuß der Pyramide des Cestius seine irdische Laufbahn beendigt hat.*

Die Großherzogin läßt am nächsten Tag Riemer kommen, um sich bei ihm nach GOETHE zu erkundigen. Der Weg ist nicht selbstverständlich. Riemer genießt bei dieser und anderen Gelegenheiten das Privileg des Zutrittes zum Hof. Abends besucht er G., wo er Meyer, Vogel und den Kanzler von Müller trifft. *Goethe erwähnte nichts von der Sache.*

12. November 1830. Abermals bei Goethe. Zeigte er mir Kunstsachen, die ihm August noch aus Italien geschickt. Antike Käfer von Serpentinstein.

Aus seiner Umgebung werden Geschichten von seiner Fassung erzählt und was er zu Müller gesagt haben soll in immer neuen Variationen.

Als er fortging, gab ich ihn schon für verloren!

Non ignorav, me mortalem genuisse.

Ich habe nicht vergessen, daß ich einen Sterblichen gezeugt habe.

Gesagt hat er dem Grafen Brühl in einem Brief im Oktober, den 28. *Bei denen mannigfaltigen Verkreuzungen der irdischen Schicksale lassen wir uns allenfalls dasjenige gefallen, was einem gewissen Naturgang analog zu sein scheint. Wenn die **Älteren** abberufen werden, so mag es gelten, denn das ist im Fluße der Jahre doch immer das regelmäßige Hingehen ... Kehrt es sich aber um und der **Jüngere** geht vor den **Ältern** hin, so empört es uns, weil wir denken, die Natur sollte wenigstens ebenso vernünftig sein als wir selbst, die wir doch eigentlich nur dadurch Menschen sind, daß wir unsern Zuständen eine gewisse Folge zu geben trachten ...*

In der Nacht vom 23. zum 24. November erleidet G. einen Blutsturz. Als Riemer am Morgen die Nachricht erhält, läuft er zu G. Am Abend ist er wieder am Frauenplan und wacht in der Nacht bis $\frac{1}{2}$ 1 bei ihm mit Müller, Doktor Vogel, dem Hauslehrer der Enkel, Rothe und dem Weimarer Chirurgen Volgstädt.

Eine Woche vorher hat G. mit Müller sein Testament besprochen. Er macht Verfügungen zum Unterhalt Ottilies, der Enkelkinder, des Erhalts seiner Manuskripte, Briefe, Sammlungen, des Hauses und der Gärten. Nichts von allem soll in den ersten zwanzig bis fünfundzwanzig Jahren *zerstreut* werden. Kräuter soll Konservator der Sammlungen und *Literalien* werden, und was die *eigenen Manuskripte anlangt, so wird man ohne Beirat, Prüfung und Zustimmung des Professors Riemer nichts davon drucken zu lassen haben, und überhaupt sehr vorsichtig damit umgehen müssen.*

G. überwindet den Lungenriß. Vogel hat ihm das Sprechen untersagt. G. spricht mit Ottilie und den Kindern. Er schläft die Nächte durch. Am 30. verläßt er das Bett. Er schickt Riemer ein Manuskript und einen Brief und bittet ihn, *Beikommenden* seine Aufmerksamkeit zu schenken, *bis es uns vergönnt ist gemeinschaftlich darüber zu beraten.*

30. November. Schickte mir Goethe das Manuskript seiner Lebensnachrichten von 1775 zu, als frohes Zeichen seiner zunehmenden Gesundheit.

Am Weihnachtstag läßt sich G. das mit Kanzler von Müller in den letzten Wochen ausgearbeitete Testament vorlesen. Freitag, den 7. Januar des neuen Jahres, findet die gerichtliche Übergabe statt. G. sagt dem zum Testamentsvollstrecker bestimmten Müller: *Man hat das Testament Ludwigs XIV umgestoßen, man wird es auch mit dem meinigen versuchen, aber halten Sie daran, so lange wie möglich.*

XIV
Tod und Verklärung

G. verbringt seine Tage bis zum März 1832 unelegisch, bis auf eine Attacke gesund, voller Arbeit und Lektüre. Am 15. März 1832 macht er eine Spazierfahrt. Die hätte er unterlassen sollen.

G. liest und arbeitet vom ersten Tag des Jahres 1831. Gleich Sonntag, 2. Januar, ist Riemer eingeladen. Sie gehen den 1. Nachtrag zur *Metamorphose der Pflanzen* durch und essen zu Mittag. Das Tischgespräch umkreist das Thema: *Wie man sich gegen die Verwundungen herstelle und abhärte, die wir täglich erfahren.* Riemer ist aufmerksam wie früher bei G.s Äußerungen über die *Weiber.* Es ist der Themenwechsel der Jahre. Riemer notiert als Ratschlag, daß man es wie mit dem Wetter halten müsse, *entweder sich durchregnen lasse oder sich notdürftig dagegen schirme, im ganzen aber doch immer dagegen wie gegen das Wetter verhalte, daß heißt gegen ein Gegebenes, Positives, Unabänderliches. Wer das nicht kann, der muß zu Hause bleiben und lieber nicht ausgehen.*

G. stellt einen neuen Koch ein, verändert die Haushaltsrechnung, hat unter seinen vielen Schreibarbeiten als die bedeutungsvollsten den zweiten Teil des *Faust* und die Fortsetzung von *Dichtung und Wahrheit.* Seinen Geburtstag verlebt er in Ilmenau. Seit 30 Jahren war er nicht mehr in der Gegend. Am Vorabend des Geburtstages läßt er sich zum Kickelhahn fahren und steigt auf dem Berg den letzten Teil des Weges allein zum Jagdhaus empor.

Dort hat er einmal an einen Fensterrahmen geschrieben:
Über allen Gipfeln ist Ruh ...
Am 14. Oktober erhält Riemer die Ernennungsurkunde
zum Hofrat. G. gratuliert, und Riemer verbringt den
Abend bei ihm. Riemer schreibt nach dem Besuch einen
Essay en miniature zur fortgesetzten Frage der beiden:
Wie der Mensch sich in seinem Schicksal behelfen soll.
14. Oktober.
Was das Individuum gelte, was es aus sich machen könne,
zu welchem Wert sich ausprägen, das erscheint so bei kei-
nem Dichter der Vor- und Mitwelt. Es ist der Triumph des
Individuums, und so paßt er in unsre Zeit und ist das ge-
lungenste Produkt der Zeit, die ein jedes Individuum auf
sich selbst, auf seine eigenen Füße stellt und es etwas aus
sich zu machen nötigt. In Homer, Äschylus, Sophokles er-
scheint keineswegs das Individuum so. Es ist doch immer
mehr Gesinnung und Gedanke der Zeiten, worin sie
leben, was sie aussprechen, als sich selbst (wenigstens er-
scheint es uns so), nicht so bei Goethe.
In Werther, Egmont, Faust, Meister pp. ist es doch immer
die Goethische Natur, die dargestellt erscheint: zwar das
allgemein Menschliche, aber in individueller Form, kei-
neswegs ins abstrakt Idealische gespielt, wie bei Schiller.
Indem nun aber Goethe sich selbst gibt, zeigt er, daß in
jedem etwas liege, was dieser Jeder an sich auszubilden
und zum Vorschein bringen könne.

Das Jahr 1832 eröffnet G. seinen Riemer am 3. Januar. Er
sagt ihm: *Das Alter verliert eines der größten Menschen-*
rechte: es wird nicht mehr von seinesgleichen beurteilt.
Am 9. März, ein Freitag, ist Riemer bei G. zu Mittag. Es
gibt Neues zu besehen. G. hat Zeichnungen pompeji-
scher Mosaiken bekommen. Der 13. März, ein Freitag, ist
Riemer am Abend da. G. hat einen Brief an Humboldt.
Sie sehen ihn gemeinsam durch und sprechen darüber.
Humboldt, den sie so lange kennen. Dann der 16. März,

Freitag. Riemer: *Abends bei Goethe den ich unwohl fand,*
von einer Erkältung, die er sich gestern zugezogen. War
Vogel da und Frau von Goethe. Zwischendurch mit
Goethe gesprochen. Mußte ich mich zu ihm vor sein Bett
setzen und ihn unterhalten. Sprachen von meinen Studien
der Formenlehre. Als er einschlief gegen 8 Uhr, ging ich
fort, da Walther kam und dieser bei ihm bleiben wollte.
Nach einer unruhigen Nacht mit Brustschmerzen ist G.
nicht aufgestanden. Enkelsohn Walther war am Abend
da, Enkel Wolf kommt wie jeden Morgen, um wie immer
mit den Großvater zu frühstücken. Er findet ihn in
schlimmem Zustand. Wolf unterrichtet seine Mutter Ottilie von G.s Zustand. Ottilie ruft Doktor Vogel. Vogel ist
besorgt. Besonders der matte Blick seines Patienten irritiert ihn. Vogel hat Anweisung vom Hof, jeden ernsteren
Zustand G.s ungesäumt schriftlich der Großherzogin
Maria Paulowna zu melden. Vogel diagnostiziert, G. leide
an einem *Katarrhalfieber*. Ihm komme der Zustand be-
denklich vor. Den 17. und 18. bleibt G.s Zustand gleich-
bleibend schlecht. Am 19. findet ihn Vogel morgens munter neben dem Bett sitzend.
G. ißt und mit Appetit und trinkt das seit Jahren zum
Frühstück übliche Glas Madeira.
Das hält bis zum Abend an, wo G. Kupferstiche betrachtet. Riemer kommt am nächsten Tag an den Frauenplan.
20. März. War Goethe gefährlich krank. Nicht mehr zu
sehen und zu sprechen. Einen Augenblick bei ihr (Ottilie).
Dann um 8 zu Tee und Souper bei Hofe. Ließ sich die Ho-
heit Bericht erstatten, noch um 9 Uhr von Vogel.
21. März. Lauteten die Nachrichten nicht besser; gegen
Abend um 9 Uhr sogar schlimm.
G. liegt schweißbedeckt im Bett. Der Atem geht rasselnd.
Der Puls ist klein. Vogel fürchtet eine Lungenlähmung.
Der alte Mann im Bett ist zeitweilig ohne Bewußtsein.
Seine Füße sind abgestorben. Diener Friedrich Krause
will gehört haben, als er mit ihm allein ist, wie er sagt: *Ach*

Gott! Ach Gott! hat denn mein Sohn in Rom auch so lei-
den müssen?
Dann der 22. März 1832.
Vogel hat die Hoffnung aufgegeben. Coudray ist voller
Hoffnung. Das Barometer steigt. Das war immer gut für
G. Der alte Mann sitzt im Lehnstuhl neben dem Bett in
seinem weißen Schlafrock. Eine leichte Decke liegt über
den Beinen. Er scheint schmerzlos. Es ist 9 Uhr, man hat
das Zimmer für den Schlaf des Kranken verdunkelt. Er
trinkt ein Glas Wasser. Er läßt sich von John und Krause
aufrichten. Müller meint, um ein Manuskript aus dem
Arbeitszimmer zu holen. Krause sagt, er lehnte sich an
die Wand, um sein Wasser abzuschlagen. Der Mann däm-
mert dahin. Es kommt die Todesstunde. Seine letzten
Worte. Krause sagt, er hätte seit $^1/_2$ 10 nur noch Worte mit
den Fingern in die Luft geschrieben.
Coudray hört das Verlangen, *mehr Licht.*
John die Frage nach dem Datum und die Antwort: *Also*
hat der Frühling begonnen und wir können uns um so
besser erholen, und wie er später ruft: *Friedrich, gib mir*
die Mappe da mit den Zeichnungen.
Friedrich Krause, der Weimarer, sagt. *Es ist wahr, daß er*
meinen Namen zuletzt gesagt hat, aber nicht um die Fen-
sterladen auf zu machen, sondern er verlangte zuletzt
den Botschamper, und den nahm er noch selbst und hielt
denselben so fest an sich bis er verschied.
Eine halbe Stunde vor Tagesmitte stirbt der Mann in seinem Lehnstuhl.
Im Arbeitszimmer neben dem kleinen Schlafzimmer ist
Riemer. Mit vielen anderen. Die Enkel, Ulrike von Pogwisch, Müller, Hofrat Soret, Kräuter, Eckermann, Coudray. *22. März (Donnerstag)* $^1/_2$ *12 Uhr mortalis esse de-*
siit! War ich um 8 Uhr dort, hörte ihn nur, sah ihn aber
nicht bis nachher um 12 Uhr nach seinem Tode.
Riemer ist ein gebildeter Mensch. Krause kein ungeho-
belter Diener. Er spricht thüringisches Französisch.

Wenn das Volk recht hat, hatte der alte Mann in seiner Todesstunde einen pot de chambre in der Hand.

Riemer macht eine Notiz zu Goethes Tod in seinem Tagebuch.

Findet man es schön, daß man die Geschichte der Mensch-
heit »ein Suchen Gottes« genannt, so muß man es auch an
Goethe schön finden, der sein ganzes Leben diesem Su-
chen gewidmet hat und dieses Streben selbst bald mit
deutlichen Worten, bald in poetischer Einkleidung be-
zeichnet.

G. wird auf ein Bett aus Eis in seinem Arbeitszimmer gelegt. Die Beisetzung in der Fürstengruft ist für Montag,
den 26. März, vorgesehen. Am Morgen des 26. kommt
Baumeister Coudray und besorgt die öffentliche Auf-
bahrung im unteren Hausflur. G. liegt halbaufrecht auf
einem Paradebett. Coudray hat seine Arme und Hände
zurechtgelegt, als würde G. schreiben. Ein Lorbeerkranz
wird ihm auf den Kopf gesetzt. Wer ihn nie aus der Nähe
sah, will ihn jetzt sehen. Der Zudrang ist ungeheuer. Polizei und Militär sorgen für Ordnung. Riemer macht ein
Gedicht auf G.s Tod, das gedruckt und bei der Totenfeier
gesungen wird.

>   HAVE ANIMA
>   *Ruhe sanft in heil'gem Frieden!*
>   *Denn Du schufst für alle Zeit;*
>   *Dank und Segen ward hienieden,*
>   *Wonne DIR in Ewigkeit.*
>   *Und Du bist uns nicht geschieden,*
>   *DEIN Gedächtnis dauert fort:*
>   *Ruhe sanft am stillen Ort,*
>   *Bis DICH ruft des Herren Wort.*

Dem Zug zum Friedhof folgen Tausende von Menschen.
Generalsuperindent Röhr hält die Totenrede. *So ist denn*
mit dem Vollendeten, dessen sterbliche Hülle dieser Sarg

*umschließt, das letzte sichtbare Erinnerungszeichen an
eine Zeit dahingeschwunden, welche in den Jahrbüchern
unserer Stadt und unseres Landes eine weltgeschichtliche
Bedeutung und Merkwürdigkeit hat ... Nur das vermag
uns Trost und Ruhe zu geben, daß eben das Geistige, auch
dann noch auf Erden fortlebt, wenn das Irdische, womit
es umkleidet ist, in sich zerfällt ... Was irdisch an Dir war,
geben wir der Erde wieder, und mit der sinnlichen Hülle
begraben wir zugleich die menschlichen Schwachheiten
und Gebrechen, durch welche Du auch an Deinem Teile
der Natur ihre Schuld bezahltest. »Wenn der Mensch«,
sprachst Du einst selbst, »wenn der Mensch über sein Kör-
perliches und Sittliches nachdenkt, findet er sich gewöhnlich krank. Wir leiden alle am Leben. Wer will uns, außer
Gott, zur Rechenschaft ziehen? Tadeln darf man keinen
Abgeschiedenen. Nicht was sie gefehlt und gelitten, sondern was sie geleistet und getan, beschäftige die Hin-
terbliebenen ...«*

Generalsuperindent Röhr schickt seinem Amtsbruder
Friedrich Reil, Probst und Doktor der Philosophie, ein
Exemplar der frommen Rede samt kommentierendem
Brief.

Weimar, den 29. März 1829.

*Von den Brillanten seines Leichenbegängnisses werden
Sie wahrscheinlich bald in den Zeitungen lesen, auch
wohl, was die ihm gewogenen und nicht gewogenen To-
tenrichter über ihn urteilen zu müssen glauben. Ich selbst
bin über seinen sittlichen Wert mit möglichstem Glimpf
hinweggegangen und habe mich begnügt, ihn mit seinem
eigenen Fette zu beträufeln. Wer die nicht gesprochenen
Worte aus den gesprochenen herauszulesen versteht, wird
nicht im Zweifel sein, was ich meinte ...*

Das Stück, in dem Weimar eine Rolle gespielt hat, ist zu
Ende. Die unten mit G. verbunden waren, wissen es. Die
oben haben keinen Zweifel an ihrer immerwährenden

Hauptrolle. Sie zeigen es. Der Großherzog nimmt an der
Beerdigung nicht teil. Er hat in Erfurt zu tun. Riemer
wird stumm. Eckermann tröstet eine handfeste nostalgi-
sche Aufgabe. In einem Nachtrag zum Testament hat ihn
G. zum Herausgeber seiner nachgelassenen Werke bestimmt. Es werden 15 Bände werden. Bettina von Arnim
bereitet sich auf ihren Eintritt in die Lebensgeschichte
des G. vor. Sie fordert ohne Säumen von Ottilie ihre
Briefe an G. samt den dazugehörigen Gedichten zurück.
Nachlaßverwalter Eckermann erledigt den Auftrag über
Müller am 27. April 1832: *Es ist alles vollüberschwängli-
chen Geistes und Naturgefühl und man sieht überall ein
absolutes Wesen das gleichsam über der Zeit und dem
Raum lebt, und sich der Form, dem Conventionellen,
dem Practischen nicht fügt. Sie ist deshalb gewissermaßen
das Gegenteil von Goethe und man sieht wohl, daß sie
trotz allen Geistes, aller Natur, und aller Liebe, doch kein
recht solides Verhältnis zu ihm hat haben können.*
*Die gewünschten Gedichte sind bereits vorgestern an
Hofrath Riemer gelangt.*
Riemers Umgang mit dem toten G. ist still und nach
innen gerichtet. Nichts jetzt von dem Stellvertretertum
aus vielen Jahren zu seinen Lebzeiten. Vorsichtig erwägt
er, Erinnerungen an G. aufzuschreiben, wobei sich ihm in
den Weg stellt, womit Eckermann keine Mühe hat: direkt
und persönlich urteilen zu sollen. *5 April. Ich sollte ein-
fältig und treuherzig aufschreiben, wie es mir zu Mute ist,
ohne Selbstkritik dessen, was wichtig oder unwichtig,
nützlich oder schädlich, – diese Erwägung der Nachwelt
überlassend – was mir in meinem Verhältnis zu Goethe an
ihm zur Bemerkung, mithin zum Bewußtsein gekommen
ist. Ich werde ihm keinen Schaden tun; denn wahrscheinlich bleibt des Guten noch die Hülle und die Fülle an ihm,
wenn ich auch bemerke, was mir nicht recht schien ...*
Einige Tage später notiert Riemer eine viel weiter gehende Voraussetzung des Erinnerns. *8. April Der Tod*

vollendet nicht nur den Gestorbenen, auch die überlebenden Freunde. Sie kommen zum Abschluß ihrer Rechnungen mit ihm, und wissen ein jeder, wie sie mit ihm stehen, für alle Zeiten. Wo aber ist das eigene Leben hingegangen? Riemer macht sich an eine revidierte Fassung. Der Mann, der keine Scheu hatte, für G. zu sprechen, offenbart rückblickend Zweifel, daß GOETHE mit ihm sprach:

25. April. Ich habe mich oftmals nicht für gut genug zu seiner Unterhaltung angesehen und hätte die Mitteilungen und Offenbarungen in Kunst und Poesie einem anderen, würdigeren gegönnt, der unmittelbaren dichterischen Gebrauch davon hätte machen können ... Keiner seiner wütenden trotzigen Befreiungsversuche hat Bestand. Der bedeutend jüngere Riemer überlegt: *4. Mai. Hätte ich voraussehen können, daß ich ihn überleben würde, niemals würde ich aus seinem Hause gegangen sein, ich würde mich nicht für mich etabliert haben, wie man zu sagen pflegt; er müßte mich denn selbst entlassen haben. Das würde er aber nicht: denn schon damals entbehrte er mich ungern und hätte gern meinen Entschluß rückgängig gemacht, es war aber zu spät. Er fühlte wohl den Vorteil, den es ihm gewährte, einen Menschen um sich zu haben, dem er vertrauen konnte, der expedit genug war, alle seine Gedanken und Worte schnell in die Feder zu fassen, der ihm das Mechanische der Schriftstellerei und des Autorenwesens abgenommen hätte.* Über die alte Rollenverteilung, kein Riemer ohne G., belebt sich auch wieder die Konstellation des Fragmentarischen eines GOETHE ohne Riemer. *Wieviel mehr wäre fortgesetzt, wieder aufgenommen, von Frischem begonnen worden, wenn er diese Bequemlichkeit fortwährend gleichmäßig genossen!* Glücklicherweise ist Eckermann noch gekommen, allerdings spät, *und 10–12 Jahre, gerade die produktivsten, sind ohne solche unmittelbare Anregung und Aufforderung wie sie ein stetes Zusammenleben gibt, un-*

vollkommen ungenutzt dahingegangen. Doch Riemer
will zufrieden sein. Es ist das Wirkliche. G. hat oft genug
von ihm verlangt, es anzuerkennen: *Doch seien wir zu-*
frieden, daß alles noch so gekommen und geworden ist.
Das Mögliche ist freilich vieles, das Wirkliche freilich nur
eins, und dessen müssen wir uns als eines Vorhandenen er-
freuen und mit Dank genießen.
Und dann ist da noch dieser alte Rest.
29. Mai. »Unter Larven die einzig fühlende Brust.« So
kann auch ich sagen; denn die Menschen, die mir im Leben
nahe gekommen, deuchten mir auch nichts anderes als
Larven. Ich habe Ihnen kein Herz zugetraut und auch
meines nicht anvertraut und anvertrauen können; denn
im Augenblick der Mitteilung hielt mich etwas ab, dessen
Ursächlichkeit ich hinterher erst völlig einsehen lernte,
und so bin ich froh, daß mich mein Instinkt leitete, mich
wenigstens nicht zu kompromittieren durch ein voreiliges
Epanchement. Goethe war allein der, dem ich mich ganz
hätte vertrauen, ganz hingeben können, wenn er nicht zu-
weilen zu kalt, vornehm und schroff, dann wieder zu ge-
nial erschienen wäre, um mich in meiner Geringfügigkeit
ihm noch entdecken zu können. Und so riet die Klugheit
an, mich nicht ganz bloß zu geben. Nur wo wir einander
ähnlich waren und über Verkennung gleich zu klagen hat-
ten, war eine gegenseitige Eröffnung möglich.
Erinnerungen an G. zu schreiben unterläßt Riemer. Er ist
GOETHES Redaktor und Korrektor. Sein philologi-
scher Freund. Er und Eckermann haben genug zu tun mit
den nachgelassenen Werken. Eckermann hat die Herausgabe in der Hand, Riemer die Textrevision. G. hat seinen
beiden Vertrauten 5 % des Honorars ausgesetzt, das Verleger Cotta seinen Erben zahlt. Riemer kann das Geld gebrauchen. Eckermann hat es bitter nötig. Eckermann hat
im November 1831 sein *Hannchen* geheiratet, mit dem er
12 Jahre verlobt war. Er lebt mit *Hannchen* in Weimar in
kümmerlichsten Verhältnissen. Eckermann und Riemer

werden die *Vollständige Ausgabe letzter Hand* mit einem
Hauptwerk GOETHES eröffnen.

In G.s Nachlaß liegt ein seit 1831 versiegeltes Paket. Es enthält das Manuskript des 2. Teils des *Faust.* Damit werden
Eckermann und Riemer beginnen. Der 12. Band wird den 1.
Teil des *Faust* bringen. Wie kein anderer weiß Sekretär und
Philologe Riemer mit den Texten Bescheid. Riemer kennt
auch, was niemand anders als er kennt. G. hat aus der
Druckfassung des *Faust* 1808 verschiedenes und besonders
viel vom Blocksberggeschehen ausgeschieden und es Riemer in einer Mappe sammeln und sie einbinden lassen. Gewisse Versionen der *Venezianischen Epigramme* und andere Erotika hat G. auf Riemers Großherzoglicher Bibliothek
hinterlegt. Riemer und Eckermann lassen die Mappen geschlossen. Wohl ein Gewimmel von *freiem Volk auf freiem
Grund*, doch nicht dieses Gewimmel von *Schwänzen* und
ungeheuren Löchern auf dem Blocksberg. Im Gedränge der
Organe ratlos ein *Mädchen* auf dem deutschen Gipfel.

Ach nein! der Herr dort spricht so gar kurios,
Von Gold und Schwanz von Gold und Schoß,
Und alles freut sich wie es scheint!
Doch das verstehn wohl nur die Großen?
MEPHISTOPHELES
Mein liebes Kind, nur nicht geweint.
Denn willst Du wissen, was der Teufel meint,
So greife nur dem Nachbar in die Hosen.
SATAN grad aus
Ihr Mägdlein ihr stehet
Hier grad in der Mitten
Ich seh ihr kommt alle
Auf Besmen geritten
Seid reinlich bei Tage
Und säuisch bei Nacht
So habt ihrs auf Erden
Am weitsten gebracht.

Riemer und Eckermann sind mit den Anstandslücken,
die sie in ihrer *Vollständigen Ausgabe* lassen, gut beraten.
Es gibt den Großherzoglichen Hof. Und die Zeit. Als die
Zeit fünfzig Jahre weiter ist und es den Hof noch immer
gibt, wird Großherzogin Sophie dafür sorgen, daß in der
vollständigen Ausgabe der Werks G.s, die manchmal
ihren Namen trägt, nicht aufgenommen wird, was ihren
Anstand beschädigt.

Riemer und Eckermann arbeiten als die überlebenden
Jünger des Meisters an den Ausgaben seiner Werke. Sie
arbeiten als Freunde und Gefährten rastlos. Wenn sie sich
nicht sehen, tauschen sie Briefe aus, einige sind erhalten,
mehr müssen es gewesen sein, diese unaufgeblätterten
Dokumente eines Bundes. Riemer ist ein Lexikon der
Werke G.s Eckermann hat viele Fragen an Riemer und
unternimmt bis in die Details der Textanordnung keinen
Schritt ohne das Wort des *besten Hofrates.*

... ich habe statt Jahr, vollendet im **Sommer** *geschrieben,*
weil das doch im Grund auch richtig ist, und es auf so ge-
naue Bestimmung nicht ankommt.
W. d. 21. Septbr. 32   *Treulichst der Ihrige*
                                                        Eckermann

Endlich, mein bester verehrter Hofrat, bin ich so glücklich
Ihnen den Rest der Gedichte zu übersenden. Ich denke es
sind kostbare Sachen und der heiter sinnliche Alrinous
schließt sich nicht unpassend an.
Da ich schon sorgfältig vorgearbeitet habe, so werden Sie
vielleicht noch diesen Vormittag fertig.
Wäre es nicht gut bei dem Alrinous die Namen mit latei-
nischen Lettern zur besseren Deutlichkeit für den Setzer
an den Rand zu schreiben?
Wenn es mir möglich ist komme ich wohl gegen Mittag auf
die Bibliothek.
W .d. 11. März 33   *Von Herzen der Ihrige*
                                                        Eckermann

Bester, verehrter Hofrat! unsere Arbeiten werden nicht.
Reichel schreibt mir diesen Morgen, daß zwar alle übrigen
Gedichte ihm zu Händen gekommen, aber das 8. Heft
nicht, die 51 Seiten Erinnerungsblätter an Personen. Er
muß also mit dem Druck innehalten.
Sie können denken wie eine solche Nachricht bei allem
angewandten Fleiß und Sorgfalt unserer Seite mich be-
trüben mußte.
Was war nun zu tun, als schnell das Heft nochmals ab-
schreiben zu lassen und zusammenzustellen. Welches nun
geschehen. Auch habe ich das Ganze noch einmal durch-
gesehen. Es kann nun aber doch nicht abgehen, ohne daß
es auch Ihre Revision hat, weshalb ich es sende mit der
Bitte es sobald abzutun als möglich.

> *Mündlich das Nähere.*
> *Mit herzlicher Treue*
> *der Ihrige*
> *W. d. 24. März 33 Eckermann*

Bester Hofrat! Ihr teueres Briefchen von gestern nebst
dem bedauerlichen Inhalt des Kastens traf mich zur An-
häufung des Unheils in einem Augenblick wo meine Frau
in Kindesnöten rang und darauf gegen Abend 6 Wochen
zu früh von einem toten Knaben entbunden wurde. Ich
habe die Nacht schlaflos zugebracht und bin nun, da ich
ohnehin nicht von meiner Frau gehen kann, nicht im
Stande diesen Nachmittag zur Conferenz zu kommen ...
Alles dieses an Ihr teilnehmendes Herz
W. d. 22. April 33   *Ihr treuer Eckermann*

Bester Herr Hofrat!

Zwischen altem Jahr und neuen
Läßt ein himmlische Geschick
*An **gewordnem** Glück uns freuen,*
*Freuen auf ein **werdend** Glück.*

*Wissen Sie wie ich mir diese Stelle comentire? Das **gewor-***
***dene** Glück sind die 200 Taler, das werdende aber die 5 p.*
Hdt. welches uns die Zukunft zu bringen verspricht. Die-
ses ein Scherz! ...
W. d. 5. Januar 1835   *Ihr treuer Eckermann*

Ende 1833 sind 15 Bände der *Ausgabe letzter Hand* fertig
geworden und sollen durch ein anderes Projekt ergänzt
werden: 2400 Seiten *Goethes poetische und prosaische*
Werke in zwei großen Quartbänden. Riemers und Eckermanns Honorare gleichen *denen* der vorigen Ausgabe.
Ein Beteiligungshonorar und eine feste Zahlung. Es soll
eine populäre Ausgabe mit Stahlstichen werden. Ohne
G.s naturwissenschaftliche Texte, Aufsätze, Briefe. Aber
seine Gedichte, Stücke, Prosawerke. Der Preis ist nicht
gerade volkstümlich: 18 Taler. Für die Präsentation des
Autors GOETHE bleiben weitere Felder. Seine Briefe.
Riemer hat parallel zu der Arbeit an den *Werken* gleich
nach G.s Tode die Herausgeberarbeit am ***Briefwechsel***
zwischen Goethe und Zelter in den Jahren 1796–1832 aufgenommen. Er ist damit schnell vorangekommen. Den
größten Teil der Briefe hat Riemer noch mit G. durchgesehen und für den Druck vorbereitet. Im September 1832
kann er schon bei Testamentsvollstrecker Müller das Pla-
cet für den Briefwechsel einholen. Am 30. September hat
er auch sein Vorwort fertig. Elegisch blickt er auf die Vor-
bedingungen der Nachlaßarbeit.
Denn das schöne langjährige Verhältnis mußte ja erst im
Leben aufhören und in der Gegenwart untergehen, ehe es
in der Verklärung die allein der Tod gibt wieder hervor-
treten konnte, um in der Zukunft zu allgemeiner Kunde
und weit verbreiteter Wirkung zu gelangen.
Den Lesern ist ein erklärendes Wort zu sagen, wie er, der
unbekannte Herausgeber, *zu der Auszeichnung komme,*
einer so vertraulichen Mitwissenschaft würdig geachtet
und mit der Herausgabe dieser Briefe beauftragt zu wer-

den. Im September 1803 hat sich für den Herausgeber *ein näheres Verhältnis desselben zu Goethe* als ein unerwartetes Glück ergeben. Er sah sich daheim und auf Reisen *bald mit zunehmenden Vertrauen beehrt und zu Gemeinschaft und Mithülfe an Goethes gelehrter und dichterischer Tätigkeit gezogen* und machte auch Zelters Bekanntschaft. *Da Goethe nun zur Führung seiner Correspondenz sowohl als zum Niederschreiben anderer Aufsätze sich der Hand des Herausgebers bediente, indem er ihm in die Feder dictirte, so durfte dieser manchmal ein Postcript als manu propria hinzufügen, wovon der Briefwechsel ein paar Beispiele darbietet, die Goethe als Andeutung und Andenken dieses Verhältnisses gern wollte stehen lassen.*

Riemer weiß von GOETHE hinterlassene Gründe mehr noch zu nennen. Doch der wichtigste ist ein eigener. Schon ist die nachwachsende Generation der Börne, Menzel, Gutzkow, Heine dabei, das ihr im Wege stehende Denkmal GOETHE vom Sockel zu stoßen. Aber G. ist Riemers Leben. Dessen *höchste Glücksstufe.* Der Gewinn, *der ihn durch den Rest der vereinsamten Tage mit Trost zu begleiten verspricht.* Er wird ihn verteidigen, gegen alle Angriffe *besonders in der Schriftstellerwelt, wo ein ganzes frisches erst heraufkommendes Geschlecht, ergriffen von dem Fanatismus für witzig zu gelten, mit sarkastischer Kritik, aus Übertreibung einer sich schon hypochondrisch feindseligen und gehässigen Maxime ihres kritischen Ahnherren, ohne Mäßigung und Unterschied alles und jedes anzufallen und gleich den Spartanern einander selbst aufzureiben trachtet.* Auf die Gemeinschaft aller *Guten und Weisen* zu hoffen bleibt nun als würdigste Aufgabe für *die ganze längere oder kürzere Laufbahn dieses Lebens.*

Eckermann gratuliert Riemer zu dem im Frühjahr 1833 erschienenen Briefwechsel und philosophiert über die *Gespräche mit Goethe,* an denen er arbeitet: *Es wird etwas Bedeutendes, doch habe ich nun Bedenken ob es* **nach dem Zelterschen Briefwechsel** *bedeutend genug sein wird, um noch ein tiefes Interesse zu bewirken. Was mich tröstet ist, daß es lebendig und wahr ist, mag es dann wirken, was es kann. Und eigentlich soll man bei der Arbeit nicht an die Wirkung denken. Soviel nur heute als ein Lebenszeichen von*

Ihrem treuen Eckermann.

Eckermann kommt mit seinen *Gesprächen* nur mühsam voran, die GOETHE-Ausgaben sind zu bewältigen, andere Projekte schieben sich dazwischen, Eckermanns Frau stirbt 1834 an den Folgen einer Schwangerschaft, und dann reicht ihm sein Material nicht. Immer wieder bittet er Soret um dessen Tagebücher für seine *Gespräche*. Im Januar 1835 hat er so viel Manuskript zusammen, daß er es Riemer zu lesen geben kann. Eile hat es nicht. *Behalten Sie das Manuscript solange Sie wollen,* schreibt Eckermann am 30. Januar. Im Herbst schließt Eckermann das Manuskript der ersten beiden Bände ab. Wieder bekommt es Riemer. Ein junger Mann bringt es ihm, mit dem Riemer ein Gesamtregister *Sämtlicher Goethescher Werke nach der Ausgabe letzter Hand* zusammenstellt. *4. November Auf der Bibliothek, brachte Musculus das Manuscript von Eckermanns neuem Werkchen Unterhaltungen mit Goethe.* Endlich erscheinen 1836 die ersten beiden Bände der *Gespräche*. Sie lesen sich gut, und ihr Problem ist nicht, was sie alles zu erzählen wissen. Ihr Problem ist, worüber sie nicht reden. Eckermann hat der Idealisierung G.s den Prolog geschrieben. Riemer hat gegen Worte der Verehrung nichts einzuwenden. Noch dazu die eines Freundes. Aber gewisse fehlende Worte Eckermanns werden seiner Geschichte fehlen. Eckermann hat wie Riemer düstere Szenen mit August GOETHE erlebt.

Es ist mir etwas Unglückliches begegnet, welches weiter

Riemer in den späten Lebensjahren

wirken und von wichtigen Folgen für mich sein kann. Aus diesem Grunde und da ich keinen Freund habe, den ich sogleich mein Herz ausschütten könnte, will ich mich dem Papiere anvertrauen und dadurch mich zugleich erleichtern, schreibt Eckermann am 22. Juni 1827 in sein Tagebuch. Der freundliche Teil der Eintragungen des Tages wird unter dem Datum des 20. Juni 1827 in den *Gesprächen* stehen. Dieser hier nicht.

G. hat etwas geschenkt bekommen, das anzuschauen er spaßig als eine Sühne deklariert. August wird in das Zimmer neben dem Speisesaal geschickt, und später nimmt der Zurückgekehrte Eckermann mit. *Sie sollen auch einmal suchen, großer Doktor. Ist es hier? Sehen Sie sich um, Doktor.* Eckermann trifft nach einigem Umherschauen auf einige mißratene Bilder. August führt spaßige Reden. *Ich bin jetzt groß und trotze der ganzen Welt. Ich trage ihn immer an der Seite, und so wie mir jemand in die Quere kommt, ist er bloß.*

Haben Sie den roten um? fragt Eckermann und meint den Degen, den August, seit 1826 Kammerherr des Erbprinzen, zur Hofuniform tragen darf.

Und wie! Nichts ist mir unverletzlich!

Niemand?

Versteht sich der Vater!

Später zeigt August Eckermann eine Mappe mit Zeichnungen der Julie von Egloffstein. Eckermann drückt August die Hand und sagt, *Ich bin Ihnen außerordentlich dankbar für diesen Genuß.*

August ergreift Eckermanns Arm und drückt und dreht ihn. *Seht Doktor, ich habe Euch lieb.*

Eckermann schreit auf. *Sie brechen mir den Arm. Um Gotteswillen halten Sie inne!*

August lacht. *Das wäre doch ein Spaß, wenn ich Euch einmal einen Arm bräche.*

Sie können sich nicht einigen, ob ein bestimmtes Wort von SCHILLER oder Shakespeare ist. Eckermann denkt

an Shakespeare. August sagt, *Seht, Doktor, Ihr seid ein*
großer Mensch, und ich habe Euch lieb, aber daß Ihr
Schiller nicht anerkennen wollt, deswegen könnte ich
Euch umbringen.
Es wäre doch schade, wenn ich wegen Schiller sterben
sollte, denn ich möchte gerne noch dies und jenes in der
Welt tun. Und ich erkenne ihn ja an.
Sagt lieber, Ihr habt kein Organ für ihn! Es gibt Men-
schen, die in gewisser Hinsicht ewig Raupen bleiben, so-
lange sie leben, ein solcher seid Ihr in Bezug auf Schiller.
Ihr seid borniert!
August tippt Eckermann mit dem Finger auf die Stirn.
Hier sieht man es Euch an, daß Ihr borniert seid und
Schiller nie begreifen werdet!
Eckermann ist behandelt worden wie der Hofnarr von
einem besoffenen Despoten. In seinem schäbigen Zimmer schreibt er in sein Tagebuch: *Dies war beleidigend,*
und ich fühlte, daß mein Blut in Bewegung kam, doch
bändigte ich meine Empfindungen im Gefühle des Ortes,
der mich umgab. In seinem GOETHE-Leben schreibt
Eckermann fünf Tage später dem Vater einen Brief: *Ex-*
cellenz! Ich zweifle, ob ich es wagen darf, heute zu Tisch
zu kommen, indem ich noch nicht so glücklich gewesen,
mich mit Ihrem Herren Sohne zu versöhnen. Ich bin ihm
jedoch längst wieder gut und hoffe auch, daß dieses
Mißverhältnis sich bald wieder ausgleichen werde.
Der darf bleiben.

Was hätte G. zu den Urteilen über den *Briefwechsel* gesagt, heißt die Frage, die Riemer nach dem Erscheinen bewegt. Eckermann hat nächtliche Träume, in denen G. erscheint und mit ihm redet. Der Kopfmensch Riemer hat
Tagträume. *18. Mai (Pfingsten) Nichts bedaure ich mehr,*
als daß es unmöglich ist, alle die Urteile pro und contra,
die seit dem Briefwechsel Goethes mit Zelter und seiner
Bekanntmachung laut geworden, mit ihm durchgehen

und ihn darüber abhören zu können. Und immer wieder neue Ideen, wie die vergangene Welt sich beschwören ließe. *20. Dezember. 1834 Es wäre eine interessante Aufgabe, zu untersuchen und durch Belege darzutun, wie die großen Männer Weimars über- und voneinander geurteilt haben, sowohl öffentlich als privatim, in ihren Schriften und ihren Briefen an Freunde. Da würde sich zeigen, daß Goethe an Neidlosigkeit sie alle übertrifft.* Wieland ist der andere gute Mann Weimars, abgerechnet seine Schrullen und Wunderlichkeiten. Nicht so SCHILLER, *der selbst gegen seinen edelsten Freund Goethe sich des geheimen Neids nicht erwehren kann, wie das Genörgel am Meister und allem, was Goethe geschrieben hat, beweist.* Am schlechtesten ist Herder dran, *von dem wohl kein öffentliches Zeugnis oder Belobung Goethes anzutreffen sein möchte.* Was aber sind die vergangenen Inkorrektheiten gegenüber G. zu den modernen? Wie viele jetzt, die sich sonnen, GOETHE gekannt und etwas über ihn zu sagen zu haben? Reine Erfinder darunter.

Einer der schlimmsten ist Johannes Falk, aus dessen Nachlaß gleich nach G.s Tode *Goethe aus näherm persönlichen Umgange dargestellt* erschienen ist. Die Urteile der Kenner sind vernichtend. Johanna Schopenhauer nimmt das Buch in die Hand und nennt es in einem Brief an ihren Freund Karl von Holtei vom Oktober 1832 *ein Gemisch von Lügen, in denen hin und wieder etwas Wahrheit eingeflickt ist. Er selbst hat Goethen nie nahegestanden, der ihn eigentlich nie leiden konnte. Selten erhielt er Zutritt. Vom Jahre sechs an hat er ihn nur bei mir gesehen, und wir alle, Goethes nähere Freunde, bildeten eine Phalanx, um den unerträglichen Schwätzer wenigstens zehn Schritte entfernt zu halten ...*

Gleich 1832 ist anonym das *Büchlein von Goethe* erschienen, hinter dem der Jenenser Universitätsprofessor für neuere Sprachen Oskar Wolff steckt, der kolportiert, was seine Frau von der befreundeten Adele Schopenhauer aufgeschnappt hat. Und schnell auf dem 1832er Markt gewesen ist auch Riemers Gymnasialkollege, Kollaborator Karl Wilhelm Müller, mit dem Werkchen *Goethes letzte literarische Tätigkeit, Verhältnis zum Ausland und Scheiden, nach Mitteilungen seiner Freunde dargestellt,* von dem die Schopenhauer sagt: *Die Broschüre von Doktor Müller ist Bedientengeschwätz. Müller selbst, ein obskurer Mensch, kam nie in Goethes Nähe. Die Sterbestunde indessen ist wahr beschrieben ...*

G.s Hausarzt, Christian Vogel, hat ein Jahr lang gebraucht, um aus seinem ärztlichen Intimwissen etwas zu machen, dann bedient er in kurzem Abstand mit zwei Büchern das neugierige Publikum. 1833 *Die letzte Krankheit Goethes* und im Jahr darauf *Goethe in amtlichen Verhältnissen.* Bettina von Arnim liefert 1835 ihr Mixtum compositium von Halbwahrheiten, Unwahrheiten und Wahrheiten *Goethes Briefwechsel mit einem Kinde* aus. Dreist erfindet Bettina in die Geschichte Geschichte hinein. Aus G.s Distanz zu ihr und als Widersacherin seiner Frau, macht Bettina Liebe. Sie formuliert Briefe um. Sie schreibt sich G.s Sonett auf Minchen Herzlieb zu. Sie verhüllt das infame Arnimsche Verhältnis gegenüber Christiane. Jetzt gibt Riemer seine Distanz auf und fühlt sich herausgefordert. Er hat beinahe dreißig Jahre mit G. zusammengelebt und -gearbeitet. Sorgfältig arbeitet er Bettinas Buch Seite für Seite durch: *23. August 1835. Viel über Goethes Briefwechsel mit einem Kinde und die Fiktion der Bettina.* Riemer wird sein eigenes Buch schreiben. Die *Anklagen der mißwollenden* Gegner G.s, deren Zeuge er ist, sind das eine. Aber die *günstigen Urteile anderer,* bieten wenigstens ebenso Problematisches. Riemer schreibt in den Anfang seines Manuskriptes: *... unter diesen finden sich besonders zwei, deren Schriften, bei der löblichen Tendenz Goethen in ein vorteilhaftes Licht zu stellen, ja ihm alle Liebe und Ehre zu erweisen, dennoch durch die Verbrei-*

tung so vieles Einseitigen, halb oder ganz Falschen, ja Er-
logenen mehr geschadet als genutzt haben. Von diesen
muß noch, ehe wir auf ihn selbst kommen, geredet wer-
den; es müssen die Leitern, die um sein Standbild, teil-
weis in der Nähe zu betrachten, angelegt worden, besei-
tigt werden, um einen ganz freien Ausblick desselben zu
gewinnen: es sind die Schriften von **Johannes Falk** *und*
Bettina Brentano.

Niemand der vielen, die über G. etwas zu sagen haben,
ist so lange mit ihm zusammengewesen wie Riemer. Beinahe dreißig Jahre. Er ist ein seltener Zeuge. Warum soll
er sich sein Wissen bloß immer von anderen abfragen
lassen?

Einer der vielen, die bei ihm nachgefragt haben, war der
Jenaer Schriftsteller Heinrich Döring. Döring hat Biographien von Klopstock, Herder und Schiller geschrieben, und als Cotta 1827 die Ausgabe *Letzter Hand* begann, sich an die erste Biographie GOETHES zu
Lebzeiten gemacht, die dann 1828 erschien. Döring muß
bei Riemer etwas spät nachgefragt haben und Riemer un-
zufrieden gewesen sein, was Döring von seinen Hinweisen für die erste Auflage übernommen hat. Der gründliche Riemer jedenfalls schreibt Autor Döring für eine
zweite Auflage eine ausführliche interne Kritik. Der weimarische Staatsdiener G. dürfe *zur Vervollständigung des*
Lebensgemäldes nicht fehlen. Er hat Anmerkungen zur
Arbeitsmethode: *Bemerke aus eigener Erfahrung, daß G.*
fast nie **Verse** *seinen Secretairen dictirt, er schreibt sie*
selbst, am liebsten mit Bleistift nieder. Sehr bestimmte
Bitten an Döring hat Riemer zu G.s Eheschließung. Weimar war voll von Gerüchten und Spekulationen, und sie
sind hartnäckig.

Die Ursachen von G.s plötzlicher Vermählung wünsche
einfach und natürlicher entwickelt. In Momenten der
Angst und Verwirrung wie diese waren, wo alle Bande
gelöst waren, wird wohl der Mann erst ganz den Wert

*eines treuen Wesens, die, sich selbst vergessend, bloß ihn
zu schützen und Unangenehmes abzuwehren bemüht ist,
vollständig fassen. Achtung für das herrliche sittliche Ge-
setz der Ehe, Überzeugung von dem Wert und der rein-
sten, größten Zuneigung seiner Freundin, führt wohl,
ohne äußere fremde Veranlassung, bei gleichen Umständen zu gleichem Entschluß. Ich wünschte diesen delicaten
Punct von ihrer gewandten Feder kurz aber klar entwickelt. Eine häusliche Existenz hatte sich G. längst gegründet, auch der Sache, nur nicht der Form nach, lebte
G. im Ehestande: besser ist, glaub' ich, man faßt diese Erscheinung aus dem angedeuteten Gesichtspunkte auf, wo
man Übelwollenden keine Waffen in die Hand gibt, ihren
Geist glänzen zu lassen.*

Riemers eigenes Buch entsteht langsam und über die
Jahre. Er nennt es eine Biographie. Die Perspektiven liegen vor ihm wie die Struktur. Er wird mit *Belegen* arbeiten. Sein Bild soll *wahr* sein. Nicht endgültig. Keine Geschichte ist endgültig Geschichte.

17. Mai 1837.

*Es ist eine recht banale Philister-Redensart, von geschlos-
senen Akten zu reden, zumal bei einem Mann wie
Goethe. Als wenn irgend Akten geschlossen werden könnten über Etwas, und am wenigsten bei Goethe, von dessen Äußerungen noch so viele zur Bekanntmachung
übrig sind und daher dazu kommen müssen; ferner als
wenn nicht jede Zeit den Prozeß von neuem instruierte
und nochmalige Revidierung der Akten unter veränder-
ten Gesichtspunkten fordert! Geschieht es doch bei der
Geschichte überhaupt und einer jeden insbesondere, daß
man sich nicht mit der letzten Darstellung begnügt, sondern immer wieder neue versucht.*

Eine seltsame Gegenwart umgibt Riemer. Die Vergangenheit ist wirklicher. Der Juni ist August. Der 13. Juni
1837 ist die Bühne des 28. August 1824. Die Erinnerung
meines frühern, ja meines ganzen Lebens erfrischt wie

Abendkühle. *Der Abend des 28. August, den ich bei der Heygendorf genoß, mit dem Großherzog und der ganzen Gesellschaft, die zu Ehren dieses Tages geladen war, weht mich heute, wie schon öfter, mit dieser seiner Stimmung an; mir ists, als nähme ich Eis zu mir, löschte meinen Durst in Champagner pp., kühler Mondschein taute herab und Musik durchzöge die Luft wie Düfte der Blumen pp. Es liegt ein Gefühl des Ewigen in dieser Stimmung: das Überstanden haben, das Hintersichhaben des Tags, der Genuß und Vorgeschmack eines ungetrübten Friedens, eine ewige Saison, ein Elysium mit seinem steten Silbertag des Mondlichts.*

In seinem gegenwärtigen Leben begeht Riemer sein 25jähriges Amtsjubiläum als Gymnasialprofessor, lernt Alexander von Humboldt, Autor Immermann, Autor Freiligrath, Fürst Pückler-Muskau, Professor Ranke aus Berlin kennen, wird am 20. September 1837 Oberbibliothekar, am 3. Februar 1841 Geheimer Hofrat, hört im Frühjahr 1842 die Bitte, ein Festspiel zur Hochzeit des Erbgroßherzogs Carl Alexander mit Sophie Prinzessin der Niederlande zu schreiben, und ist noch einmal Dichter in Weimar. In diesem gegenwärtigen Leben schreibt Riemer Jahr um Jahr die *Biographie*.

1837. 13. Oktober An der Biographie Goethes geschrieben. Ermunterung von meiner Frau.

14. Oktober. An der Schrift über Goethe.

1838. 4. Januar. An den Goetheanis, besonders aus den Tagebüchern Exzerpte.

19. Januar. Abends meiner Frau vorgelesen, was ich an den Goetheanis geschrieben.

24./25. Juli. An den Goetheanis. Meine Frau schrieb ab.

1839. 8. November. Unsern Hochzeitstag, silbernen, allein gefeiert.

1840. 28. April. Abends am Hofe Vorlesung. Ich mußte aus meiner Schrift über Goethe die Einleitung vorlesen, nebst Persönlichkeiten, es geschah mit allgemeinen Applaus.

Man fand alles sehr witzig und ermahnte mich ..., es doch
sobald als möglich drucken zu lassen.
25. Mai. Manuskript an [den Verleger] Duncker: Einlei-
tung, Falk, Bettine.
22. September. Das erste Manuskript zum 2. Bde. ajustiert
und abgeschickt.
1. Oktober. An meinem zweiten Teil.
Müller hat im Mai 1838 einmal den Versuch gemacht, Riemer voranzutreiben. Der Literaturwissenschaftler Gervinus hat in einer Schrift polemisch SCHILLER über
GOETHE gestellt. Müller und Riemer sind sich in der
Ablehnung einig. Riemer sitzt inmitten seiner Belege und
hat sich eine Zusammenstellung falscher Angaben bei
Gervinus gemacht. Müller redet ihm zu, darüber zu
schreiben. *Riemer kann aber nie fertig werden und*
schlägt kleine Notizen und Fehler zu hoch an ..., resi-
gniert Müller. Die Arbeit geht bis in das Jahr 1841.
3. Mai. Wolffs Geburtstag. Sein Grab geschmückt von
meiner Frau.
5. Mai. Das letzte Manuskript Tischreden nach Leipzig.
14. Mai. Den Schluß des Manuskriptes abgesendet.
Mitte 1841 erscheinen Riemers *Mitteilungen über Goethe*
bei Duncker in Leipzig. Riemer hat ihnen eine Legitima-
tion und eine Philosophie vorangestellt.
Die mehrseitigen Beziehungen in welchen ich dreißig
Jahre hindurch mit Goethe zu stehen das Glück, die Aus-
zeichnung genossen habe, erlauben mir wohl nicht allein,
sondern fordern sogar, da alle Welt, befugt und unbefugt,
über ihn schreibt und spricht, daß auch ich, als doch ein
wohl einigermaßen Unterrichteter, ein wahrhaftes Zeug-
nis über ihn ablege, schon um der Pietät und Dankbar-
keit, welche mir gegen ihn, zuerst als Patron, dann als
amtlicher Chef, durchaus aber als wohlwollenden Gön-
ner obliegt, nach bestem Vermögen Genüge zu leisten.
Riemer ist einer, der die Schlacht verloren hat, dem die
alles umstürzende Zeit seine Wahrheit genommen hat.

Nirgendwo ein Platz für G. *Seine Mitwelt war's die Goethen nicht erkannte; seine Nachwelt verdient ihn nicht: denn sie hofft schon auf einen anderen.* Kein Platz für Riemer.

Riemer ist kein freundlicher Erzähler wie der treue Ecker-mann. Er hat das Gefühl, in der Geschichte des G. dem tra-gischen Schicksal des Menschen zu begegnen. Wie es seine klassische Antike ihm erzählt hat. Wie er meint, es selber erfahren zu haben. Nun ist zu handeln wie ein Stoiker, wie ein Philosoph. Er dient in *einem Korps der Menschheit,* und wie der Mensch sich selbst liebt, muß er seinen Näch-sten beistehen und, wo und wie er kann, ihn verteidigen.

*In diesem Sinne einer natürlichen Selbstliebe, die sich auch in dem moralischen **Unwillen** über Unbill und Unrecht das einem anderen widerfährt, – offenbar einer **Nemesis,** die jeder ausübt, wenn er einen wider Verschulden getadelt oder gestraft, wieder Verdienst gelobt und belohnt sieht –, in diesem Sinn habe ich eine **Apologie** des vielfach ver-kannten und verunglimpften Mannes, dem ich meine bür-gerliche Existenz, dem ich intellektuelle Bildung, dem zunächst ich mich selbst verdanke, wenn auch ziemlich der letzte, aber doch nicht zu spät unternommen.*

Riemer setzt auf Aufklärung, Wissenschaft, Zeugen-schaft. Er argumentiert mit Tatsachen und Gedanken in der Sache G. und hält das Ende der Subjektivität mit sei-ner Subjektivität für erreicht. Alles Rühmliche und Strit-tige in der Sache G. hat im Riemer-Kompendium sein Stichwort und einen Riemer-Kommentar: *Persönlichkeit, Gesundheit, Charakter, Gesinnung, Aristokratismus, Deutschheit, Tätigkeit, Gegenständlichkeit des Denkens, Benutzung zufälliger Ereignisse, Benutzung anderer, Ei-genheiten, Laune, Ironie, Fehler, Parteilichkeit für, Partei-lichkeit wider, Häuslicher Zustand.*

Riemers Buch wird in Weimar begrüßt und im Lande kritisiert. G.s alter böhmischer Freund Joseph Zauper gehört zu den Männern, die Riemer loben, wenn er auch

manches zu *polemisch* findet, doch Riemer bekennt ihm
am 31. Dezember 1841, er hätte ohne dieses *Indrigenz* gar
nicht schreiben können, denn er habe zuviel unter den
Widersachern G.s zu leiden gehabt, als daß er es mit Still-
schweigen hätte übergehen können. *Jetzt, nachdem ich
mir den Unmut aus der Seele geschrieben habe und der
Platz gereinigt ist, wäre es vielleicht möglich das Vorlie-
gende anders abzufassen, und es, gleich fern von Polemik
wie Enkomiastik, als ein strict récit hinzustellen. Allein
ich bin schon zu alt und kann nicht mehr hoffen retrac-
tiones zu schreiben; ich muß froh sein, daß wenigstens ein
Teil meines Wesens zur weltlichen Offenbarung gekommen ist, wenn man auch nicht ganz damit zufrieden sein
sollte. Vielleicht hilft das Bessere, was doch hoffentlich in
meiner Schrift obwalten wird, das Andere zu übersehen
und zu recht zu legen.*
Das Echo bleibt geteilt. Ein Hannoveraner Autor führt
die Kritiker an.
*1843. 11. August. Las ich in Kühnes neuster Schrift die
Kritik meiner Mitteilungen, die schlecht wegkommen;
besonders auch, daß Deutschland meine Beurteilung
Schillers nur mit Verachtung erwidere. Mich darüber ins
Gleichgewicht zu setzen gewußt.*
Der Berliner philologische Professor Zumpt und ein
Kammergerichtsassessor von Könen, die Riemer am
3. September besuchen, loben die *Mitteilungen, an denen
sie nur das da hin und wieder zu Leidenschaftliche und
Gereizte heraustellten; was ich zugab und herleitete ... Sie
ermunterten mich, Ferneres über Goethe herauszugeben,
besonders meine Anmerkungen.*
Riemer arbeitet an neuen Projekten. Die *Anmerkungen*
sollen ein großes Auskunftslexikon werden, und er bereitet einen Band *Briefe von und an Goethe* vor, den er
Frommann anbieten wird, den Frommann aber nicht
nimmt und der 1846 in der *Weidmannschen Buchhandlung*, Leipzig, erscheinen wird.

Riemer ist ein alter Mann mit einer sorglichen Frau, die er liebt und die ihn liebt. Riemer plagen Krankheit und Todesgedanken. Er leidet an Gicht. Sohn Bruno ist fern. Sohn Bruno wird, was er hatte werden sollen und nicht hatte werden wollen: ein Soldat. Bruno absolviert die Berliner Kadettenanstalt und steigt zum Range eines Hauptmanns auf. Der Sohn heiratet nicht. Der Sohn hinterläßt keine Kinder. Der Vater wird am 19. April 1844 siebzig. Im nächsten Jahr wird Riemer an seinem Geburtstag der weimarische *Falkenorden* verliehen. Es ist ein großes Fest.

Im berühmten *Erbprinzen* sitzen an einer langen Tafel viele Gäste. Als Riemer mit seiner Frau kommt, empfangen ihn der Kanzler von Müller und der Freiherr von Maltitz, am Hof Diplomat in russischen Diensten. Friedrich Apollonius von Maltitz dichtet auch. Noch gehört Kultur zum Status. Maltitz gilt als literarischer Sonderling. Er hat einen *humoristischen* Roman geschrieben *Geständnisse eines Rappen mit Anmerkungen seines Kutschers.* Maltitz wird bei seiner Pensionierung 1856 in Weimar bleiben. Das sind jetzt Weimars Dichter. Müller und Maltitz schenken Riemer die Blumen, die im Frühjahr wachsen. Krokusse, Schneeglöckchen, Veilchen. Sie tragen ein Gedicht auf Riemer und den Garten GOETHES vor. Riemer und Frau haben einen Ehrenplatz. Die Weimarer Liedertafel singt Lieder von GOETHE und Riemer. Ein Ortsdichter hat ein eloquentes Gedicht gemacht, das mit den Worten »Riemer«, »Reimer«, »Römer« spielt.

Ach, nichts von seiner römischen Geschichte.

Sie ist geheim geblieben, und Riemer kennt sie wohl selber nicht mehr. Der Weimarer Dichter Apollonius von Maltitz paraphrasiert Riemersche Gedanken über den Tod und das Leben, die GOETHISCHE Gedanken sind. Vom Erlebten solle man das lebendige Bild behalten. Der Tod ist ein schlechter Maler.

Riemer beschäftigen die Briefe der Toten.

3. Mai. Bibliothek. [Staatsminister] Schweitzer erlaubt mir die Benutzung der Meyerschen Briefe.

9. Mai. An den Goetheanis.

19. Mai. Nicht in der Bibliothek, um bei der Briefsammlung zu bleiben. Fleißig gearbeitet, fast überarbeitet.

12. Juni. Zu Hause fand ich des Kanzlers Brief und mein Manuskript vor. Seine Instanzen durchgegangen und mich zur Weglassung von vielen mit Beirat meiner Frau entschlossen ...

28. August. Abschluß des Manuskriptes.

Es ist ein seltsamer Band. Zwischen den Briefen GOE-THES stehen Briefe an Riemer von Humboldt, Knebel, Wolf und Zelter und ein Brief, den Riemer selber geschrieben hat. Aber eigentlich wäre sonderbar gewesen, hätte sich verloren, daß Riemer ist, wie G. ist.

Warum, sagt er von sich, soll er *vor lauter Demut und Bescheidenheit sich selbst negiren und sein **Ich**, wie es sonst im Schreiben an Vornehme geschah, auch in Person verschwinden lassen.* Und er sagt, *man wird es ihm um so weniger verargen, als so mancher Illaudatus das Seinige getan hat, um ihn vor aller Welt herunterzusetzen, ja zu vernichten.*

Aus seiner großen, jahrzehntelangen Korrespondenz hat Riemer einen einzigen Brief ausgewählt. Riemer hat ihn im März 1834 an Knebel geschrieben. Riemer ist kein direkter Mensch. Den Brief hat er als seine Lebensbotschaft in das Buch aufgenommen.

Verehrtester Herr Major!

Ihnen, als dem ältesten Freunde unseres Verewigten, kann ich, mit der Überzeugung verstanden zu werden, vertrauen, daß nach seinem Hinscheiden nicht nur ER mir, sondern auch ich selbst mir fehle. Wie eine Schlingpflanze, wenn sie ihren stützenden Stamm verloren, sich kümmerlich auf der ebenen Erde hinranken muß, wenn sie anders noch kann, so lebe ich auch nur an der Gleich-

*gültigkeit der Tage so hin, zwar beschäftigt, aber ohne
Freude und Lust; denn die gewohnte stärkende und
nähere Umgebung fehlt, und ich weiß eigentlich nicht, für
wen ich sammle und **wozu**, da nur ER mir erst das Ge-
wonnene zu Gute machen half …*

*Die Welt um mich her ist ganz anders geworden, und
wenn ich auch von dem Meisten Notiz nehme, so bin ich
doch weder befähigt noch gemutet, darin mit zu gebaren.
Alles hat seine Grenze und die Velociferen und Eisenbah-
nen, in welchen und auf welchen Menschen durch die Zeit
rutschen, versetzen mir den Atem und rauben mir die Be-
sinnung. So wende ich den Rücken und beschaue das Vergangene, wie einer auf dem Rücksitz nur das sehen kann,
was er verlassen hat usw.*

R.

Manchmal ist ein Leben zu Ende nach dem Verlust eines
Menschen. Und geht weiter. Manchmal ist ein Leben zu
Ende, wenn eine Zeit verschwindet. Und geht weiter. Was
aber hätte sein können mit dem Magister Riemer?

Am 25. November bekommt Riemer überraschend Post
aus Frankfurt am Main. Doktor Hutmacher, ein Goethe-
verehrer und Bewunderer von Riemers *Mitteilungen,*
schickt ihm als Reliquie eine Brieftasche GOETHES.
Schwester Cornelia hat sie einmal ihrem Bruder gestickt.
Riemer stirbt am 19. Dezember 1845.

Er bekommt sein Grab auf dem Neuen Friedhof vor dem
Frauentor. Neben ihm an der Mauer liegt Doktor
Huschke. Auch Johann Heinrich Meyer. Zu Füßen Rie-
mers Eckermanns Frau Johanna. Das Hannchen. Ecker-
mann hat seinen Platz auf halbem Wege zur Fürstengruft.
Da ist G. Und Riemer hier.

Da liegt er nun.

DANACH

Zum Bild Goethes gehört die Auflösung von Biographien und die Benutzung von Menschen. Es ist ein differentes Thema. Und es gehört zum Perpetuum mobile der Überhöhung und Herabsetzung der Person G.

Unstrittig aber hat die Philologie Biographien in seiner Umgebung aufgelöst und sie lediglich als bloße Konkordanzen zu Goethe gelten lassen. Sie hat an ihren Seziertischen vergessen, womit sie sich eigentlich beschäftigt. Literatur liefert nicht abstrakte Themen zu, sie erzählt Geschichten von lebendigen Menschen.

Friedrich Wilhelm Riemer ist es dabei beispielhaft schlecht ergangen. Seine in Weimar in der Bibliothek verwahrten Tagebücher nahm in den 80er Jahren des 19. Jahrhunderts der Goethe-Enthusiast Robert Keil in Besitz. Keil sah ein Veröffentlichungsfeld vor sich. Er bot transkribierte Auszüge der in Berlin erscheinenden Zeitschrift *Deutsche Revue* an. Die *Deutsche Revue* druckte in den Jahrgängen 1886 und 1887 Auszüge der Keilschen Auszüge als *einige ausgewählte Proben von den bisher unbekannten Notizblättern aus den ersten Jahren von Riemers Verkehr mit Goethe.* Riemer wurde als Belegstelle öffentlich. Keil hatte sich schon vorher an Riemer in der Sache Goethe bedient, als er 1875 im Leipziger Verlag Veit & Company Goethe-Texte mit der seltsamen Quellenangabe ankündigte: *Den Nachlaßpapieren von Geh. Hofrat Riemer, und von Rat Kräuter, entnehme ich die nachstehenden Briefe und Dichtung von 1768 bis 1776.*

Die von Keil beabsichtigte Buchveröffentlichung der Riemer-Tagebücher 1807–1845 kam nicht zustande. Keil hatte zu diesem Zweck eine Abschrift und ein Veröffentlichungsmanuskript angefertigt. Keil starb. Seine Witwe sah keinen Anlaß, außer den Abschriften ihres Mannes, auch die Originaltagebücher aufzuheben. Keils Witwe verbrannte Riemers Tagebücher.

Es braucht keine Phantasie, sich vorzustellen, daß der Abschreiber Keil tilgte. Er wirkte in einem Milieu. Das wilhelminische Deutschland war lüstern nach einem *Dichterfürsten,* nicht aber nach einer armseligen Kreatur. Riemer hatte als junger Mann existentielle Aufzeichnungen über sich und seine Sexualität gemacht, die bis in die neunziger Jahre unserer Zeit unbeachtet blieben. Sie wurden für dieses Buch aufgeschlagen, wie teilveröffentlicht in der *Zeitschrift für deutsche Philologie.* Es besteht kein Grund anzunehmen, daß Riemers Tagebücher nach 1807 plötzlich in dem Maße Persönliches ausklammerten oder es so clean boten, wie es die Keilsche Abschrift suggeriert. Keil selbst strich, sein Manuskript läßt es erkennen, bereits aus den Originaltagebüchern übernommene Passagen später wieder aus. Der Philologe Arthur Pollmer läßt in seinen, dem Manuskript Keils folgenden Abdrucken, in den *Jahrbüchern der Sammlung* Kippenberg (1921 ff.), charakteristische größere und kleinere Gedankengänge Riemers verschwinden, wie etwa die, sich an eine Notiz über die Arbeit an den *Mitteilungen* anschließenden Überlegung vom 4. Januar 1838: *Große Männer scheinen nicht durch leibliche Nachkommenschaft beglückt werden zu sollen. Sie haben entweder keine oder keine lang dauernde, oder keine bedeutende. Alexander hinterließ keinen Sohn als Nachfolger; Sokrates keine Kinder die ihm Ehre gebracht hätten. Jul. Cäsar war ohne Sohn; Friedrich II. ohne Leibeserben. Napoleon hatte keinen Erben seiner Krone und seines Ruhmes, Goethe keinen bleibenden.*

Keil hatte bereits die folgende Passage übernommen und im Interesse der Correctness wieder gestrichen: *Sie sind nur wie ausgesendete Geister, Söhne der Götter, die sich zwar mit den Töchtern der Menschen einlassen, aber es werden Ungetüme oder Taugenichtse daraus.*

Pollmer hielt sich auch befugt, Riemer auf philologische Brauchbarkeit nach eigenem Maß zu beschneiden, als er 1922 einen Neudruck der *Mitteilungen über Goethe* herausgab. Nur notgedrungen ließ er, wie er zu erkennen gab, Riemer in einem Teil seiner Autoren- und Zeugenrechte: *Aus dem ersten polemischen Bande der »Mitteilungen« mußte das entnommen werden, was Quellenwert noch heute besitzt. Das ist weit mehr, als dem flüchtigen Blick erscheinen will. Die Herausschälung war nicht leicht, sie ließ sich nur so bewerkstelligen, daß als Rahmen auch Teile von Riemers Räsonement stehen blieben.*

Der Herausgeber von Briefen, die Riemer Frommann geschrieben hatte, Ferdinand Heitmüller, schied 1892 zahlreiche Briefe von der Veröffentlichung mit der Bemerkung *Privates, Persönliches* aus oder redigierte sie mit der Rechtfertigung: *Schluß betr. Familiäres u. Privates.* Für seinen editorischen Horizont war Riemer Material: *Und so hoffe ich, daß auch mein Buch zu seinem bescheidenen Teil mitwirken werde, den unerschöpflichen Schatz zu heben, welchen Goethes Name umschließt.*

In den Denkmalssockel Goethe sind Leben verkippt worden. Riemer, der über sein *zerstücktes, zerrissenes Leben* klagte, machte in seinen Bedrängnissen eine Voraussage.

22. März 1999   Werner Liersch

PERSONEN

Alexander I. (1777–1821), seit 1801 Zar von Rußland
Anna Amalia, Herzogin von Sachsen-Weimar-Eisenach, geb. Prinzessin von Braunschweig (1739–1844), 1759–1775 Regentin und Vormund ihres ältesten Sohnes Carl August
Arnim, Ludwig Joachim (Achim) von (1781–1831), seit 1811 verheiratet mit Bettina Brentano
Arnim, Anna Elisabeth (Bettina) von, geb. Brentano (1785–1859), Schriftstellerin, Schwester von Clemens Brentano

Bardua, Caroline (1781–1831), Malerin, Schülerin Heinrich Meyers in Weimar
Bartholdy, Jakob Salomon (1759–1825), preußischer Diplomat und Kunstfreund
Bernhardi, August Ferdinand (1769–1820), Schriftsteller und Pädagoge, seit 1808 Direktor des Friedrichwerderschen Gymnasiums in Berlin
Bertuch, Friedrich Johann Justin (1747–1822), Jurist, Schriftsteller, Schatullenverwalter des Herzogs in Weimar, Verleger, gründete in Weimar das »Journal des Luxus und der Moden«
Bonstetten, Karl Victor von (1745–1832), schweizerischer Schriftsteller, Psychologe und Naturforscher
Böttiger, Karl August von (1760–1835), Philologe und Altertumswissenschaftler, seit 1791 Gymnasialdirektor in Weimar, 1804 Leiter des Pageninstitutes in Dresden, 1813 Vorsteher der Antikensammlung

Brentano, Maria Magdalena (Meline) von (1788–1861), Schwester von Anna Elisabeth (Bettina) und Clemens Brentano

Brun, Friederike Sophie Christine, geb. Münter (1765–1835), Lyrikerin und Reiseschriftstellerin

Burgsdorff, Friedrich August Ludwig von (1747–1803), Forstmann

Burgsdorff, Wilhelm von (1772–1822), Neffe von F. A. L. v. Burgsdorff

Calderón de la Barca, Don Pedro (1600–1681), spanischer Dramatiker

Carstens, Asmus Jakob (1754–1798), Historienmaler und Zeichner in Rom

Carl August (1757–1828), Sohn von Anna Amalia, regierender Herzog von Sachsen-Weimar-Eisenach seit 1775, Oktober 1775 Heirat mit Luise von Hessen-Darmstadt. 1786 Eintritt in preußische Militärdienste als General. 1815 Großherzog. 1816 verleiht C. A. als erster deutscher Fürst seinem Land eine konstitutionelle Verfassung.

Carl Friedrich, Prinz von Sachsen-Weimar-Eisenach (1757–1853), erster Sohn von Carl August und Luise Augusta, 1828 Großherzog

Caroline Luise, Erbprinzessin von Mecklenburg Schwerin, geb. Prinzessin von Sachsen-Weimar-Eisenach (1786–1816)

Coudray, Clemens Wenzeslaus (1775–1845), Architekt. Studium in Dresden u. Paris. Vier Jahre Italien. Hofarchitekt in Fulda, seit 1816 Oberbaudirektor in Weimar

Conta, Carl Friedrich Anton von (1778–1850), seit 1817 Legationsrat in Weimar, später Vizepräsident und Präsident der Landesdirektion

Cotta, Johann Friedrich Freiherr von Cottendorf (1764–1832), seit 1787 Inhaber der J.-G. Cottaschen Buchhandlung, Buchhändler u. Verleger in Stuttgart, Mitbegründer der »Horen«, Hg. der »Allgemeinen Zeitung«,

des »Almanachs für Damen«, des »Morgenblattes für gebildete Stände«, seit 1806 alleiniger Verleger der Werkes
G.s

Dacheröden, Caroline von, siehe Humboldt
Denon, Dominque Vivant Baron de (1747–1825), franzö-
sischer Diplomat, Kupferstecher, Generalinspektor der
Pariser Museen, von Napoleon mit dem Kunstraub in
den von ihm eroberten Ländern beauftragt, mit G. aus
Venedig bekannt
Duget, Diener von Johanna Schopenhauer in Weimar

Eckermann, Johann Peter (1792–1854), 1810–1812 Schreiber, 1813/14 Freiwilliger Jäger in den Befreiungskriegen,
1815 Registrator in Hannover, daneben 1816/17 Gymnasium, 1822 stud. jur. in Göttingen, 1823 nach Weimar
zu G.
Eckhel, Hilarius (1737–1798), österreichischer Numis-
matiker
Eichstädt, Heinrich Karl Abraham (1772–1848), Professor der alten Sprachen und Oberbibliothekar in Jena
Einsiedel, Friedrich Hildebrand von (1750–1828), Kammerherr, seit 1802 Oberhofmeister in Weimar, Terenz-,
Plautus- und Calderon-Übersetzer
*Engel(s), Ernestine (*um *1795–1845),* Schauspielerin und
Sängerin am Weimarer Theater, heiratete 1818 Friedrich
August Durand, eigentl. Aumann, (1787–1852), Schau-
spieler u. Regisseur in Weimar

Falk, Johannes Daniel, (1768–1826), Schriftsteller, Pädagoge,
Verbindungsmann zu den Franzosen in den Kriegswo-
chen 1806 in Weimar, 1807 Legationsrat
Fernow, Karl Ludwig (1763–1808), Schreiber in Pasewalk,
Apotheker in Anklam und Lübeck, 1788 als Zeichner
nach Ratzeburg, Jena u. Weimar. 1793 mit dem dänischen
Dichter Jens Bagessen nach Rom. 1803 Professor der

Kunstgeschichte u. Ästhetik in Jena, 1804–1807 Bibliothekar Anna Amalias

Fichte, Johann Gottlieb (1762–1814), 1794–1799 Professor in Jena

Franz I. (1762–1814) Kaiser von Österreich, als Franz II. deutscher Kaiser 1792–1806

Friedrich II. (1712–1786), seit 1740 König von Preußen

Friedrich Ludwig, Erbgroßherzog von Mecklenburg-Schwerin (1789–1819)

Friedrich Wilhelm III. (1770–1840), seit 1797 König von Preußen

Frommann, Carl Friedrich Ernst (1756–1837), Buchdrucker, Buchhändler u. Verleger in Jena, 1798 von Züllichau übergesiedelt

Frommann, Johanna Charlotte, geb. Wesselhöft (1765–1831), seit 1792 verh. mit C. F. E. Frommann

Froriep, Ludwig Friedrich von (1779–1847), Professor der Medizin in Jena, Halle, Tübingen; seit 1816 Obermedizinalrat in Weimar, Leiter des Landes-Industrie-Comptoirs

Gensler, Johann Carl, Diener Goethes

Georg Karl Friedrich Joseph von Mecklenburg-Strelitz, Großherzog (1779–1860), Bruder der preußischen Königin Luise

Gersdorff, Ernst Christian August von (1781–1852), Offizier, seit 1807 in weimarischen Diensten, Präsident des Kammerkollegiums, Staatsminister

Göchhausen, Luise von (1747–1807), Hofdame der Herzogin Anna Amalia

Goethe, Catharina Elisabeth, geb. Textor (1731–1808), Goethes Mutter

Goethe, Christiane Johanna Sophie, geb. Vulpius (1765–1816), seit 1788 Goethes Lebensgefährtin, Heirat 19. 10. 1806

Goethe, Julius August Walther von (1789–1830), G.s

Sohn, 1808–1809 Jurastudium in Heidelberg, 1809–1810 in Jena. 1811 Wirklicher Kammerassesor in Weimar, 1816 Kammerrat, 1823 Geheimer Kammerrat

Goethe, Ottilie Wilhelmine Ernestine Henriette von, geb. Pogwisch (1796–1872), verh. mit August von Goethe seit 1817

Gontard, Susette, geb. von Brackenstein (1768–1802), Frau des Frankfurter Bankiers

Gore, Eliza (1754–1802), Zeichnerin, Tochter des englischen Kaufmanns und Kunstfreundes Charles Gore (1729–1807), der 1791 auf Einladung von Carl August nach Weimar kam

Gotter, Pauline (1786–1854), seit 1821 A. W. Schellings Frau

Goullon, Renée Francois le (1757–1839), seit 1777 herzoglicher Mundkoch Anna Amalias in Weimar, 1810 Hotel de Saxe in Weimar

Gries, Johann Diederich (1775–1842), Dr. jur., Hofrat in Jena, Übersetzer

Grimm, Wilhelm Karl (1786–1859), Bruder von Jakob Grimm, Germanist, 1806 Bibliothekar am kurfürstlichen Museum in Kassel, 1830 Professor an der Universität Göttingen

Günderrode, Caroline von (1780–1806), Dichterin unter dem Namen »Tian«, Stiftsdame in Frankfurt a. Main, Jugendfreundin der Bettina v. Brentano

Günther, Wilhelm Christoph (1755–1826), D. theol., seit 1801 Oberkonsistorialrat und Hofprediger in Weimar

Hackert, Philipp (1737–1807), Landschaftsmaler

Harrach, Karl Borromäus Graf von (1761–1829), Naturforscher, Regierungsrat in Prag, seit 1814 Arzt in Wien

Hegel, Geog Friedrich Wilhelm (1770–1831), seit 1801 an der Universität Jena, nach Privatdozentur bis 1805 Professor

Heinke, Ferdinand (1737–1857), 1802–1804 stud. jur. in

Halle, 1809 Referendar in Breslau, 1813 Offizier, 1824 Regierungsrat und Polizeipräsident, 1835 Oberregierungsrat und Kurator der Universität Breslau

Hendrich, Franz Ludwig Albrecht von (1754–1828), 1788 Goethes Nachfolger als Direktor des Wegebaus, Generalpolizeidirektor, 1802–1813 Kommandant von Jena

Herder, Johann Gottfried (1744–1803), 1776–1803 Hofprediger und Generalsuperintendent in Weimar

Herder, Caroline, geb. Flachsland (1750–1809), Frau des vorigen

Herzlieb, Wilhelmine (1789–1865), seit 1798 Pflegetochter von C.F.E. Frommann, 1821 »Vernunftehe« mit dem Jenaer Professor K. W. Walch. Stirbt geistig umnachtet in einer Anstalt

Heygendorf Henriette Caroline Friederike von, geb. Jagemann (1777–1848), Schauspielerin in Weimar, Geliebte von Carl August, als solche 1809 geadelt, bis 1828 Mitglied des Hoftheaters, in Dresden gestorben

Hitzig, Julius Eduard (1780–1849), Kriminalrat in Berlin, Schriftsteller, Hg, mit W. Alexis »Der neue Pitaval«, Freund u. Biograph von Adalbert Chamisso

Holtei, Karl von (1798–1880), Schriftsteller, Rezitator

Hufeland, Christoph Wilhelm Friedrich (1762–1836), 1784 Hofmedikus in Weimar, 1783–1793 Hausarzt G.s, 1801 als Direktor der Charité nach Berlin

Hufeland, Gottlieb (1760–1865), 1788–1803 Juraprofessor in Jena, Mitherausgeber der »Allgemeinen Literaturzeitung«

Humboldt, Adelheid von (1800–1856), Tochter von Caroline und Wilhelm von Humboldt

Humboldt, Caroline Friederike, geb. von Dacheröden (1766–1829), Tochter des Erfurter Kammerpräsidenten, seit 1791 mit Wilhelm v. Humboldt verheiratet

Humboldt, Gabriele von, Tochter von C. und W. v. H.

Humboldt, Theodor von (1797–1871), Sohn von C. und W. v. H.

Humboldt, Wilhelm von (1767–1835), 1795 durch Schiller mit Goethe bekannt, 1802 Ministerialresident in Rom, 1808 Geheimer Staatsrat, 1810 Gründung der Berliner Universität, 1816 Gesandter in London, 1819 Rücktritt von allen Ämtern

Humboldt, Wilhelm jr. (gest. 1803), Sohn von C. und W. v. H.

Huschke, Wilhelm Ernst Christian (1760–1828), 1788 herzoglicher Hofmedikus, seit 1792 Hausarzt Wielands, Herders u. Schillers und zeitweise auch G.s

Iffland, August Wilhelm (1759–1814), Schauspieler, seit 1811 Generaldirektor der Königlichen Schauspiele in Berlin

Jacobi, Friedrich Heinrich (1743–1819), Kaufmann, Schriftsteller, seit 1774 mit G. befreundet

Jagemann, Caroline, siehe Heygendorf

Jagemann, Ferdinand (1780–1820), Maler in Weimar, Bruder der vorigen. Porträts von Carl August, Wieland, Schiller, Goethe

John, Ernst Carl Christian (1788–1856), 1812–1814 Sekretär Goethes, 1814 in den preußischen Staatsdienst, 1836 Ernennung zum Spezialzensor für das »Junge Deutschland«, Ausübung des Amtes bis zur Aufhebung der Zensur 1848

John, Johann August Friedrich (1794–1854), von 1814 bis zu G.s Tode 1832 Schreiber und Sekretär. Ab 1835 als 3. Kopist der Landesregierung

Kestner, Charlotte Sophie Henriette, geb. Buff (1753–1828), Urbild von Werthers Lotte, 1773 Heirat mit Johann Christian Kestner (1741–1800), später Hofrat in Hannover

Kestner, Klara (1793–1866), eines der zwölf Kinder von Charlotte K., zuletzt Stiftsdame in Marienwerder

Kauffmann, Angelika (1741–1807), Schweizer Malerin

Kieser, Dietrich Georg (1779–1862), stud. med. in Göttingen und Würzburg, 1804–1806 Arzt in Winsen an der Luhe, 1806–1812 Arzt in Northeim, seit 1812 Professor der Medizin in Jena, 1812/13 Untersuchung der Berkaer Schwefelquellen im Hinblick auf die Gründung eines Heilbades, 1814 Weimarer Freiwilliger, 1817 Teilnahme als Rektor der Jenaer Universität am Wartburgfest, 1831 als Vertreter der Universität Mitglied des Landtages, 1846 Direktor der Großherzoglichen Irrenanstalt, 1848 Frankfurter Vorparlament, 1858 Präsident der Leopoldina

Klauer, Martin Gottlieb (1742–1801), 1774 von Anna Amalia als Hofbildhauer nach Weimar berufen

Klinger, Friedrich Maximilian (1752–1831), Dichter des Sturm u. Drang. Seit 1780 Karriere als russischer Offizier, Hofmeister des Großfürsten Paul, 1801 Generalmajor, 1803–1816 Kurator der Universität Dorpat

Knebel, Carl Ludwig von (1744–1834), 1763–1773 in preußischem Militärdienst, 1774 Erzieher des Prinzen Constantin, 1798 nach Ilmenau, seit 1805 in Jena

Kohlrausch, Friedrich (gest. 1826), Obermedizinalrat u. Kunstsammler in Berlin, Hausarzt der Humboldts in Rom, später an der Berliner Charité

Kotzebue, August Friedrich Ferdinand (seit 1785) von (1761–1819), Theaterdichter. 1780 Anwalt in Weimar, 1781 nach Petersburg, Sekretär des Generalgouverneurs, 1783 Assessor in Reval, 1785 Präsident des Gouvernementsmagistrats der Provinz Estland, 1798 Theaterdichter in Wien, 1800 in Rußland verhaftet, Rehabilitierung. 1806 Königsberg, 1813 Ernennung zum russischen Staatsrat, ab 1817 wieder in Deutschland, im März 1819 von dem Jenaer Studenten Karl Ludwig Sand in Mannheim als russischer »Spion« in Mannheim getötet

Kotzebue, Anna Christiane, geb. Krüger (1736–1828), Mutter des vorigen

Kräuter, Friedrich Theodor David (1790–1856), seit 1814 Goethes Sekretär, 1816 Bibliothekssekretär, 1837 Biblio-

thekar der Weimarer Bibliothek und 1841 Rat, 1855
Dr. hc., 1856 pensioniert, von G. testamentarisch als Ver-
walter seiner Sammlungen bestellt
Kraus, Georg Melchior (1733–1806), Zeichner, Maler, seit
1780 Direktor der Weimarer Freien Zeichenschule

Lengefeld, Charlotte von, siehe Schiller
Lenz, Jakob Michael Reinhard (1751–1792), Dichter des
Sturm und Drang
Lenz, Johann Georg (1748–1832), seit 1794 außerordent-
licher Professor der Mineralogie in Jena, seit 1803 Bergrat
Luise Augusta, Herzogin von Sachsen-Weimar-Eisenach,
geb. Landgräfin von Hessen-Darmstadt (1757–1830), seit
1775 verh. mit Carl August

Maltitz, Apollonius von (1795–1870), Diplomat, Autor,
seit 1841 Geschäftsträger in Weimar und dauernder
Wohnsitz
Manso, Johann Caspar Friedrich (1760–1826), Philologe,
Historiker, Schriftsteller, Gymnasialdirektor in Breslau
Maria Feodorowna, geb. Prinzessin Sophia Dorothea Au-
guste Luise von Württemberg (1759–1828), seit 1776 verh.
mit dem späteren Paul I. (1796–1801 Kaiser von Rußland)
Maria Paulowna, geb. Großfürstin von Rußland
(1786–1859), Tochter Pauls I. von Rußland und Maria
Feodorownas, seit 1804 verh. mit Carl Friedrich von
Sachsen-Weimar-Eisenach
Meyer, Johann Heinrich (1760–1832), »Kunscht-Meyer«
genannt, Schweizer Maler und Kunstschriftsteller, 1786
Freundschaft mit G. in Rom, 1791 nach Weimar als Leh-
rer an der Zeichenschule, 1806 Direktor der Zeichen-
schule u. Hofrat
Meyer, Nicolaus (1775–1855) Medizinstudent in Jena, 1801
Arzt in Bremen, 1809 in Minden
Müller, Friedrich Theodor Adam Heinrich von
(1779–1849), stud. jur. in Erlangen und Göttingen, 1801

Assessor beim Regierungskollegium in Weimar, 1803 Regierungsrat, 1806–1808 weimarischer Gesandter am Hofe Napoleons, 1807 geadelt, 1815 Kanzler, d. h. Justizminister, 1829 Geheimer Rat, 1832 Testamentsvollstrecker Goethes, 1848 aus dem Dienst geschieden

Napoleon Bonaparte (1769–1821), 1786 Unterleutnant, 1799 Erster Konsul, 1804–1814 Kaiser von Frankreich
Nicolai, Christoph Friedrich (1733–1811), Schriftsteller und Verlagsbuchhändler in Berlin

Paul I. (1754–1801), seit 1796 russischer Kaiser
Pogwisch, Ottilie von, siehe Goethe

Rehberg, Friedrich (1758–1835), Maler
Reichardt, Johann Friedrich (1752–1814), Komponist, Schriftsteller
Riemer, Caroline Wilhelmine Johanna, geb. Ulrich (1790–1855), verh. 1814 mit F. W. Riemer

Savigny, Friedrich Karl von (1779–1861), Jurist u. Rechtshistoriker
Savigny, Maria Kunigunde, geb. von Brentano (1780–1863), Frau des vorigen
Schiller, Luise Antoinette Charlotte, geb. von Lengefeld, seit 1790 verh. mit Schiller
Schlegel, August Wilhelm von (1767–1841), Dichter, Ästhetiker, 1798–1801 Professor in Jena
Schlegel, Caroline von, geb. Michaelis (1763–1809), von 1796–1803 mit A. W. Schlegel verheiratet
Schmeller, Johann Joseph (1796–1841), Maler, seit 1824 Lehrer an der Zeichenschule
Schmidt, Christian Friedrich (1780–1850), Jurist
Schönemann, Anna Elisabeth, siehe Türckheim
Schopenhauer, Arthur (1788–1860), Philosoph, Sohn v. Johann Schopenhauer

Schopenhauer, Johanna, geb. Trosiener (1766–1838), Schriftstellerin, verh. 1785 mit dem Danziger Großkaufmann Heinrich Floris Schopenhauer (1805 Selbstmord), 1810 Biographie »Fernows Leben«, 1817 »Die Reise durch das südliche Frankreich«, 1819 Vermögensverlust, seit 1819 zahlreiche Novellen u. Romane, 1830/31 »Sämtliche Schriften« in 24 Bänden, ab 1829 in Unkel am Rhein und Bonn, 1837 Jena, Ehrenpension des Großherzogs Carl Friedrich

Schopenhauer, Louise Adelaide (Adele) (1797–1848), Tochter von J. Schopenhauer

Schulze, Johannes Karl Hartwig (1786–1869), von 1808–1812 Gymnasialprofessor in Weimar

Schütz, Christian Gottfried (1747–1832), Professor der Poesie u. Beredsamkeit in Jena

Schütz, Johann Heinrich Friedrich (1779–1829), Badeinspektor in Berka, daneben Organist

Schütze, Johann Stephan (1771–1839), Theologe, Schriftsteller, seit 1804 in Weimar

Schwabe, Karl Leberecht, Bürgermeister von Weimar 1820–1830

Seidel, Philipp Friedrich (1755–1820), 1775–1788 Diener Goethes, 1789 Rentkommissar, ab 1799 Zeichen geistiger Störungen, endet 1820 nach halbjährigem Aufenthalt in der Jenaer Irrenanstalt

Spalding, Johann Joachim (1714–1804), protestantischer Theologe, Probst an der Berliner Nikolaikirche

Stadelmann, Carl Wilhelm (1782–1844), Buchdrucker, Gs. Diener 1814/15 u. 1817–1824, endet durch Selbstmord im Jenaer Armenhaus

Staël-Holstein, Anne Louise Germaine de, geb. Necker (1766–1817), Schriftstellerin, Tochter des französischen Finanzministers, 1786 verh. mit dem schwedischen Gesandten in Paris, 1802 Witwe, 1803 von Napoleon exiliert

Stark, Johann Christian (1753–1811), Leibarzt von Carl August

Steffens, Henrik (1773–1845), deutsch-dänischer Natur-
forscher u. Philosoph
Stein, Charlotte Albertine Ernestine von, geb. Schardt
(1742–1827), verh. 1764 mit dem Weimarer Oberstallmei-
ster E. J. F. v. Stein, sieben Kinder, darunter vier bald nach
der Geburt verstorbene Töchter
Stein, Gottlob Ernst Josias Friedrich von (1735–1793),
Erb- und Lehnsherr auf Kochberg, Oberstallmeister,
Gatte der vorigen
Stein, Friedrich (»Fritz«) von (1772–1844), jüngster Sohn
Charlotte v. Steins, Zögling Goethes
Stein zu Nordheim und Ostheim, Wilhelm Freiherr von
(gest. 1816), Kammerherr u. Oberforstmeister in Weimar

Tieck, Ludwig Johann Ludwig (1773–1853), Dichter der
Romantik
Türckheim, Anna Elisabeth (Lili) von, geb. Schönemann
(1758–1817), 1775 G.s Verlobte, verh. 1778 mit dem Straß-
burger Bankier Bernhard Friedrich v. Türckheim
(1752–1831)

Ulrich, Caroline, siehe Riemer

Vogel, Carl (1798–1864), seit 1826 großherzoglich weima-
rischer Hofmedikus, Goethes letzter Hausarzt
Vogt, Caspar Reichsfreiherr von (1752–1839), Kaufmann
in Hamburg
Voigt, Christian Gottlob (d. Ä.) von (1743–1819), 1794
Geheimer Rat in Weimar, 1807 geadelt als Oberkammer-
präsident, 1815 Präsident des Staatsministeriums
Voigt, Christian Gottlob (d. J.) von (1774–1813), Sohn von
Chr. G. v. Voigt d. Ä., Geheimer Archivar in Weimar
Voss, Johann Heinrich (d. Ä.) (1751–1826), Mitglied des
Göttinger Hains, 1802 Professor der klassischen Philolo-
gie in Jena, seit 1805 Universität Heidelberg
Voss, Johann Heinrich (d. J.) (1779–1822), Sohn des vori-

gen, 1804–1816 Gymnasiallehrer in Weimar, 1806 Professor der Philosophie in Heidelberg

Vulpius, Christian August (1762–1827), Bruder Christianes, Roman- und Bühnenschriftsteller, 1797 an der Weimarer Bibliothek als Registrator, 1800 Sekretär, 1805 Bibliothekar, 1816 Rat, 1823 Dr. hc.

Vulpius, Christiane Johanna Sophie, siehe Goethe

Werner, Zacharias (1768–1823), Dramatiker

Wieland, Christoph Martin (1733–1813), Dichter

Wolf, Friedrich August (1759–1824), Philologe, Professor der Philosophie in Halle und Berlin

Wolff, Anna Amalia, geb. Malcolmi, verw. Miller, gesch. Becker (1780–1851), verh. 1805 mit P. A. Wolff, 1805–1816 Schauspielerin in Weimar

Wolff, Pius Alexander (1782–1828), Schauspieler und Bühnenschriftsteller, 1812 Theatereinrichtung »Faust«, von 1803 bis 1816 in Weimar, danach Berlin

Wolzogen, Friederike Sophie Caroline von, geb. Lengefeld (1763–1843), Schwester von Schillers Frau

Zauper, Joseph Stanislaus (1754–1850), böhmischer Philologe, 1809–1832 Professor der Dichtkunst am Benediktinergymnasium in Pilsen

Zelter, Karl Friedrich (1758–1832), 1774 Maurerlehrling, 1783 Maurermeister, bis 1803 im Beruf, Bekanntschaft mit Goethe in Jena 1795, Komponist, seit 1800 Leiter der Berliner Singakademie, 1829 Universitätsmusikdirektor

Für die Unterstützung seiner Arbeit dankt der Verfasser dem Goethe Museum Düsseldorf, der Anton-und-Katharina-Kippenberg-Stiftung; dem Goethe-und-Schiller-Archiv, Weimar; der Handschriftenabteilung der Universitätsbibliothek »Bibliotheca Albertina«, Leipzig. Verlag und Autor danken allen Beteiligten, die freundlicherweise die Veröffentlichung der Abbildungen gestatteten und Reproduktionsvorlagen zur Verfügung stellten.

Im Interesse eines fortlaufenden Textes wurden Äußerungen Riemers nicht in jedem Falle eine Quellenangabe beigefügt. Wenn nicht anders angegeben, gehen sie überwiegend auf seine Tagebücher zurück. Zeitgenössische Zitate folgen der Originalschreibweise.

Verzeichnis der Abbildungen

Soweit nicht anders verzeichnet, stellten die Sammlungen der Stiftung Weimarer Klassik die Abbildungen zur Verfügung.

INHALTSVERZEICHNIS